长江三峡工程文物保护
项目报告　丙种第五号

重庆市文化
遗产书系

云阳张桓侯庙

重庆市文物局　重庆市移民局　编著

文物出版社

封面设计 张希广
责任印制 陆 联
责任编辑 周 成 陈 峰

图书在版编目(CIP)数据

云阳张桓侯庙/重庆市文物局,重庆市移民局编著.
—北京:文物出版社,2011.12
(长江三峡工程文物保护项目报告.丙种;5)
ISBN 978-7-5010-3332-4

Ⅰ.①云… Ⅱ.①重…②重… Ⅲ.①寺庙-发掘报告-云阳县 Ⅳ.①K878.65

中国版本图书馆CIP数据核字(2011)第231437号

云 阳 张 桓 侯 庙

编　　著 重庆市文物局
重庆市移民局
出版发行 文物出版社
地　　址 北京东直门内北小街2号楼
邮政编码 100007
http://www.wenwu.com
E-mail:web@wenwu.com
制　　版 北京宝蕾元科技发展有限责任公司
印　　刷 北京盛天行健印刷有限公司
经　　销 新华书店
版　　次 2011年12月第1版第1次印刷
开　　本 880×1230 1/16
印　　张 26.75
书　　号 ISBN 978-7-5010-3332-4
定　　价 320元

Reports on the Cultural Relics Conservation
in the Three Gorges Dam Project
C(proceeding) Vol.5

Zhanghuanhou Temple of Yunyang

Cultural Relics and Heritage Bureau of Chongqing
&
Resettlement Bureau of Chongqing

Cultural Relics Press

长江三峡工程文物保护项目报告

重庆库区编委会

重庆市人民政府三峡文物保护专家顾问组

长江三峡工程文物保护项目报告

《云阳张桓侯庙》编委会

《重庆市文化遗产书系》编委会

目 录

插图目录

实测勘察与设计图目录

黑白图版目录

彩色图版目录

序 言

中国是世界上著名的文明古国，有着悠久的历史和丰富的文化财富。无论地上或地下都保存有大量的文物古迹。例如，古建筑中的宫殿、陵墓、寺观、坛庙、石窟、宝塔、桥梁、园林等。各地众多的古建筑和文物古迹是中国古老文明的重要标志，是中国悠久文化的实物例证。

张桓侯庙是全国重点文物保护单位之一，因长江三峡水利工程的兴建而需搬迁保护。回想起20世纪50年代，山西省的永乐宫元代建筑也因修建黄河三门峡水利工程而整体搬迁保护，成为建国初期古建筑整体搬迁的范例。张桓侯庙亦因三峡水利工程而整体搬迁，是我国文物古建整体迁建保护的又一范例。我有幸参与这两次古建文物迁建选址的考察、论证、评估，又参与了张桓侯庙搬迁复建工程的验收工作。

张桓侯庙是祭祀三国时期蜀国名将张飞的庙宇，收藏有历史名人碑刻、书画、楹联等文物数百件之多。其中有被称为“书法绝世”的岳飞书写的诸葛亮前、后《出师表》；有杜甫“峡里云安县，江楼翼瓦齐，两边山木合，终日子规啼”的诗句。此庙有“文藻胜地”、“巴蜀美景”之誉。

巴山蜀水是我的家乡。我生长在长江之滨的宜宾。长江沿线有丰富的三国故事和文化遗迹，如湖北的赤壁、荆州古城、长坂坡、华容道、夷陵，成都的武侯祠，重庆的白帝城、张飞庙等。这些三国历史遗存，组成了长江沿线丰富的三国文化带。张桓侯庙也是这三国文化带的重要接点。张桓侯庙古建筑异地复建保护，仍选建在云阳新县城的对岸，较好地保存了张桓侯庙建筑的原有风貌。当复建工程竣工验收时被评价为“我国古建筑整体搬迁的一个成功案例”。

希望复建后的张桓侯庙加强管理与维护，特别应搞好周围环境的规划与建设。应遵照文物保护法，规划出一定的新址保护范围。让复建后的张桓侯庙在新的环境里更加古朴雄伟，更好地弘扬三国文化，为今后新三峡的旅游事业增添新的古文化观赏点。

罗哲文

2011 年 8 月于北京

前　言

张桓侯庙又名张飞庙，位于云阳老县城南岸，水磨乡凤凰村的飞凤山麓，与县城隔江相望。其地理坐标为东经108°51′，北纬31°12′。原庙址的海拔高程在130～160米之间。1980年公布为四川省文物保护单位，2001年张桓侯庙由国务院公布为全国重点文物保护单位。该庙地址因位于三峡库区175米的淹没线以下，到2006年三峡工程蓄水到165米时将全部淹没。经国家文物局批准，对张桓侯庙的地面建筑进行整体搬迁。新址选在溯江而上32公里云阳新县城对岸盘石镇龙安村的狮子山下。庙宇依然坐岩临江，与新县城仍隔江相望。这是我国实施大规模整体搬迁文物工程的第二例①，也是三峡库区搬迁中年岁最大的“移民”。

2001年11月重庆市文化局授权重庆峡江文物工程有限责任公司为重庆库区市级以上文物保护工程性项目的项目法人，对云阳张桓侯庙进行从拆卸分解至组合复建等全过程管理。参加建设的单位有北京清华大学设计研究院、湖北大冶市殷祖园林古建公司等40余家。经过9个多月的艰苦奋斗，此工程于2003年7月17日全部竣工。

2002年10月8日张桓侯庙闭馆拆迁。10月18日原庙宇古建筑开始拆卸。历时两个多月，于12月21日完成全部古建筑的拆卸和搬运任务，总计拆卸面积1581平方米，拆卸搬迁各种构件131000余件，共计装运了450余车次。在庙宇拆卸前完成所有建筑物的原状实测图、各部分建筑照片及摄像资料的留存工作，拆卸的构件逐一编号、绘图。对全部木质文物构件进行了药物熏蒸和喷洒灭治虫害的药物处理，做到“搬庙不搬虫”。拆卸搬运庙内木刻文物193件，石碑文物178件，搬迁移植原庙址的古树、大树16棵。

2003年1月12日，张桓侯庙新址基础工程完成，验收合格。基础工程包括博物馆地下陈列室，从2002年8月18日开工以来，共计完成土石方34000立方米，钢筋混凝土基础5000余立方米，地下室（博物馆）建筑面积为2190余平方米。

2003年2月10日古建筑复原工程开工，7月17日张桓侯庙主体建筑迁移复建工程顺利完成，并经国家文物局专家组验收。参加验收的专家组组长罗哲文先生，一踏进庙门便说：“像！像原来

① 山西省的永乐宫，是元代的重要建筑，20世纪50年代因三门峡水利工程兴建而整体搬迁，是我国文物建筑整体搬迁的首例。搬迁工程历时5年零3个月。

的张飞庙。”专家们认真评议后一致认为：“新的庙址背山面水与云阳县城隔江相望，较好保存了原张桓侯庙的环境格局，体现了保护文物赖以生存的环境原则。它是我国古建搬迁的一个成功案例。大家一致认为工程合格，通过验收。”专家们的评议，给张桓侯庙的迁建工程画上了一个完满的句号。

2003 年 7 月 19 日，在新址复建后的张桓侯庙大门前及石桥上举行了隆重的开馆仪式。在仪式上，将复建竣工的张桓侯庙移交给云阳县文物保护管理所。7 月 19 日迁建复原后的张桓侯庙对外开放，接待广大的中外游客。

从 2002 年 10 月 8 日张桓侯庙闭馆拆迁，至 2003 年 7 月 19 日庙宇主体迁移、复建、竣工、验收，经过 284 天紧张而有序的施工，张桓侯庙的迁建工程胜利完成，为新的三峡库区保存了一处亮丽的景点。张桓侯庙与长江沿岸众多的三国遗迹一起构成了一个完整的三国文化带。

第一篇

调查与研究

一 云阳张桓侯庙新址选择

三峡水利工程建设完成之后，张桓侯庙原址将全部淹没，为保护这一历史文物——张桓侯庙建筑群，异地搬迁是唯一的选择。搬迁何处成了主管部门和文物工作者众说纷纭、各抒己见的话题。重庆市文物局根据张桓侯庙的环境特征、相邻关系、建筑布局广泛地征求群众意见并进行实地考查，对搬迁新址条件达成共识：

1. 必须符合原张桓侯庙的基本环境特征，即：面向长江，背靠青山，坐落基岩；

2. 必须符合与县城隔江相望的相邻关系；

3. 必须有张桓侯庙建筑布局的高耸险峻、层次分明的合理地形；

4. 必须保证长江风景线的景观，满足长江来往船只乘客清楚可见。

早在1995年规划时期，地方政府从发展地方经济考虑，建议随云阳县城迁往长江北岸，经三峡文物保护规划组论证后，随迁县城北岸不符合“文物保护法”和“威尼斯宪章”标准，没有得到支持。

1997年至1998年期间，重庆市文物局多次组织重庆市移民局、重庆市规划局、云阳县政府及北京建工学院、北京清华大学设计研究院等单位和文物专家在云阳县辖区内的长江沿岸乘船进行了实地踏勘、考查、分析，综合大家不同意见提出了三个选址地点。1998年12月11日～13日由重庆市移民局委托来自全国文物、地质、建筑、航道和规划方面的13位专家学者组成了专家组，对张桓侯庙选址地点进行了认真的逐项分析、论证、比选。认为：

1. 秦家院子方案在地势上有利于重现张桓侯庙的环境风貌，有利于原建筑布局的安排。由于秦家院子地处云阳新县城对岸，保持了与县城隔江相望的有机联系，维持了原有的人文环境，可以延续云阳张桓侯庙庙会独具特色的民俗文化，有利于文物的保护管理和合理利用，基本上具备搬迁新址条件。但如此工作量较大，移民较多，河滩较长，存在低水位景观问题。

2. 就地靠后方案对重现自然环境的工作量较小，有安排文物主体布局的空间，搬迁距离近，可以减少项目投资。但这样就拉大了与云阳新县城的空间距离（约40公里）且交通不便，同时改变了与云阳县城隔江相望的人文环境关系，不便于管理，增加今后文物保护维修难度，降低了文物合理利用的价值。

3. 双井寨方案紧靠新县城，便于管理，交通方便，利于县城居民游览。但那样不利于自然环境的再现，不利于文物本体安排、布局，不利于保护范围内建设控制地带的有效限制。从长远看，对文物本身保护存在威胁。

专家组倾向秦家院子方案。

秦家院子地处云阳新县城南岸的盘石镇龙安村，距盘石镇街道仅600米。盘石镇是云阳县重点开发地区之一，南滨路从张飞庙门前通过，距云阳长江大桥不足1公里。从云阳新县城中心到张桓侯庙只需10分钟车程。张桓侯庙建成不仅能得到有效保护和合理利用，而且对繁荣盘石镇经济有着积极作用。选择秦家院子受到了当地村民的热烈欢迎，数百村民联名上书保证积极支持，对张桓侯庙的顺利搬迁建设起到很大推动作用。

1999年重庆市勘测院对新址进行全面勘探，认为完全符合建设条件，建议西移50米。

1999年4月9日国家文物局以文物保函（1999）160号文批准了张桓侯庙整体搬迁至云阳新县城对岸秦家院子的方案。至此，张桓侯庙经过近三年的选址终告结束，进入了搬迁设计施工阶段。

二　云阳张桓侯庙的搬迁设计

云阳张桓侯庙搬迁工程是长江三峡库区地面文物抢救保护工程中的三个重点项目之一。从1994年开始规划，1997年开始搬迁设计到2007年搬迁工程竣工，是三个重点项目（云阳张桓侯庙、涪陵白鹤梁和忠县石宝寨）中最先完成的项目，为三峡库区地面文物抢救工程树立了范本。

张桓侯庙作为长江三峡地区的重要名胜古迹，反映了这一地区悠久的历史和文化内涵，也是标志性的人文景观。作为三峡工程淹没区文物抢救、保护的重点工程，张桓侯庙的搬迁始终得到了各级政府、文物保护部门的关注，对张桓侯庙的搬迁设计方案进行了反复的论证，最终确定了搬迁保护方案。

张桓侯庙的保护是基于对张桓侯庙价值的认识，正是由于搬迁方案编制之前通过保护规划对张桓侯庙的价值进行了反复的研究和论证，才确定了最终的保护思路。

（一）关于张桓侯庙的价值认识

价值认识是文物保护的基础，充分认识保护对象的各种价值，才能有效地对这些价值进行保护，从而实现对保护对象真实、完整的保护。在张桓侯庙的搬迁保护中价值认识对最终保护方案的确定发挥了决定性的作用。

根据嘉靖云阳县志的记载，张桓侯庙始建于汉末，是一处历史悠久的古迹。云阳老县城的“旧县坪”是汉朐肕县治的旧址，在这次三峡工程淹没区文物抢救工程中这里曾有大量的考古发现。在对张桓侯庙和周围环境进行勘察的过程中发现周围一些民居大量使用汉代的画像砖（主要图案为车马），显然这里有大量汉代墓葬分布。但从张桓侯庙现存遗迹看，并未发现汉代的遗存。另一个有趣的现象是唐代诗人杜甫曾寄居云阳，并留下了四十余首歌咏云阳的诗作，但在这些诗作中并没有关于张桓侯庙的内容，显然在唐代及唐代以前张桓侯庙是否存在尚有疑问。

从张桓侯庙现存碑记中，有一块是宋代宣和年间的碑刻《云安桓侯祠碑记》，记录了当时任职云阳的陈似修葺张桓侯庙的过程，其中关于路途的描述与搬迁前从云阳县城，渡江到张桓侯庙的路途极为相似。根据这些情况判断张桓侯庙应当建于唐宋之间。这一点也被搬迁后的考古工作所证实。当搬迁方案确定之后，开始对张桓侯庙的建筑进行落架时，在现存的张桓侯庙遗址发现了宋代的建筑基础遗存。这些遗存与保存在张桓侯庙中的宋代碑刻一起证实了张桓侯庙的历史。

张桓侯庙位于长江南岸的飞凤山北麓，与云阳县城隔长江相望，所处位置紧邻长江，从云阳乘渡船可直达张桓侯庙下的码头，拾级而上就是张桓侯庙。这样的位置一方面使张桓侯庙具有极佳的景观环境，成为长江三峡地区的风景名胜，另一方面也使得长江的洪水对它极易造成损害。清同治年间长江大水，曾将张桓侯庙大部冲毁，搬迁前的张桓侯庙的建筑实际上是同治大水之后陆续重建的，时间并不久远。因此，从历史价值的角度分析，张桓侯庙的历史价值并不突出。

从艺术价值上讲，张桓侯庙利用自然地形，建在紧邻长江的岩石上，凭险而立。

从渡口码头登岸，经过一片卵石滩，就是张桓侯庙临江的石壁，沿石壁修建了一道自东向西的石阶。石阶的西端有一棵枝干遒劲的巨大黄桷树。黄桷树再西侧是一道山涧，山水从飞凤山层叠而下形成几层小瀑布。石阶经黄桷树后向南，再折向西，上到跨越山涧的石桥上，石桥建得很宽阔，形成一个小的广场，东面是张桓侯庙的山门，南面是山涧形成的瀑布，北侧是可以眺望长江和云阳县城的平台。石桥西侧是民国时期的建筑，与张桓侯庙围合形成一个完整的庙前空间。

张桓侯庙的山门位于庙宇的西侧，面西略向北转迎向顺山势而上的石阶。结义楼、戏台、大殿由两层的回廊围合成张桓侯庙的主体部分。主体部分的东侧是望云轩院落，再东是为纪念杜甫而建的杜鹃亭，这部分庭院与景观环境相结合，树影扶疏，园林设计简洁而精致。望云轩南面的崖壁上，大殿的东侧是偏殿、助风阁组成的建筑群。结义楼下的崖壁上用灰塑塑出“江上风清”四个大字，从长江主航道上即可清楚地看到。

三层的楼阁结义楼建于张桓侯庙临江的北端，从北向南，分别是结义楼、戏台、大殿，顺山势层层后退升高，形成远超过其实际规模的气势。从平面布局上，由于地形的限制，张桓侯庙改变了当地传统庙宇中戏台与山门结合在一起、面对主要殿宇的布局方式，将戏台与大殿组成一组。戏台的屋顶与大殿的窗下墙相接，一坡而下，使原本硬山顶的大殿仿佛变成了一座重檐顶的巨大建筑，被这一屋顶覆盖的戏台与大殿间是狭窄的通道，通过十分陡峭的台阶解决了两座建筑之间的高差，经过这些接近40度的台阶，用近乎攀爬的方式进入到大殿，人的背后是连续的长窗，明亮的光线照在大殿当中和张飞神像的下部，是典型的中国传统建筑中欲扬先抑的建筑空间处理手法。

张桓侯庙整组建筑顺应地形，随山就势，处理得极为自由。在几进建筑之间形成的狭窄空间被处理为院落或可以眺望长江的平台，使整组建筑充满空灵秀丽之气。

从建筑形式上，张桓侯庙的主体建筑结义楼采用独特的盝顶形式，琉璃瓦，戗脊上用瓷片拼出美丽的纹饰。周边的建筑则采用青瓦顶，白墙。整组建筑主体突出，朴素中不失华贵，端庄中不失活泼。建筑上最突出的装饰是结义楼二层处的雕成狮子滚绣球的斜撑，雕工精致，而其他部分的装饰则相对简单。张桓侯庙整体上给人繁简有度的印象。这在民间的祠庙中并不多见。

张桓侯庙中还保存了大量名家诗画的木刻，也被称为川东地区的艺术宝库。

总体而言，张桓侯庙具有较高的艺术价值。

但显然真正使张桓侯庙成为三峡地区最重要名胜古迹的原因并非它的建筑，也不完全是因为它的艺术价值，根本的原因是由于它是“张桓侯庙”，而且是传说中供奉着张飞头颅的张桓侯庙。因为有张飞身在阆中、头在云阳的说法，使这座张桓侯庙成为最著名、最重要的供奉张飞的庙宇。

三峡地区汇聚了大量三国的历史遗迹和传说，如刘备托孤的奉节白帝城、水旱八阵图、兵书宝剑峡等，而云阳张桓侯庙则是这样一个三国文化链上的重要环节。它的价值在于它是这样一个作为整体而存在的三国文化中的组成部分。它的核心价值是文化价值。

张飞与刘备、关羽之间的兄弟情谊是中国传统文化中备受称赞的美德，张飞的爱憎分明和英勇无敌都使他受到民众喜爱和尊敬，并因此具有神性。当地传说，张飞会为经过云阳上、下三峡水道的船工助顺风三十里。张飞成了云阳复杂的民间信仰系统中最重要、最受民众敬仰的神祇。每年张飞生日的时候，都会在张桓侯庙举办大型庙会，云阳及周边地区的民众也都会来到这里，祭拜张飞。云阳民众认为由于对张飞的景仰，他们的性格都受到了张飞的影响。云阳张桓侯庙能够在“文革”中较为完整地保存下来，也是由于民众对张飞的信仰，以及文物保护工作者的努力。

显然除了作为文物所具有的三大价值——历史价值、艺术价值、科学价值之外，文化价值、社会价值也是张桓侯庙的核心价值，甚至，在张桓侯庙的案例中，文化和社会价值的重要性超过了历史、艺术、科学价值的重要性。这样的价值分析在张桓侯庙的保护规划中得到了清晰的表述，张桓侯庙的搬迁方案也正是在这样的价值认识的基础上形成的。

（二）张桓侯庙的搬迁方案

作为三峡水利工程淹没区文物抢救保护工程中三个重点项目之一，张桓侯庙搬迁保护的基本保护方针是在整个文物抢救保护工程开始之初就确定了的。张桓侯庙的搬迁也从一开始就受到了文物专家和社会公众的广泛关注。一些专家也纷纷就张桓侯庙的选址提出建议。张桓侯庙搬迁新址的选择存在三种可能性：第一种可能性是顺张桓侯庙背靠的飞凤山向上迁移，这一方案又被称为“就地后靠”方案。第二种可能性是张桓侯庙保护规划提出来的，即根据云阳县城的搬迁计划，张桓侯庙随云阳县城向上游搬迁30公里，仍然保持张桓侯庙与搬迁前的云阳县城的空间关系——隔长江相望。在长江南岸为张桓侯庙寻找新址。第三种可能性是云阳县提出的，他们要求把张桓侯庙搬迁到新县城内，即长江的北岸，以便于张桓侯庙的保护管理、利用，发挥张桓侯庙在未来云阳新县城中带动文化旅游、促进社会发展的作用。

“就地后靠”的方案在工程造价、原有环境的保护、甚至在工程的难度上都是最佳的选择。这是由于它搬迁的距离最短，没有二次搬运的成本。文物的保护不仅仅是文物本体的保护，而且也意味着对周边环境的保护，对张桓侯庙来说，飞凤山的环境是极为重要的。张桓侯庙的许多特征与飞凤山密切相关。飞凤山上满山的松柏也都是云阳县文物管理所和云阳人民几十年植树造林的成果。“就地后靠”能够最大限度地保存张桓侯庙的环境特征。

但同样“就地后靠”的方案也存在着一些决定性的缺陷。云阳县城搬迁后，飞凤山周围将没有村落，缺少生活所需要的基础设施。这将使张桓侯庙的日常保护陷入困难。更重要的是由于云阳县城向上游搬迁了30公里，“就地后靠”方案却使张桓侯庙留在了原地，这在很大程度上隔断了张桓侯庙与云阳民众在现实生活中的联系，使原本活在现实生活中的文化遗产、文化空间失去它的部分活力。这将造成它重要社会价值的减损。

第三种方案是把张桓侯庙搬到新的云阳县城。这是云阳县曾经非常坚持的一个方案。他们提出，既然张桓侯庙已经决定进行搬迁保护，那么搬到什么地方就不再是一个原则性的问题。搬到新的县城不仅有利于对张桓侯庙的保护管理，改善文物保护的条件，更重要的是由于在搬迁前张桓侯庙的旅游活动已经十分成功，许多经过云阳的旅游船都会停靠在张桓侯庙，他们相信张桓侯庙如果搬入新的云阳县城将会极大地促进新县城旅游业的发展，从而促进地方经济、社会发展。这一方案清晰地反映了地方政府对文物保护的期望，但它同样存在几个方面的问题。首先在云阳县城内很难找到一个与原来张桓侯庙所在的飞凤山环境接近的地段，便于在搬迁后尽可能再现张桓侯庙原有的环境特征，另一个问题是作为一个新建设的县城，在可以预见的时期内建设活动会有很大的发展。因此如果把张桓侯庙搬进县城，它的环境景观很难得到切实的保障。而最大的问题是搬迁前张桓侯庙是紧邻长江主航道，搬入云阳县城后如果仍要让它面对长江主航道，就需要将张桓侯庙掉转180度，原来的南立面要变成北立面，原来的北立面要变成南立面。这对张桓侯庙的影响是巨大的。云阳当地民间传说，张飞死后仍然心向成都，所以张桓侯庙的庙门在设计时也是朝向成都方向的。如果将张桓侯庙掉转180度，张桓侯庙的庙门将会朝向东吴。尽管这种关于朝向的说法只是民间的传说，但在张桓侯庙内保存的古人歌咏张桓侯庙的诗句碑刻中也有类似的说法，这种朝向的说法本身恰恰反映了人们对张飞品格的认识，体现了张桓侯庙的社会价值。如果改变张桓侯庙的朝向将在一定程度上损害张桓侯庙的社会价值。

第二种方案，也是经过反复比较留下的较为可行的方案，就是张桓侯庙随云阳县城搬迁，在云阳新县城的对岸，长江南岸寻找适合的地点，依然保持张桓侯庙与云阳县城在搬迁前隔江相望的空间关系。由于当时与云阳县城相对的长江南岸在规划中不是城市建设用地，有可能划定较大的保护范围，保证张桓侯庙的环境景观。同时张桓侯庙又靠近县城，县文物管理所能够对其进行有效的保护和管理。相对而言最大限度地保护了张桓侯庙的文化和社会价值。这一方案存在的主要问题是相对“就地后靠”的方案搬迁费用会有所增加，另外选择一处与张桓侯庙现有环境接近的搬迁新址也存在一定的困难。

经过多次论证、评估最终确定第二种方案，即张桓侯庙随云阳县城搬迁至长江南岸。

（三）张桓侯庙的选址

搬迁方案确定后，最大的问题是为张桓侯庙选择一个新址。这一新址应当最大限度地接近原址环境，要从长江主航道上能够清楚地看到张桓侯庙；张桓侯庙的背后应当有山峰依靠；新址的西侧应当有溪水；张桓侯庙下最好有崖壁；新址最好紧邻长江。

新址最开始选择在云阳新县城长江对岸的“陈家院子”，但最终由于地形环境与原址差别较大而被放弃。之后的选址工作持续了近半年的时间，对云阳县城长江南岸地区进行了反复的踏勘，国家文物局负责三峡水利工程淹没范围文物抢救、保护工程的孟宪民司长和重庆市文物局王川平局长都多次参加了现场勘察，经过反复比较确定了搬迁的新址盘石镇的龙安村。长江三峡是我国著名的柑橘产地，张桓侯庙的新址也是一片柑橘林，但新址选点基本确定后，当地村民对搬迁工作表达了他们极大的支持，表示为了张桓侯庙，他们愿意搬迁。这种支持又一次体现了张桓侯庙所具有的突出的社会价值。

新址确定后，为了研究张桓侯庙新址的地质情况，为搬迁设计提供依据，委托地质勘探部门对张桓侯庙新址区域进行了地质勘探。勘探结果表明，新址的地下有一条岩脉，可以作为基础承托张桓侯庙的整组建筑，但岩脉较之前预先选定的张桓侯庙位置略偏东，预先选定位置的西半部有较厚的强风化泥岩，基础条件不够均匀。根据这一勘探结果，在最终的设计中，将搬迁后的张桓侯庙的位置又向东做了移动，使得整个张桓侯庙的基础都能够落在岩脉上，保证了基础的稳定。这一设计调整，使得在库区蓄水之后尽管张桓侯庙新址所在区域，由于土层受到江水浸泡，出现了局部的滑动，但张桓侯庙本体坐落在岩脉上，保证了文物的安全。

（四）张桓侯庙的搬迁设计

尽管张桓侯庙的新址是经过反复踏勘、比较后选定的，但与原址比较仍然存在着很多的差别，这些差别产生的问题就需要在设计中调整解决。需要解决的问题包括本体和环境两个主要的部分。

搬迁前的张桓侯庙是依据飞凤山的地形修建的，张桓侯庙各层、各进建筑之间的高差是由飞凤山的坡度、高差决定的。张桓侯庙的建筑造型、内部空间，特别是丰富多变的空间效果——这也是张桓侯庙艺术价值的重要表现，都是由这样的环境所决定的。但搬迁后的新址相对飞凤山则坡度较缓，高差也没有飞凤山的旧址那么大。张桓侯庙作为文物建筑，它的搬迁需要尽最大的可能性保持它所有的外观和内部空间的特征，因此张桓侯庙各构成部分的相对空间位置是不可改变的。在这样的情况下唯一的解决方法是在新址上完全重新建造一个与飞凤山张桓侯庙旧址一样的基座，再把落架后搬迁到新址的张桓侯庙在这样一个新的基座上重新组装、复原。

对新址在地形的调整上，采用了开挖和修筑并重的方法，在对地形进行初步调整的基础上，建造张桓侯庙的基座。基座采用了混凝土结构与地下的岩脉直接相连，成为张桓侯庙坚固的基础。基座按照原飞凤山地形设计，便于张桓侯庙搬迁来的构件可以直接在基座上复原，利用基座的内部空间另外设计了三层展览、办公空间，其中办公空间布置在基座的南侧。这里可以直接对外开窗，保证了较好的办公环境。同时由于这一区域位于张桓侯庙的背后，并不影响张桓侯庙原有的立面和景观效果，但却增加了张桓侯庙的使用空间，改善了展陈和使用条件。

对张桓侯庙原建筑的搬迁因为有比较成熟的经验，反而成了整个搬迁设计中相对简单的部分。落架屋顶、墙体，将仍能使用的瓦件、墙砖等包装运输到新址，在后来的复建过程中由于瓦件，特别是琉璃瓦脱釉较为严重，而进行了较多的更换。木构件编号、落架后进行修整，更换、修补糟朽部分，在新址重新复位。基座的石材同样采取编号拆除，运送到新址重新复原的处理方法。

由于新建了混凝土结构的基座，这就为解决张桓侯庙的供电、供水（包括消防管线）提供了良好的铺设条件。

工作人员对张桓侯庙极富特色的脊饰、灰塑等进行了细致的测绘，并绘制了大样图，在现场先放大样，再行恢复。

临江立面一侧通过开挖形成接近原张桓侯庙下陡崖的岩体，以获得尽可能接近原张桓侯庙的环境特征。同时也重建了原张桓侯庙周边的园林环境。西侧的溪水和瀑布则利用岩脉在这里的变化和自然地形改造而成，并顺利地恢复了原有的石桥和利用石桥桥面形成的庙前广场。不过遗憾的是，原本计划同时恢复石桥西侧的民国时期建筑，以形成完整、围合的空间，但由于该组建筑不是文物，而未能实现。

原址中有大量古树，由于同样原因无法再原址保留，设计提出搬迁到新址的对应位置上，但由于古树搬迁难度较大，成活率低，这不得不说是整个张桓侯庙搬迁的另一个遗憾之处。

（五）结论

张桓侯庙的搬迁工作于2003年完成，其得失今天已经可以清晰地感受到。这样的文物搬迁保护工程是一个系统工程，在整个工程中价值评估是一个基础的工作。在张桓侯庙的搬迁设计中的许多想法来自于对张桓侯庙价值的分析和理解，特别是对张桓侯庙文化价值和社会价值的考虑。张桓侯庙的社会价值给人深刻的印象，在张桓侯庙的建筑搬迁基本完成后，新的铜铸张飞像从成都运送进新的张桓侯庙，进入云阳后民众倾城相迎，盛况空前。这件事清楚地表明张飞、张桓侯庙在云阳民众心目中的地位，而这次搬迁保护并没有造成对张桓侯庙这种社会价值的损害。

搬迁后的张桓侯庙，保持了它在三峡三国文化链上的相对空间位置，也保持了它在长江三峡旅游线上作为名胜古迹的地位。这种地位甚至由于搬迁工程这样一个重要的事件，与三峡水利工程联系在一起，而在一定的时间段中得到了加强。通过搬迁工程对张桓侯庙的修缮，以及提供更为充分的展陈空间，张桓侯庙的文化价值得到了保护。因此从整体上讲，张桓侯庙的搬迁是成功的。

文化遗产的保护本身是一种文化资源的保护，应当对地方社会、经济发展产生积极的影响。对张桓侯庙文化和社会价值的保护是这种影响的一个方面，在坚持并向各利益相关方介绍、宣传保护原则的同时，也应当充分考虑利益相关方对于文化遗产保护促进地方发展的要求。由于我们同时也承担了云阳另外十一处文物建筑，包括城门、寺庙、民居、学校等的搬迁设计工作。我们便把这十一处文物建筑与张桓侯庙的搬迁设计一起考虑，在云阳新县城一侧规划设计了一个搬迁文物的园区。把这十一处搬迁的建筑与新县城中重要的历史遗迹磨盘寨结合在一起，成为一个能够使曾经生活在老县城的人们回忆往昔的地方，也成为新的云阳县城的一处名胜。从这里也可远眺长江对岸的张桓侯庙，二者之间构成了一种空间的联系，形成一个更广阔的文化遗产的格局。

文物建筑的搬迁是一个为了保护不得已而为之的措施，无论怎样的搬迁都会造成对文物的损害。张桓侯庙的搬迁同样也有许多遗憾之处，特别是搬迁后无法完全重现张桓侯庙原有的独特环境，新址的山势与飞凤山相比缺少了些气势，新址离长江主航道的距离较远，从主航道看张桓侯庙，其本身的气势也比原址有所减弱。这些都在一定程度上影响了张桓侯庙的艺术价值。搬迁后古树的损失也使张桓侯庙新址的环境缺少了原址的历史感，甚至也在一定程度上影响了张桓侯庙整体的艺术感染力。

三峡淹没区文物抢救保护工程是我国历史上规模最大的一次配合国家基础设施建设进行的文物抢救保护工程。这次工程促进了我国文物保护能力的提高和队伍的建设，为我国文物保护积累了重要的经验。

（清华大学　吕舟）

三　云阳张桓侯庙历史沿革及古建筑概述

（一）历史沿革

张桓侯庙传说始建于东汉末年，是祭祀蜀国名将张飞的祠宇（又名张飞庙）。明嘉靖二十年（公元1541年）撰修的《云阳县志》载："张桓侯庙在治南飞凤山隅，汉末建，元顺帝（公元1338年）勅修。"

宋朝以前不见张桓侯庙修建的记载，民国二十四年编修的《云阳县志》亦称："张桓侯庙，在县治对岸，飞凤山麓，其来已久，未审创造年时。"

最早记录张桓侯庙的史料是民国十四年在庙后灌木丛中出土的宋人陈似刻的"武烈公祠"碑记。此碑现已陈列于张飞庙助风阁墙壁上供游人观赏。其碑文曰："……宣和四年（公元1122年）二月朔，似司刑云安，初□□祠下，道狭嵚峻，遥望亘往，例拜于江北……七年（公元1125年）春正月，似渡江履登新祠，□□□神宫鬼隶，飙起雾集。回视郛□，五峰作屏，埔堞□□……而景物如画，□□朐忍胜绝之景。祠无碑刻，将何以稽经始之因。""……似诉讼岷荆，舟楫所舣，多武烈祠，喟然而叹，以为先主既定江南，益德（张飞）沂流而上，分定州县，所至驻节，无非逆旅。而英气言言，使人畏而仰之，于今庙食不泯，与孔明、云长并，非其德可怀，熟臻是耶！因以益德名亭，又摭实而为祠祀，宣和□□□□日。"（注：应为宣和七年）

张桓侯庙在宋代称为"武烈公祠、显忠庙"。（新《云阳县志》1999年版）。宋代一位叫冯当可的云阳县县尉，在《龙脊滩留题》的碑刻中也提到"武烈公祠"之事："建炎戊申（公元1128年）正月上巳日，判官李造道、司户赵执权、知县毋丘元望、县尉冯当可陪郡侯谒'武烈公祠'，逐泛江而下，散步此碛……冯当可书。"（插图一）龙脊滩即张桓侯庙下面长江中的龙脊石石梁。龙脊石上有一百多段宋代和明、清题刻。冯当可又名冯时行，在涪陵白鹤梁上亦有他的题刻。由此可见宋代的张桓侯庙是称为"武烈公祠"的。明代始称"张桓侯庙"，清代名称多样，有称"桓侯庙"、"张王庙"、"桓侯宫"、"张关庙"的。云阳县的人民群众是十分崇敬张飞的，在一个县内竟有十座张飞的庙宇，这在全国亦属罕见（表一）。

一　县尉冯当可谒“武列公祠”题记

表一　云阳县张桓侯庙统计表

乡镇名称	庙名	备注
云安镇	桓侯庙	
双江镇	桓侯庙	
南溪镇	张王庙	
	桓侯宫	光绪中重修
高阳乡	桓侯庙	康熙建、同治水毁、光绪元年重修
沙沱乡	张王庙	乾隆二十六年建
盘石乡	桓侯庙	道光中建
	张关庙	
五龙乡	张王庙	现水磨乡
	张王庙	在坳口场

注：资料摘自“民国二十四年《云阳县志》祠庙篇”。

北宋宣和之季，陈似当初见到的“武烈公祠”已是“瀑布旁注，翠蔓蒙络，巫鼓齐鸣……飨无虚日”的景象，只是祠前的“道狭嵚峻，遥望巨往，例拜于江北”。经过两年多的修葺后，于北宋宣和七年（公元1125年），当他再次履登新祠时，已是“门翼持起，堂宇靓丽、华（舫）严且丽也”的新祠面貌。进祠后又见到“神宫鬼隶，飙起雾集”的一片热闹场面。从而他才兴致勃勃地为“武烈公祠”作记。

由此看来在北宋之时张飞的庙宇早已有之，只因道狭祠坯，陈似才在江北例拜，之后，由陈似等人主持进行过一翻修葺而已。但庙宇究竟早到何时？目前尚无确证。早期的文献资料《水经注》和《华阳国志》等史籍中都不见有关张飞庙的记载，咏颂云阳地方景物的唐诗也不少，却不见关于描述张飞庙的诗句。

在汉、魏、晋、时期，云阳县是以“朐忍”为县名，县城亦不在现在的汤溪河口地方，是在距老县城西边三十里处叫“旧县坪”（亦称万户驿）的地点，在“朐忍”旧县遗址处，新中国成立曾在那里发掘出不少汉代文物。1999 年在旧县坪出土的一通永元十五年（公元 103 年）的汉碑上有“汉巴郡朐忍令”之名（插图二）。到北周的天和三至六年（公元 568～571 年）时，朐忍县始由万户驿迁至现在的汤溪河口建置新县城，并将“朐忍”更名为“云安县”，明朝洪武六年（公元 1373 年）始名“云阳县”（见云阳新县志·大事记）。

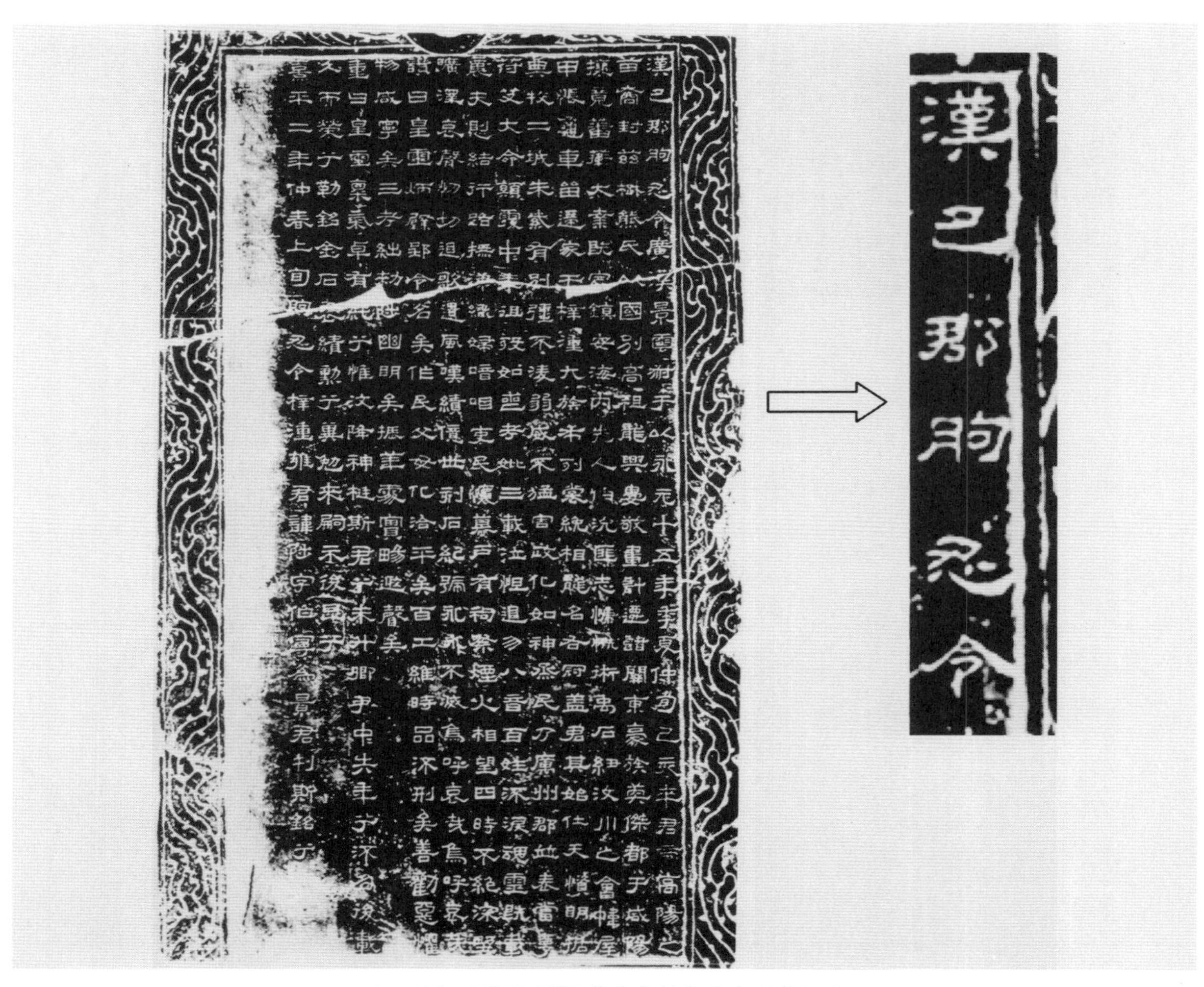

二　云阳旧县坪 1999 年出土的永元十五年汉碑

由此看来，飞凤山麓的张桓侯庙可能是在唐末或宋初时期建造的。唐宋时期南方的经济也很发达，特别是南宋期间，北方大部为金人占据，宋朝的政治中心南移至“临安”后长江流域的商业、交通更加繁荣，在涪陵的白鹤梁和云阳的龙脊石等处，都留下了数百款宋代的名人和官员题刻、游记，即是长江流域繁盛的有力佐证。随着川东地区商业经济的繁荣和交通运输的发达，寺庙建筑也就应运而生地发展和兴盛起来了。这就是张桓侯庙能在唐末宋初时期在云阳新城的飞凤山兴建的政治、经济的基础。

张桓侯庙得建于唐末宋初之季，应是人们对张飞英勇豪放精神的崇敬和爱戴，也是人们和地方官员在心灵世界需要塑造一个“神灵”来保佑和安慰自己的心理需求。

在《华阳国志》、《蜀鉴》和《三国志演义》等书中都有关于张飞遇害的记载。《华阳国志·刘先主志》载：“章武元年（公元221年）六月，先主（刘备）将东征，以复关羽之耻，命张飞率巴西万兵，将会江州（今重庆），飞帐下将张达、范缰杀飞，持其首级奔吴。初飞（张飞）勇冠三军，俱称万人之敌。羽（关羽）善待小人而骄士大夫；飞爱敬君子而不卹小人，是以皆败。先祖常戒之曰：卿刑杀过差，鞭挞健儿，令在左右，此取祸之道，飞不悟，故败。”宋人郭允蹈编撰的《蜀鉴》二卷中亦有张飞遇害的记载：“章武元年（公元221年）昭烈自率诸军击孙权，张飞自阆中会江州，飞将张达、范缰杀飞以奔孙权。”

而民间的传说更为丰富多彩，其主要内容是说：“三国时代，吴、蜀之间长年交兵，张飞的部将范缰和张达因不满张飞的鞭挞、专横，趁张飞醉卧之际，将其杀害，取下头颅直奔东吴请赏。途经云阳时得知吴、蜀和好，慌乱之中将张飞头颅抛入江中。”渔民捞起头颅葬于飞凤山麓，并邀集民众修起了最早的张桓侯庙。这就是张飞“身葬阆中，头葬云阳”的悲壮传说。张桓侯庙成为渝东胜景的美誉流传至今。

一位驾驶轮船首航川江的英国人阿奇博尔德·约翰·立德（中文名立德乐），在一百多年前的光绪九年（公元1883年3月27日），游览张飞庙后在其游记《扁舟过三峡》一书中说：“这是我看到的最为美妙的东方美景。”他还拍摄了一张最早的张桓侯庙全景照片。照片上结义楼下的外墙上是光绪三年湖北麻城李载庵书写的“灵钟千古”四个大字。据说后来因“灵钟”两个繁体字远看笔画不清，民国初年由当地书法家彭聚星写了“江上风清”四个大字予以取代。“文革”中“江上风清”四字又被剥去而改写上“毛主席万岁”的标语。1982年原文管所张治安所长在维修张桓侯庙时恢复了“江上风清”四字。到2003年张桓侯庙迁建时仍恢复“江上风清”字体的原貌，而将“灵钟千古”四个大字复原在古桥西边得月亭外面的条石墙基上，保存了文物的原貌，供游人观赏。

（二）现存建筑简述

张桓侯庙始建于东汉末，只是一种传说，尚无可靠的佐证。有史料证明的可靠年代，应是北宋宣和年间刑曹陈似的“武烈公祠”碑记。张桓侯庙在宋代叫“武列公祠”。

由于历史的沧桑变迁，张飞庙建在地势不高的江边。由于受历代多次洪水灾害的摧毁、浸泡及木结构本身的虫害腐朽等原因，宋代的祠宇建筑早已不复存在。后经历代多次的维修和重建，现存的张桓侯庙建筑是清代中晚期实物。它是一组在原有庙基上逐步扩大的依山而建的砖、木、石混合结构建筑群体。现存庙宇的主体建筑面积在1581平方米左右，因山体地形所限，庙宇的平面布局只能分上、下两层台基依山势错落建造。

下层建筑：山（大）门、结义楼、东西厢房、戏台、望云轩、邵杜祠、杜鹃亭。

上层建筑：大殿、偏殿、助风阁、侧廊、陈列室。现将各个单体建筑的构造形式和建造年代简述于下：

1. 大门、结义楼、东西厢房

大门西向，设在紧靠西厢房底层的西风火墙上。穿斗结构，歇山式褐色琉璃筒瓦顶。大门西向偏北30度成为斜门。石柱门框，大门檐柱间宽3.6米，柱高3.3米。门楣上石刻“张桓侯庙”匾额一通。

结义楼是下层建筑群中的主要建筑。正方形平面，为重檐（向江的正面为三重檐）四角攒尖顶的三层穿斗式楼阁建筑。清同治十二年（公元1873年）重修（见大樑下面题字）（插图三）。底层的面宽和进深都是三间，即明间和左右各两个次间组成底层平面，面宽6.65米，进深6.65米。整体梁架为穿斗式三层楼阁构造，底层用八根檐柱和四根金柱与樑枋相连形成框架结构。底层高3.3米。二层原为戏楼，层高3.19米，楼顶中部用斗八藻井装饰，显得庄重大方。三楼高4.41米，有门窗格扇和回廊可向四周遥望，大江风光及县城全景尽收眼底，是观景、休闲的最佳景点。

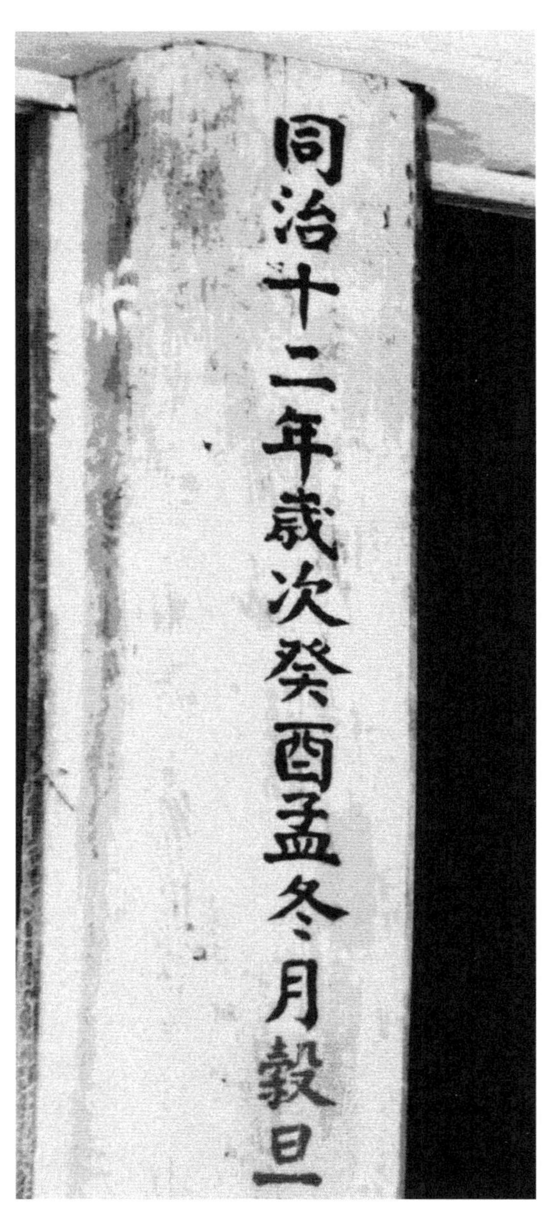

三　结义楼大梁同治十二年题字

各层屋檐下面用罗锅椽与樑枋相连。椽上施曲形望板隔尘。翼角用雕花斜撑支撑屋角上翘。

屋面原为黄琉璃瓦，经多次维修后添加了一些褐色和绿色琉璃瓦，便形成了现在的“多彩”屋顶。复建时经专家会议决定，统一恢复原来的黄琉璃筒瓦屋面。用镂空纹饰脊砖加灰塑做成垂脊和宝顶，并施以青花瓷片贴面。翼角为灰塑卷草纹样，宝顶中央用绿、黄色陶瓷器相间叠砌，中心以铁杆将重叠的陶瓷器串成锥形。宝顶四面以麻刀青灰塑镂空花纹加固，将屋顶的四条垂脊与中心的宝顶有机地联成一体，使整幢房屋建筑显得坚固灵动，呈现盝式屋顶的形状。在第一层楼檐下的石砌台基外，用麻刀灰塑“江上风清”颜体楷书四字，使结义楼建筑形体飘逸潇洒，有深厚的巴渝地方色彩。

东西厢房是结义楼左右的配套建筑，穿斗式七架椽悬山式房屋结构，曲尺形平面，底层高3.3米，二层高3.19米。东西厢房二层与结义楼二层戏台楼面高度相等，应是戏楼的左右包厢看台。东西厢房通高9.16米，小青瓦屋面，周围施砖砌风火墙与结义楼连接成为一个整体。

东西厢房与大门的建造年代，应与结义楼相同，即清同治十二年（公元1873年）。

戏台在结义楼的正对面，穿斗式歇山顶一面坡小青瓦屋面，背靠大殿正面台基外墙。民国年间修建。

2. 望云轩、邵杜祠

望云轩：紧靠结义楼东侧，穿斗悬山式两端加风火墙结构。十架椽小青瓦屋顶，通面宽19.44米，通进深14.69米，通高6.19米。四合院平面。中央天井3.49米×15.7米，因地平面低于结义楼1.36米，以石砌园门，踏步与结义楼相通。分前后两厅，每厅各五间：即明间宽5.2米，两次间各宽3.5米，两梢间各宽3.36米。

邵杜祠：为望云轩东侧之偏房。穿斗硬山式，小青瓦屋顶，面阔三间共宽5.55米，进深7.6米。民国年间建造，为张桓侯庙的附属建筑。现为碑刻陈列室。

3. 杜鹃亭

杜鹃亭（亦名睡仙楼），位于张桓侯庙下层台基的最东端。穿斗式重檐五脊顶构造。在一、二楼之间加一夹层，实为三层结构。长方形平面，面阔三间，通长11.70米，三间通进深7.45米。底层共用十二根檐柱和八根金柱构成框架。一楼（加夹层）高8米，二楼高2.26米，亭身通高17.09米。亭后紧靠基岩有石踏步与上层房屋建筑相通。

清光绪元年（公元1875年）建（见大梁下面题字），原为绿色琉璃瓦顶，后经多次维修掺杂了不少黄褐色琉璃瓦，便形成了杂色多彩屋面。复建时仍恢复绿琉璃瓦屋面，镂空青灰砖砌脊，宝顶以黄绿色陶瓷器加铁杆串连而成。两重檐下面用罗锅椽与梁枋相连，椽上施曲形望板覆盖。

远望杜鹃亭，屋脊低垂，翼角高翘。二楼装饰门窗格扇，有回廊四面远眺，大江帆影、云城楼阁尽收眼底。

4. 大殿

大殿位于张桓侯庙上层台基的西端，清道光元年（公元1821年）建（见大梁下面题字）（插图四）。殿宇为穿斗的厅堂式建筑，厅堂两端及后墙用0.34米厚的砖墙和两端的风火墙封护，使大殿建筑形成一个坚固的整体。下层戏台紧靠大殿正面台基，戏台两边建有踏步和下层的结义楼建筑群体相通。大殿（正殿）是供奉张飞塑像和他生平故事的主要殿宇，是整个张桓侯庙的主要建筑。

大殿面阔五间，通长 17.23 米。进深四间，通进深 7.96 米，殿身通高 8.42 米。大木梁架为檐柱、金柱、中心柱构造。两面坡屋面，前后共用十四架椽构成房架。灰筒瓦屋面，镂空青砖脊饰，黄绿色陶瓷器加灰塑做成宝顶。大殿建筑整体庄严凝重。

四　大殿大梁道光元年题字

5. 偏殿

偏殿紧靠大殿东墙，是因地而建的过渡建筑，因而平面呈菱形。正面加抱厦，面阔两间，长 7.46 米，进深 6.47 米，穿斗式两端加风火墙构造。小青瓦屋面，青灰塑脊，是供奉张飞娘娘及其家人塑像的殿宇。

6. 助风阁

助风阁在张桓侯庙上层台基的中部，重檐六角攒尖顶的楼阁建筑。穿斗式樑架结构。六边形平面，每边面宽2.36～2.38米不等。一层高6.08米，二层高3.23米，顶高4.51米。阁体通高13.82米。黄琉璃瓦屋面，灰塑脊式和宝顶。

助风阁清光绪元年（公元1875年）建（见大梁下面题字），是张飞庙最高的建筑。翼角高翘，突显玲珑、飘逸、潇洒的地方风格。

7. 侧廊

侧廊在上层台基东侧，西面与助风阁相连，东接陈列室山墙，长方形平面，通宽18.36米，进深3.36米，砖墙硬山式穿斗结构。通高6.87米。两面坡小青瓦屋面，靠助风阁一端外加抱厦一间，前坡加抱厦六架椽，后坡用三架椽构成屋架。建造年代应与助风阁同时，即清光绪元年。

8. 陈列室

陈列室在上层台基的最东端，砖木结构，硬山式小青瓦顶，面阔五间，通宽21.70米，进深4.04米。1982年原文管所新建。现作张桓侯庙展品陈列用。

（三）张桓侯庙历代变迁考释

张桓侯庙早在北宋末年的宣和时期就已存在，这有准确史料可证，同时也在张桓侯庙遗址的考古发掘中得到有力的证实（插图五）。2002年11月古建筑拆除后，陕西省考古研究所即开始进行遗址的地下部分发掘工作。从2002年11月14日至2003年4月10日，将近半年的遗址发掘工作中，共发掘了1285平方米的庙基面积，发现了大量的历代建筑基础痕迹，并出土各类遗物155件。其中主要有宋代8件、元代7件、明代25件、清代81件。所发现的建筑遗迹中最早也只能推断到宋代，考古结果也证明张桓侯庙早期的建筑应始于宋代，明代较盛，清代是张桓侯庙的鼎盛时期（详见《云阳张桓侯庙遗址发掘》）。

文献资料和考古发掘都充分证明，飞凤山麓张桓侯庙的建造年代，应在云阳县城从旧县坪迁来汤溪河口之后的唐末宋初，但唐宋时期的庙宇建筑，由于长江频繁的洪水灾害，早已因水患而荡然无存了。

据考古和水文部门的研究资料统计，渝东地区的长江河段，历代曾发生过六次特大洪水，而每次洪水经过张桓侯庙的洪峰高程都在海拔142～152米之间，而建在海拔135米高程以下的张桓侯庙必然累遭洪水的浸袭和冲毁。

张桓侯庙曾遭受洪水为害的年份有：宋绍兴二十三年（公元1153年），宋宝庆三年（公元1227年），明嘉靖三十九年（公元1560年），清乾隆五十三年（公元1788年），清嘉庆元年（公元1796年），清同治九年（公元1870年）等六个年份（表二、三）。

五　宋代张飞庙复原示意图

表二　张桓侯庙六次大洪水高程比较表

洪水序位	公元纪年	朝代	忠县洪水高程（吴淞基面）	张飞庙洪水高程	备注
1	1870 年	清同治九年	162. 16 米	150. 58 米	此洪水题记刻于张飞庙杜鹃亭岩壁
2	1227 年	宋宝庆三年	159. 55 米	147. 97 米	减 11. 58 米河床落差得出张飞庙洪水高程
3	1153 年	宋绍兴二十三年	158. 35 米	146. 77 米	减 11. 58 米河床落差得出张飞庙洪水高程
4	1560 年	明嘉靖三十九年	155. 98 米	144. 40 米	减 11. 58 米河床落差得出张飞庙洪水高程
5	1788 年	清乾隆五十三年	153. 43 米	141. 85 米	减 11. 58 米河床落差得出张飞庙洪水高程
6	1796 年	清嘉庆元年	153. 28 米	141. 70 米	减 11. 58 米河床落差得出张飞庙洪水高程

注：据表三推算出本表。忠县城至云阳张飞庙约 145 公里，按长江上游河床落差平均比降为千分之一计算，张飞庙洪水高程应比忠县约低 11. 58 米，以此方法计算，又以 1870 年杜鹃亭旁岩壁“大清同治九年洪水”题记为佐证，计算出以上张飞庙洪水高程数据。

表三　重庆市忠县附近历代洪水大小序位比较表

洪水序位	公元纪年	题记地点	题记内容	海拔高程（吴淞基面）	备注
1	1870 年	胜利路一巷	庚午年大水。	162. 219 米	在县城内
		顺河街土地庙	同治庚午六月中，大水至此。	162. 16 米	在县城内
		翠屏山	同治九年，六月二十日，大水至此。	160. 69 米	在县城南岸
2	1227 年	汪家院子	宝庆三年，丁亥，去癸酉七十五年，水复旧痕高三尺许……	159. 55 米	在县城下游约 2 公里处
3	1153 年	汪家院子	绍兴二十三年，癸酉，六月二十六日，江水泛涨……	158. 35 米	在县城下游约 2 公里处
		选溪沟	绍兴二十三年，六月二十七日，水此。	156. 35 米	在县城下游约 3 公里处
4	1560 年	李家石盘	庚申，嘉靖三十九年，七月二十三日，大水至此。	155. 98 米	在县城内
5	1788 年	斜石盘	乾隆五十三年，六月□三大水，至此。	153. 43 米	在县城内
6	1796 年	斜石盘	嘉庆元年，六月十三日，大水至此。	153. 28 米	在县城内

注：此表摘自《四川两千年洪灾史料汇编》一书（文物出版社 1993 年出版）

结义楼下面的三层石砌台基，就是每次洪水灾害过后重新修复庙宇时逐渐升高的结果。第一层台基应是宋代庙宇的早期屋基，第二层可能是明代或清代早期加高的台基，而第二层台基又与石桥桥面持平，说明石桥与二层台基应属同时期建造。第三层台基是清同治九年的特大洪水冲毁庙宇之后，于清同治十二年（公元 1873 年）重建结义楼时升高的。考古发掘时地下出现的多重叠压的房屋基础，也是历次洪水冲毁庙宇后留下的遗迹。

宋代前的张桓侯庙不大。宋代有个叫安刚中的文人在《张桓侯庙记》中说："……帷是庙宇，兴建岁久，行廊烂颓，往来咨嗟……首议修缮，自捐金帛，众趋成之……撤去卑陋，增饰轮（奂），开展地基，比旧加倍。"（《云阳县志》民国二十四年版）

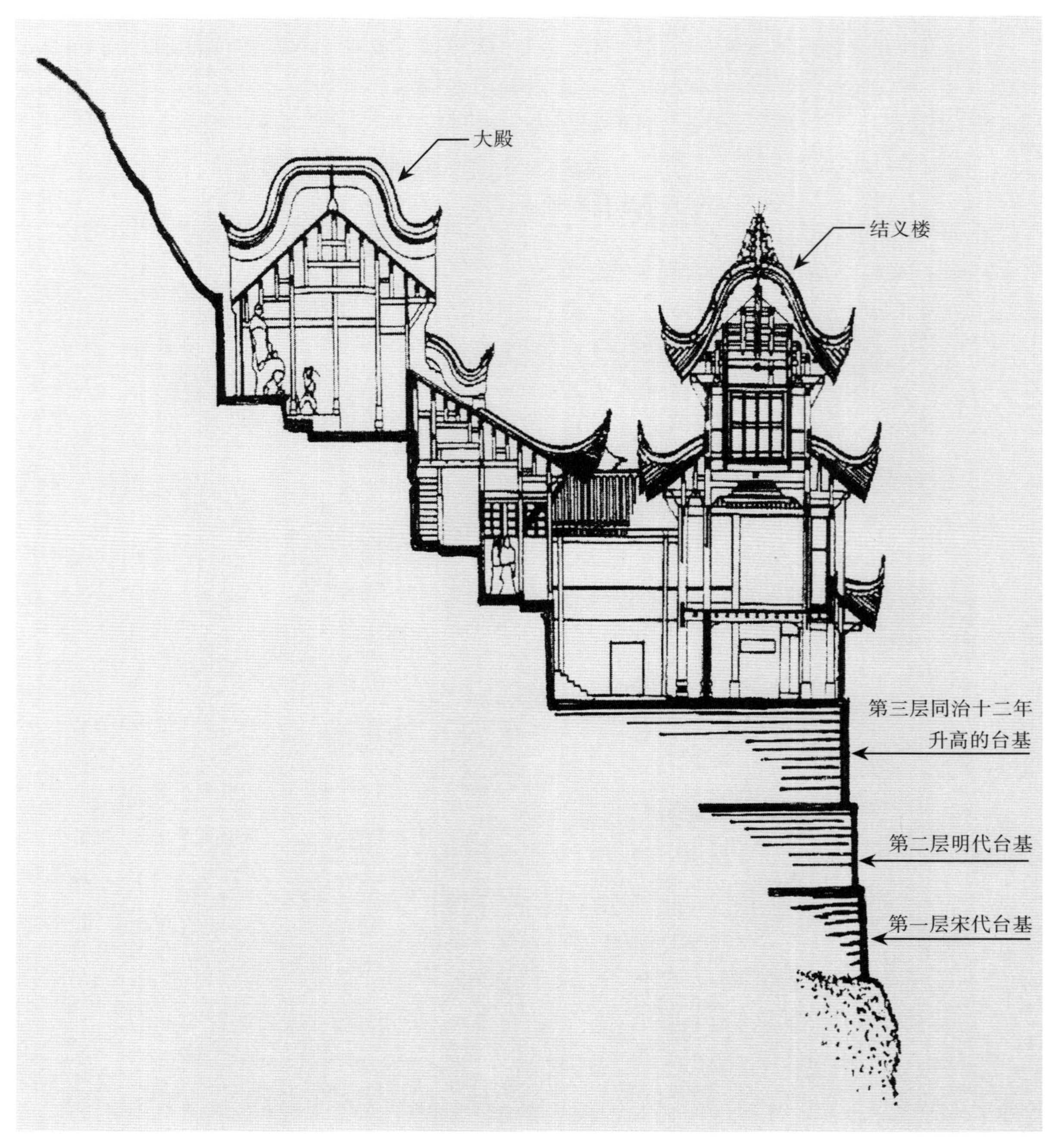

六　结义楼升高与大殿视角效果示意图

新修《云阳县志》亦说："张桓侯庙经过多次修葺、扩建，其中最主要的有两次，北宋宣和年间进行第一次大规模扩建……杜鹃亭一线以西所有房屋，面积1000余平方米。清同治九年，长江发生有史以来特大洪水，将正殿、偏殿以外的下层所有建筑冲毁，张桓侯庙迎来第二次大规模扩建，同时向东扩展并加高台基，形成一组规模更加宏大、气势更加雄伟的古建筑群。"（《云阳县志》1999年版）

杜鹃亭原在长江北岸的县府前面，明嘉靖廿年编修最早的一部《云阳县志》中载："杜鹃亭，治（县府）南三十步，古有杜鹃鸣于巨石，故名。"又载："水阁：县江南飞凤山东。"这说明杜鹃亭原来并不在张桓侯庙，而是在北岸县府前三十步的地方，因常有杜鹃鸣叫于巨石上而得名，也非为纪念杜甫所建。明清时期庙宇多次被洪水冲毁之后，在重修或扩建时将原来的"水阁"改名为"杜鹃亭"。

据当地老人们说："张王庙除洪水外，曾发生过三次大火。"看来历代的水火灾害，是造成张桓侯庙沧桑变迁、不断兴废的重要原因。

综观张桓侯庙建筑群体的总平面图，看不出一个完整的、纵向和横向的轴线，这不符合中国古代建筑的传统规律。出现这种有违传统建筑规律的现象，是历次庙毁后维修扩建时造成的，也就是每次庙毁维修时因地势所限而局部改建或扩建时形成的。这些因地制宜的局部改建或扩建的结果，不但改变了原来的平面布局，也改变了张桓侯庙原有的功能和视觉效果，最明显的是大殿和结义楼的关系。清代中期（道光元年）修建的大殿，张飞塑像的视线应是俯瞰江面过往航船的一路平安和"送风卅里"。由于同治九年特大洪水灾害后，结义楼一线的建筑群被洪水冲毁，清同治十二年重建结义楼时，为防洪水又将石砌基础升高了4米多，当结义楼的建筑也同时升高后就遮挡了大殿内张飞神像俯视大江的视线效果，因而造成不与原建筑上下呼应协调的总体关系（插图六）。沧桑变迁及因地制宜的随意修建，是张桓侯庙建筑缺乏总体协调，没有完整轴线的主要因素。

四　云阳张桓侯庙明、清瓦当滴水图案艺术简介

中国房屋建筑自古多为土木构造，台基、梁柱、瓦顶是中国木结构建筑的三大组成元素。屋顶又是遮风避雨保护整个建筑物体最重要部分。上古时期先民们用茅草或植物的杆叶来做屋顶，据文献和考古资料证实，早在3000多年前的西周时期，周人在陕西的周原地区建造宫室时，已全部使用筒瓦和板瓦建造房屋。秦汉更是使用瓦件的鼎盛时期，秦、汉瓦当上的图案纹饰艺术价值很高，深受中外学者的赞美。有名的“秦砖汉瓦”就是中国古代的重要建筑材料。

早期的瓦当呈半圆形，在瓦当上刻划出阴线花纹。秦汉时期始为圆形，并用范模翻制出浮雕效果的图案纹饰瓦当，其造型绚丽多样，有千百种图案纹饰的秦、汉瓦当留传至今（插图七）。秦、汉瓦当以美丽的古文字、动物、植物、神话故事组成瓦当图形。古代的匠师们，仅在一个小小的十余厘米见方的范围内，创造出千变万化、光彩夺目、十分精美的瓦当艺术佳品。千百年来瓦当已是我国建筑材料中不可缺少的重要部分，可以说没有瓦当的古典建筑，就算不上是一个完美的中国民族建筑。

张桓侯庙在搬迁的过程中，留下了不少瓦当和滴水的残件。瓦件是易碎的材料，在拆迁后的原庙址工地上，常可捡到一些精美的瓦当、滴水残件。经数月的收集、整理，当张飞庙迁建工程完成后，收集到52种不同纹饰的瓦当、滴水和铭文砖件，又在原庙基遗址的考古发掘中收集到四件出土的瓦当。总共收集到56种张桓侯庙不同时期的瓦当、滴水和铭文砖件。张飞庙的瓦当、滴水图案题材内容极为丰富多彩，亦以神话（龙虎）、动物、花卉、祥瑞、福寿文字为主，纹饰构图灵活生动，民间风味极浓，是集巴渝地区民间工艺之大成者。这批瓦件实物，是三峡库区文物迁建保护工程的见证，已由重庆中国三峡博物馆收藏并部分展出。

瓦当，俗称瓦头，是筒瓦前端下垂处的名称。滴水，为板瓦前端下垂部位之名。早期只见瓦当尚无滴水发现。明清之际瓦当又称为“勾头”，滴水亦普遍使用，各个时期虽名称各异，实为同物而异名。筒瓦当呈圆形，小青瓦当多为扇形，滴水多呈三角形和半圆形。

当者，挡也，有阻挡风雨之意，滴水是为引滴屋面水流之用，故以“滴水”名之。它是中国古典建筑中一种独特的装饰和实用物件，蔽护木质屋檐不受风雨浸蚀，起到保护和延长建筑寿命的作用。它以整齐划一的图案纹饰横列在屋顶四周，像一串串美丽的珠链悬挂在空中，呈现出强烈的视觉效果，使中国古代建筑更加绚丽多彩、气势辉煌（插图八、九）。

西周：半圆瓦当　　西周：半圆瓦当

秦：龙纹瓦当　　秦：鹿鸟纹瓦当

汉：千秋万岁瓦当　　汉：长乐未央瓦当

汉："四神"之青龙瓦当　　汉："四神"之白虎瓦当

七　西周秦汉瓦当图样

八　结义楼筒瓦瓦当滴水图样

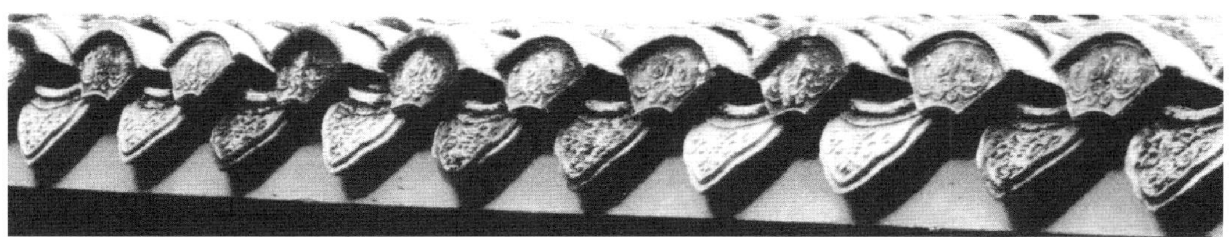

九　望云轩小青瓦瓦当滴水图样

一〇　明代瓦当滴水图案拓片

一一　清代瓦当滴水图案拓片

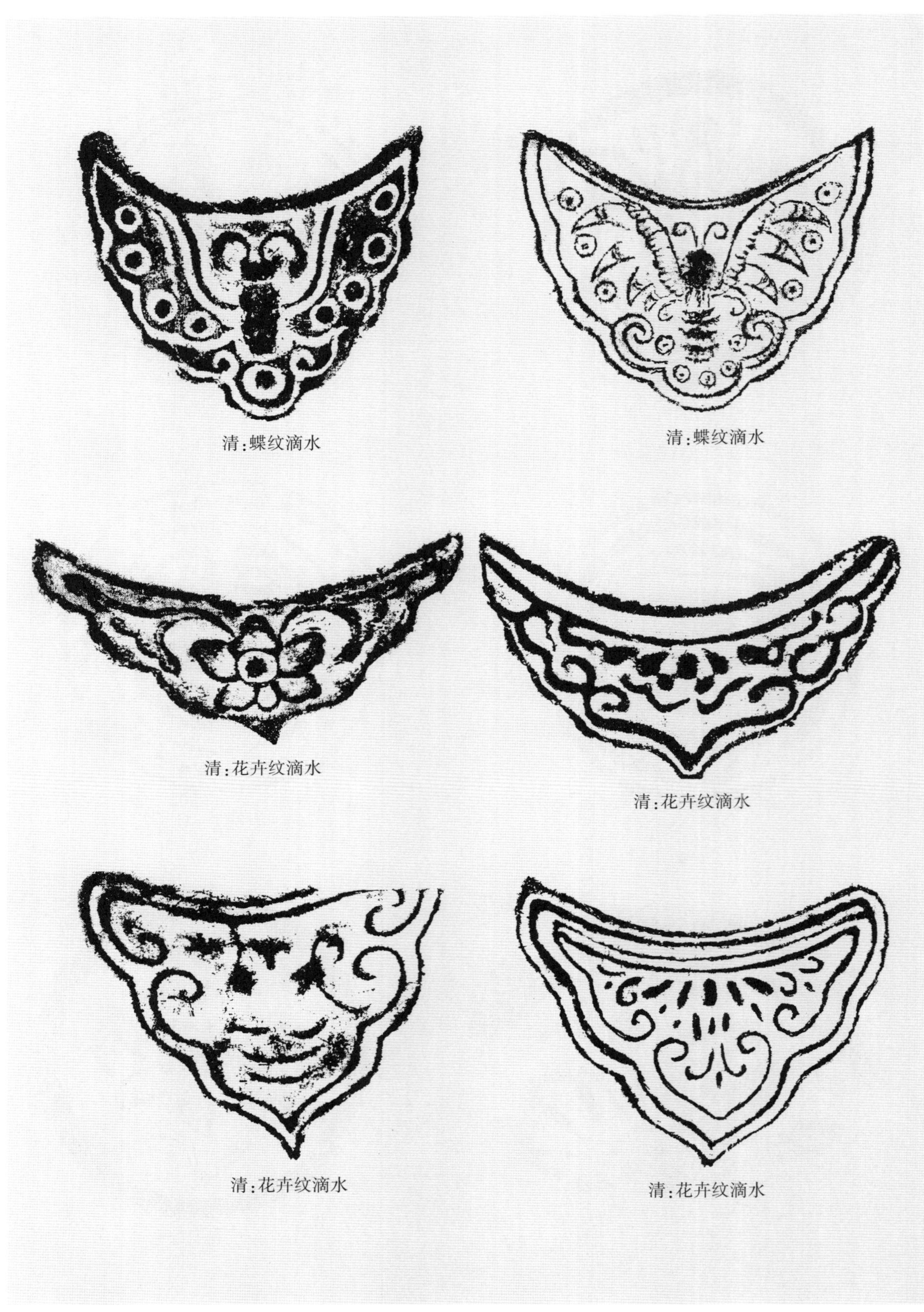

一二　清代瓦当滴水图案拓片

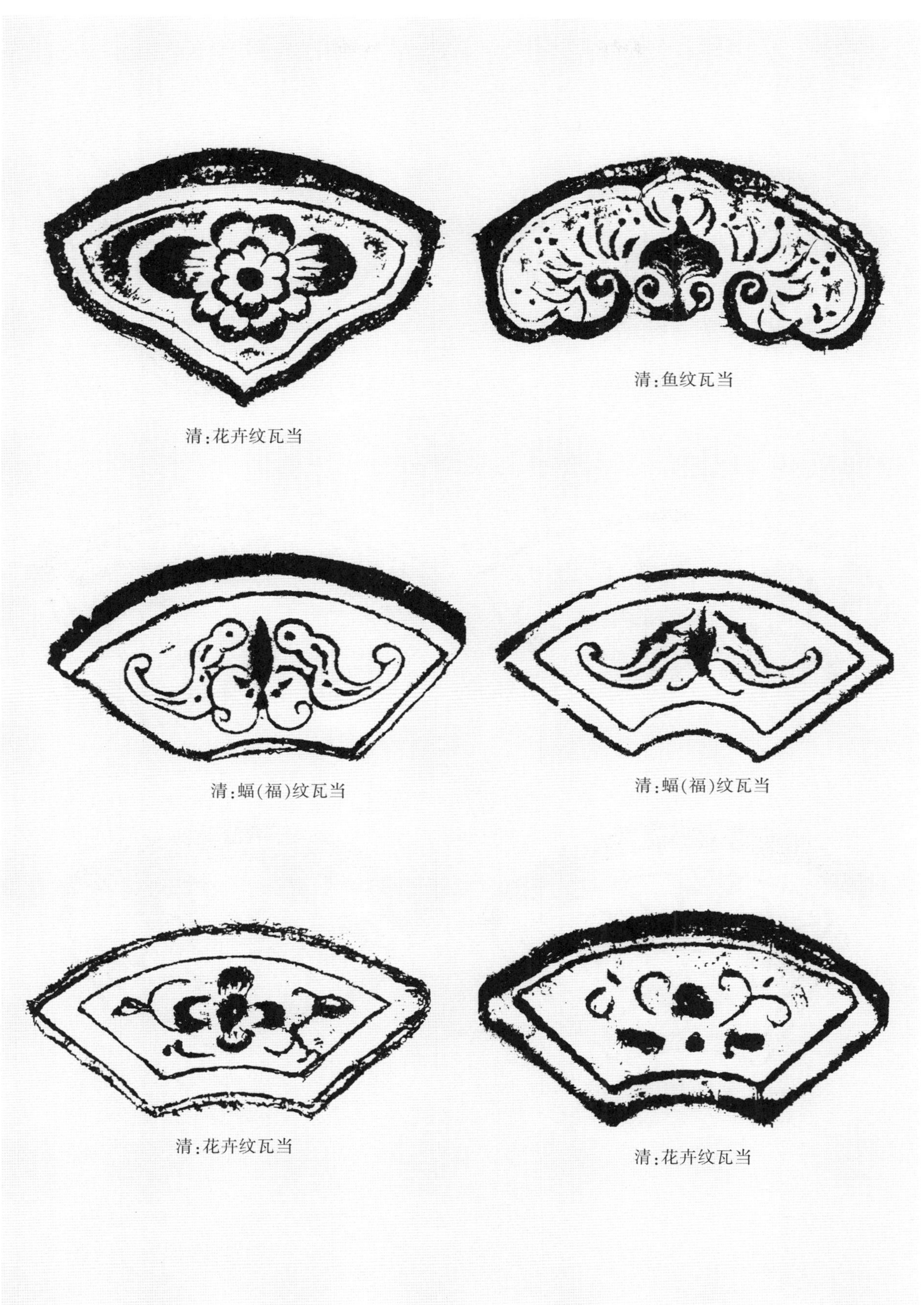

清:花卉纹瓦当

清:鱼纹瓦当

清:蝠(福)纹瓦当

清:蝠(福)纹瓦当

清:花卉纹瓦当

清:花卉纹瓦当

一三　清代瓦当滴水图案拓片

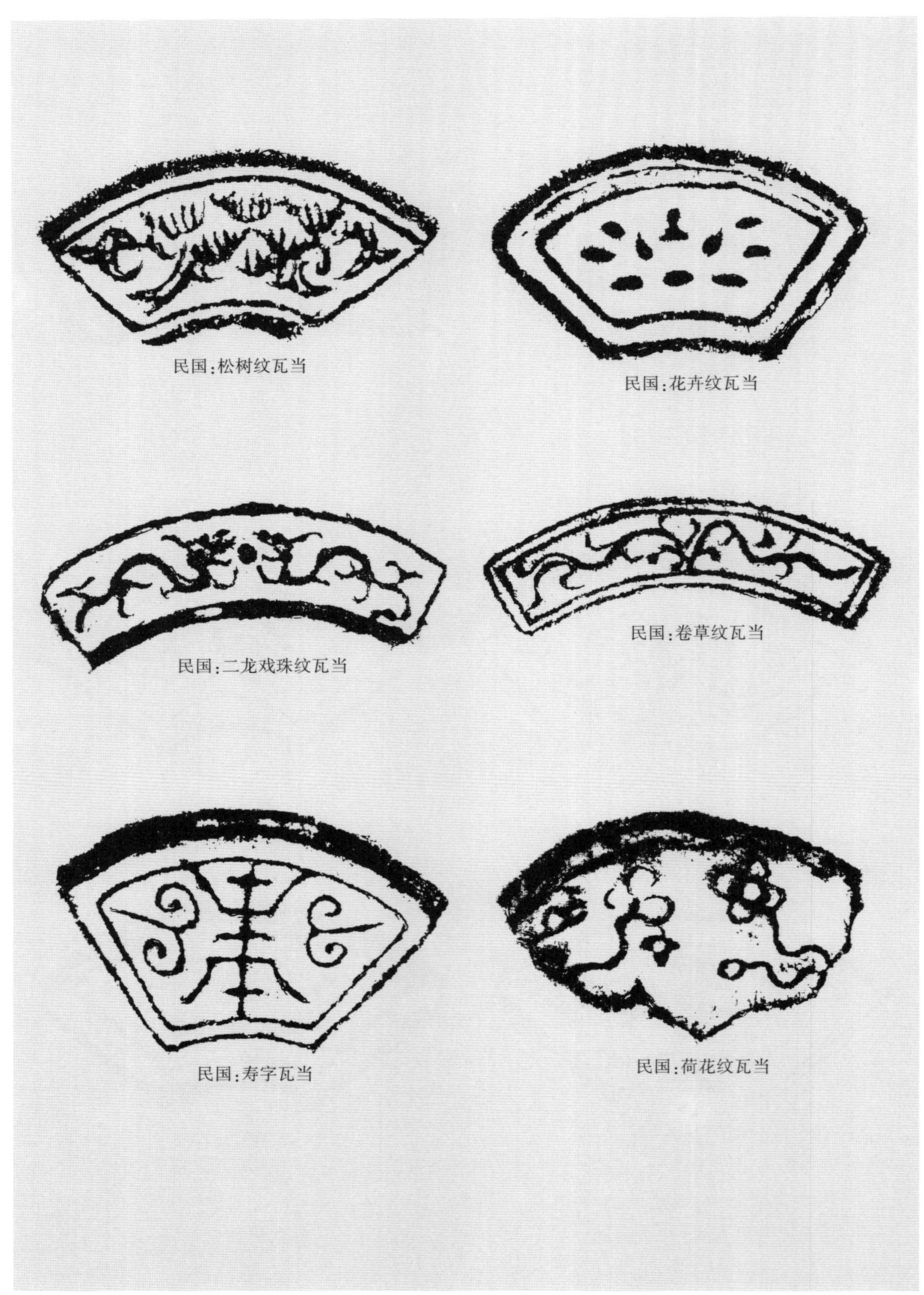

一四　民国瓦当滴水图案拓片

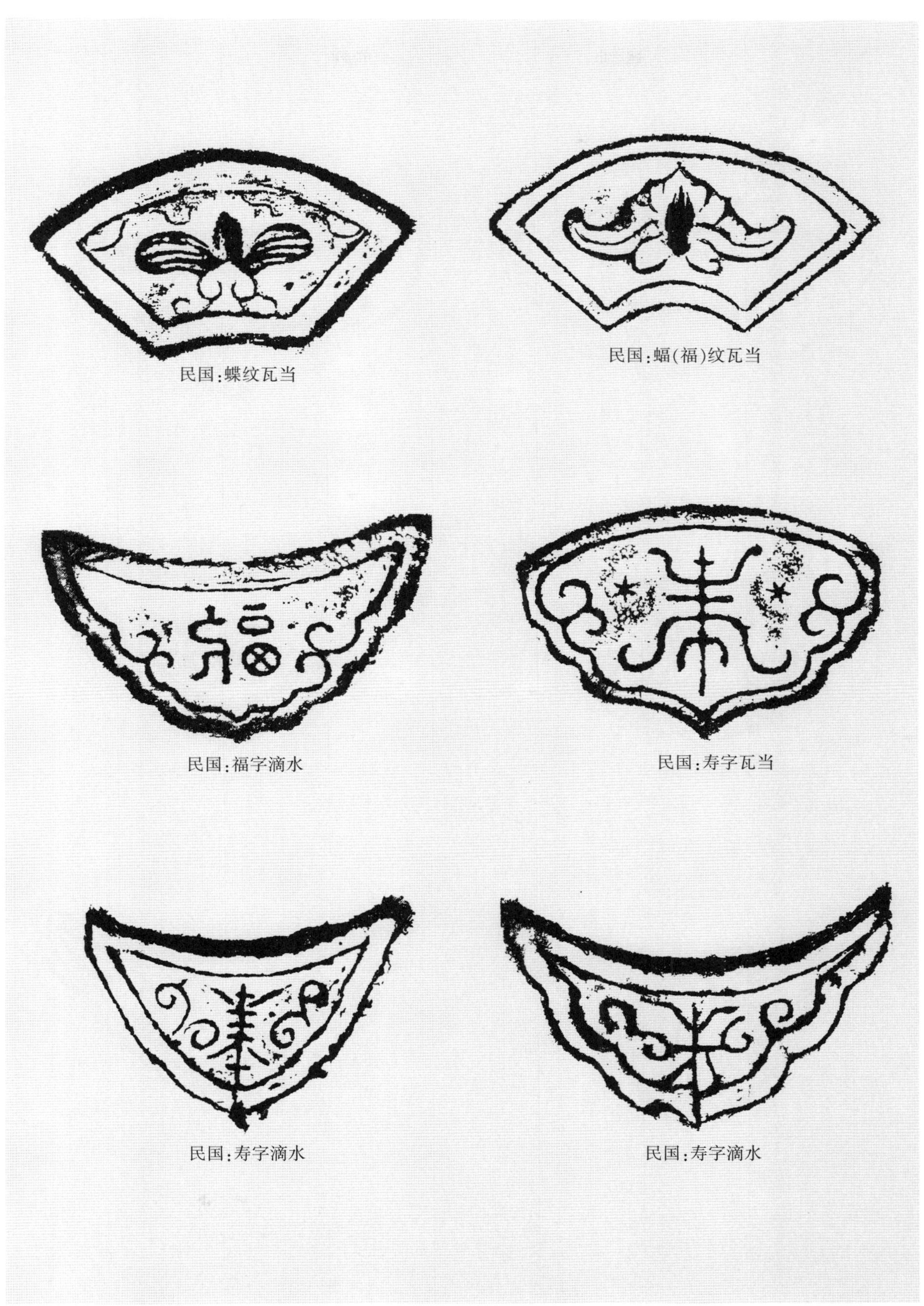

民国：蝶纹瓦当

民国：蝠（福）纹瓦当

民国：福字滴水

民国：寿字瓦当

民国：寿字滴水

民国：寿字滴水

一五 民国瓦当滴水图案拓片

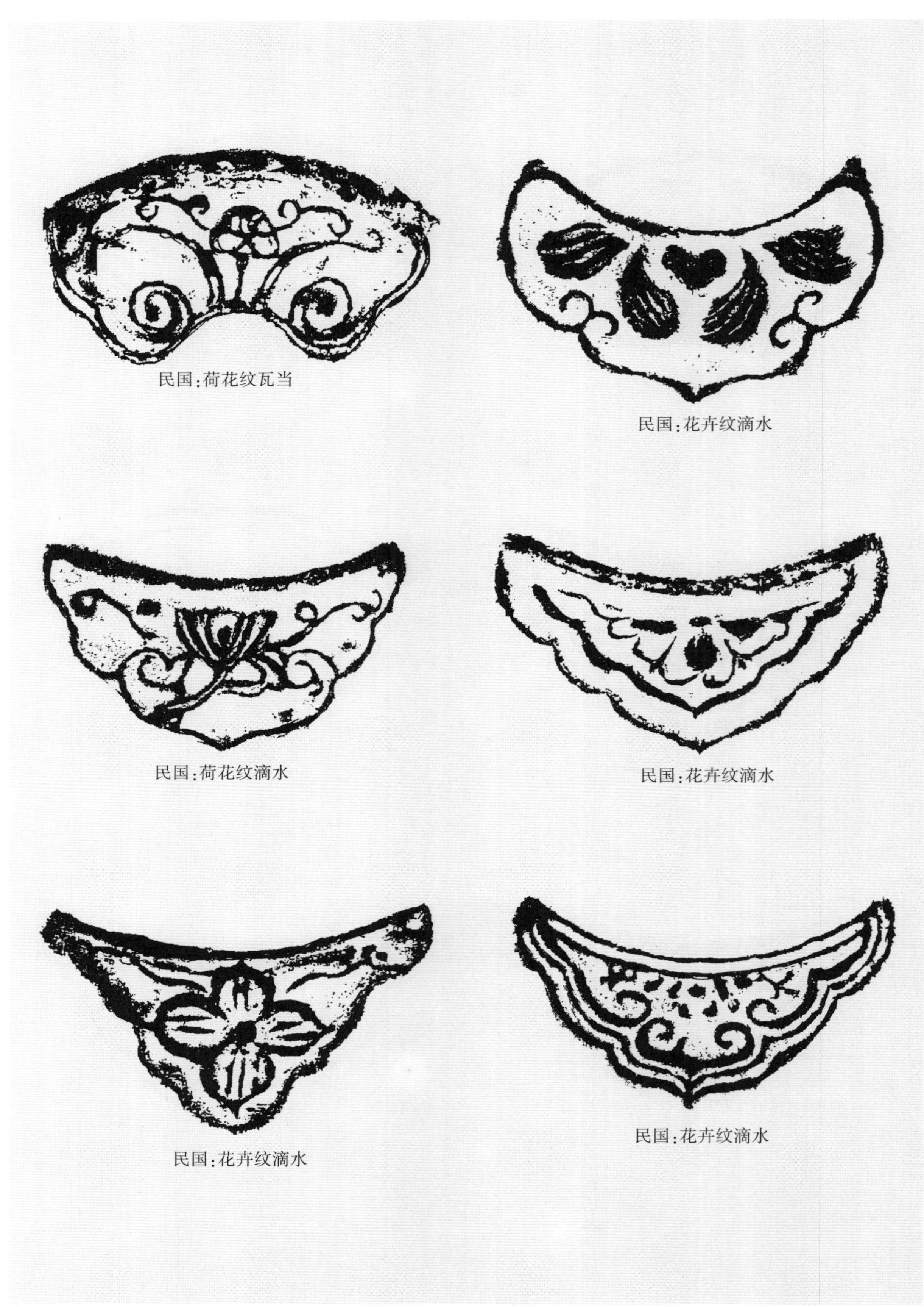

一六　民国瓦当滴水图案拓片

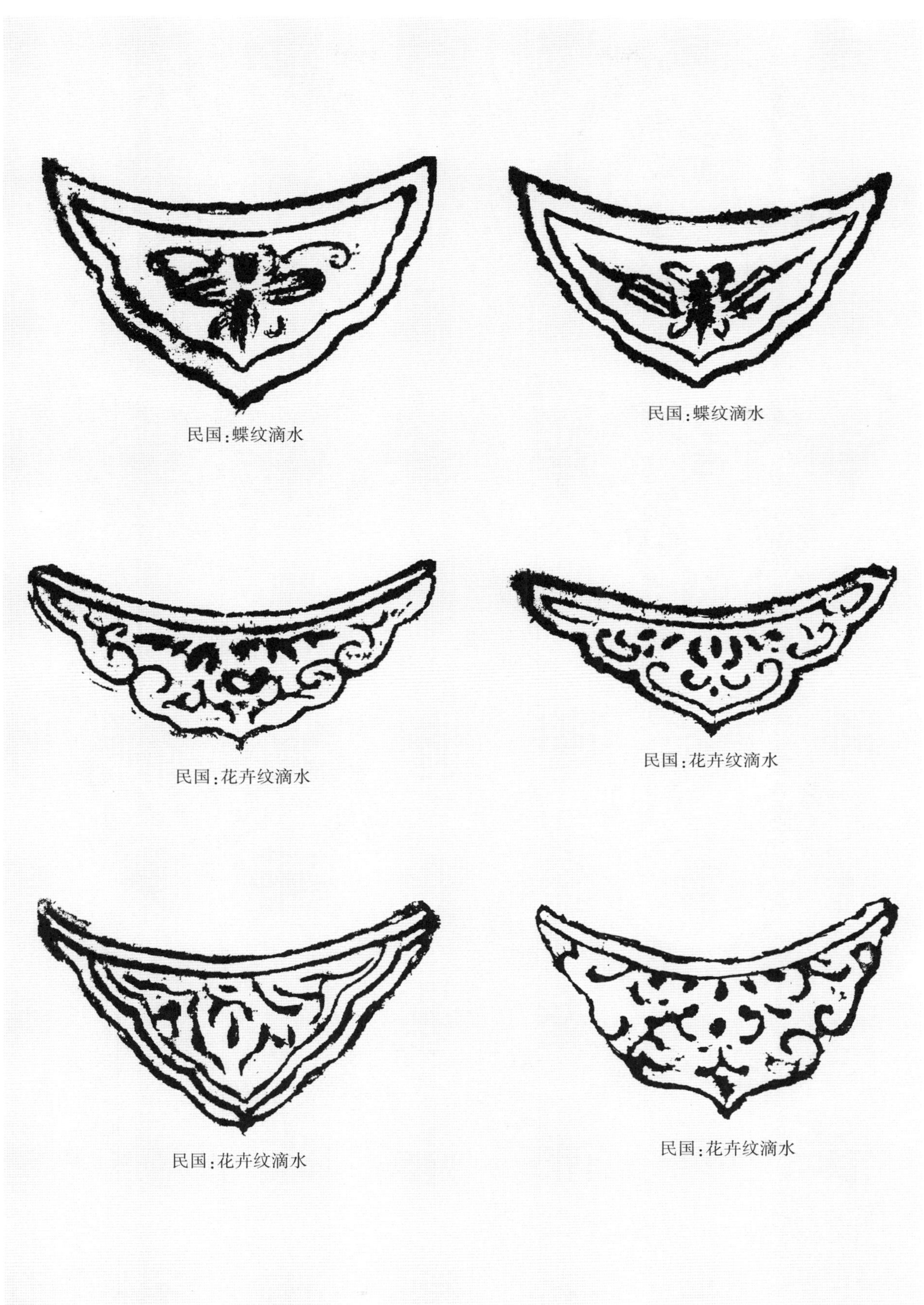

一七　民国瓦当滴水图案拓片

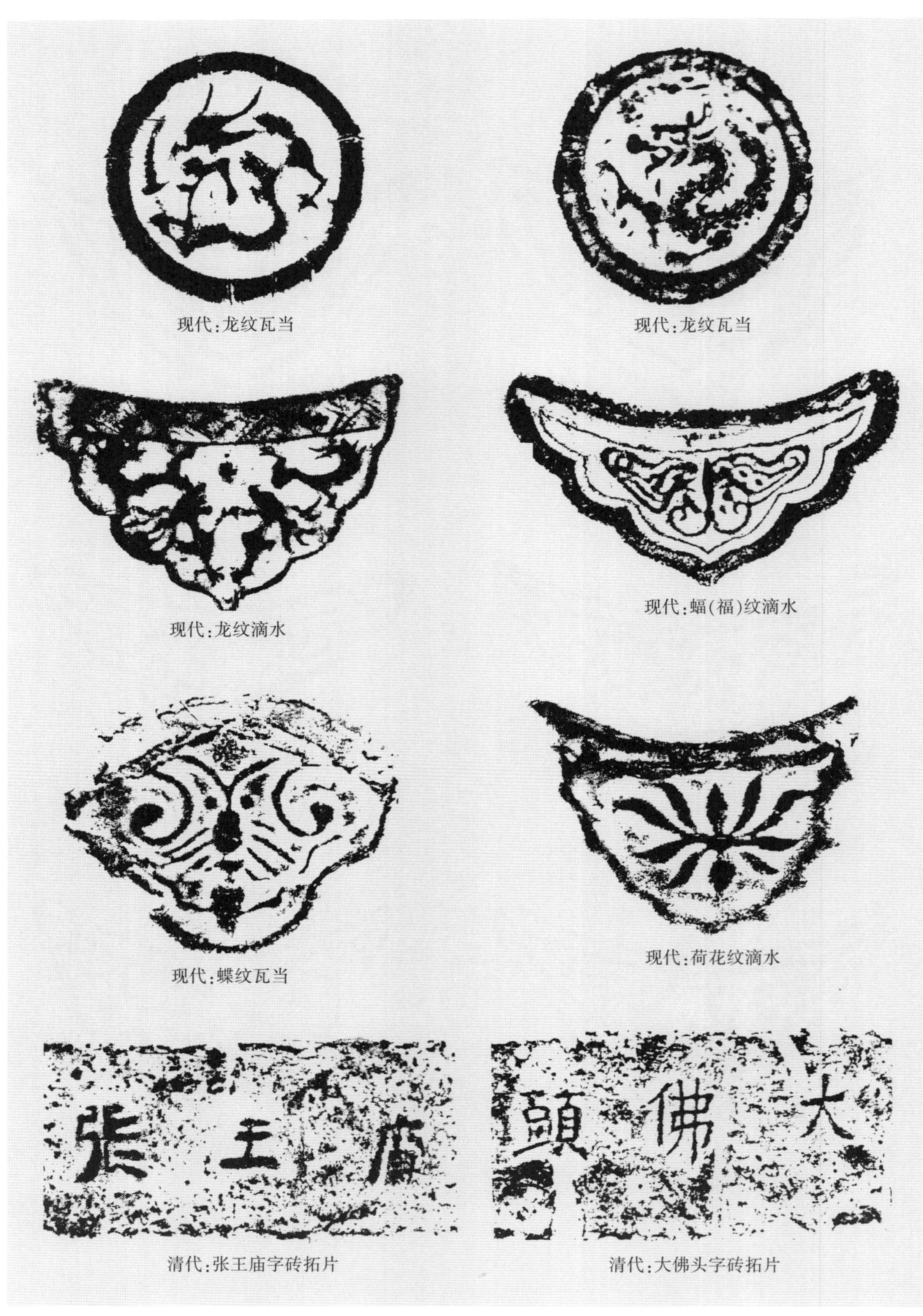

现代:龙纹瓦当

现代:龙纹瓦当

现代:龙纹滴水

现代:蝠(福)纹滴水

现代:蝶纹瓦当

现代:荷花纹滴水

清代:张王庙字砖拓片

清代:大佛头字砖拓片

一八　现代瓦当滴水图案拓片

明清时期的张飞庙瓦当、滴水，虽不及秦汉瓦当的古朴、凝重，但也是在继承古代风韵的基础上不断创新、发展的产物，这也显示出中国瓦当艺术一代一代传承演变的踪迹。因此更具有民间风味和地方色彩。从明、清至民国这四五百年间，张桓侯庙因历年多次修建补充而留下的众多瓦当、滴水的图样，是一份宝贵的文化财富，是巴渝地区民间工匠大师们智慧的结晶，是研究巴渝民间工艺和地方建筑的可贵资料，为今后新建民居和祠宇建筑提供了丰富的实物和范本，有较高的艺术和研究价值，也是张桓侯庙给我们留下的宝贵遗产，是学习传承和借鉴的范本（插图一〇～一八）。

五 云阳张桓侯庙遗址发掘

（一）概况

张飞庙位于重庆市原云阳县城以南的长江南岸飞凤山麓（插图一九）。地理坐标东经108°51′，北纬30°12′，海拔130～160米，为全国重点文物保护单位。因位于三峡库区，对其地面建筑进行整体搬迁，迁移至云阳新县城盘石镇的长江南岸。

张飞庙，又名张桓侯庙，为纪念三国时蜀汉名将张飞而建。传张飞死后首级葬于飞凤山麓，因此建庙以祀。

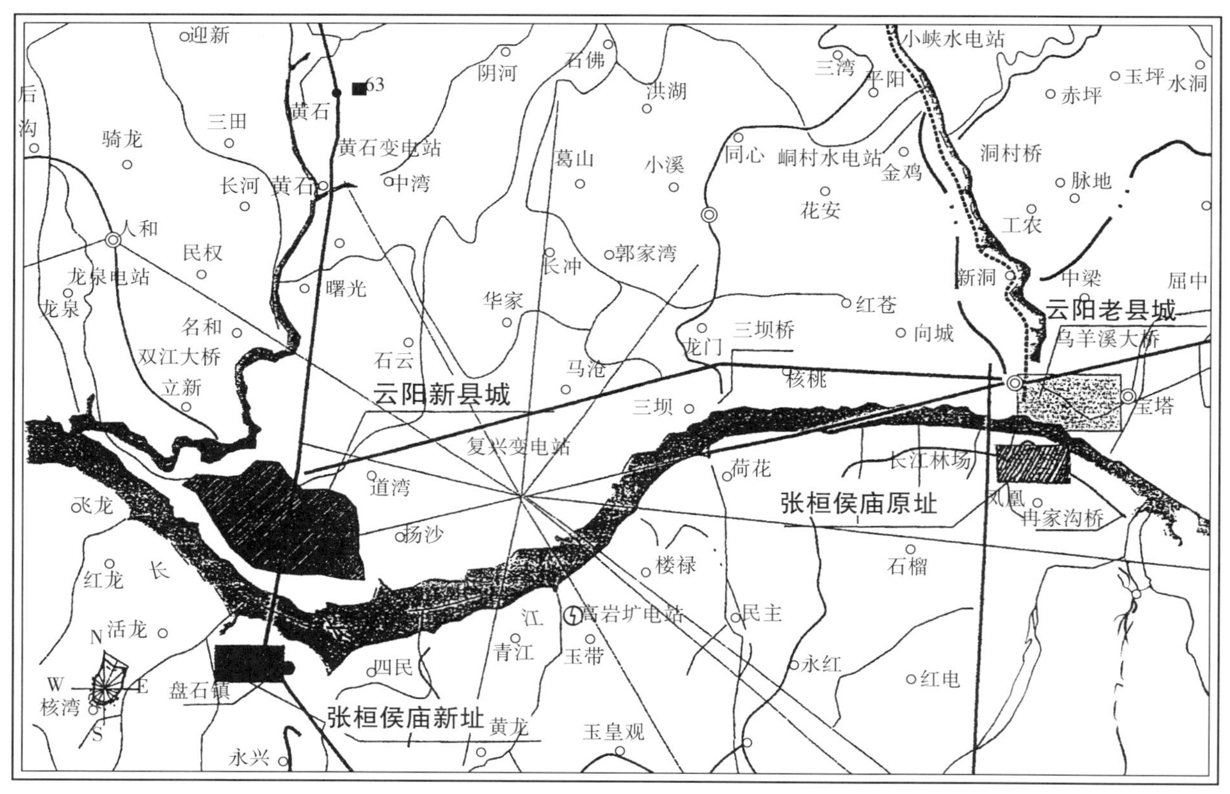

一九 张桓侯庙位置图

史料记载，张飞庙建于三国蜀汉末年，明嘉靖二十年（公元1541年）《云阳县志》载："张桓侯庙在治江南飞凤山隅，汉末建，元顺帝敕修。国朝重修。嘉靖十八年，知县杨鸾、主簿张一鹏重修。"

北宋宣和年间（公元1119～1125年）的《宣和陈似碑》记载了陈似司刑云安（云阳）时，路过张桓侯庙的情况，其中对庙的情况略有描述。

民国二十四年《云阳县志》载："张桓侯庙其来已久……宋宣和间刑曹陈似尝更修之。清嘉庆中知县钱塘袁祖惠又修之。同治九年大水庙圮。十年知县叶庆枏，督寺僧宪然募钱与县人潘秉坤共成之。"类似记载在张飞庙旧址的摩崖题记中也可看到。

在搬迁张飞庙时，发现不少建筑的梁柱上有墨书题记，如大殿大梁上有"道光元年重修"墨书，结义楼大梁上有"同治十二年重修"墨书，杜鹃亭梁上有"光绪元年重修"墨书，助风亭梁上有"光绪元年重修"墨书，碑室梁上有"民国二十四年"字样。另外，陈列室为1982年修建。自1979年以来，云阳县文物管理部门对庙内主体建筑进行过三次大修。

张飞庙所处的云阳县年平均气温18.6℃，极端最高温度42.9℃，极端最低温度－4℃。年降水量1121毫米，年平均湿度72%。常年风向为东北风，平均风速2米/秒，最大风速24米/秒。庙前有一县级公路，沿江边建有轮渡码头。

张飞庙的主体建筑分布在两层山崖上。其主体建筑占地面积约为1200平方米。主体建筑在下层山崖（下台）从东向西有杜鹃亭、碑室、接待室、望云轩、结义楼。二层山崖（上台）从西向东为大殿、偏殿、助风亭、侧廊、陈列室。隔山溪的西边山崖上有望云楼、得月亭。

2002年11月14日至2003年4月10日，陕西省考古研究所、西安文物保护修复中心对其建筑基址进行了考古发掘。共钻探300平方米，布方16个，编号为T1～T16（插图二〇）。方大小不等，最大为10米×10米，最小为6米×6米。发掘探沟4个，面积10米×2米、12米×2米、

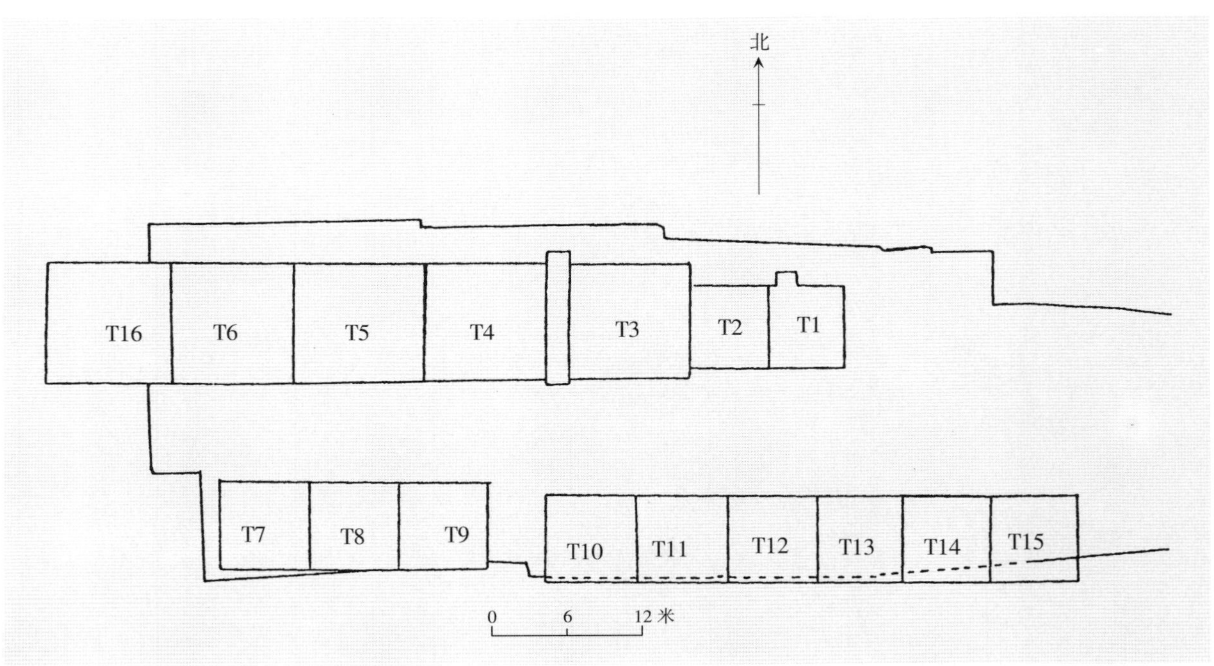

二〇　张桓侯庙布方图

48 米×2.5 米不等。发掘总面积为 1285 平方米。发掘深度大部分为 2～3 米，最深为 7.5 米，最浅为 0.3 米。

（二）地层

张飞庙遗址的地层堆积相对较简单。从总体看，从今地表至所出遗迹，仅有一层回填土、石，但其厚薄差别极大。在上台，最薄者仅 0.1 米，在下台，最厚者达 7.5 米。回填的土、石，又分为若干层。最多为 11 层，最少为一层、厚 0.02～0.08 米不等，多为黄褐土含石块，内有瓦、砖残片，经粗夯，质较硬。

（三）遗迹

张飞庙遗址的主要遗迹均位于下台，共揭露出各代房址 8 座，分别编号 F1、F1 下层、F2、F3、F3 下层一期、F3 下层二期、F3 下层三期和 F3 下层四期；独立的门址一处，编号门址 1；较大型的石墙 4 处，分别编号石墙 1、石墙 2、石墙 3、石墙 4；进庙踏步一处。还发现小型石护坡等遗迹，归入上述各遗迹中记录（插图二一）。

F1

位于 T3、探沟 2、T4 内。

出土石基、柱础石、门枕石、地袱石等。

坐南面北，中轴线方向 360 度。

通面宽三间 13.95 米，通进深二间 5.30 米。自东向西由 F1－1（东次间）、F1－2（明间）、F1－3（西次间）组成。

1. 布局

F1 布局由石条基址构成。

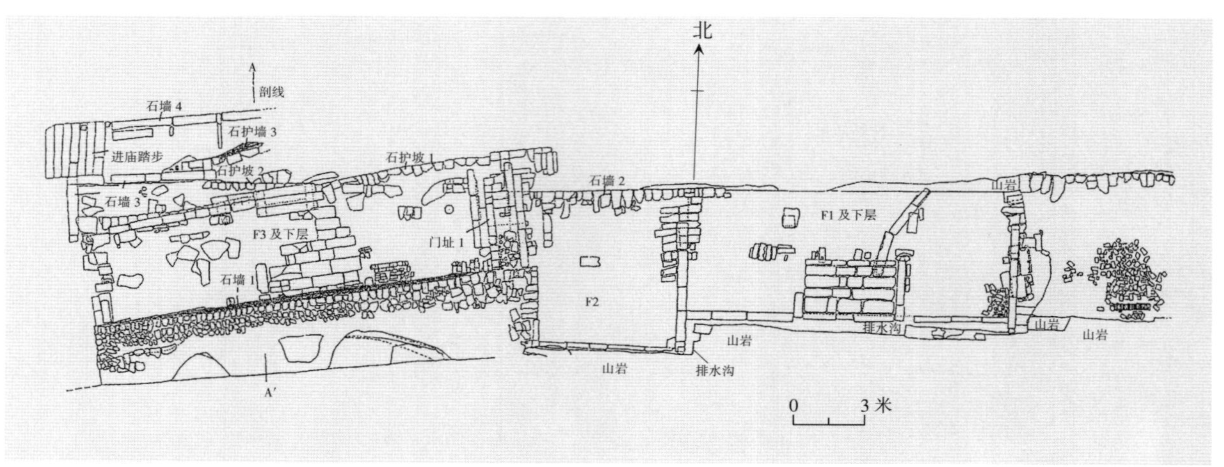

二一　张桓侯庙（下台）遗址总平面图

南面（靠山一侧）东西向条石均坐落于崖基上，共有 9 根，每间 3 根。其间以南北向条石隔断，与三顺一丁的砌砖法相同。

9 根条石自东向西分别长 1.08 米、1.30 米、1.60 米、1.75 米、0.65 米、1.40 米、1.90 米、1.43 米、0.97 米。宽、高度差别较大，决定于崖基面的高低。F1 所在的崖基面整体南高北低，9 根条石的内、上、外三面差别很大，其大部分的内面均有平行细密的条状凿痕，石间接缝小，并以白灰填充，整体面极为平整。南北向条石共有 4 排，自东向西分别为：

东山墙两层，上层 2 根，下层 3 根。

明间与东次间之间 2 根。

明间与西次间之间 1 根。

西山墙两层 5 根，与 F2 东墙共用。

2. F1 - 1

净面宽 4.40 米，净进深 4.82 米。

东山墙石条中部西侧距南墙基 2.27 米处，有一方形地袱石，高 0.39 米，上面边宽 0.28 米。其位于室内的三面（南、西、北）凿有平行细密的条痕，表面规整。其西南、西北两角成抹角，并雕有双柱状纹饰。向内（西）一侧自上而下凿有槽，槽面宽 0.09 米，深 0.06 米。

地袱石的作用应为安插板门，将该室分为前、后（北、南）两部分。

东山墙下层石条以北有一门枕石，长 1.42 米，宽 0.31 米（不含门轴石部分），高 0.26 米。其向内（西）的两端雕成不规则半圆形，低于枕石上面 0.05 米。

F1 - 1 初见现象时，在室内的东南角有约 4 平方米的砖、瓦堆积，其下为细淤泥、淤沙，再下即为崖基。室内的北部扰动毁坏较甚，扰土或垫土层中，有砖、瓦残块及石块。

3. F1 - 2

净面宽 3.88 米，小于两次间约 0.50 米。由于该室北部破坏最甚。未留下足以证明 F1 - 2 北边沿的遗迹，故该室的进深，依据 F1 - 1、F1 - 3 推定为 4.82 米。

F1 - 2 的南部，存有铺砌方形石板（石块）的白灰印迹，现象相当完整。印迹显示，原铺砌的石板（石块）共有南北 5 排，所铺石板（石块）一般长 0.76 ~ 0.98 米，宽 0.28 ~ 0.40 米。石板（石块）的厚度应在 0.30 米左右，以与相邻两室的地坪取平。

在 F1 - 2 中部的地基中，还砌有一排东西向的较小块石。块石最长 0.50 米，最宽 0.32 米。铺砌后的总宽度约 0.50 米，说明其上可能建有不承重的薄墙，将 F1 - 2 分隔成前、后（北、南）两室。

4. F1 - 3

净面宽 4.35 米，净进深 4.82 米，面宽略小于 F1 - 1。考虑到这仅是石基间之距离，而石基之上的砖墙如稍向外移，则 F1 - 3 与 F1 - 1 的净面宽即可相等，说明 F1 的整体仍是中轴对称布局。

与 F1 - 1 对应，西山墙石条中部东侧原应有一方形地袱石，惜无存，但置地袱石之砖基尚在。

F1 - 3 中部的地基中，也砌有一排东西向的较小石条。石条最长 0.72 米，最宽 0.25 米，铺砌后的总宽度约 0.60 米。说明其上建有不承重的薄墙，将 F1 - 3 分隔成前、后（北、南）

两室。

隔墙中部的门址已损毁无存。

F1 –3 北部扰动破坏较甚。

5. 小结

①F1 的进深

由于 F1 的北部塌毁严重，大部分遗迹已无存，未留下进深的直接依据。将净进深确定为 4.82 米，主要是依据地袱石、门枕石的位置及残存的东、西山墙北端基石、柱础石等间接遗存。

②F1 的门址

F1 坐南面北，按中国北方的传统建筑布局，门应北开。但在 F1 两山墙均发现门址。F1 北面为陡坡，即使有门，也无向北通路。加之石墙 2 的位置，锁定了 F1 北面无门而仅有两山墙东、西门的格局。

③F1 的建筑格局

面宽三间，进深两间，东、西开门，两山上有风火墙，设有明间的单体建筑。在一个时期内，是庙址内相当于大殿的中心建筑。

背山面江，没有明间、明廊或明楼，是三峡地区长江两岸建筑的普遍格局。张飞庙大殿中张飞塑像面对长江的现象，不仅见诸文献记载，也与张飞崇拜的心理特征相符。结合 F1 的遗迹，推定 F1 的北部三间为设有通柱、矮墙（或栏杆），进深为一间的明间式建筑。

F1 下层

位于 T3、探沟 2、T4 内。

中轴线方向 354°，即北偏西 6°。

通面宽三间约 14.46 米，面宽约 13.69 米，通进深一间带廊约 4.64 米。三间面宽不等，明间宽约 4.97 米，两次间各宽约 4.36 米。

由于 F1 本身曾遭严重破坏，加之 F1 直接建于 F1 下层基址之上，因而 F1 下层的遗迹特少，仅存有两山墙基石、石础基石及石水道等。

1. 东山墙基址

以石板和块石铺砌而成，西边沿端直，方向 354°。总长 4.64 米，宽 0.55 ~ 1.00 米。F1 东山墙石条及门枕石即砌于其上，两者交错叠压。在北端，上下层基本重合，在南端，下层基石向东偏出 0.70 米。

2. 西山墙基址

以双排两层条石砌成，南北总长 3.44 米，宽 1.33 ~ 1.88 米。F1 西山墙北部的条石和门枕石即砌于其上。与东山墙相同，也为交错叠压，在北端，下层基石向西偏出 0.22 米。由于此处的崖基亦为南高北低，西山墙南部的基石直接坐落于崖基上。

3. 石础基址

仅存两处，位于 F1 下层中部偏北处，两处间距（自石础基石中心起算，下同）5.42 米，然位置稍不对称。

西石础基址：仅存石础以下的方形基石，共 3 层，每层 1 块。上层长 0.54 米，宽 0.51 米，高 0.18 米。上面较平整。中层长 0.90 米，宽 0.64 米，高 0.11 米。上面较平。下层长 0.52 米，宽 0.51 米，高 0.26 米。各面均较粗糙。

东石础基址：仅存石础以下基石 3 块。东边 1 块，长 0.71 米，宽 0.41 米，高 0.09 米。

上面平整。紧邻其西侧 2 块，上下放置。其西侧紧贴石水道。上块长 0.44 米，宽 0.36 米，高 0.22 米；下块长 0.55 米，宽 0.35 米，高约 0.20 米。各面均粗糙。

4. 石排水道

位于明间东南部，其上叠压有 F1 明间铺砌石板（石块）的白灰印迹。水道呈南—东南走向，南起第二、三段水道向东折向约 35。水道北沿北距南墙基 1.12 米，东南一段紧贴东石础基石。

水道由 3 块石槽组成，其上盖有厚约 0.08 米的长条形石板。石槽之间和石板之间以白灰封砌。

5. 小结

由于遗迹少，结论多为推测性。

① 与 F1 相同，F1 下层的门也应开在东、西山墙上，其原因与 F1 相同。

② F1 下层与 F1 又有较大差异，如面向略偏西北，通进深小（小于 F1 约 0.72 米），北部设明廊（F1 为明间），明间大于次间，明间内设排水道等。

③ F1 下层设明廊而非明间，与其进深较小有关。受张飞庙所在地形的限制，其建筑时代越早（即越往下层），进深越小，同时，建筑的规模也越小。

④ F1 下层的面向略偏西北，可能透露出这样一个信息：在早期的建筑思想中，人们更易受自然环境的影响，而不拘泥于方位。张飞庙的大地势特点有二：其一面江，同时也面沟，即面向二水。其二东南高，西北低，下层面向与上层面向差异的原因，或许就在这里。

⑤ 从叠压关系看，F1 下层早于 F1，但晚于或相当于石墙 2。

F2

位于 T4、T5 内。

出土石基、础石等。

坐南面北，方向 360°，平面略呈梯形。

净面宽一间 5.75 米，通进深一间 3.73 ~ 4.05 米。

F2 的布局以石条基、石墙 1 东面以及础石等确认。

1. 墙基石条

F2 与 F1 共用一墙基，即 F2 的东墙基石条，同时也是 F1 的西山墙基石条。所不同的是，F1 的西墙基石条继续向南延伸 1.40 米，直抵山崖。

东墙基石条两层 5 根，其中下层的 3 根与 F1 的西山墙共用。

南墙基石条两层，紧靠山根，共 6 根。

值得注意的是，受山崖走向的限制，南墙基的方向为 265°，与东墙基并不垂直，而是向北偏出约 5°。

2. 西墙

西墙利用石墙 1 东面。该面略呈方形，下宽 3.35 米，上宽 3.23 米，中部最高 2.25 米。

石墙南端靠山崖竖立一方形石柱，柱高 2.50 米，边长 0.28 ~ 0.30 米，边宽 0.26 米。柱身东、北两面平整。柱顶部凿成东西向的半圆形凹槽，槽面宽 0.20 米，最深 0.06 米，应为放置 F2 后墙上部圆形木（石）檩所用。该面的其余部分为 8 层块石砌就，每层 6 ~ 8 块，层间错缝。块石一般长 0.22 ~ 0.38 米，最长者为 0.90 米。整个墙面未见白灰墙皮。

3. 础石

共两处，其一位于 F2 东南角，其二位于东北角。

东南角础石：位于东墙基与南墙基条石夹角内，南墙基最东一块条石将础石南部 0.05 米的部分叠压。础石为上下叠砌的两块。上块略呈方形，长 0.52 米，宽 0.32 米，高 0.10 米。上面平整。下块与上块规格尺寸相若。

东北角础石：位于东墙基石条内侧（也即 F1 西山墙石条外侧）。石略呈一缺角方形，长 0.48 米，宽 0.44 米，高 0.17 米。

西北角础石无存。

4. 门址

由于 F2 北部的破坏，门址遗迹无存。仅在相当于门址部位的略偏南处，存一长方形石板。石板长 0.76 米，宽 0.37 米，高 0.08 米。上面平整。从边沿起算，该石距东墙基 3.18 米，距南墙基 3.23 米。在无其他遗迹的情况下，F2 门址的位置应存疑。

5. 屋内地面

F2 内地面已破坏，唯一可能显示地面高度的，是疑为门枕石基石的上面。该面平整，可充任铺石地面。

6. 小结

① F2 的面宽和进深仅为一间，平面也不规则，说明 F2 是利用 F1 与石墙 1 东面的空地，就地势而建。

② F2 的东墙利用 F1 的西山墙，南墙紧贴崖根，构砌简陋且不承重，西墙利用石墙 1 的东面，东部的二础石均位于墙内，上述因陋就简的做法，说明 F2 的等级较低，很可能是权宜性的建筑。

F3

位于 T5、T6、T16 内。

出土石基、础石、础石坑、后墙（即石墙 1）及室内铺石面等。

坐南面北，中轴线方向 352°，即北偏西 8°。

平面略呈中部向北突出的“凸”字形。面宽三间 13.38 米，进深一间 3.48 米，通进深约 3.95 ~ 4.10 米。自东向西由 F3 - 1（东次间）、F3 - 2（明间）、F3 - 3（西次间）组成。

F3 的布局，以北墙石基、后墙（即石墙 1）确定南北，以础石、础石坑确定东西和开间。

1. 北墙石基

分为西段、中段、南段三部分。

西段：方向259°，即西偏南11°。总长5.97米，共有石条6根，顺长砌筑。石条自西向东分别长0.87米、1.28米、0.87米、0.99米、0.90米、0.97米，宽0.25米、0.32米、0.31米、0.33米、0.31米、0.32米，高0.28~0.32米。

石上面未加工，较粗糙。一些石面整体敷白灰，其上无彩绘。该段石条上面保存有清晰的东西向白灰印迹，石条以下基础为2层石条及2块块石。

中段：方向263°，即西偏南7°。比北墙西段低一个石条，约0.12米。平面略呈向北凸出的方形，为南北向砌筑的3根巨大石条。北起一根长2.52米，宽0.37米，高0.20~0.22米。第二根长2.70米，宽0.36米，高0.15米。第三根长2.45米，宽0.36米，高0.17米。

3根石条的上面均平整，凿有平行的细密条痕，并遗有"凹"字形的白灰印迹，说明其上曾砌有两端向北突出的石条，是F3-2的门址，也即F3的北门址所在（见后）。

北墙中段与北墙西段的东端，坐落于一东西向石护坡（即护坡2）上。护坡面宽5.10米，高0.42~1.26米，再下即为崖基。护坡方向268°，即西偏南2°，与其上的石基不在一条直线上。其东端与其上的北墙中段的东端基本重合，西端向北斜出北墙西段1.10米。

东段：北墙石基东段无存，仅存长约2.20米的石基下层基础。基础东西向，266°，即西偏南4°。基础以未加工、大小不一的5层块石砌筑。总而观之，F3北墙不在一条直线上，而是东西两翼向内（南）偏，东段偏约3°，西段偏约4°，两翼大致对称。其布局颇为鲜见。

2. 南墙

F3南墙利用石墙1的大面。从方向看，石墙1大面为西偏南8°，F3北墙中段为西偏南7°，两者大体平行。

3. 础石及础石坑

F3发现础石及础石坑5处，其中南部2处，北部3处。

南部二处为础石坑，是明间的东、西础石所在，均位于南墙（即石墙1）基部，两处相距（以础坑中心起算，下同）5.62米。两处形制、尺寸相同，均为方坑，边宽0.30米，深0.12米。东边一处挖于生土上，将南墙最下层块石坐落的大型条砖打破0.06米的一段。西边一处挖于崖基上，向南延0.03米伸入南墙基。

北部的三处均为柱础基石，分别是西次间西础（即F3西北角）、明间西础和东次间东础（即F3东北角）基石，分述如下：

西次间西础基石

位于北墙基西段石条内（南）侧，紧贴石条。南距南墙两础坑延长线3.48米，东距明间西础基石3.81米。

基石略呈长方形，东西长0.70米，南北宽0.37米，高0.11米。除上面稍加工较平整外，其余各面未加工。其下尚垫有一石，规格略同上石，但稍高，约0.17米。

明间西础基石

位于北墙基西段石条内（南）侧，紧贴石条。南距南墙西础坑3.48米。其与南墙西础坑连线的方向为352°，即北偏西8°，F3中轴线方向即以此确定。基石呈长方形，东西长0.86米，南北宽0.38米，高0.15米。各面仅粗加工。

东次间东础基石

与西次间西础基石基本对应。由于这一地段的北墙东段无存，无法确定基石与北墙之关系。基石南距南墙两础坑延长线 3.10 米，东距推定的明间东础基石 4.08 米。

基石略呈方形，东西长 0.50 米，南北宽 0.35 米，高 0.13 米。上面较平，其余各面未加工。

4. F3 – 1

该间的四础石位置，仅能确定东北角和西南角两处。余均被破坏。

5. F3 – 2

F3 – 2 是 F3 内保存遗迹最多的一间，有东南角和西南角础石坑、西北角柱础基石、门址遗迹及室内的铺地石板等。

F3 – 2 的四处础石位置有其三，为确定另一础石位置提供了依据。

F3 – 2 的门址位于北部，即开北门。门址确定的依据有三：

① 北墙中段三根大型条石上有相当清楚的白灰印迹。印迹呈“凹”字形，凹面北向，与北墙中段石基的北沿平行，东西方向 263°，即西偏南 7°，与 F3 的中轴线方向（北偏西 8°）基本垂直。

白灰印迹凹面内东西长 1.62 米，此即门的宽度，东端向北突出的石面上还凿有宽 0.30 米的浅槽，以取平石面，白灰印迹即在槽内。

② F3 西北侧进庙石踏步的面宽（约 2.20 米），与 F3 北墙中段白灰印迹的总宽度（约 2.22 米）几乎相等。

③ 为了与 F3 西北侧的进庙石踏步对接，在北墙中段北（外）面一根大型石条的北（外）面正中部位，存有面宽 1.20 米、高 0.09 米的凿痕。凿后的石条北面与上面垂直，并遗有与门址宽度相当（约 1.70 米）的白灰印迹。说明石条北侧原砌有一高 0.09 米的石条，将门址与进庙石踏步连接。

以上迹象的综合归纳，只应有一个结果：F3 的门北开，并与登山石踏步对接。

在 F3 中，可能由于北墙中段最为坚固，受塌方滑坡的影响较小，使得明间内的地面保存最好。在 F3 – 2（明间）内，现存的铺石地面东西长 4.25 米，南北宽 3.40 米。约占室内面积的五分之四。

铺地石板共有南北 8 排。除一块外，每排石板东西顺长铺砌。排间石板错缝，石间勾砌白灰。石板除最南一排规格较小外，其余各排规格大体一致。

铺砌的石板厚 0.06 ~ 0.10 米。上面经加工，很平整。

6. F3 – 3

与 F3 – 2 一样，F3 – 3 的四处础石位置有其三，在其西南角，未发现础石遗迹。

在 F3 – 3 西山墙外 1.12 米处，还发现一件门枕石残块，应是 F3 下层之遗存。

7. 石护坡

F3 北面有石护坡 3 处，它们是 F3 所在地的历代建筑屡毁屡建的见证。自西向东分述如下：

① 石护坡 1

位于 F3 – 1、F3 – 2 北侧。平面略呈“凹”字形，面北，大面方向 262°，即西偏南 8°。

大面略呈长方形，宽 7.00 米，露出最高 8 层 1.30 米。大面西端坐落于崖基上，东端因未清到

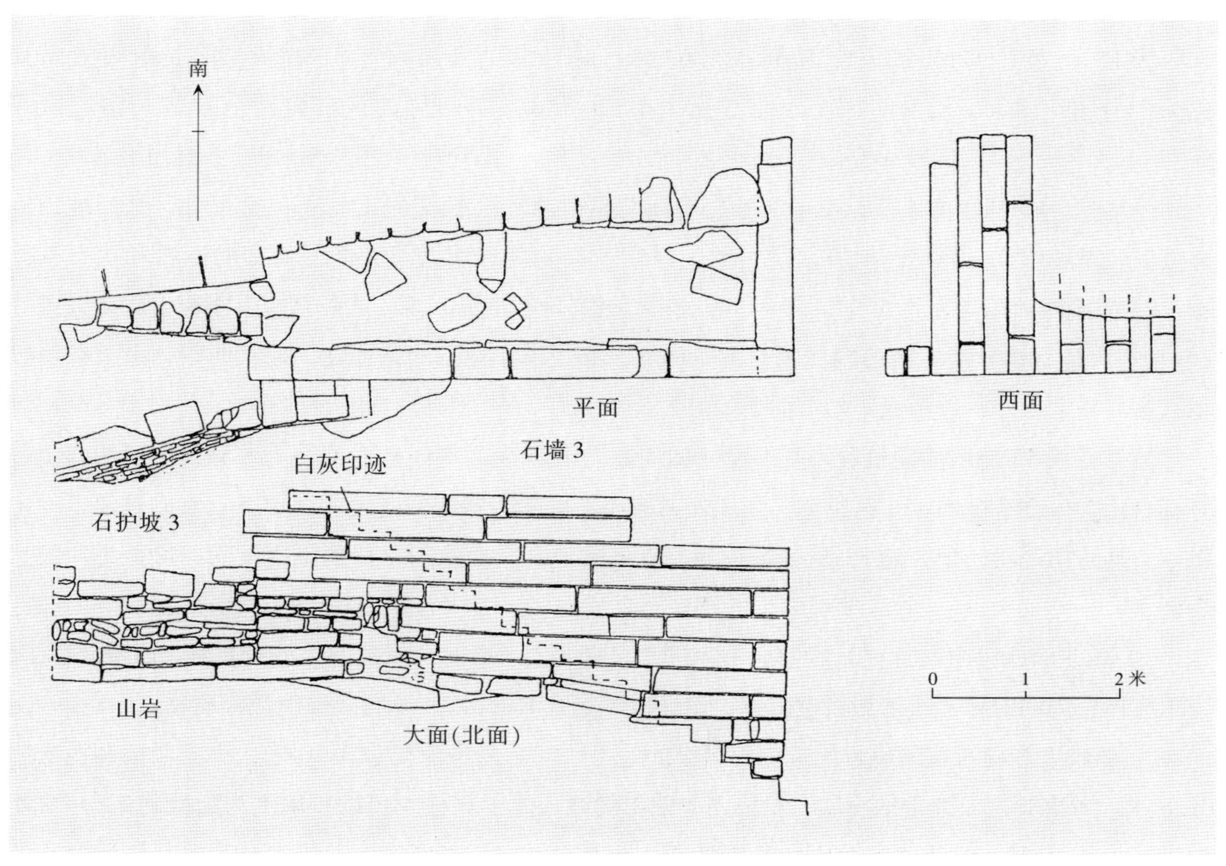

二二　石墙 3 北面、西面、平面图及石护坡 3 北面、平面图

底，情况不详。

大面各层线不甚平直，层间块石错缝，石间以白灰勾砌。

石面一般经过粗加工，少量还存有较疏的平行凿痕。东面与大面垂直，仅露出长约 0.80 米的一段，其石与大面东段最上层同。

西面叠压于 F3 北墙中段以下，情况不明。从露出的部分砌石看，西面也与大面垂直，砌石与大面西段略同。

② 石护坡 2

位于 F3 – 2、F3 – 3 北侧，其东端与石护坡西端相接。平面略呈“一”字形，面北，方向 268°，即西偏南 2°。

正面略呈长方形，宽 5. 10 米，露出高 0. 42 ~ 1. 26 米。现存最高有 6 层、最低有 3 层块石。石面一般未加工，风化情况与石护坡 1 大致相当。

③ 石护坡 3（插图二二）

位于石护坡 2 北 0. 80 ~ 1. 50 米处。其东段未发掘，情况不明。露出者平面略呈“一”字形，西端坐落于崖基上。正面（北面）方向 258°，即西偏南 12°。上面比护坡 2 上面低约 0. 8 米。

正面略呈长方形，宽 3. 36 米，高 1. 3 米。现存最高有 8 层、最低有 6 层块石。

8. 小结

① F3 之所在，是张飞庙内最主要的地带，其遗存多，时代早，延续时间最长。同时，受破坏

也最多、最烈。如今残存的F3，就是这一地带屡毁屡建的最后（晚）一期遗存。

② F3面宽三间13.38米，明间宽5.62米，确认后的两次间宽3.88米。明、次间的面宽比为1∶0.69（F1下层的明、次间面宽比为1∶0.88），明间特大，布局显得有些失调。原因何在？

经观察，F3的西山墙外，由于地处庙址西北角的两水（长江和无名溪）交汇处，是庙址内地势最低、滑坡塌方最严重的地方。从石墙1西端下部的门址遗迹及其北部残存的础石和块石基础看，F3的原西山墙应在其西约1.42米处。也就是说，F3的西山墙，是在原西山墙若干次冲毁破坏（包括在原址重建）后，被迫内（东）移。同时，相应缩小东次间的面宽。而其明间，由于破坏较小，格局基本未变，遂形成了如今的F3布局。

另外，从F3北墙的砌筑看，其中段（明间）与西段（西次间）也有很大差异。中段的凸出部分石材巨大，砌造坚固，工艺讲究。西段石材较小，工艺较粗糙，砌筑的两层条石基础整体上面不平整。这一切说明，现存的F3是一座较为权宜的建筑，其两次间，特别是西次间，可能为冲毁后重建。

③ F3北墙西段向南（内）偏移，原因同上，即为了避开总惹麻烦的庙址西北角，西段南移了，为了整体布局的对称，石墙东段也南移，便形成了如今F3北墙两翼向南偏的奇特现象。

④ 依础石和础石坑的位置推定，F3东次间（F3－1）的进深仅为3.10米，小于明间和西次间0.38米。考虑到这一地带的石墙1东段向南偏斜约0.3米，这样，仍以石墙1为后墙的F3东次间的进深为3.45米，与明间和西次间基本相等。形成了F3东次间整体南偏，与西次间稍欠对称的格局。

⑤ F3明间的铺石地板下，出土一枚清“嘉庆通宝”铜钱，为F3时代的下限（至少是铺石地板的时代下限）提供了依据。

⑥ F3上层发现的灶遗址和石墙1大面上的煤灰痕迹，说明F3废弃后其地曾建有一个不算太小的厨灶，并使用了较长的一段时间。

⑦ 从叠压关系看，F3晚于石墙1、石墙4、石护坡1、2、3和进庙踏步，可能与石墙3及进庙踏步二期同时。可以肯定的是，F3早于门址1。

F3下层

从考古学的常识判断，在F3范围内，尚有一些F3以外的遗存，显然属于其下层，而且非止一期。但这些遗存零星且杂乱，非但构不成面，甚至也构不成线，加之辅以断代的遗物少之又少，使我们在解读下层时一直处于五里云雾中。

在此，试将F3下层分为早晚四期，其中一期最晚，其次为二期、三期，四期最早。由于F3下层二、三、四各期遗存均较少，对各期遗存的描述，其坐标仍沿用F3、石墙1等。

一期

坐向、中轴线方向均同F3。面宽三间15.84米，通进深一间约4.6米。

该期的总体布局与F3略同，不同的是，其东、西山墙比F3更向外，西山墙开有侧门，且北墙较直，不似F3的北墙两翼向南（内）偏。

1. 西山墙基址

位于 F3 西山墙以西 1.23 米处（以墙或墙基址中心线起算，下同）。存有西山墙下层石基及西山墙门址。

由于西山墙所在地向北严重倾斜，使得其下层石基南北厚薄相差极大。南部石基仅有石条 1 层（其上即为相当于门枕石的石条），直接坐落于崖基生土上，该层石条为东西并排的两根，靠西一根长 1.20 米，宽 0.30 米，高 0.26 米。靠东一根长 1.22 米，宽 0.44 米，高 0.18 米。北部石基总体长约 3.25 米，宽 1.10 米以上。这一地带用石之大，在张飞庙址中为最。说明 F3（也即整个张飞庙）西北角塌方之烈，需用重石以镇之。

在西山墙基址之上，还发现一件门枕石残块。石为门枕石的一端，略呈覆斗形，残长 32 厘米，宽 45 厘米，高 24 厘米。上面有槽，槽残长 15 厘米，宽 13 厘米，深 6 厘米。槽宽度与 F3 下层四期螺旋纹石的槽宽相等。该石表面平整，光洁，雕工精细，应是 F3 下层一期之物，建筑倒塌废弃后挪至于此。

西山墙门址位于山墙南端，紧靠石墙 1 西端。现存有门枕石基石及置门槛的石槽。

门枕石基石位于西山墙南部石基上，也为东西并排的 2 根石条。两石的各面仅粗加工，不甚平整，而西石上面尤不平整。

置门槛的石槽凿于石墙 1 大面西端最下一层块石上（也即刻有螺旋纹图案的 F3 下层四期之块石背面）。槽呈上下长方形，面宽 11 厘米，高 31 厘米，深 7.5～8 厘米。槽上部的三块石交汇处以白灰填充。暴露出的石灰块长 16 厘米，宽 10 厘米，说明二石的位置确为门枕石的位置。

2. 东山墙基址

与西山墙对应的东山墙，应在门址 1 的位置，其东山墙的东界，在门址 1 下层石踏步边沿以东约 1 米处。由于门址 1 以下未发掘，东山墙的情况不明。

3. 北墙基址

F3 北墙西段的石基之下，尚存两处自 F3 石基向北突出的下层基石。

在长十余米的 F3 下层北墙基址中，以上两处是劫后仅存的 F3 下层一期北墙遗存。这说明，洪水、塌方、滑坡等灾害对 F3 下层一期的破坏可能是毁灭性的。

4. 小结

①F3 下层一期面宽三间，明间宽 5.62 米，与 F3 相同，次间宽 5.11 米，较 F3 多 1.23 米。明、次间的面宽比为 1∶0.91，较 F3 的面宽比合乎常规。

②F3 下层一期的通进深（因无础石等遗存，进深无法确认）约 4.60 米。

③与 F3 一样，F3 下层一期的门北开，但同时在西次间南侧开有西侧门。

④F3 明间的铺地石板磨损不严重，但断裂较多，说明石板的使用寿命不会很长。

⑤F3 下层一期的外墙和一部分隔墙，很可能用的就是 F3 北墙西段石基中的白灰面石条和白灰面红彩石条。其中，一面有白灰面红彩的用于外墙，两面有的用于隔墙。在 F3 内，还出有敷白灰红彩的残砖，其红彩与石条红彩相同，可能用于石墙上部的砖墙或其他部位。加之前述的雕工精细的门枕石残块，这些都说明 F3 下层一期的建筑规格很高，工艺相当讲究，与 F3 形成较大差别。

⑥ 从叠压关系看，F3 下层一期晚于石墙 1，可能也晚于石护坡 1、2、3 及进庙踏步。同时，它可能早于 F1，其时代或许与 F1 下层相同。

二期

判定为 F3 下层二期的遗存极少，仅有一鼓形石础。

鼓础位于 F3－1 内，南距石墙 1 大面 2.76 米，北距石护坡 1 北沿 1.84 米，西距 F3 明间东础坑 3.55 米。

础自上而下分为鼓形、八角柱形和方形三部分。上径 34 厘米，下边宽 34～34.5 厘米，通高 31 厘米。上部的鼓形高 9 厘米。上面平整，鼓边上部刻一周凸出的弦纹，弦纹上刻一周乳钉。中部的八角柱形高 13 厘米，各面宽 13.9～14.7 厘米。下部的方柱形高 9 厘米。

鼓础的风化，上下差异很大。上部的鼓座部分风化严重，边棱磨损，大部分乳钉已无存。中部和下部则较新，风化不显，说明中、下部置于地下，表面得以保护。

在 F3 范围内，未见与鼓础对应的任何遗存。从高度看，鼓础高于八角础而低于石墙 1 下的砖面（见后述）。与该础最接近的是 F3－2 的铺地石板，鼓础上面高出石板上面约 2 厘米。但从位置看，鼓础与石板又明显不属于一期。

F3 下层二期与石墙 1，可能修建于同时。

三期

据推断，石墙 1 建于 F3 下层三期之后。也即，三期的建筑废弃后，在部分的三期遗存之上建石墙 1，以及二期。

F3 下层三期遗存，是在解剖石墙 1 西端时发现的。在石墙 1 以下，叠压有砖铺面、石板面及石墙，再其下，即为崖基或生土。

1. 砖铺面

叠压在石墙 1 大面西端以下，部分砖面向北突出于石墙 1。

揭露出的砖面东西长 1.27 米，南北宽 0.58 米。其北部的砖南北顺长铺砌，南部的砖东西顺长铺砌。用砖似不规整，有全砖、半砖等。砖长 39～41 厘米，宽 19.5 厘米，厚 9～10 厘米。经测量，砖面高出 F3 明间石板面 0.09 米。

2. 石板面

叠压在石墙 1 大面内所填土、石以下，位于砖面以南。东西顺长铺砌石板 3 块，东西总长 2.50 米，南北宽 0.41 米。与砖面的距离，西端为 0.04 米，东端为 0.16 米。

3. 石墙

叠压在石墙 1 大面内所填土、石以下，位于石板面以南。石墙与石墙 1 大面基本平行，北距石板面 0.52～0.63 米。

石墙露出长 3.74 米，最高处有块石 5 层，高 1.00 米。其大面层线较平直，层间块石错缝，未见白灰勾缝。

上述三遗存的关系，特别是石板面与其他两遗存的关系，一直使人费解，但它们无疑又处于同一层位。于是，这些遗存给人们的信息似乎只有四点：第一，F3 下层三期建筑较其后的各期偏南约 1.5 米。第二，建筑的后墙较为简陋。第三，室内以砖铺地，砖面较 F3 内石板高 0.09 米。第四，F3 下层三期的使用不会很长。

四期

判定为 F3 下层四期的遗存有八角石础、南墙础坑和螺旋纹石构件。

1. 八角石础

位于 F3 明间西础基石之下，其中心位置较其上础石偏南 0.17 米，偏东 0.08 米。

石础通高 18 厘米，分为上下两部分。其上为八角覆斗形，高 9 厘米，上径 31 厘米，底边长 15 厘米，上边长 11.5 厘米。其下为方形底座，对应的两角残缺，高 9 厘米，边长 40 ~ 41 厘米。上面平整，石面风化严重。

2. 南墙础坑

位于 F3 明间东南础坑以西 1.50 米处。础坑挖于生土上，呈方形，东西宽 0.36 米，南部被石墙 1 叠压，仅露出北部 0.09 米的一部分。础坑内垫有青砖，砖面平整，砖上面距石墙 1 下生土面 0.03 米。经测量，础坑内砖面低于石墙 1 之下砖面 0.11 米，说明两砖面不属于同期。从叠压关系看，三者的早晚关系是础坑——石墙 1 下铺砖——石墙 1。

3. 螺旋纹石构件

为石墙 1 大面西端最下层构石。石呈长方体，从中断为两截，总长约 130 厘米，宽 55 厘米，高 27 厘米。一个大面有长方形槽，槽长 92 厘米，宽 13 厘米，深 10 ~ 11 厘米。该石仅有一个侧面（南面）刻有对称的螺旋纹。另一个侧面（北面）凿有上下的长方形槽，是 F3 下层一期西山墙门址的一部分。石构件有残损，风化严重，大部分棱角皆无。

石构件大面上的槽可能为安置门槛所用。槽长 92 厘米，与 F1 山墙门址的门道宽度恰好相等，因此，石构件很可能是门枕石。

石构件有纹饰一面的四边，均刻有双阴线边框。石两端以较粗的阴线刻出对称的螺旋纹，纹线向中部起伏延伸相交。中部的下方，为类似如意的长方形图案。图案的其余部分，满布较疏的平行凿痕。从整体看，其雕刻虽较粗率、简陋，但仍显出一定的大气和飘逸。这一以螺旋纹为主的构图方式，与宋《营造法式》规定的“花纹九品”中的莲荷华、宝相花（参见《中国古建筑术语辞典》第 494 页）之主体构图相似，又与宋代磁州窑瓷器中典型纹样卷草缠枝纹（参见《中国历代装饰纹样》第 456 页）的主干构图接近。因此，石构件的时代，可能是宋代或宋元之际。

将以上三遗存定于同一期的原因有三：第一，八角石础和南墙础坑均位于 F3 的最下层，其下再无遗迹。第二，从遗存的高度看，与八角石础最接近的就是南墙础坑，后者仅高出前者 0.25 米，而鼓础、石墙 1 下砖面等则要高出 0.27 ~ 0.36 米。第三，八角石础与螺旋纹石构件的风化程度相近，均是张飞庙址中风化最甚的。

结语

1. F3 的所在地，是张飞庙内建筑时代延续最长的地带，从宋代一直延续至清代晚期。

2. F3 的所在地，也是张飞庙内建筑变迁最大的地带，其前后的建筑，至少经过五期。每一期建筑的具体位置、布局和建造形式均有变化，而不是简单的就地复建。这从各期石构件（石柱础、门枕石、铺地材料）的变化和多样就能看出来。而其建筑布局的变化，主要是受制于这一地带的特殊地势。

3. 以石墙1的建造为界，可将这一地带的建筑分为前后两阶段。前一阶段分为两期，即下层三、四期，其建筑布局更偏南。后一阶段分为三期，即F3和下层一、二期，其建筑布局北移。三期中的布局尽管有变化，但后墙（南墙）都是石墙1。

4. F3下层的各期，特别是二、三、四期，遗存均少而零星，其建筑的整体格局很不明晰。如果将石墙1和门址1全部发掘揭露，肯定会发现一些新遗迹，从而加深对以上三期的全面认识。那时，F3下层的三、四两期可能会重新整合，两期可能会变为三期或四期。这就是种种原因造成的缺憾。

门址1

位于T5内。

门道东西向，中轴线方向263°，即西偏南7°。

门址通面宽4.87米，通进深（含西侧石踏步）2.13米。门道宽1.55米，进深1.48米。

门址1南贴石墙1，北临深沟。现存遗迹有门址基础、门道南侧残石墙、门道铺石及西侧石踏步等。从总体看，门址南部保存较好，北部塌毁严重，与F1北部严重破坏的现象一致。所幸的是，门址北部下层石基座极为坚固，基本保存，使我们得以了解门址基础的基本情况。

1. 门址基础

从整体看，门址基础以条石或块石砌筑，南部较薄，向北逐渐加厚，北端最厚。其南北总长4.87米，东西下宽3.42米，上宽1.52米。基础南部坐落于崖基上，中北部打破并坐落于石墙2西端和石护坡1东端的上部，最北端为平面曲尺形的坚固石基座。

2. 门址石墙

门道南侧石墙原面宽1.83米，其南端贴砌于石墙1上。现存石墙残面宽1.51米，厚1.48米，残高1.40米。石墙两壁以方形块石砌筑，两壁间以碎石和土填充。其西壁较完整，东壁残损严重，北壁无存。

石墙西壁现存5层块石，层间块石错缝。

3. 门道

宽1.55米，进深（即石墙的厚度）1.48米。

门道东、西两边原各砌有南北顺长的两根石条，其间铺以石板，今仅存西边的部分石条和铺地石板。

4. 石踏步

位于门道西侧以下，共两层石条，与门道西边石条构成三级踏步。石踏步面宽3.22米，总进深0.64米，其中下层进深0.28米，上层进深0.36米，台高0.16～0.28米。上下层石条错缝。踏步的上面和西（外）面平整，凿有细密的平行条痕。

5. 小结

① 门道的宽度

在门道的北部遗迹被破坏，仅能确定门道南边（即门道南墙的北边）的情况下，按中轴对称的原则，门道宽度的算法有二。其一，4.87米（门址通面宽）—2×1.83米（门道南墙的面宽）=

1.21 米。其二，3.22 米（石踏步面宽）—2 × 0.835 米（门道南边沿以南的石踏步长度）= 1.55 米。

取第二种结果的原因是，对总面宽 4.87 米，特别是对厚 1.48 米的门座来说，1.11 米的门道太窄。另外，门道居石踏步正中更重要于居门座正中。因为，门址 1 南贴高大的石墙 1，北边临空，本身在视觉上就不平衡，使门道稍偏于北，即可纠正这一点。

② 门址 1 南侧石墙两壁砌石不大，两壁间以土石填充，因此，不可能是券石的拱门，应是抬梁式石门。门的顶部结构，因无其他遗物佐证，不便妄断。

③ 石踏步上面的平行条痕较新，且踏步中部与两侧的磨损几无区别。这与进庙踏步石条中部的严重磨损形成巨大反差，说明门址 1 的使用期不会太长。

④ 从叠压关系看，门址 1 晚于石墙 1 和石墙 2，可能还晚于石墙 1 的补砌部分（至多与补砌部分同期）及 F1。或许，在整个庙址中，它仅仅早于 F2。

石墙 1

位于 T5、T6、T16 内。

平面呈"凹"字形，将山崖包砌。面北，大面方向 262°，即西偏南 8°。

1. 大面

略呈梯形，下宽 18.10 米。因石墙西部破坏较甚，上宽无法确定，但据石墙的倾斜度估计，上宽应小于下宽约 0.5 米。中部最高 2.77 ~ 2.78 米，东边残高 1.93 米，西边残高 0.71 米。石墙以略经加工取平（露出面）、大小不一的块石叠砌而成，石面风化，棱角不明显。现存最高有 14 层。

石墙的构砌，上下两部分略有不同。

上部（约 10 层）：以一层较薄、一层较厚的块石垒砌。较薄的为 10 ~ 15 厘米，一般较长。较厚的为 17 ~ 22 厘米，一般较短。

下部（约 4 层）：除最下层外，各层厚薄相差不大。且块石规格大于上部，特别是最下一层，由于靠近基部，长度超过 50 厘米有 11 块，最长者达 108 厘米，最厚者达 36 厘米。层间块石错缝。

大面与地表不垂直，上部向南倾斜 0.25 ~ 0.28 米，约合 3°。

大面整体较平整，但中部稍偏东处约 5 米的墙面略向外（北）突出，最多突出约 0.1 米。

整个大面原覆有一层白灰墙皮，现仅局部残存，大小不一。位于中部的最大一块长约 73 厘米，宽约 72 厘米。由于石面略有起伏，并存有较宽的石间接缝，白灰墙皮的厚度也不一致。一般厚约 0.4 ~ 0.6 厘米，最薄者仅 0.2 厘米，最厚者达 1.5 厘米。白灰墙皮上未见壁画等痕迹。

大面的中下部，遗有一宽 2.20 米、高 1.30 米的烟灰痕迹，其中的不少石缝中，还遗有煤炭粉末。

2. 东面

略呈方形，下宽 3.35 米，上宽 3.23 米，中部最高 2.25 米。现存最高为 8 层。

由于石墙的东北角曾经塌毁，该面（连同石墙大面东端）除下部两、三块块石外，均为补砌。

由于石墙东面同时也是 F2 的西墙内面，表面如此粗糙似不能理解。可能的解释是：原石墙东面（即 F2 西墙内面）与石墙大面一样较平整，可能也敷有白灰墙皮，塌毁补砌后 F2 已废弃，不再作为 F2 的西墙内面。

3. 西面

由于塌毁严重，整个石墙西面仅保存块石 4 层。从发掘剖面看，块石砌于生土上。现存的部分略呈倒梯形（其余部分的块石毁缺），上宽 1.87 米，下宽 0.54 米，高 0.84 米。

西面北部较平整，但未见有白灰墙皮。可能因为扰动，南部块石表面粗糙。

在石墙的三个面中，西面保存最差，遗迹最少，其原因为：第一，地处山崖边，下临深涧，塌方滑坡首当其冲。第二，可能是由于位于庙址外端（西端），庙门多次迁移改建，波及这一部分石墙。

4. 平面

石墙以内（大面以南），自石墙顶部向下发掘 1～2.1 米，大部分已见崖基或生土。从上部观察，石墙以两排或三排块石构筑。最外一排块石一般呈平顶楔形，朝外的大面经过较细加工，表面平整，其余各面多不加工。

5. 小结

①石墙 1 是庙址内跨度最长（18.10 米）、工程量最大的遗存之一，据估算，仅石方量就达 103 立方米。

②石墙 1 的功能有二：第一，包砌崖体，防止塌方、滑坡。石墙大面上部边沿距崖体最小水平距离仅约 3 米，石墙以上无建房的可能。第二，加大石墙 1 北面空间，充任 F3 后（南）墙。

③从叠压关系看，石墙 1 早于 F2、F3、F3 下层一期及门址 1。另外，可能也早于 F1。从位置和石面的风化程度看，石墙 1 晚于石墙 2。

石墙 2

位于 T4、T5 内。

平面呈“凹”字形，将山崖包砌。面北，大面方向 267°，即西偏南 3°。大面北边距石墙 1 基部 3.07 米。

1. 大面

略呈方形。露出面宽 7.60 米。因石墙西部被门址 1 基础叠压包砌，大面西边无法确定，估计总面宽在 9.10 米左右，中部偏西处最高 1.42 米，东边残高 1.00 米。石墙以略经加工取平（露出面）、大小不一的块石叠砌而成。现存最高为 5～6 层，最下层坐落于崖基上。外露的石面风化较甚，棱角很不明显。

石墙的构砌，上部三层块石较大，下部两层较小。层线较石墙 1 平直。层间块石错缝。石间未见勾砌白灰的痕迹。

大面与地表不垂直，上部向南倾斜约 0.10 米，约合 3°，与 F1 大致相当。

大面原覆有白灰墙皮，现仅在中段残存 6×2.5 厘米的一小块。

2. 东面

略呈倒三角形，露出面下宽约 0.55 米，上宽 1.84 米，高 1.22 米。现存最高为 4 层。由于下层块石坐落的崖基南高北低，使得该面自北向南块石层数递减。其北端有石 4 层（原为 5 层），至南端仅为1层。层间块石错缝。块石一般长34~50厘米，厚19~33厘米。除个别外，石面很粗糙，风化程度小。从砌工水平和石面情况看，整个东面除北端最下层块石外，均为补砌。

3. 西面

叠压于门址1下，情况不明。但据石墙东面推断，西面也应有向南的曲尺形石墙。

4. 平面

从上部观察，石墙以一排或两排块石构筑。最外一排块石一般略呈平顶楔形，长42~76厘米（其宽、厚在“大面”部分为长、厚，已描述）。向内的第二排块石多为补齐第一排块石的长度差，一般较小，大小不一，长约18~35厘米，宽16~20厘米。两排块石各面均未加工。

5. 叠压关系

石墙的被打破和叠压，共有3处。

① 被F1下层西山墙基址打破、叠压

② 被门址1基础打破、叠压

③ 被F2以北铺地石板叠压

6. 石墙的补砌

共有2处。

① 石墙最东端的上下3块块石为补砌。

② 石墙西段的一部分也为补砌。

7. 小结

①石墙2的主要功能为包砌崖体，防止塌方、滑坡，同时加大其南部空间。

②石墙2大面基部距张飞庙三层宝坎北沿约5.70米，其北部再下层（约3米以下）的空间已经很小，因此，再下层有建筑的可能性很小。

③在张飞庙遗址的各遗迹中，石墙2虽然工程量不大，但时代很早。它早于叠压其上的F1、F1下层、门址1，也早于石墙1和F3。而早于石墙2的遗迹，很可能仅有F3下层四期了。

进庙踏步及石墙3、石墙4

位于T6、T16及T6、T16向北扩方的探沟（探沟4）内。

从整体看，进庙踏步是石墙4向西的延伸（尽管二者风化、磨损程度差异很大）。同时，它与石墙3交错叠压，即早期踏步叠压在石墙3下，晚期踏步（即补砌踏步）又贴砌于石墙3大面上。因此，将三者一并论述。

进庙踏步

位于石墙4西面以下，北接第二层宝坎（即今张飞庙北石护坡—下同），宝坎石条南端与踏步石条北端几无空隙，南及石墙3大（北）面。

上下方向97°，即东偏南7°。

踏步现存7层，面宽2.20米，总进深约2.40米，总高1.45米。砌筑的石条上面和外（西）面平整，凿有平行的条痕，石条北面仅粗加工，凿痕稀疏。石条风化较石墙3甚，棱角多已无存。

分析：

① 除最上一层补砌的石条外，由于踩踏，其余各石条上面的外（西）沿中部均严重磨损，最甚者表面下凹约 1 厘米，边棱皆无。因之，踏步石条应分为早晚两期，早期的叠压于石墙 3 以下，晚期的贴砌于石墙 3 大面，石墙 3 大面上的阶梯形白灰印迹即为证明（见后）。

② 从第五层踏步北端方形凹槽的尺寸判断，其上所建的不太可能是高度较低的石栏杆立柱。经观察，该层踏步的位置与石墙 3 西面仅差 0. 32 米。除去石墙 3 墙体砌石的厚度，这一位置正是庙内建筑（即 F3 下层 1 期）的西边沿，也即庙内、外的分界线。因此，在第五层踏步上建造的，很可能是一座牌坊（楼）式山门。

③ 在踏步的北端，大部分石条均比上层向外突出，使得踏步向西北逐步倾斜降低，现存的最下层踏步已向北斜出 8 厘米。据此估计，原踏步应依此斜度延伸至坡下。

石墙 3

位于 F3 西北部，南距 F3 北墙西段约 2 ~ 2. 5 米，北接进庙踏步。石墙 3 平面呈东西向曲尺形，面北，大面方向 268°，即西偏南 2°。

1. 大面

略呈倒直角三角形，面宽 5. 87 米，中部最高 2. 54 米，加上石踏步下 0. 60 米，共 3. 14 米。石墙以加工取平、露出面有平行细密凿痕的石条叠砌而成。现存最高为 12 层。最下层除西段 1. 40 米的部分坐落于进庙踏步上外，其余部分坐落于崖基或土、石层上。受山崖走势的影响，石墙东端高度最小，仅 0. 71 米（从顶端往下，下同），西端最大，达 3. 14 米。石面保存较好，棱角分明，风化程度远小于进庙石踏步石条。但因受力不均，石墙东、西两端下陷，个别石条中裂。

石墙的构砌，最上一层石条较薄，其余各层大小薄厚大致相同。层间石条错缝，层线平直，石间以白灰勾砌。除东段个别石条突出外，墙体大面整体平整。

石墙 3 大面上遗有清楚的白灰印迹，经观察，白灰印迹又分为早晚两期。

大面内（南面）情况：

由于曲尺形以内填土未清到底，从顶端起算，大面背面最大高度为 1. 56 米。该面石条均未经加工，与正面相反，石面极不平整，向外（南）突出最多者达 0. 21 米。

2. 西面

与大面基本垂直。方向 1°，即北偏东 1°。

露出面略呈倒直角三角形，面宽 2. 72 米。现存北端最高，露出 8 层石条，高 2. 14 米。南端仅露出 4 层石条，高约 1. 15 米。

石墙西面的构砌与大面相同，两面相接的石条互相交错叠压。层间石条错缝，层线平直，石间以白灰勾砌。除最上一层石条最长外，各层石条长度相差不大，露出面凿有平行细密的条痕，整体平整。

3. 平面

呈东西向曲尺形，以一排石条砌筑。

东西向（大面）墙体上层（第一层）石条西端的一根缺失，仅余 3 根。宽 0. 32 ~ 0. 33 米（其长、高在“大面”部分已描述，下同）。石条表面（即上面）凿有平行细密的条痕。露出的第二层西端石条宽0.33～0.40米，表面较第一层明显粗糙，凿痕稀疏。南北向（西面）墙体上层（第一层）也为一根石条，宽0.42米。石条表面（即上面）略经加工，不甚平整。

石墙4

仅揭露出石墙4的西端上层部分，位于探沟4内。其上层边沿南距石护坡3北沿1.27米，北距二层宝坎石条南端平均0.30米，最近处仅0.14米，东端叠压在张飞庙结义楼基础下，西与进庙踏步相连。

清出部分平面呈“一”字形，面北，大面方向266°，即西偏南4°。

1. 大面

揭露出两层石条。露出面呈长方形，面宽5.53米，高0.47米。石墙以加工取平、表面凿有较疏平行条痕的石条叠砌而成。石间以白灰勾砌，层线平直。石面风化程度不及石墙1，但甚于石墙3。

2. 平面

呈东西向“一”字形。以一排石条砌筑。石条间以南北向石条隔断。石面粗糙，仅略经加工。石面北沿存白灰印迹，应是两层石条叠砌时的遗迹，说明原石墙高于现存石墙。

小结

1. 进庙踏步的发现，解决了早期张飞庙的朝向和基本格局，说明当时从北边进庙，庙门北开。踏步上的门址虽为东西向，但它不可能是正式庙门，很可能是一座较简单的牌坊（楼）式的山门建筑。

2. 进庙踏步中的早期石条磨损和风化程度相当厉害，说明其沿用时间很长，即便如此，它们可能也不一定是最早的踏步石条。既然踏步中的石条可以分为早晚两期，同理，也可能分为三期或三期以上，只不过由于损毁，更早期的石条已被换掉罢了。

3. 进庙踏步中的晚期石条贴砌于时代很晚的石墙3，说明进庙踏步沿用的时代下限在石墙3以后，因此，从整体而不是从个别踏步石条看，进庙踏步可能是庙内延续时间最长的建筑。

4. 从位置看，石墙3曾是张飞庙的西北边界。从磨损和风化程度看，这一时期很短，可能只有几十年。石墙3的特殊位置——位于庙址西北角的两水交汇处，最易受山洪和江水冲击，决定了它是短命的。

5. 石墙4相当于早期张飞庙的三层宝坎，其外沿距今张飞庙宝坎（第二层）外沿仅2.1米，说明它是早期张飞庙的北界。从庙址的山势走向看，其外（北）以下，不可能再有建筑。

6. 仅从叠压关系看，以上三者的早晚顺序为：早期进庙踏步→石墙4→石墙3→晚期进庙踏步。如果细分，早期进庙踏步可能还早于石墙4。由于二者均为局部发掘，只能留下永远的遗憾。

（四）遗物

张飞庙遗址共出土各类遗物155件，分为五类：一、建筑构件，二、陶瓷器，三、钱币，四、碑石，五、其他。

建筑构件包括：

Ⅰ. 陶雕（插图二三）：兽脊、兽雕。

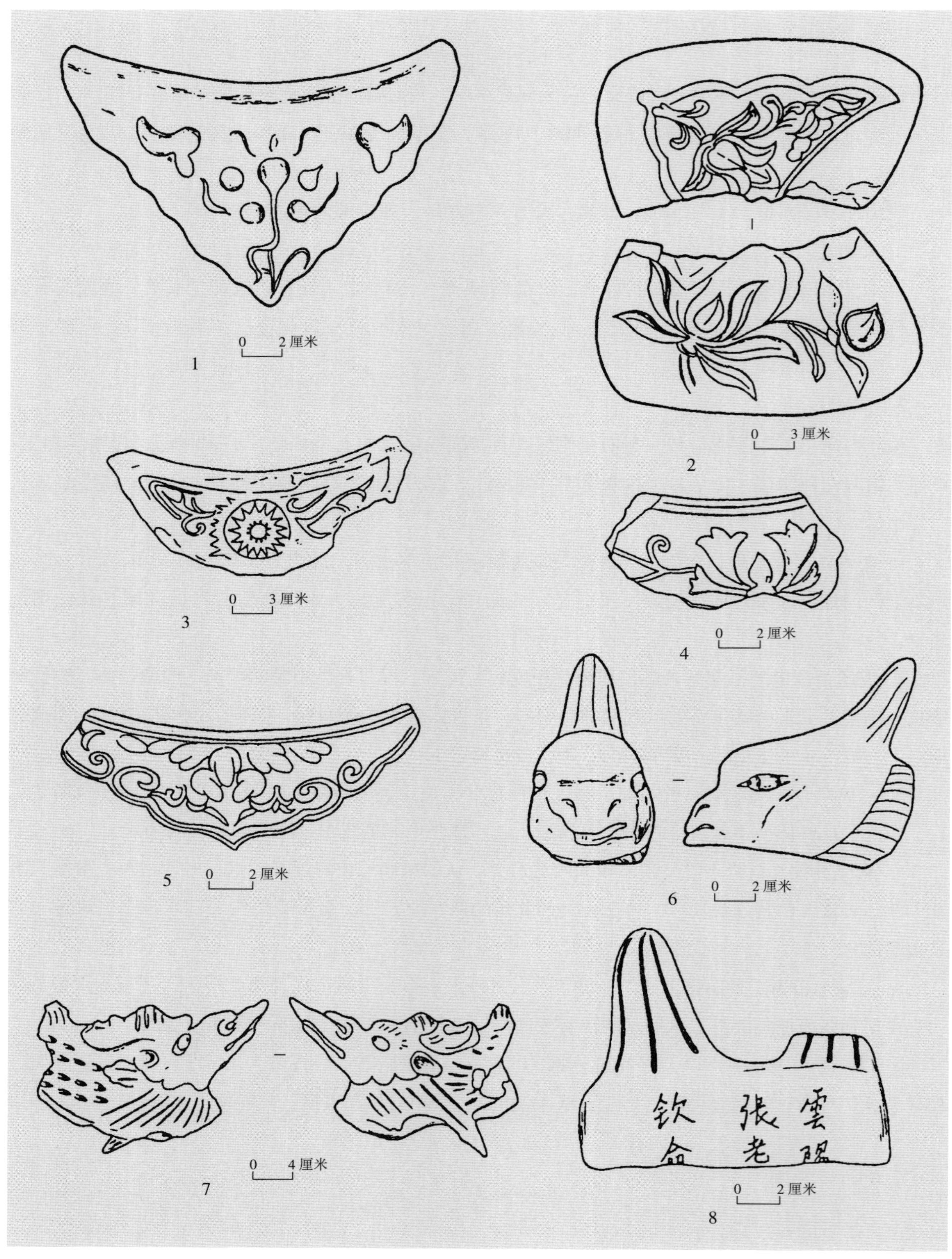

二三　张桓侯庙出土滴水、陶雕

1. 花卉滴水　清代　2. 滴水陶范　元代　3. 花卉滴水　清代　4. 花卉滴水　清代
5. 花卉滴水　清代　6. 陶鸟　清代　7. 陶鸱吻　清代　8. 陶鸱吻　明～清

Ⅱ. 石雕（插图二四）：石护栏、石兽、石造像。

二四　张桓侯庙出土石雕

1. 石构件　明代　2. 石构件　清代　3. 石造像　清代　4. 石造像　清代
5. 石造像　明～清　6. 石造像　清代　7. 石造像　清代

Ⅲ. 瓦当（插图二五）、滴水：兽面瓦当、花卉瓦当（主要为各种莲花瓦当）、蔓草瓦当、文字瓦当（主要为变形“寿”字瓦当）、滴水陶范、花卉滴水、蔓草滴水。

陶瓷器包括：

Ⅰ. 陶器。

Ⅱ. 瓷器：瓷碗、瓷杯、粗瓷罐、瓷灯。

钱币：有汉代、宋代、明代、清代、民国钱币，清代钱币最多。

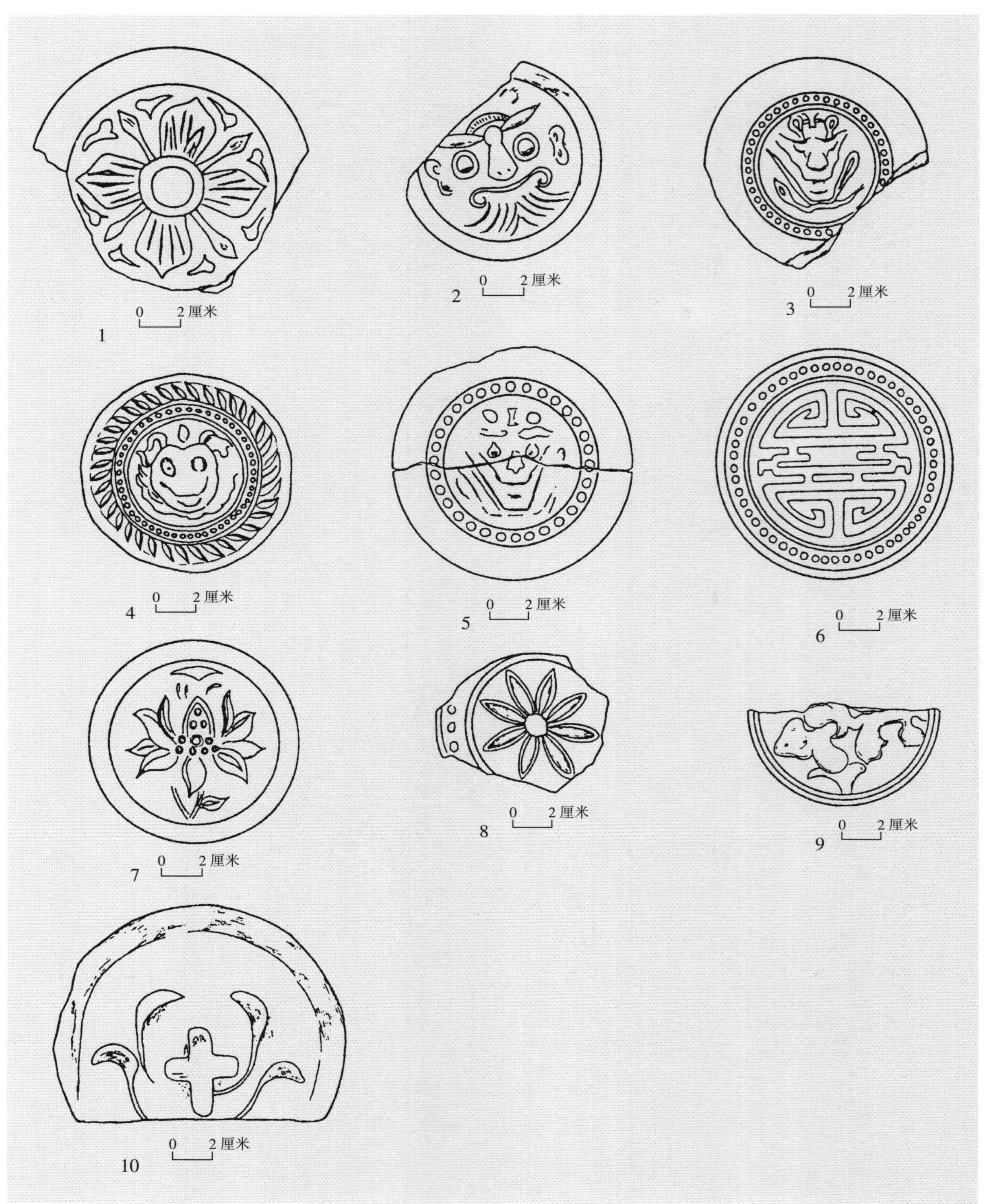

二五　张桓侯庙出土瓦当

1. 莲花瓦当　元~明　2. 兽面瓦当　明代　3. 兽面瓦当　元~明　4. 兽面瓦当　明代　5. 兽面瓦当　明代
6. 寿字瓦当　清代　7. 莲花瓦当　清代　8. 莲花瓦当　元~明　9. 花卉瓦当　清代　10. 蔓草瓦当　清代

碑石：出土残碑两通。一为唐代墓碑，为他处移于此地作为房基石用。一为清代道光年修庙碑，也作为房基石使用。

其他：包括用途不详的铜器、骨器、玻璃器。

遗物主要出土于下台的T1～T6内，而以T5、T6出土物最多，上台的T7～T10也出土不少，其他方出土较少（详见出土物统计表）。

出土物的地层关系较为简单，大多出自1.5米以下的填土中，以深2～3米的填土中出土最多。这些遗物多经扰动或多次扰动，大部分残破严重，与原制造和使用地点已无关系。

出土物以清代最多，占52.3%，时代不详的占19.4%，明代占16.1%，宋代占5%，元代占4.5%，民国两件，汉代、唐代各一件。

陶建筑构件大多残破，制作工艺一般。未发现有琉璃和彩绘，也未发现大体量构件。其时代也较晚，多为清代。

石建筑构件均采用砂质岩制成，最大件为一石抱鼓。雕工大多一般，个别雕工较精。由于残损，多无法确定原貌及用途，给断代也带来较大困难。

出土瓦当较多，明代、清代均有。明代瓦当纹饰以兽面为主，大部分工艺较好，个别烧制变形。次为莲花纹瓦当，有的制作粗糙，火候不够，烧制变形。清代瓦当出土较多，以变形“寿”字为主，制作一般。从质地看，夹砂灰陶较多。

值得一提的是，出土的一件似人面瓦当，环眼，有须，虽有残损，但整体纹样清晰可见，该瓦当在三峡地区实属罕见，较为珍贵。

出土的陶瓷器几乎无完整者。时代以清代最多，次为明代，再次为宋代（插图二六）。明清瓷器多为青花瓷，器形以碗为主，其他有杯、盏、灯、罐等。大部分胎质较粗，壁厚，施釉不均，青花发黑且有晕散现象，为明清时期民间瓷器特征，其中明代青花晕散较清代更甚之。少部分胎质洁白细腻，釉色圆润，青花为深、浅蓝色。纹饰以植物、花卉、几何纹为主，个别有变形的动物纹，未见人物纹样。文字图案有变体文字、徽章式图案，方胜等。款识多见于碗外底，也有部分见于内底，出现有明“成化”、清“道光”年款。

T7内出土的5件瓷碗，数量多而集中，经修复均已复原，为白胎青釉影青瓷碗，口径17～20厘米，底径5.5～6.5厘米，高5.5～6.5厘米。胎白而薄，最薄处仅0.2厘米左右。均敞口，直壁或微鼓壁，口沿外撇，口沿为6～7瓣莲花状。外表青釉有小冰裂纹，胎内面刻花卉图案。低浅而小，有的底部还有墨书痕迹。这批碗制作精细，工艺上乘，结合江南湖北一带出土物对照，确认为宋代遗物，在张飞庙遗址中属较为珍贵之物。

T11内出土残碑一通，为清道光八年所产的重修张飞庙碑。碑残高1.10米，残宽0.99米。由于碑极不完整，无法得知其修庙缘由、经过及重修内容，仅记有许多捐资人和捐资商号的名称及捐资数量。此碑为研究清代晚期当地商业贸易经济提供了珍贵的史料。

T5、T9各出石造像一通，残高21～33厘米，均为砂质岩，头部均残，雕刻粗糙，一似罗汉像，一似道教人物像，很可能为原张飞庙遗物。说明张飞庙不仅供奉张飞，道教、佛教也很可能以张飞庙为自己的寺观。明清时期，三教合一的情况在民间相当普遍，而张飞庙可能即为一例。

出土遗物分类介绍如下：

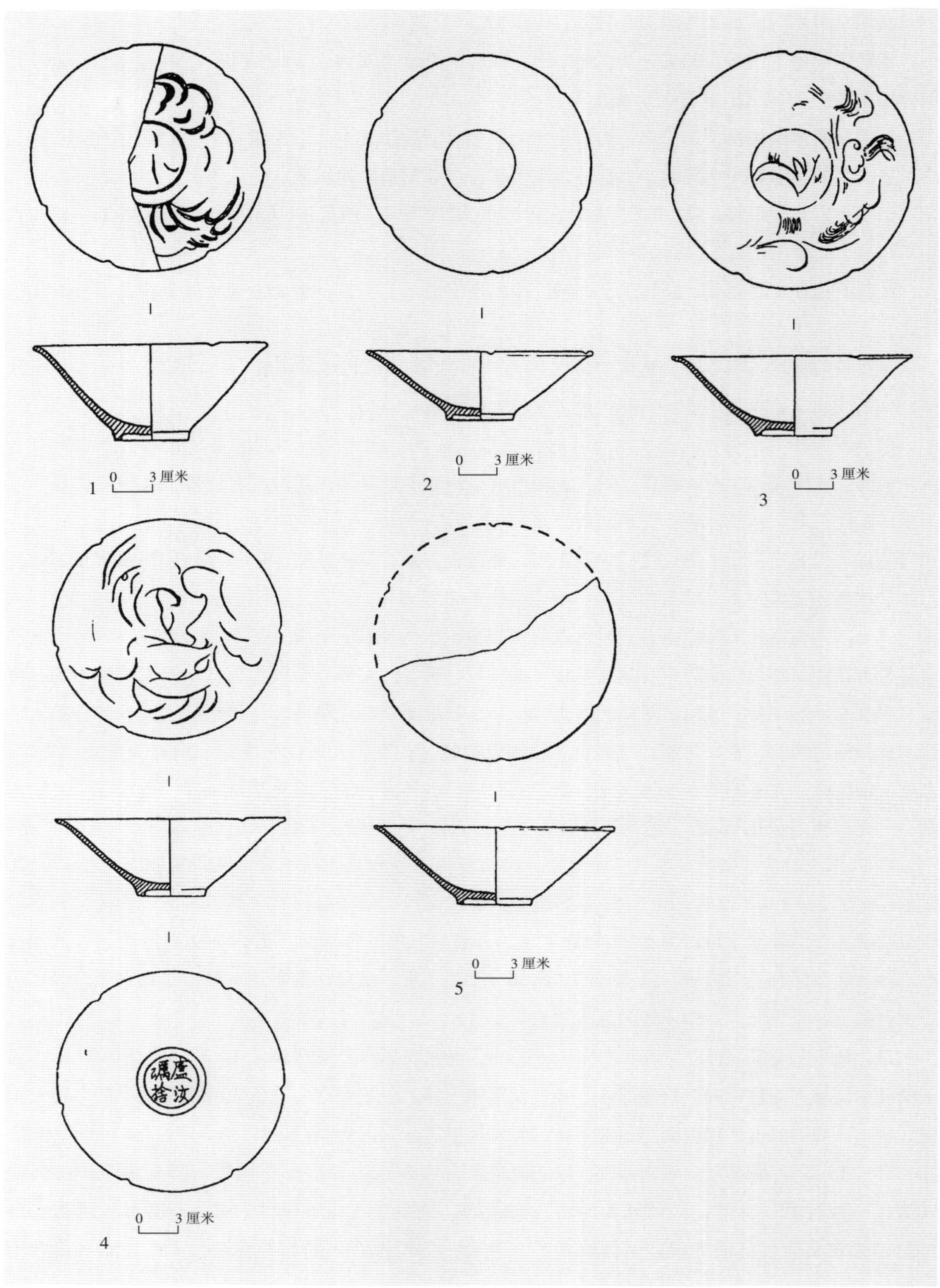

二六　张桓侯庙出土宋代瓷器

1. 碗　2. 碗　3. 碗　4. 碗　5. 碗

出土物统计表

时代 位置	汉	唐	宋	元	明	清	民国	不详	总计
T2								1	1
T3				1	3	5		3	12
T4			1	1		5			7
T5					3	9		2	14
T6	1			1	7	22	1	9	41
T7					2	4		2	8
T8				3	1	2		1	7
T9					1	17		2	20
T10					4	4		1	9
T11		1				1			2
T14					1				1
T15						1			1
T16								2	2
G2					1	2	1		4
G3			6			3		1	10
G4					1	2		1	4
F1						2			2
F2						1		4	5
F3			1	1	1	1		1	5
总计	1	1	8	7	25	81	2	30	155

（五）讨论

1. 分期

张飞庙遗址内，各遗存叠压关系显示的时代早晚为：

东部：石墙 2→F1 下层→F1→F2

西部：F3 下层四期→三期→石墙 1、二期→一期→F3→门址 1

北部：早期进庙踏步、石墙 4→石墙 3→晚期进庙踏步

从其他现象判断，石墙 2→石墙 1→石墙 4→石墙 3

试将各遗存分为六期，从早至晚为：

1 期，F3 下层四期、早期进庙踏步

2 期，F3 下层三期、石墙 2、F1 下层

3 期，F3 下层二期、石墙 1

4 期，F3 下层一期、石墙 4

5 期，F1 、F3 、石墙 3

6 期，F2 、门址 1

分析：

① 以上各遗存中，进庙踏步、石墙 1 、石墙 2 、石墙 4 都沿用时间很长，特别是进庙踏步，其踏步石条在使用的过程中随时更换，可能前后延续数期。

② 各期中的房屋建筑，使用时间长短不一。如 F3 下层四期可能较长，而三期则较短。再如，F3 废弃后始建门址 1，因之，F1 可能延续至 6 期，而 F3 则不可能。

③ 同期中的遗存，可能也有早晚之别，如 2 期中的石墙 2，可能早于 F1 下层。

④ F1 下层的再下一层，不排除还有遗存的可能。

2. 时代

张飞庙遗址中，共出土各类遗物 155 件（完整及可修复者），其时代有汉、唐、宋、元、明、清、民国。如果将遗址分为三个区，即下台东（含 F1 及其下层、F2 、石墙 2）、下台西（含 F3 及其下层、石墙 1 、石墙 3 、石墙 4 、进庙踏步、门址 1）和上台，三区出土遗物的数量如下表：

	汉	唐	宋	元	明	清	民国	不详
下台东			1	2	4	15	1	8
下台西	1		1	2	12	34	1	15
上台		1	6	3	9	32		7
总计	1	1	8	7	25	81	2	30

分析：

① 汉代的五铢钱，出土于 T6，属于其后混入。唐代的墓碑，位于 T13 的空方内，两者与张飞庙遗址均无直接关系。

② 上台未发现宋、元、明各代地层和遗迹，所出遗物均位于清代晚期的扰动层内。

③ 下台遗物的绝大多数，也出土于清代晚期的扰动层内。但确有极少数形成了可资断代的叠压关系，如北宋的“宣和通宝”铜钱，出土于 F3 的最下层，说明该层确为宋代地层。

④ 下台东部与下台西部，出土的宋、元遗物数量相等，但明、清遗物后者大大多于前者。这或许说明，两地建筑的肇创时代相当，但在明清时期，下台西部的 F3 一带，是张飞庙的中心区域。

将遗迹分期与遗物整合，6 期的时代大致为：

宋元前期：1 期，F3 层四期、早期进庙踏步

宋元后期：2 期，F3 下层三期、石墙 2 、F1 下层

明代前期：3 期，F3 下层二期、石墙 1

明代后期：4 期，F3 下层一期、石墙 4

清代前期：5 期，F1 、F3 、石墙 3

清代后期（同治九年以前）：6 期，F2 、门址 1

3. 小结

① 北宋宣和至清同治约750年，这并不等于以上6期平均每期125年。由于江水冲毁等自然原因，6期的时间很可能长短不一，而其时代，只是大致的界标罢了。

② 6期中，张飞庙建筑的分布，大致可分为三个阶段：

第一阶段：即1期（宋元前期），主要分布于下台西部。

第二阶段：即2、3、4、5期（宋元后期至清代前期），主要分布于下台西部和东部。

第三阶段：即6期（清代后期，约道光至同治年），主要分布于下台东部和上台，而下台建筑此时已废弃，张飞庙的大门即为门址1。

③ 6期中，明代后期（4期）为张飞庙的鼎盛期，其F3下层一期的墙体石条和砖普遍施有白灰红彩，建筑规格很高，工艺相当讲究。这期建筑倒塌废弃后，张飞庙进入衰落期。至清同治九年洪水以后，修张飞庙三层宝坎，庙基址整体抬高3.4米，张飞庙才进入了一个新阶段。

④ 进庙踏步沿用的时代至石墙3以后，这一事实可以反证，张飞庙西石桥的修建，在清代后期的道光至同治年间。

⑤ 张飞庙遗址的出土遗物中，类似民间张飞形象的瓦当在三峡地区似属首见，数件宋代青釉花卉影青瓷碗工艺水平较高，均较珍贵。而清道光八年的重修张飞庙残碑，记有二十余个商号、店铺、会社名称，是研究清晚期川东地区商业、贸易、水上交通、民间社会组织等宝贵的资料。

（陕西省考古研究所　范培松　张在明　执笔）

六　云阳张桓侯庙馆藏文物简介

张桓侯庙亦称张飞庙，传说始建于三国时期蜀汉末年，距今1700多年的历史，历经沧桑，盛而不衰。

张飞，字翼德，河北涿郡人，一生为蜀汉江山的创建立下了汗马功劳，为古今世人所敬仰。他生于涿郡，殁于阆中。

相传三国时期，吴蜀交兵，蜀将关羽败走麦城。此时，张飞正驻守阆中，惊闻噩耗，悲怒交集，下令部下三日之内备齐白盔白甲，挂孝出征，为关羽报仇。范疆、张达二人深知不能如期完成任务，且对他早怀二心，遂趁张飞醉卧之际，将其杀害，并割下头颅投奔东吴。途中闻东吴向西蜀求和，便将头颅抛入江中而逃匿。头颅流至云阳被一老渔翁打捞。夜晚张飞托梦给渔翁，请他将头颅葬于云阳城对岸的飞凤山麓，渔翁遵嘱照办，并邀集百姓修起了最早的张飞庙（名为显忠庙），这就是张飞“身葬阆中，头葬云阳”的奇妙传说。

张桓侯庙建筑经历代修葺扩建，汇集了各朝代建筑艺术之精粹，构成一组完美的古建筑群。它巍然雄踞在飞凤山麓的峭岩之上，依山取势，傍泉临江，亭阁相叠，错落有致，长廊回环，曲径通幽。庙内殿宇雄阔庄严，古朴厚重；园林古树环合，鸟语花香。举目可览远方层层山峦，俯首尽收百里江水烟波，宋人陈似刊碑称其景色为“朐忍胜绝之最”。历代骚人墨客流连于此，或挥毫赋诗，或泼墨作画，留下了大量墨宝。更有清代住持僧瘦梅上人，凡“遇名流过寺，必乞留题”。一批进士、举人出身的邑人官宦，在京师等地裹箧归里后，常聚于此游乐消暑，除亲自为其题诗作画以外，还出其所藏珍贵书画手迹和碑帖，重金聘请名师为其镌刻，遂使不少名人精品之作荟萃于此。各类书体画风云集一堂，琳琅满目，美不胜收，让人挹之无尽。民国《云阳县志》载其“远近矜异，撬拓无虚日”，“张祠金石，甲于蜀东”，“江人文藻，称胜地矣”。

张桓侯庙因历史悠久，馆藏文物较为丰富，其中有汉、唐至明、清时期的书画作品：木刻213件，摩崖、石刻157件（插图二七～三六）。

其他文物有：木雕像40尊、石雕像2尊、陶缸5口、明代铁钟1口、明代石马1匹、古代树化石1件。

张桓侯庙的碑刻字画在长江沿线的景点中居首位，有很多大家的作品在这里都可以欣赏到：如颜真卿、苏东坡、黄庭坚、岳飞、王阳明、郑板桥、翁同龢、何绍基等名家的珍品，具有极高的历史和艺术价值。故张桓侯庙素有“巴蜀胜境，文藻胜地”之美誉。

二七　张飞《立马勒铭》

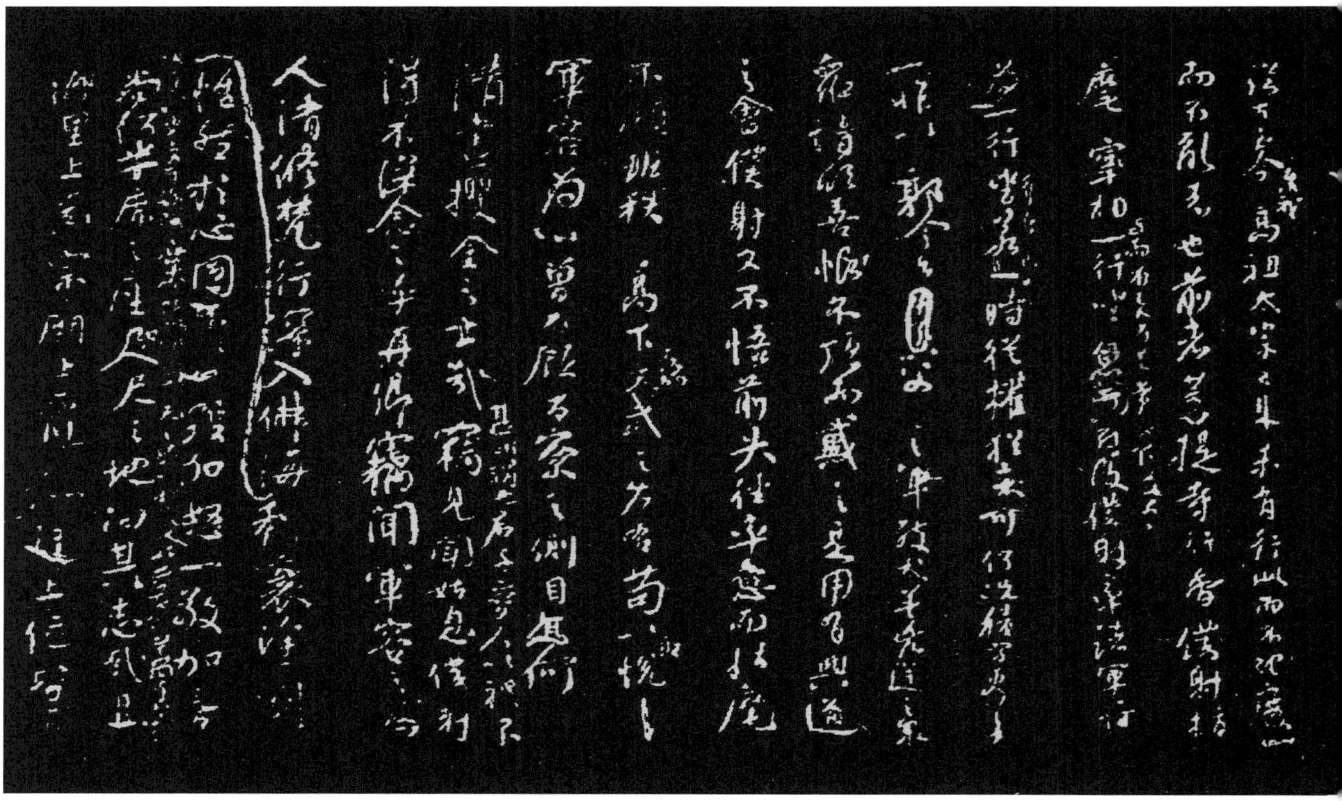

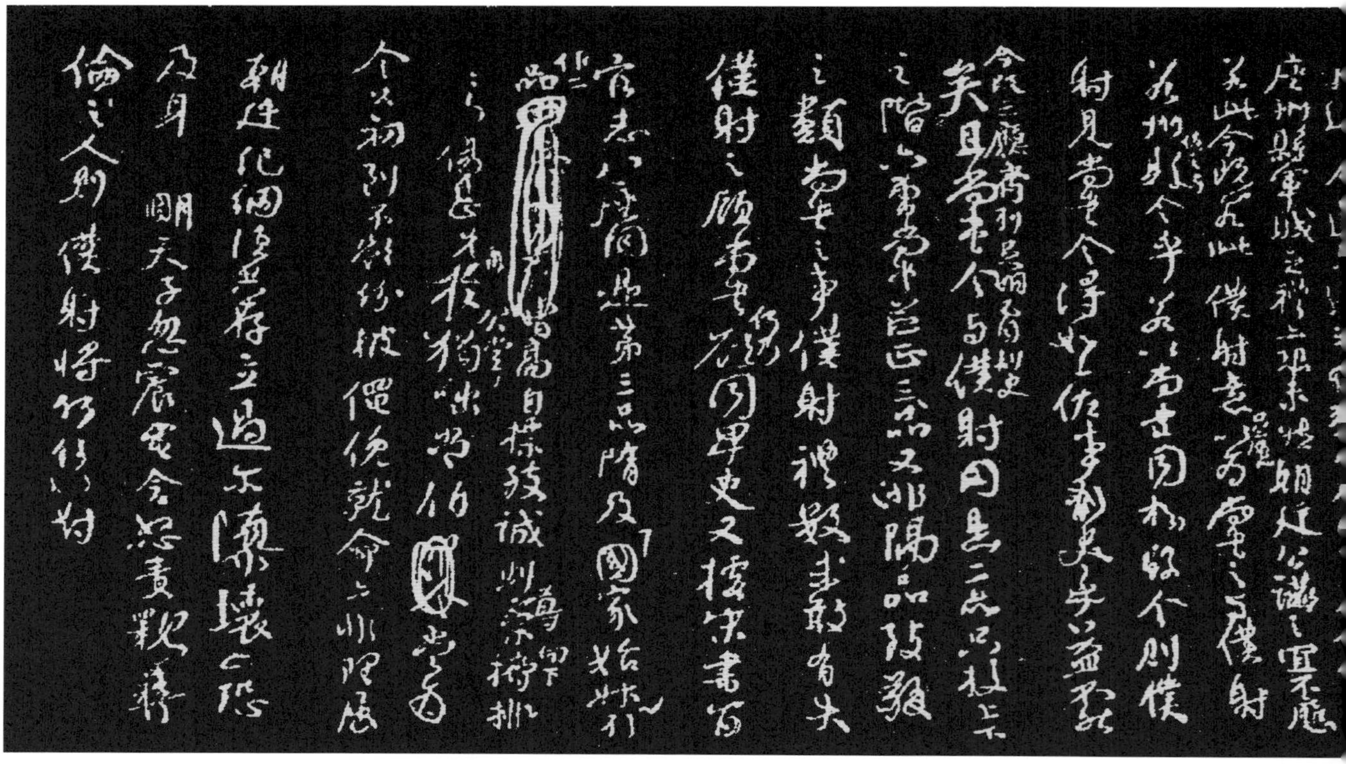

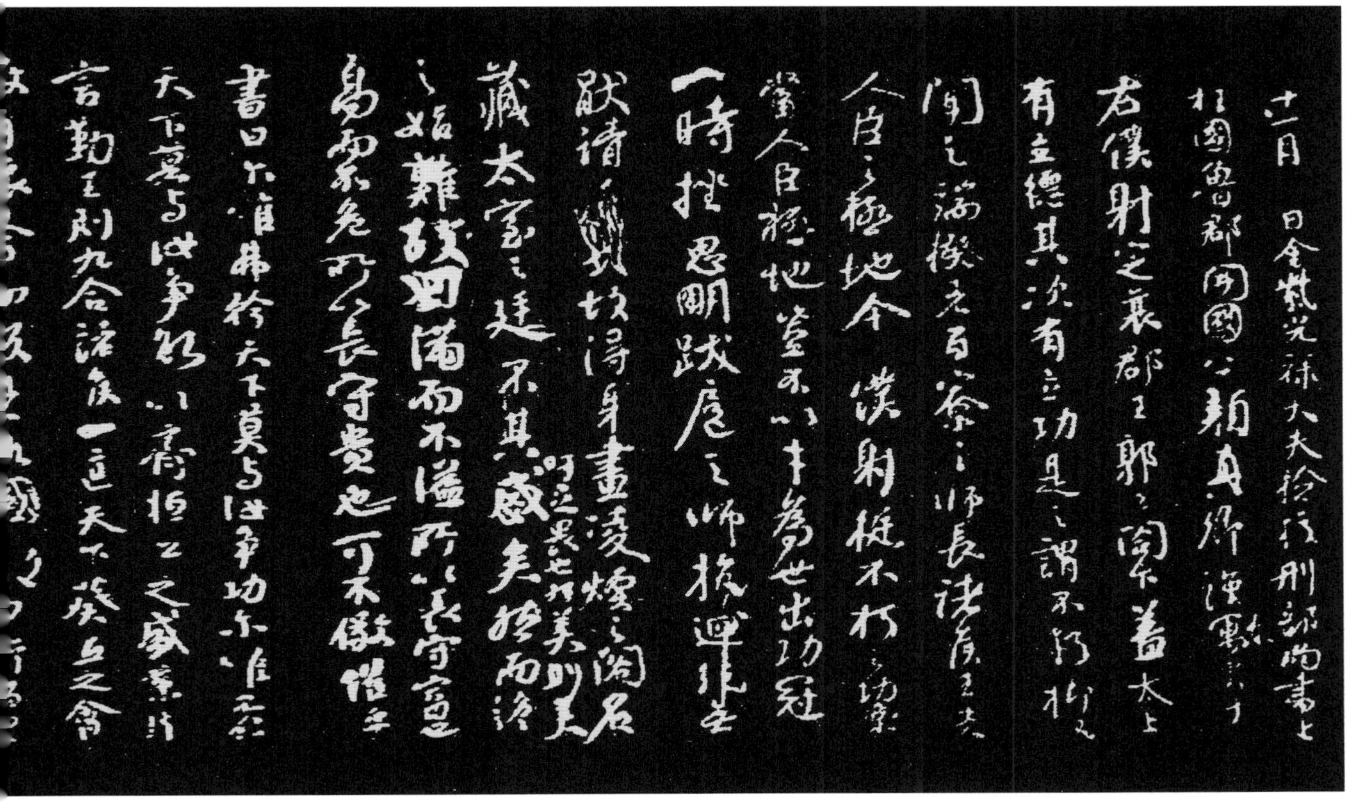

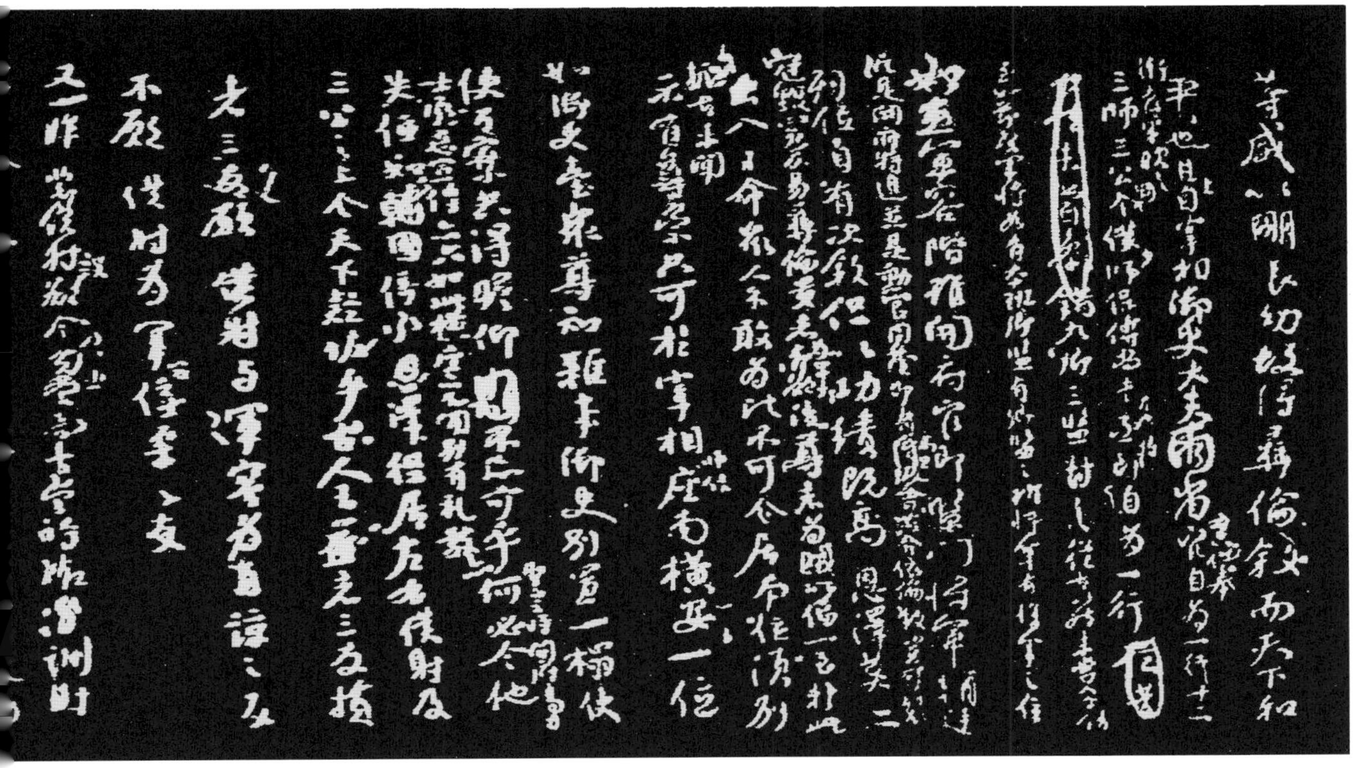

二八　（唐）颜真卿《争座位帖》

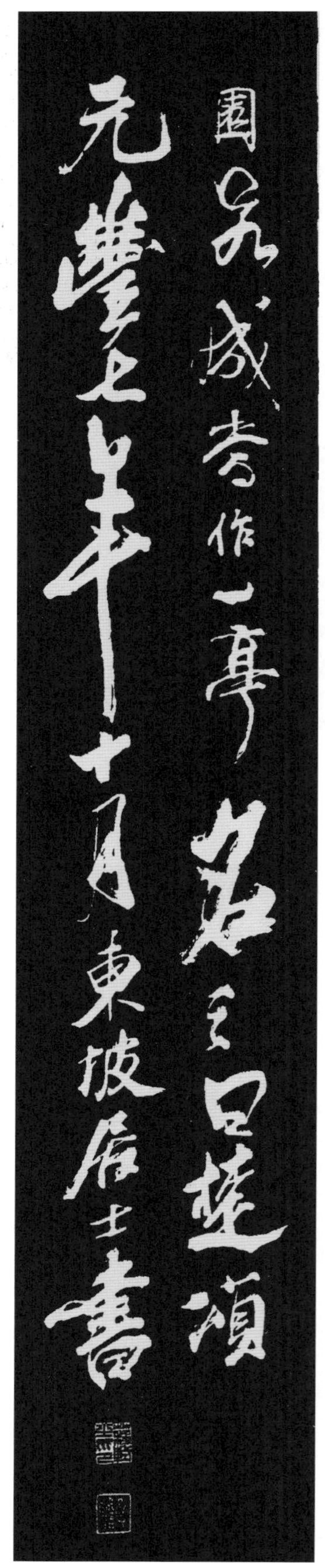

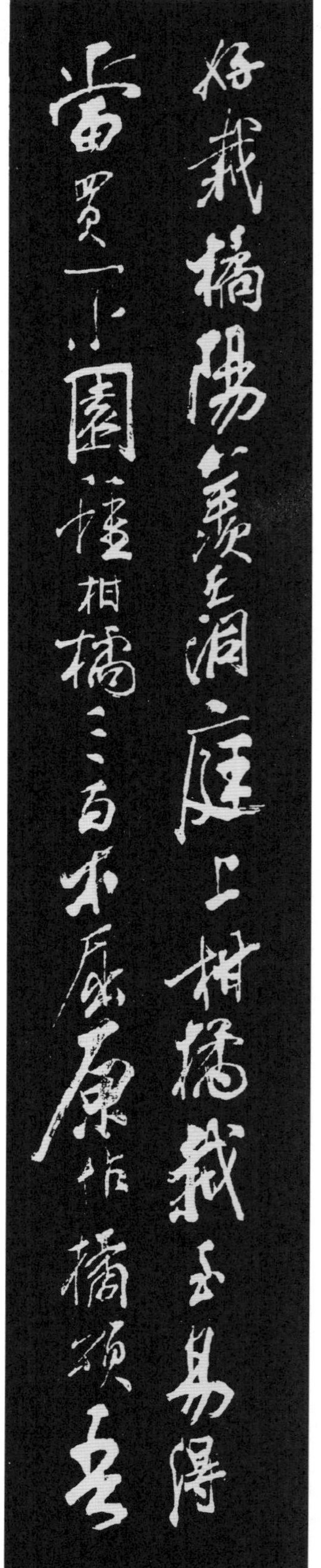

二九　（北宋）苏轼《楚颂帖》

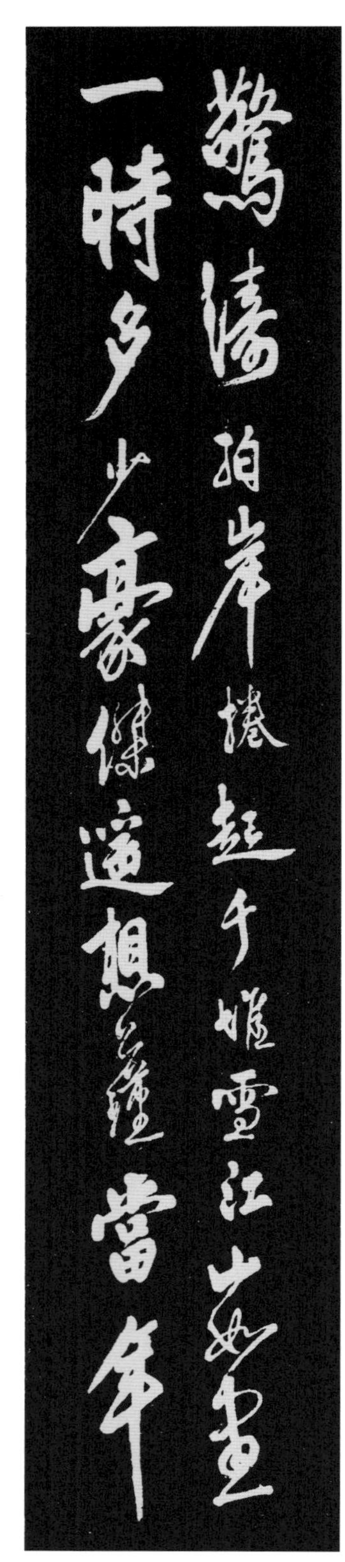

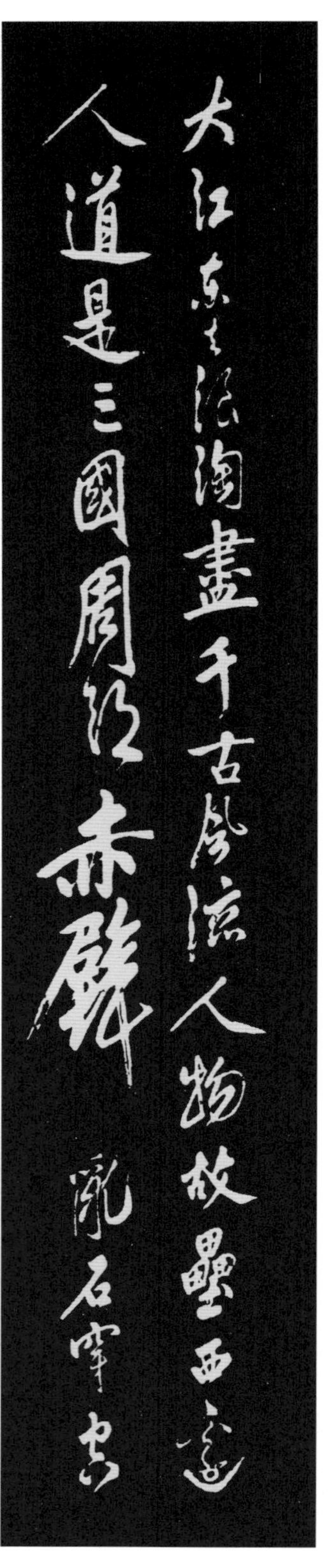

三〇　（北宋）黄庭坚《念奴娇·赤壁怀古》

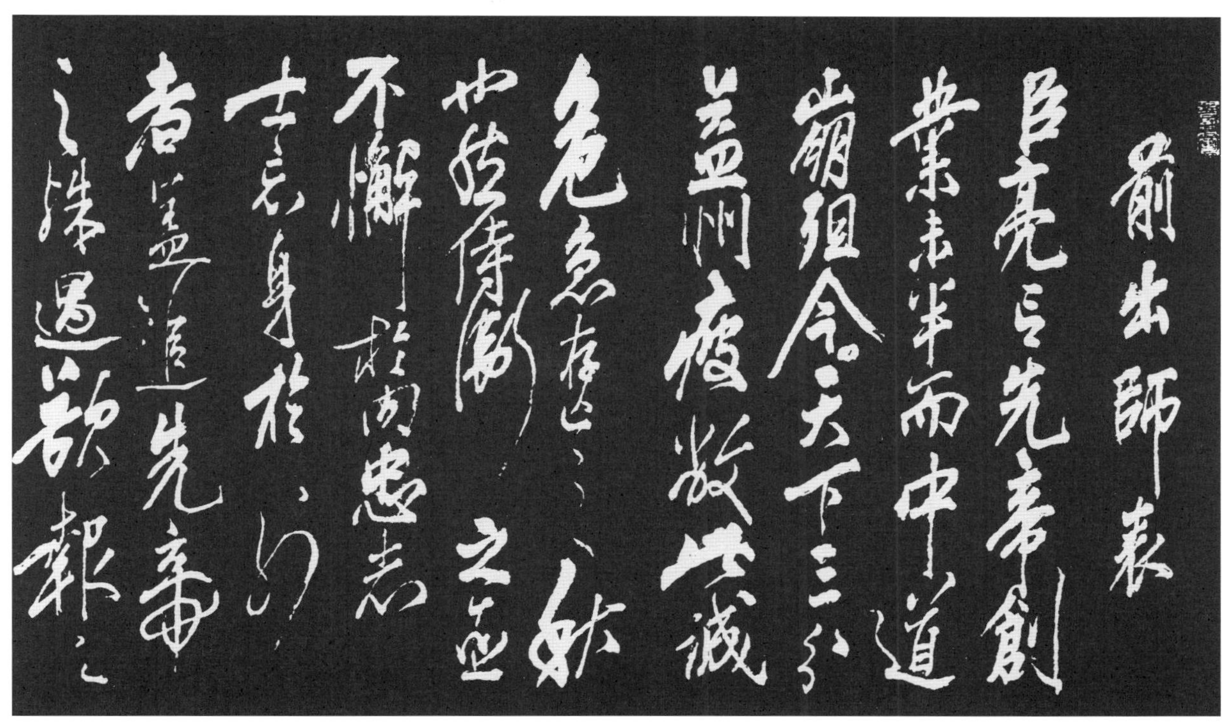

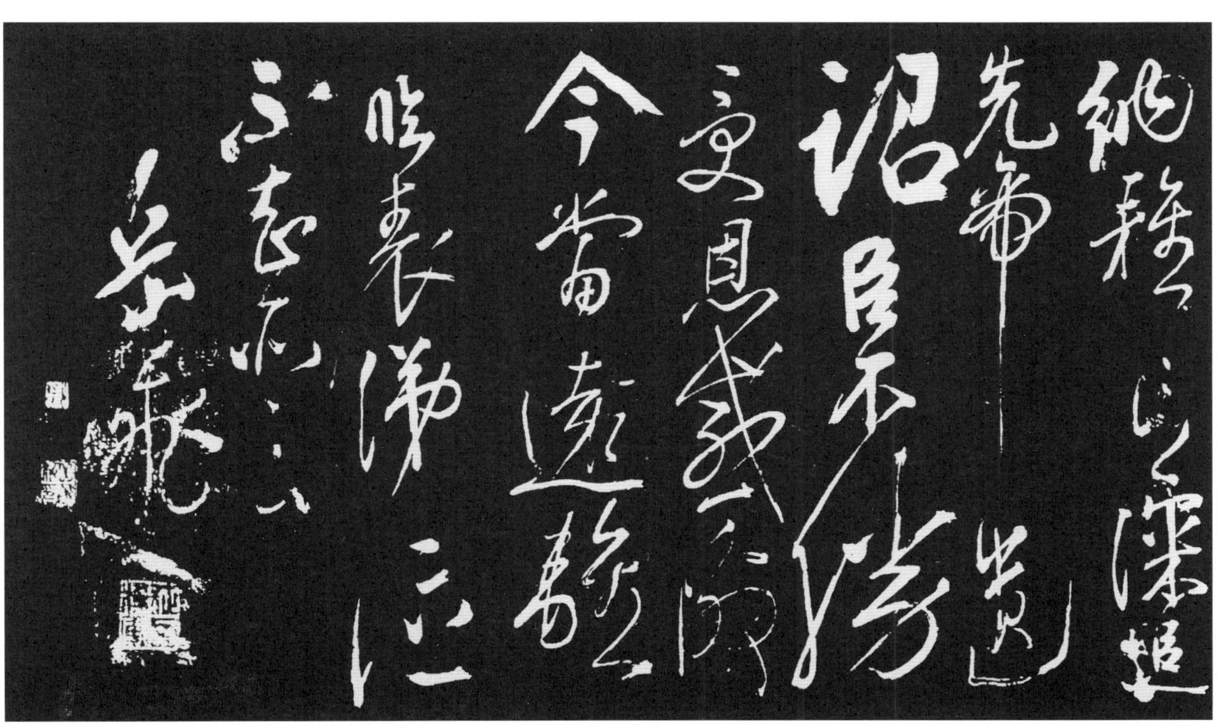

三一 （南宋）岳飞书诸葛亮《出师表》（首尾部分）

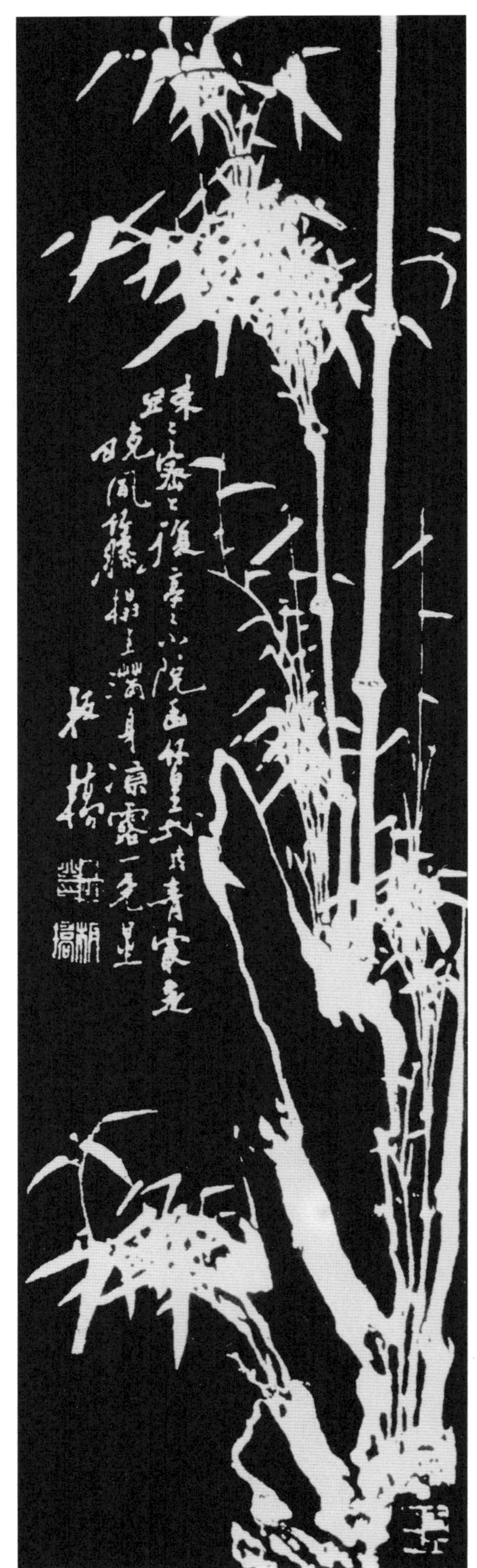

三二 （清）郑板桥《竹石画》

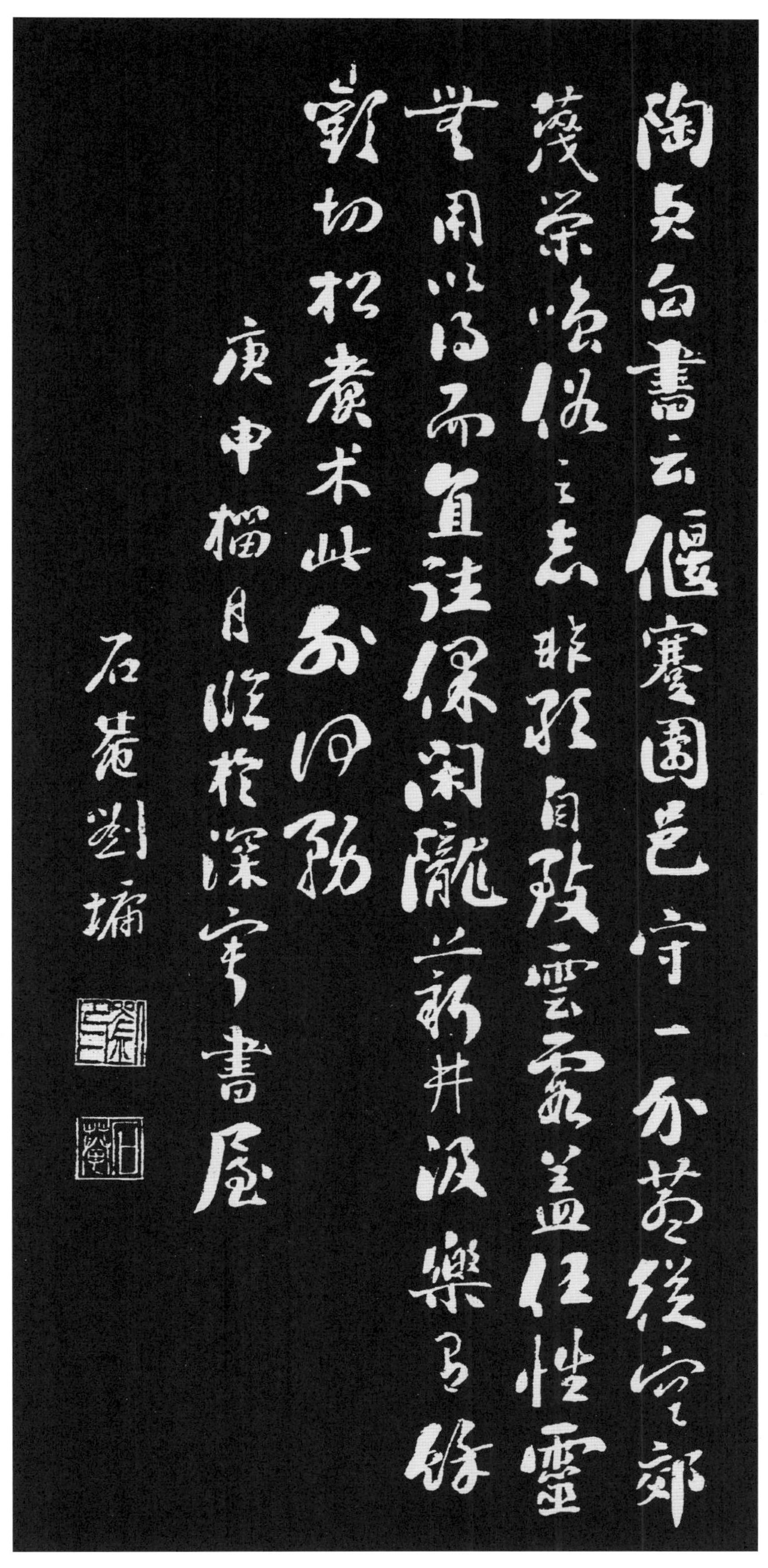

三三　（清）刘镛书轴

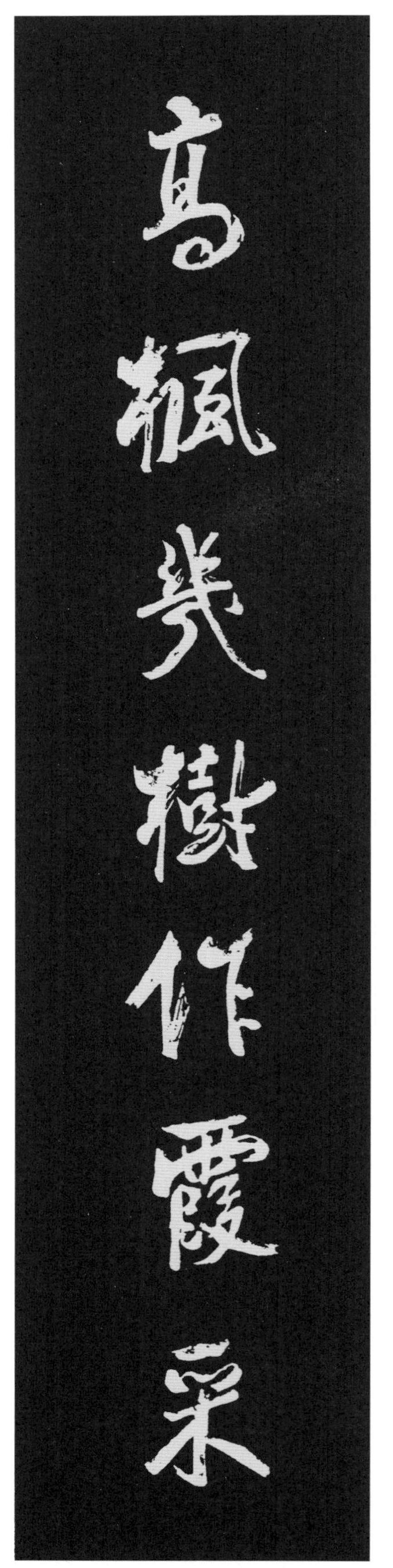

三四 （清）张问陶楹联

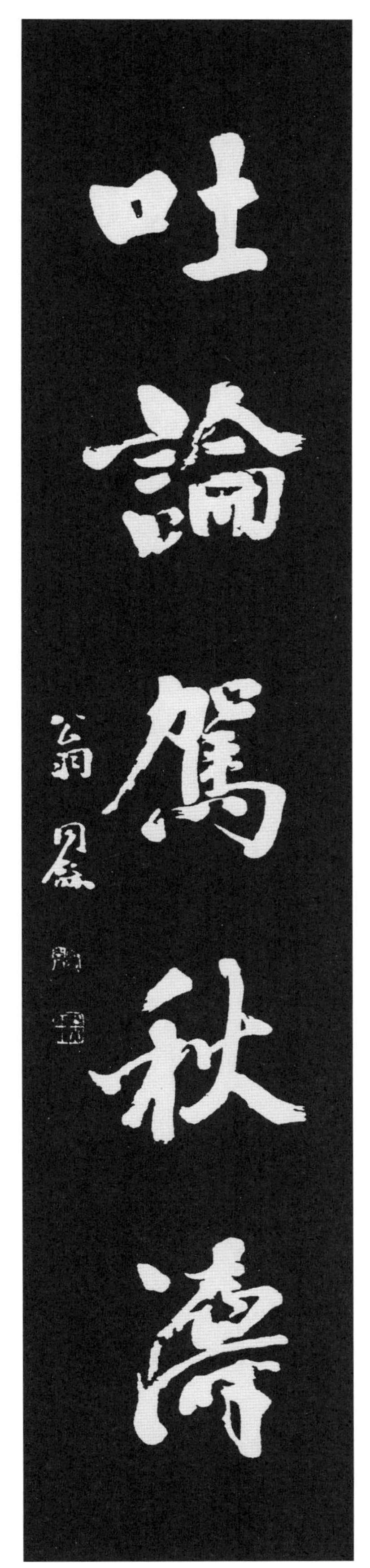

三五　（清）翁同龢楹联

三六　（民国）赵熙楹联

张桓侯庙不仅有重要的历史价值、艺术价值，我们从保存下来的历史遗物可以了解古代的相关信息，很多方面都反映了当地的民风民俗以及人们的宗教信仰。张桓侯庙是一处难得的文物古迹，它为弘扬中华民族的传统文化起着重要的作用。

（云阳县文物保护管理所）

第二篇

拆卸与复建

一　云阳张桓侯庙的拆卸

2002 年 10 月 8 日张桓侯庙正式闭馆，停止接待游客。10 月 18 日古建筑开始拆卸，历时 56 天，总拆卸面积 3981 平方米，其中古建筑面积 1581 平方米，后期非文物建筑面积 2400 平方米。

文物建筑主要包括：结义楼、戏台、正殿、杜鹃亭、望云轩、邵杜祠、东西厢房、得月亭、八角亭、石拱桥等，由湖北大冶殷祖园林古建公司进行保护性拆卸和复建，共计 1350.13 平方米；助风阁、陈列室、偏殿由北京大龙古建公司保护性拆卸和复建，共计 230.87 平方米。

非文物建筑主要有望云楼，职工住舍、办公室、食堂、厕所、门房等附属工程均为现代建筑，共计 2400 平方米。为保证三峡库区 139 米高程蓄水，于 2003 年 3 月采用破坏性拆除，按期完成国务院三峡建设委员会三峡库区清库要求。

1. 古建筑屋面拆卸

屋面拆卸是建筑物拆卸的第一步，拆卸前需搭设内外脚手架和满堂脚手架，所有钢制架料不得触及各种构件，特别是灰塑件和各种脊饰，确保文物构件不受损坏和撞伤。同时充分考虑构件的吊装以及施工人员的安全。

揭瓦之前，首先进行现状记录，主要是现存瓦顶的做法、类别、颜色、尺寸。结义楼、大殿、杜鹃亭为多种色彩琉璃瓦；东西厢房、望云轩、邵杜祠、偏殿为小青瓦。一幢建筑的屋面瓦颜色又不统一，有的是黄多绿少，有的是绿多黄少，钉帽全用酒杯倒扣。屋面工程是古建筑的重要组成部分，它不仅起到防水隔热、遮风挡雨的作用，而且是地位的象征、宗派的区分、艺术的体现。因此对旧屋面除了认真记录各种坡度、弧度和各种脊吻、戗兽的数量大小质地外还应该做好残毁记录以便利用、复制。

对拆卸的所有瓦件、脊饰进行编号登记，位置描述，然后进行分类包装运至新址有序堆放，做到复建时便于寻找。

2. 木构件拆卸

张桓侯庙古建筑群全是木结构，大部分为穿斗结构。屋面瓦件脊饰拆卸后，开始从屋面基层的椽、檩进行由上而下、先小后大的逐步拆卸。在拆卸梁架时应对柱或周边构件进行加固。梁柱的解体一定要机械人工相配合，防止梁、柱的突然倒塌，特别是穿斗的榫卯离位，要两端反复轻撬轻退，必要时借助千斤顶进行，务必保证不要榫断梁裂，确保文物木构件安全。

拆卸前认真记录各种木构件（不论大木小木）的连接关系及具体位置并编号在案，然后进行捆绑包装，整齐堆放待运。

3. 砖石构件拆卸

张桓侯庙的砖构件主要是各建筑的山墙（防火墙）的青砖，规格为300×200×100毫米和300×200×50毫米两种，砌法为两平一斗外粉刷石灰砂浆。室内地坪使用285×285×45毫米的青方砖。室外踏步大部为（500~1000）×300×200毫米的条石。拆卸时同样采取编号、注明位置。

古石桥位于张桓侯庙门西侧，是组成张桓侯庙的重要构筑物，它历史悠久。桥长11.80米，桥宽8.47米，拱高5.39米，拱跨6.70米，是一座拱呈桃形的石桥。为了拆卸安全采取满堂密架，且能承受桥拱部分的全部重量。制定严格周密的拆卸方案，首先对桥表面石材进行编号，绘制实测，按实制作了圈拱模板，然后拆除桥体填料，最后拆卸拱圈。拱圈30层，每层由2~4块长度不等、厚度不一的条石起拱砌筑，最长条石约4.4米，宽0.3米，厚0.48米，重量达1400公斤。拆卸拱圈第一步是松动取出桥心石，使其桥拱重量全部压在密集的钢架上，然后逐条拆卸吊运。总共拆卸拱圈石99块，其他条石399块，总共重量约350吨（插图三七）。

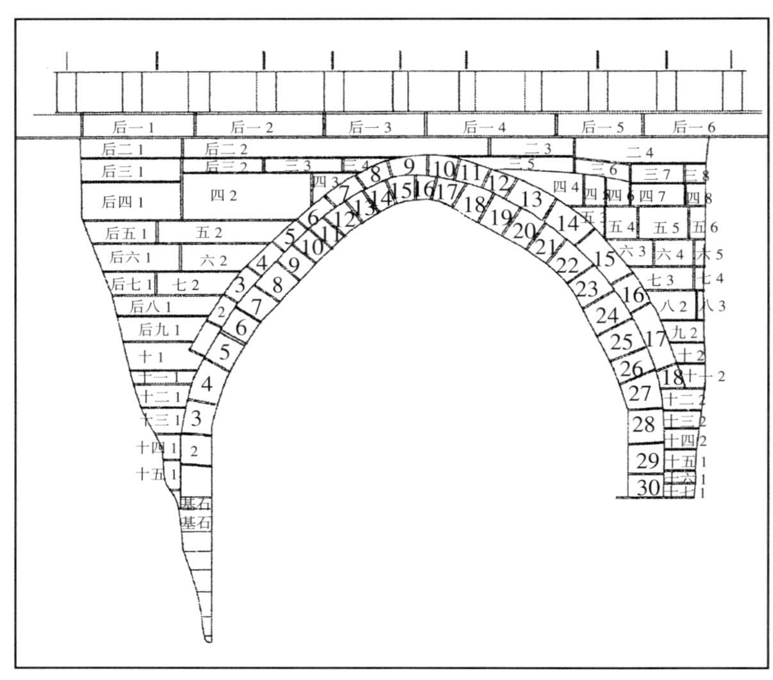

三七　石桥拆卸编号图

4. 碑刻拆卸

张桓侯庙的碑刻、楹联、匾额与张桓侯庙主体建筑一样，有着重要的文物价值，它是张桓侯庙的重要组成部分。保护好这些碑刻、楹联、匾额有着极其重要的意义。

张桓侯庙共存放有碑刻文物178件。大部分嵌于邵杜祠和望云轩的廊墙上。木刻匾牌悬挂于结义楼东西厢房内，有193件。复制大殿壁画4块，约30余平方米。所有木石碑刻、匾牌均采取保护性拆卸。全部进行编号造册、定位、包装、运输、清洗、修复等程序，于2003年7月30日搬至新址复原就位。其中存有唐颜真卿的《争座位贴》，北宋苏轼的《楚颂贴》，北宋黄庭坚的《幽兰赋》以及米芾、岳飞、郑燮、刘墉等名人骚客的书画字迹。

“江上风清”四字是清末国子监彭聚星所书，迄今已有100年历史，它是张桓侯庙的象征，塑于结义楼外墙，碑高275厘米，长1165厘米，泥塑凸形黑底白字，隔江可望，易损，采取翻模复制。

飞凤山临江摩崖上数十块题刻，经专家论证切割复制7块。其中“山高水长”在突出岩石上，便于机械操作，采取整体切割，题刻长420厘米，宽180厘米，厚30厘米，于2002年12月运至新址，在吊装时不慎摔裂，拼装于新址摩崖上。其他复制了：

“浩气常存”长350厘米，宽160厘米，厚20厘米

“中流砥柱”长420厘米，宽170厘米，厚20厘米

“正气浩然”长350厘米，宽120厘米，厚20厘米

“同挽狂澜”长385厘米，宽90厘米，厚20厘米

“大江保障”长420厘米，宽180厘米，厚20厘米

“龙吟”长320厘米，宽150厘米，厚20厘米

5. 古树移植

张桓侯庙历经千余年的风雨，历史上虽经多次水淹、火焚，但仍然遗留下许多古树、大树。搬迁时工作人员进行了认真调查、评估，并逐一编号。经园林专家论证，有桂花、黄角、梧桐等16株大树可保证100%的成活率。由于这些大树大部分生长在岩缝中，根系粗壮，长达数十米，给断根带来了困难，特别是最具象征的助风阁夫妻树和庙门前斜坡上的参天大树都未成功移活。对死去的树需经替代补栽，但终归失去了原有的风格。截至目前大树成活了3棵，栽于新址张桓侯庙东侧园区内。

6. 构件运输、保管

张桓侯庙拆卸后运往云阳县张桓侯庙新址，从原址沿江而上约40公里水路，陆路约30公里，文物构件由于年久，自然损坏严重，拆架后也易于在运输装卸过程中损伤。为此，在可行性研究过程中经过认真实地考查和论证。一是采用水运，存在一次装车和装船，到达目的后仍存在一次卸船卸车，船行时间较长，搬运频率大，易造成文物构件损伤；二是采用陆运，只存在一次装车和一次卸车，减少了船的装卸程序，车行时间短，搬运次数少，但必须有良好的交通道路，减少汽车行程时的震动。经实地踏勘，从云阳张桓侯庙至新址龙安村共计31公里，其中：省级道路20公里，机耕道路10公里，进场道路1公里。省道和进场道路都比较平稳，且有人养护。只有凤鸣镇至盘石镇10公里机耕道路局部路面坑洼不平，有4处弯道较小，多处路面较窄，约2公里，1处长20余米、宽4米的小桥承载力不足10吨。为此施工单位采用了填平、改弯、加宽、加固的办法解决了450余车13100余件的文物构件的安全运输、入库问题，在运输过程中做到了轻装、轻吊、轻卸、堆放有序。在整个运输过程中有监理、保卫随车押送，没有发生一起文物丢失和损坏事故。

二　云阳张桓侯庙的复建

（一）张桓侯庙新址地质勘察

1999 年 11 月，重庆市文化局委托重庆市勘察设计院对拟建张桓侯庙新址进行详勘工作，勘察目的主要包括：第一，查明场地地层结构，提供各层岩土的物理力学指标，并对场地稳定性作出评价；第二，查明地下水的埋藏情况；第三，提供各层地基土承载力标准值。详勘结论是：第一，场地现状岩土体稳定，无滑坡、崩塌等不良地质现象；第二，三峡库区蓄水后主庙区东部表层土体在库区动水位作用下易产生坍滑现象，将给主庙带来隐患。建议主庙向西移 40 米至 6－6′剖面以西。为此，北京清华大学建筑设计研究院根据详勘的结果和建议进行了设计方案变更并调整了地坪标高。

1. 地质环境条件

1.1　气象水文

场地所在区域隶属亚热带气候，具热量丰富、雨量充沛、温度高、冬暖春早、夏季酷热多旱、立体气候明显等特点，大气降水以降雨为主。根据云阳县气象局提供的气象资料：年平均气温 18.6℃，极端最高气温 42.9℃，极端最低气温 −4℃，年降水量 1121.2 毫米，年平均湿度 72%，年最多风向 NNE，年平均风速 2.0 米/秒，极大风速 24.0 米/秒。

长江常年洪水位 125 米，1981 年特大洪水位 140 米。水位全年变化规律一般 2～3 月为最低水位，4 月下旬开始涨水，7 月、8 月、9 月为最高洪水位，至 10 月下旬逐渐回落，洪峰频率 5～8 次，过程 7～20 天。三峡水库竣工蓄水后，将改变长江的水文状况，设计最高蓄水位为 175 米，其汛期、蓄水期、供水期的水位及变化情况见“三峡水库水位削落示意曲线图”（插图三八）。

1.2　地形地貌

张桓侯庙新址位于云阳县磐石镇龙安村秦家院子一带，庙宇于长江南岸岸坡依三峡大坝蓄水回水线傍江而建。场地属河谷侵蚀斜坡地貌，区内斜坡宏观走向呈北西西—南东东向，倾向北 20°左右，坡面较为完整，仅发育少量浅切割小型冲沟。场地地面标高 180～205 米，相对高差 10～20

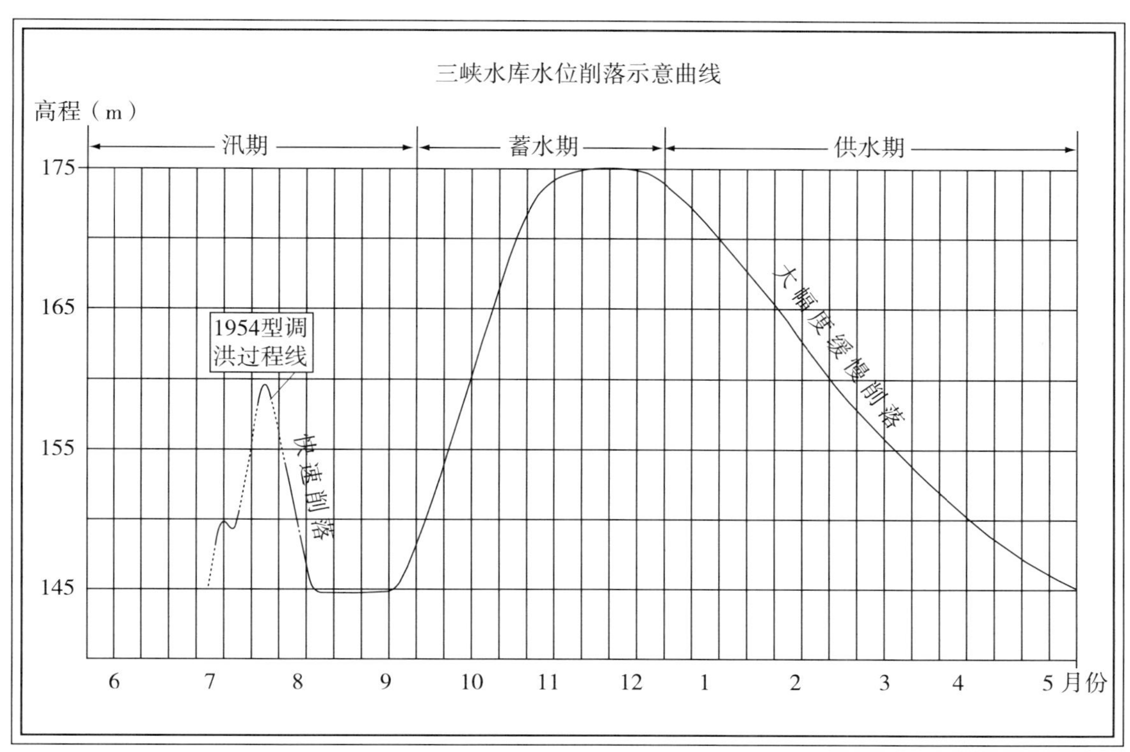

三八　三峡水库水位削落示意曲线图

米，宏观坡角 5°～20°，具东侧较缓西侧较陡之特点。场地中部有一条冲沟，宽 2～3 米，切割深 1～2 米，侧壁和沟底基岩裸露，非雨期一般无流水。

1.3　地质构造

场地位于万县复式向斜新场背斜轴部，岩层平缓，其倾向 180°，倾角 5°。场地内构造条件简单，无断裂构造通过。

在场区内作了节理调查，发现有两组构造裂隙，其延伸长，规律性强。一组倾向 330°～340°，倾角 75°～80°，频率 1 条/米，另一组倾向 40°～80°，倾角 65°～89°，频率 1～2 条/米。泥岩内裂隙裂面多呈锯齿状。

1.4　地层

场区内上覆土层为第四系全新统人工回填土（Q_4^{ml}）、残坡积粉质黏土（Q_4^{el+dl}），下伏基岩为侏罗系中统上沙溪庙组（J_{2S}）泥岩。现按地层的新老关系分述如下：

（1）素填土（Q_4^{ml}）

褐色为主，含泥岩块石和粉质黏土，泥岩块石粒径一般 50～200 毫米，含量 20%～40%，松散—稍密，一般厚为 0.50～2.00 米，最厚达 5.8 米，揭露于钻孔 B12 处，据访问：该处原为鱼塘，后修建房屋堆填所至。填土层主要分布于场地中部的房屋区，回填时间多为 20～40 年。

（2）粉质黏土（Q_4^{el+dl}）

紫褐色，呈可塑状—硬塑状，手捏有细颗粒存在，有黏滞感，夹少量的砂岩、泥岩块碎石。砂岩块石粒径一般 100～300 毫米，泥岩块石粒径较小，一般小于 10 毫米。块碎石含量差异较大，一般 3%～5%，最高可达 10%～20%。粉质黏土层分布于绝大部分场地，场地中部厚度一般 0～1.50

米，场地东、西两侧厚度较大，最厚达9.70米。

（3）泥岩（J_{2S}）

紫褐色，粉砂泥质结构，厚层状构造，局部夹灰绿色钙质结核。强风化层岩芯破碎，岩质较软，风化网状裂隙发育；中风化层岩芯多呈短—中柱状，岩体完整，岩质较硬，节理少见，其发育程度为不发育。泥岩体内偶夹薄层灰色—紫灰色泥质粉砂岩，其厚度一般0.3～0.8m。

1.5　水文地质条件

场地水文地质特征：地下水为松散层上层滞水，补给源为大气降水，水量大小受降水因素影响较大，随季节而异，由于场地地处斜坡地带，易于地下水和地表水的排泄，地下水赋存条件较差。

在原详勘中作了较为细致准确的水文测试工作，包括抽水试验、渗水试验和水质分析测试，结果表明：第一，场地土层内基本无地下水存在；第二，环境水对砼无侵蚀性。

1.6　地震

根据国家地震局编制的1/400万《中国地震烈度区划图》，场区范围内的基本烈度为Ⅵ度。按场地土及建筑场地类别划分标准，本场地覆盖层属中硬场地土—中软场地土，场地类别属Ⅰ—Ⅱ场地。

2. 岩土物理力学参数的分析整理

本次勘察取岩样11组，取土样3组，标准贯入试验3次，现将各试验成果资料分析和整理如下：

2.1　室内岩石试验

本次勘察取岩样11组，均为中等风化泥岩，以抗压试验为主，选择了3组样品作了物理、抗剪试验。现将本次勘察采集的泥岩样品试验值和部分原勘察样品试验值一并统计，统计原则：

①以各组单值作为一个样本进行统计。

②岩石的抗压强度标准值用《岩土工程勘察规范》GB50021－94公式（12·2·4－1）及（12·2·4－2）计算，按不利组合考虑，作用项取“＋”，抗力项取“－”。

统计结果见下表：

室内岩石物理力学试验成果汇总统计表

岩石名称	岩样编号	重度γ（kN/m^3）		抗压强度（MPa）					抗剪强度		抗拉强度（MPa）	变形模量$E_{变}$（MPa）	弹性模量$E_{弹}$（MPa）	泊松比μ
		自然	饱和	自然Ra 单值	自然Ra 组平	饱和Rb 单值	饱和Rb 组平	软化系数	内摩擦角φ（度）	内聚力C（kPa）				
泥岩J_{2S}	B2－1			7.8		4.8								
				8.1	7.7	4.2	4.5	0.58						
				7.3		4.4								
	B7－1			8.8		4.9								
				8.1	8.4	5.2	5.0	0.60						
				8.3		5.0								

续表

岩石名称	岩样编号	重度γ（kN/m³）		抗压强度（MPa）					抗剪强度		抗拉强度（MPa）	变形模量 $E_{变}$（MPa）	弹性模量 $E_{弹}$（MPa）	泊松比μ
				自然 Ra		饱和 Rb		软化系数	内摩擦角φ（度）	内聚力C（kPa）				
		自然	饱和	单值	组平	单值	组平							
泥岩 J_{2S}	B9－1	25.4	25.7	5.2		3.1								
		25.3	25.8	5.6	5.5	3.4	3.1	0.56	35°45′	1480				
		25.4	25.6	5.8		2.9								
	B11－1			6.1		3.1								
				5.3	5.7	3.4	3.2	0.56						
				5.8		3.2								
	B15－1			5.1		2.5								
				4.7	5.0	2.8	2.7	0.54						
				5.0		2.9								
	B15－2	25.4	25.6	5.0		2.9								
		25.3	25.6	5.3	5.1	2.8	2.8	0.55	35°45′	1340				
		25.4	25.5	5.1		2.6								
	B17－1			6.3		3.4								
				5.7	6.0	3.6	3.4	0.57						
				6.1		3.2								
	B20－1			5.8		3.7								
				6.2	6.1	3.5	3.5	0.57						
				6.3		3.4								
	B22－1	25.2	25.5	6.8		4.1								
		25.3	25.5	6.4	6.7	3.9	3.9	0.58	36°8′	1500				
		25.2	25.4	7.0		3.7								
	B24－1			7.3		4.5								
				8.0	7.6	4.1	4.4	0.58						
				7.6		4.7								
	B26－3			5.1		2.5								
				4.6	4.8	2.7	2.6	0.54						
				4.8		2.6								
	X3－1			5.2		3.5								
				5.8	5.5	3.2	3.4	0.62						
				5.5		3.5								
	X5－1			4.4		2.6								
				4.6	4.6	2.8	2.8	0.61						
				4.8		2.9								
	X6－1			5.0		3.0								
				5.3	5.3	3.4	3.2	0.60						
				5.6		3.3								

续表

岩石名称	岩样编号	重度 γ (kN/m³)		抗压强度（MPa）					抗剪强度		抗拉强度 (MPa)	变形模量 $E_{变}$ (MPa)	弹性模量 $E_{弹}$ (MPa)	泊松比 μ
				自然 Ra		饱和 Rb		软化	内摩擦角	内聚力				
		自然	饱和	单值	组平	单值	组平	系数	φ(度)	C(kPa)				
泥岩 J_{2S}	X9－1			5.8		3.8								
				6.3	6.0	4.0	3.8	0.63						
				5.9		3.5								
	X12－1			5.1		3.3								
				5.0	5.2	3.2	3.1	0.60						
				5.5		2.9								
	X14－1			5.1		3.3								
				5.0	5.2	3.2	3.1	0.60						
				5.5		2.9								
平均值		25.3	25.6	5.9		3.4			35°52′	1440				
标准差		0.08	0.12	1.11		0.69								
变异系数		0.003	0.004	0.19		0.20								
样本数		9	9	51		51			3	3				
标准值				5.6		3.2								

统计结果表明，抗压强度变异系数为0.20，为中等变异性，所采集的泥岩样品的试验值具代表性，能反应场地内泥岩的物理力学特征。

2.2　室内土工试验

本次勘察采集土样3组，作了物理性质、压缩性及抗剪强度试验。统计原则：

①C、φ 值按《建筑地基基础设计规范》GBJ7—89 附录七公式计算其标准值。

②由于试验样品较少，将物理指标、压缩指标的最大平均值或最小平均值作为其标准值，作用项取最大平均值，抗力项取最小平均值。

统计结果见下表：

土工试验汇总统计表

土层名称	土样编号	天然含水量(%)	天然重度(kN/m³)	比重	天然孔隙比	液限(%)	塑限(%)	塑性指数	液性指数	内摩擦角	黏聚力(kPa)	压缩模量(MPa)	压缩系数 (MPa_a^-)
													a_{1-2}
粉质黏土	B25－1	24.6	20.3	2.73	0.676	29.0	18.0	11.0	0.60	6°3′	27.0	3.56	0.47
	B26－1	22.0	20.4	2.74	0.639	33.0	20.3	12.7	0.13	10°32′	31.3	4.68	0.35
	B26－2	23.6	20.1	2.74	0.685	34.5	18.5	16.0	0.32	9°39′	27.0	4.11	0.41
平均值		23.4	20.3	2.74	0.667	32.2	18.9	13.2	0.35	8°44′	28.4	4.11	0.41
标准差		1.31	0.15	0.005	0.02	2.84	1.21	2.54	0.23	222	2.48		0.06
变异系数		0.06	0.05	0.002	0.04	0.09	0.06	0.19	0.67	0.27	0.09		0.15
样本数		3	3	3	3	3	3	3	3	3	3		3
标准值		24.0	20.4	2.74	0.676				0.47	8°44′	26.1	3.81	0.44

从各样品试验数据分析：土性应为粉质黏土，呈可塑—硬塑状，这与野外鉴别较为吻合，采集的样品具代表性，所得指标能反应其物理力学特征。根据《建筑地基基础规范》GBJ7—89 附录五，由孔隙比 e 和液性指数 IL 查附表 5－4，粉质黏土承载力基本值 283kPa，经计算，其承载力标准值 fk＝2101kPa。

2.3　标准贯入试验

本次勘察在 2 孔内共作了 3 次标准贯入试验，实测锤击数 7～8 击，现根据《建筑地基基础设计规范》GBJ7—89 附录六附表 6.1 对实测贯入 30 厘米锤击数进行触杆长度校正，N63.5＝6.8～7.4 击，平均锤击数 7.2 击，查表土层承载力为 193kPa。

2.4　岩土体物理力学参数的确定

岩、土体物理力学参数建议表

岩性	天然重度 γ（kN/m³）	岩石抗压强度（MPa）		内摩擦角 φ（度）	内聚力 C（kPa）	承载力（kPa）
		自然 Ra	饱和 Rb			
素填土	20.0	/	/	综合 φ30°	/	/
粉质黏土	20.4	/	/	8°44′	26.1	193
强风化泥岩	25.0	/	/	/	/	300
中风化泥岩	25.3	5.6	3.2	30°2′	288	950

（1）中风化岩石地基承载力按《建筑地基基础设计规范》GBJ7—89 公式 3.2.5 计算岩石，frk 取自然单轴抗压强度标准值，折减系数取 0.17；强风化岩石承载力值按《建筑地基基础设计规范》（GBJ7—89）附录五附表 5.1 查得；

（2）岩体抗剪强度：内聚力 C 取岩石标准值的 0.2 倍，内摩擦系数取岩石标准值 0.8 倍；

（3）粉质黏土承载力标准值可由其物理指标查表计算和标准贯入锤击数查表所得，根据现场条件建议以标贯所得值为准。

3. 工程地质评价

3.1　场地稳定性和建筑适宜性

本次补充勘察的勘探范围基本在原详勘范围之内，现设计方案将主庙区西移约 50 米。该拟建场地位于磐石镇秦家院子一带，隶属斜坡地貌，标高 175～205 米，宏观坡度 5°～15°。场地东西两侧局部地带覆土层较厚，有 4～9.8 米，中部绝大部分地带基岩广泛出露，土层厚度一般为 0～1 米。场地出露及下伏基岩为泥岩。场地内岩、土体稳定，无滑坡、崩塌等不良地质现象，场地现状稳定，适宜作张桓侯庙搬迁新址。

3.2　岸坡再造问题

在原详勘报告中已对岸坡再造问题作了较为细致的阐述：三峡水库蓄水后，年内最高水位 175.00 米，最低水位 145.00 米，水位将上升 50～80 米。由于水位升高，水文地质条件改变，场区岸坡土体在浸水后其物理力学性质发生变化，加上岸坡受水流冲刷，波浪对岸边的冲蚀，破坏了岸坡的自然平衡条件，引起岸坡形状及稳定性发生变化，根据《水利水电工程地质手册》第八篇第一章第三节“水库坍滑因素”和“坍岸预报”，当紧邻水库蓄水位的边坡较陡，并且有大量的松散物质时，易产生坍滑现象。由于场地内基岩广泛出露，松散层普遍较薄，并且庙宇前沿人工陡坎设置挡土墙，其支护结构基础置于中风化基岩之上，故岸坡再造不会对拟建场地的整体稳定产生影响。

3.3　人工边坡的处理及设计参数

由于拟建新庙是依样重建，其结构和布局同原庙一致，建筑场地按庙宇及环境设计标高整平后，将出现人工边坡，包括庙宇前沿边坡、庙宇内部错层边坡及庙宇后侧边坡。

庙宇前沿边坡

西侧附属建筑设计地坪标高 193.00 米，主庙地下室 -5.40 = 192.80 米，东侧环境设计地坪 -0.60 = 192.60 米，庙宇前沿道路设计标高 -20.20 = 178 米，建筑场地按设计标高整平后，将出现 14.80 ~ 19.60 米高的人工边坡（见 1 -1′ ~9 -9′工程地质剖面图）。

该人工边坡分为填方边坡和切方边坡，填方边坡高 2 ~ 15 米，西侧较高东侧较低，切方边坡高 4 ~ 17.6 米，西侧较低东侧较高。切方边坡分土层边坡和岩质边坡，土层边坡最高达 10 米（见 9 -9′剖面），岩质边坡最高达 12.0 米（见 8 -8′剖面），根据重庆市地方标准《建筑边坡支护技术规范》DB50/5018 -2001 附录 C 岩质边坡类别划分标准，该岩质边坡类型为 IIIB。对填方边坡，建议采用重力式挡墙支护，以中风化泥岩作为挡墙基础持力层；场地东侧切方土质边坡高达 10 米，建议该处先进行临时放坡，作重力式挡土墙，以中风化泥岩作挡墙基础持力层；对切方岩质边坡，建议采用锚杆挡墙支护，锚杆应锚入破裂面的稳定岩体以内，场地内外倾节理与边坡坡向呈小角度斜交（插图三九），边坡的破坏由外倾结构面控制，建议岩体破裂角取相交裂隙倾角 64°。

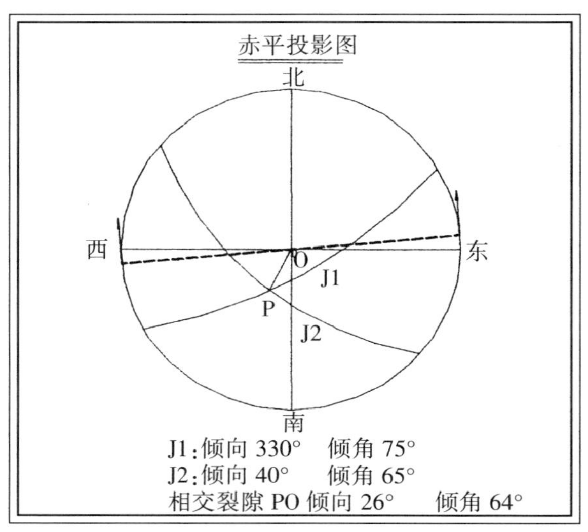

三九　赤平投影图

庙宇内部错层边坡、后侧边坡

建筑场地按地下室及环境设计标高整平后，在庙宇内部和后侧将形成 4.6 米高的错层边坡，包括岩质边坡和土质边坡。场地东侧土层厚度较大，建议采用大直径桩基础带挡墙作为支护结构，其他地带建议采用一般条形基础带挡墙或重力式挡墙支护，以中风化泥岩作为基础持力层。该挡墙既作施工时对边坡的临时支护，又作地下室的永久侧壁。

挡墙设计参数一览表

岩性	重度 γ（kN/m^3）	岩体抗剪强度		裂隙抗剪强度		岩体破裂角	基底摩擦系数	承载力（kPa）	临时边坡	锚杆砼同岩石的粘结强度（kPa）
		内聚力 C（kPa）	内摩擦角 φ（°）	内聚力 C（kPa）	内摩擦角 φ（°）					
素填土	20.0	/	/	/	/	/	/	120	1∶125	/
粉质黏土	20.4	26.1	8°44′	/	/	/	0.30	193	1∶1	/
强风化泥岩	25.0	/	/	/	/	/	/	300	/	/
中风化泥岩	25.3	288	30°2′	70	18	64°	0.45	950	1∶0.50	400

注：裂隙抗剪强度 C、φ 值由重庆市地方标准《建筑边坡支护技术规范》DB50/5018－2001

表 4.3.1 查得，施工中应加强对裂隙的观察，根据现场情况对 C、φ 值修正。

3.4　基础型式及设计参数

建筑场地按设计标高整平后，除 7－7’～8－8’剖面间泥岩广泛出露之外，其余地带覆土层厚度一般较大。虽建筑物本身荷载不大，但其安全等级较高且地处斜坡地带，设计拟采用桩基础可行，建议采用嵌岩桩，单桩竖向极限承载力标准值按《建筑桩基技术规范》94－94 公式 5.2.11－1～5.2.11－4计算，公式中岩石单轴抗压强度值取自然值。

桩基设计参数建议值表

岩性	岩石自然抗压强标准值（MPa）	桩周土极限侧阻力标准值（MPa）	备注
素填土	/	/	根据重庆市地方标准《重庆市建筑地基基础设计规范》DB60/5001－1997之规定，当桩穿越土层厚度小于 10 米，桩侧土摩阻力一般不计。
粉质黏土	/	70	
强风化泥岩	/	100	
中风化泥岩	5.6	/	

4. 结论及建议

4.1　场地现状岩土体稳定，无滑坡、崩塌等不良地质现象，适宜作张桓侯庙搬迁新址。

4.2　三峡水库蓄水后，动水位对场地的整体稳定性无影响。

4.3　庙宇前沿人工边坡施工顺序：先作切坡挡墙，逆作法施工，完毕后方可作填方挡墙。

4.4　庙宇前沿填方挡土墙基础应置于人工边坡稳定岩体之内（岩体破裂角 65°之内），若不能置于稳定岩体内，则在下部锚杆挡墙设计中考虑上部填方挡墙的作用。

4.5　泥岩易风化，建议对开挖后的基坑和裸露于外的岩质边坡进行及时封闭处理。

4.6　加强施工验槽工作。

（二）张桓侯庙地质灾害危险性评估

云阳张桓侯庙搬迁工程拟建场地的地质灾害危险性评估，委托了四川省成都水文地质工程地质队，于2001年10月完成。2001年10月25日由云阳县矿产资源管理办公室组织专家评审认为“该场地有条件兴建该工程”。

三峡工程建设，第二期水位136米将淹没部分张飞庙原地址的部分。经搬迁规划论证，张飞庙搬迁的新址选择在与云阳新县城隔江相望的长江南岸秦家院子一带。根据国土资源部《地质灾害防治管理办法》的精神，云阳县文物管理所委托四川省地勘局成都水文地质工程地质队，对张飞庙搬迁保护工程新址建设用地进行地质灾害危险性评估工作。

1. 建设用地位置及拟建工程概况

该工程项目位于盘石镇辖区，与新县城青龙咀隔江相望，距下游盘石镇1.5公里、张飞庙旧址23公里，北临长江，南倚秦家梁山脊。按该区独立坐标系：x = 21370.49 ~ 21655.00，y = 66585.16 ~ 67001.00。

拟建工程包括结义楼、正殿、望云轩、助风阁、杜鹃亭、得月亭、听涛亭、综合楼等庙宇楼阁，实际占地面积约3000平方米，规划用地面积111.70亩（在环境控制范围内拟作生态绿化林用地）。

2. 工作目的与任务

建设用地地质灾害危险性评估的目的，在于为建设用地规划选址提供合理布局的依据。

本次评估的任务是调查了解建设用地范围内及其周边环境的地质灾害类型、特征，评价其对工程建设本身可能遭受地质灾害的危险性以及工程建设诱发地质灾害的可能性，并对建设用地的适宜性及拟采用的防治措施提出建议。

3. 评估执行的技术标准

按本建设项目特点、地质环境条件、可能发生的地质灾害种类和特征，确定本次评估范围按规划用地红线圈定的范围，评估的重点是依山而建的庙宇楼阁建设用地范围。

根据《地质灾害防治管理办法》的精神，本次评估按照重庆市国土资源和房屋管理局制定的《建设用地地质灾害危险性评估技术规程》的要求进行。

4. 评估工作手段和质量评述

地质队接受任务后，曾三次组织工程地质、水文地质、环境地质专业技术人员对该场地规划用地范围及其周边环境进行实地调查，以业主提供的1:500比例尺地形图为依据，重点调查了地形地貌、地质构造、地层岩性、水文地质条件、不良物理地质现象等，查明了地质灾害的存在情况、类型、特征及其危险性。

通过调查和对前人有关地质资料的搜集，经室内综合整理分析后编撰了本评估说明书，并送交地质灾害评审小组评审。

5. 地质环境条件

5.1　地形地貌

评估区属低山丘陵区，位于长江南岸斜坡，地势南高北低，北侧为从西向东流的长江。斜坡总体向长江倾斜，经长期剥蚀浸蚀后，呈台阶式地形。秦家湾—榜上院子一带为一级阶地，高程182～186米，宽40～50米，坡度3°～4°。第二阶地高程192～196米，宽25～30米，坡度5°～6°。榜上院子—秦家院子—窑湾为三级阶地，高程205～218米，宽45～50米。工程建设完工后会形成一个顺山势逐层后退的风景旅游胜地。拟建场地位于一级至二级阶地之间，利用高程高180～195米，建筑物地面高程业主尚未提供。区内有三条冲沟由南向北流后注入长江，大小水塘星罗棋布。

5.2　地层岩性

评估区出露第四系全新统残坡积层和崩坡积层，侏罗系中统上沙溪庙组第三段地层。残坡积层分布普遍，主要在评估区南侧和阶地前后缘斜坡地带，组成物质为亚砂土、岩屑，黏粒含量偏高，厚度4～5米。崩坡积层主要分布在二级阶地的阶面上，组成物质以亚黏土为主，含少量块石，厚度5～6米，局部地段超过10米。沙溪庙组地层其岩性主要为紫红色泥岩，并夹有长石砂岩和砂质泥岩。

5.3　地质构造及地震

拟建区位于新场背斜倾没端的宽缓地带，岩层产状平缓，走向北25°东，倾向北西，倾角5°～9°。岩石节理裂隙较发育：第一组节理走向北80°西，倾向北东，倾角75°～80°；第二组节理走向北5°西，倾向南西，倾角85°。未见断层发育。

按国家地震局（1990年）《中国地震烈度区划图（1∶400万）》，

拟建区地震烈度为VI度。历史上未发生过破坏性地震。

5.4　水文地质条件

拟建区属亚热带湿润气候，降水量充沛，多年平均降水1145毫米，冲沟中有常年水流，大气降水是地下水的主要补给来源。地下水类型为孔隙水和基岩裂隙水，岩土层富水性较差，地下水较贫乏。地表水和地下水顺地势向北流，最终排泄于长江之中。

6. 地质灾害类型及特征

评估区内地形呈台阶状，平台部分坡度较缓，沟谷切割深度较小，基岩裸露，泥岩分布广泛，地质灾害不发育。所要考虑的是工程施工和三峡水库蓄水后，地质环境发生改变而可能出现的地质灾害。

在评估区南侧有大量的崩塌堆积物分布，说明该区曾产生过崩塌。经工程建设场地平整，将崩塌堆积体前缘挖成陡坎，构成一定高度的临空面，失去自然平衡。在地表水和其他外力作用下，有可能使堆积体的稳定性遭到破坏，产生位移或滑塌。同时，在拟建区南坡陡坡地段，下伏泥岩风化形成岩腔岩穴，在外营力作用下也有可能会使上覆砂岩体失去支撑而失稳，产生崩塌。

在各冲沟边及沟槽中，常见有小型崩滑迹象，如石楼门南边，就在近期产生了崩滑作用，使沟边西侧长约35米的土体崩滑于沟谷之中。这里恰置于拟建筑物位置，因有类似崩滑作用的发生，对拟建物会有一定的影响。同样，在施工道路的开挖过程中，不但出现土体拉裂变形现象，也会出现崩滑现象，影响施工建设。

三峡水库蓄水后会对现有长江岸坡进行库岸再造。评估区北侧有很长一段规划线是在175米以下，处于库水位变动带。在库水冲刷及浪蚀作用下，陡坎可能后退而产生崩滑，陡坎上原处于稳定的岩土体可能失稳，影响库岸的稳定性和水工建筑物（如港、站、码头）的安全。

拟建物在结构处理时，护坡会出现深、浅层挡土墙，挡墙总长162～165米，最高超过12米，加上清基高度可达15米，开挖过程中应放坡开挖。同时，对泥岩作防风化处理，以确保边坡稳定、挡土墙永久牢固。

综上所述，评估区内虽然没有发现大型滑坡、崩塌、泥石流等不良地质现象发育，但是小型地质灾害迹象是屡见不鲜，必须加以重视。

7. 评估级别的确定

评估区地形呈台阶状，地貌类型单一，地质构造简单，岩性组合单一，伏基岩整体结构好，水文地质条件简单。目前未见大规模具危害性的不良地质现象，破坏地质环境的人类工程活动一般，按地质灾害复杂程度分类表，评估区地质环境条件属简单类型。

拟建项目为张飞庙仿古建筑群体和附属建设工程，根据建设项目重要性分类表，应属比较重要的建设项目。

综合上述两个条件，依据建设用地地质灾害危险性评估分级表，将评估区建设用地地质灾害危险性评估等级划为三级。

8. 地质灾害危险性评估

8.1　现状评估

据现场调查，拟建场地北侧有较多崩塌堆积物，局部地段有小型崩滑现象，冲沟岸边存在着数处不稳定区域。但是，绝大部分地域岩层产状平缓，地质构造简单，无大型不良地质灾害发育，特别是利用现有植被进行生态保护，减缓地表水的浸蚀作用，使岩土体处于稳定状态。

8.2　预测评估

拟建工程为楼堂管所、庙宇亭阁，项目虽然荷载小，平整场地将出现陡坎和高临空面，存在着大规模切截坡和填方，需要采取有效措施进行防治。

8.3　综合评估

除场地北侧的崩塌堆积和崩滑迹象外，未发现具危险性的地质灾害，而建筑物又采取依山逐层兴建，只要采取有效的防治措施进行防护，工程建设遭受地质灾害的危险性小，也不会诱发地质灾害，场地有条件拟建该工程建设项目。预防和整治措施有：第一，对拟建场地内的填土，应在堆填过程中分层压实，第二，除采用挡土墙支挡护坡外，还应对局部地段采取抗滑措施，第三，建设物应摆在挖方地段，即基础置于中风化基岩之上。

9. 结束语

9.1 根据场地地形地貌、地质构造、地层岩性组合特征、不良地质现象、水文地质条件、破坏地质环境的人类工程活动等诸因素，按照地质环境条件复杂程度分类表，确定本场地属地质环境简单区。

9.2 评估区内拟建物属较重要建设项目，按照建设用地地质灾害危险性评估分级表，确定本场地评估等级为三级。

9.3 拟建区无断层通过，无大型滑坡、崩塌、泥石流等不良地质现象，场地的稳定性较好，工程本身遭受地质灾害的危险性小，场地有条件兴建本工程项目。

9.4 本场地属地质环境简单区，在进行工程地质详细勘察的基础上，只要采取合理的施工方案和防治措施，则诱发地质灾害的可能性小。

9.5 建筑物应摆在中风化基岩上。南侧临长江库岸局部地段应采取抗滑措施。

9.6 完善拟建区排水系统，并作好防渗处理。

9.7 本评估不能代替勘察工作，拟建前应按规程规范作工程地质详细勘察工作。

（三）张桓侯庙迁建工程设计与施工

张桓侯庙迁建工程施工图由北京清华大学建筑设计，研究院设计主要分为古建筑群复原、附属博物馆及其他附属建筑；环境工程由重庆园林建设集团设计施工。

1. 古建筑复建

古建筑群包括山门、结义楼、厢房、戏台、邵杜祠、杜鹃亭、大殿、偏殿、助风阁、侧廊、陈列室、得月亭等单体古建筑。根据修旧如旧、恢复原貌、不改变原有形状的原则。异地迁建的古建筑群完全按实际测绘图进行恢复，不仅单体建筑如此，所有建筑平面布局之间的距离、角度以及竖向设计的高程都是按原建筑形式布局进行复原，没有任何改变。

古建筑复建是一件非常细致、复杂的系统工程，它不仅要执行古建筑的维修规定和管理办法，同时也要认真执行现行建筑相关规定和管理办法，同时也要认真执行现代建筑相关的技术规范，尊重传统施工工艺和施工方法。所有参与施工的人员必须具备良好的思想素质，对文物充分认识并对其热爱，掌握一定的传统施工技能。施工前必须做好充分的物资、工具准备，制定每一步骤的施工方案，确保文物不受损害。

该工程由湖北大冶殷祖园林古建公司和北京大龙古建公司共同完成，其中湖北大冶殷祖园林古建公司承修了1350.13平方米；北京大龙古建公司承修了230.87平方米。

2. 砖、石构件复建

按照复建设计的要求，对1982年增建的接待室内侧墙体不再复建。对柱础、石柱和拱桥条石等承重构件逐一检查，有下列损坏者予以更换：第一，有横断或斜裂纹的；第二，有纵向受力裂纹的；第三，表面风化严重，对承重截面有削弱，承重能力不能满足要求的。

对有雕刻的砖、石构件，除残损严重必须更换外，尽量使用原物件。对局部残损的砖石构件，采用品种、质感、质地、色泽与原件相近的砖块和石料修补。为此，烧制了28.5×28.5×6厘米的方砖。

对承重砖石构件的更换，必须符合下列要求：第一，新构件的石料品种、质感、色泽应与原件相近。石料的层理表面符合受力要求，不得使用有隐纹、炸纹的石料。第二，新构件的外形尺寸，表面加工的形迹均要与原件相同。

砖石构件的安装，按现场实测图上的位置编号归位。构件各面朝向位置与原建筑物一致，砌筑灰浆要饱满、均匀、严实。除结义楼地面使用石材外，其他室内地面均采用方砖细墁。石拱桥两侧的基础嵌入基岩40厘米。

戏台正面的条石墙体，以原有材料砌筑，条石外露面保持向外，未重新加工做新。拼缝填以石灰浆遮盖水泥痕迹。

阶沿石、地面铺石尽量使用原物，不足部分按原材料的规格、质地、色调补足。大面积碎裂不能再利用的，按设计规格重新制作复建。对残损不大的砖石构件，使用环氧树脂进行粘接或灌注。

利用三峡水库清库拆房，有大量的旧砖出售的条件。在修复墙体时，按原砖尺寸、规格、大小一致的原则，购买同类旧砖补足。

墙体按设计图和原砌筑法为二横一竖施工，最后粉刷麻刀石灰浆。

对细墁用砖块，事前经过打磨加工，再处理工序。

屋面主脊上的灰塑构件，按设计尺寸要求施工。

3. 木梁架复建

在存放木构件的仓库内，根据实测图逐件仔细检查、核对、查实。并按糟朽和损坏的程度分类，糟朽和损坏轻微的进行局部整修。整修的方法为：剔补、添配、局部更换。墩接法用来修补糟朽或损坏的木柱。墩接的方式为：巴掌榫，新旧构件之间的接触面涂刷环氧树脂，实施粘接，外用铁箍。损坏、虫蛀、糟朽严重的构件进行了整体更换，整体更换的木构件与原有构件在形状花纹、断面尺寸、榫口位置等方面力求一致，保持原有风格。其所用木材也与原用木材一致。为克服木材含水量过大，产生收缩变形，在木构件的修复中，全部使用了旧木材。如购买不到原用的木材，系特殊树种、直径过大等因素所致，只能采用化学材料灌浆技术，对杜鹃亭的大立柱就采用了灌注环氧树脂。总之，能够修补复原的构件，尽量使用原有构件，不要轻易更换，以保证张桓侯庙木结构的文物价值。在环氧树脂灌注材料中加入适量的增塑剂是为了改善环氧树脂固化后的硬脆性，增加其塑性，使与之木材的塑性相匹配，更好地起到粘接加固的作用。

对门、窗、雀替、楼梯等装饰构件针对不同的损坏情况，也采取剔补、添配、更换、重新组装等方法进行。修复后的装饰构件与原有构件在图样、花纹、断面尺寸要求一致，保持原有风格，所用木材也要与原用的木材一致。修复装饰构件要做工精细，不得敷衍马虎。添补的构件不用胶粘或铁钉连接，要采用榫卯接合。

木柱基础在混凝土楼板上，楼板上满布三元乙丙丁基橡胶卷材防水层，其上为4厘米厚的细石混凝土保护层，其上为 20 厘米厚的卵石排水层，最后为 3 厘米厚水泥砂浆。木构件的修复工作和楼板上柱基本完成后，开始安装。其顺序与拆卸工作恰好相反，即先拆卸的后安装、后拆卸的先安装。安装顺序按先内后外、先下后上的程序进行。

安装前检查好柱础石是否牢固，柱中线的墨线模糊不清时，重新弹画清晰。用钢尺反复校核开间尺寸，并通过柱础石中心之间的距离调整，达到与现场实测平面图上的开间尺寸一致。然后支搭钢管脚手架，并将构件运抵现场。按拆卸编号校对无误后，根据实测图对号入座，进行组装。组装先内后外，吊至对应位置的柱子临时依靠在钢管架上，待内层的柱子全部基本入座后，再吊装两柱之间的额枋、垫板和小额枋等横向构件。待四面相邻的柱子、额枋都安装好后，统一进行一次全面调整和校正，直至与实测图中各立面图上的数据一致为止。

安装梁架、大梁和檩条，首先将梁架的构件、大梁和檩条运至现场，与拆卸时的结构顺序相逆，依序分层，从下而上的安装。每一步架作为一个阶段，檐檩至下金檩为第一阶段，下金檩至上金檩为第二阶段，以上至脊檩为最后阶段，逐层水平安装，安全稳定。各品梁架每一阶段安装完毕都要进行校核，校核无误后，再进行角梁、正心檩、挑檐檩等的搭交和加固。大梁安装使用塔式吊车将大梁吊至梁架顶部安装归位。

在大木构件归位安装时，先将各构件与拆卸记录和编号核对无误后，再进行安装。安装时查清构件前后或左右榫卯，位置摆正，以免发生倒装现象。

大木构件组装完毕后，要统一进行一次校正，各立柱都要保持垂直。通过调整立柱的位置或梁枋的榫孔位置来达到竖直横平的目的。

铺钉椽子，椽子的数目与现场实测图屋面椽子总数目相同。按原屋面椽子间距，排好椽挡尺寸，并画在檩上。为防止安装时将椽子钉裂，采用机械钻孔，椽钉长度为椽子厚度的 2 倍以上。小青瓦屋面的椽子厚度为 3 厘米，琉璃瓦屋面的椽子厚度为 4 厘米。

铺钉前先在椽子上方挂线，然后按椽子中线依次铺钉。正身钉好后，按拆卸记录的翼角椽的数目，起翘位置钉翼角椽。从角梁的最远处开始向回钉，最后与正身椽相接。各类椽子铺钉时，一律大头向下，对直中线。如椽子本身长短不一，安装时应在下端取齐，参差不齐的一端甩在上端。檐椽钉好后，在椽头收进约 2～3 厘米钉滴水板，主角梁处的滴水板应搭在角梁背钉牢。

各类构件要按拆卸记录草图及编号核对实物无误后，再进行安装，安装时查清构件前后和左右榫卯，位置摆正，避免发生倒装和错装。还要特别注意保护榫卯，复建归位安装时，要细心稳妥，万无一失。

整修和复制的木构件表面色调较乱，红、绿、褐色油漆都有，修整的木构件系木材本色，未加饰油漆，必须断白处理。断白处理是在熟桐油中加入土红、黑烟等颜料，实施涂刷，即传统工艺中的三道油。配方为：熟桐油：煤油：土红：黑烟 = 100：30：80：0.5（重量比），梁、柱、枋为土红色，窗户为墨绿色，彩绘、题记、雕刻、藻井、雀替只作清洁，不再油漆。

4. 屋面复建

清理瓦件：瓦件拆卸后运至新址临时仓库保管存放，此时需对瓦件进行清理，首先清除瓦件上的各种痕迹和尘土。清理瓦件的同时，对现存的瓦件进行挑选，挑选出比较标准的瓦件，便于按此规格进行复制。

瓦件、脊饰和脊件的复制：凡必须重新烧制的各色琉璃瓦件、脊件和脊饰及时提出计划，挑选出黄、绿两种（含勾头、滴水等）样品送古建筑饰件厂烧制。

利用三峡水库清库拆房，有大量的旧小青瓦出售的条件，所需补足的小青瓦不需要再组织烧制，直接购买旧瓦使用，只重新烧制需补足的滴水和勾头。

灰塑，统一塑成具有重庆地方风格的饰件，如线条柔和、体态多变、色调丰满、生动活泼的鱼饰和卷草。

在大脊两侧屋面上，各布一小段底瓦和筒瓦后，就开始调脊工作，安装脊件和脊饰。其工序为先从大脊的两端安装，后垒正中的脊饰。戏台屋面上的戗脊和垂脊，要先安装戗脊，后安装垂脊。脊件安装砌成后，进行勾缝处理。

瓦件铺设。布瓦时由中线向两边分，考虑到云阳雨水多的气候特点，使用石灰与黄土加煤粉的混合物作灰，尽量做到滴水伸出部分为 12 厘米。布底瓦时，根据层面的形状适当调整，平均数为压六露四，在大脊处坡度陡峭，瓦件铺设得紧密些，因为这里的瓦件容易滑动。在檐口处，坡度平缓，瓦件铺设得稀疏些。

在布筒瓦时将旧琉璃瓦放在南面，即肉眼容易观察到的屋面上，而新添作的琉璃瓦放在东、西、北面，即屋面后坡或肉眼不容易观察到的屋面，切不可新旧瓦混铺。按设计，将旧的琉璃瓦全部分色集中铺在结义楼和杜鹃亭屋顶与二层屋檐的南面一方，东、西、北三面集中铺新烧制的琉璃瓦。助风阁屋面为灰筒瓦，大门屋面也铺设灰筒瓦。

布瓦完毕后，进行“捉节夹垄”将筒瓦之间的缝隙和筒瓦两侧与底瓦之间的空挡，使用石灰和黄土加麻刀的混合物匀抹严实。

5. 古桥复建

张桓侯庙山门拾阶而下是一座桃形拱的石桥。它始建于唐宋时期，这座古老沧桑的石拱桥已成为张桓侯庙的一大特点，桥面宽 8.47 米，长 11.80 米，它不仅是联系小溪两岸的交通要道，而且是进入张桓侯庙山门的必经之地。为了准确按原貌恢复，古桥施工人员认真清理了从原址拆卸的 399 块条石和 99 块桥拱石。按拱圈模板制作了拱架，根据编号逐一进行砌筑，恢复了原貌。古桥桥头是进入张桓侯庙的唯一通道，为了疏散参观人流和有利于祭祀活动，适当加长了进入张桓侯庙庙门桥头的长度，因此复建后的古桥宽仍然是 8.47 米，长为 16.5 米，比原古桥的长 11.8 米，增加了 4.7 米。

6. 新建附属博物馆

附属博物馆是由北京清华大学建筑设计研究院设计，位于迁建后的张桓侯庙主体建筑群下部，实质是张桓侯庙的基础工程，依现状山坡地势而建。由于原张桓侯庙主体建筑群在海拔 130 ~ 160 米之间，三峡库区蓄水后将全部淹没。迁建后的新址在海拔高程 181 ~ 202 米之间的山坡上。为了充分体现原址背山临江，与县城相对的环境特征，设计上分别采取了一、二层框架剪刀墙结构来造就居高气势和不同高差的布局。根据地质勘察单位建议，张桓侯庙主体工程向西平行移动 50 米，避开东部不稳定的软弱地基。

附属博物馆建筑面积：2190 平方米

附属博物馆结构使用年限：100 年

附属博物馆设计标高 ±0.000 为绝对标高 198.2 米

附属博物馆抗震烈度：6 度

附属博物馆结构抗震等级 4 级，剪刀墙 3 级。

附属博物馆荷载标准：

通风机房：70kN/m^2

库房：5.0kN/m^2

展厅：3.5kN/m^2

楼梯走廊：3.5kN/m^2

上部建筑地面：3.5kN/m^2

地基基础：选取中风化泥岩层为基础持力层

地基承载力标准值为 950kN/m^2，柱下采用独立基础；墙下采用条形基础。

墙体：

外墙为 250～300 钢筋混凝土

内墙为 250 钢筋混凝土，240 砖墙抗渗等级为 S6。

防水：

顶板防水为 1 级，采用 2 层三元乙丙丁基橡胶防水卷材；

-5.600 标高储藏室及 -0.800 陈列室楼面防水采用二道聚氨酯涂料。

钢筋混凝土顶板室外部分做 40 细石混凝土。

室外装修：

外挂地产条石，干挂花岗石等。

室内装修：

铝合金窗、木门、防盗门、乳胶、瓷片等附属博物馆工程由北京大龙古建公司承建。2002 年 8 月 18 日开工，2003 年 1 月 12 日竣工并通过验收。

7. 张桓侯庙复建过程中的化学材料

在张桓侯庙的复建工程中，使用了一些化学材料。这些材料的使用，给张桓侯庙的复建注入了新的手段，使其复建的水平有所提高，同时也给古建筑保护中化学材料的使用，带来了一些思考和困惑。

（1）环氧树脂——胶粘材料

环氧树脂是 20 世纪 50 年代的化工产品，它是一类含有环氧基团的高分子化合物的总称。根据其在常温条件下（18℃～20℃）的状态，又可分为液体型和固体型。在文物保护中，一般都是使用液体型。这种环氧树脂是以双酚 A 和环氧氯丙烷为原料，进行缩聚反应的产物。根据其聚合度和分子量又分成若干类型，在文物修整中最常用的型号是 E-44 和 E-51。E-44 的分子量大于 E-51，

E－44的黏稠度大于E－51，在冬季不加温的条件下，E－44成胶着状，几乎不能使用，E－51几乎不受温度的影响，仍然使用自如，这是E－51受欢迎的唯一条件。E－44的色调略带黄色，E－51为无色透明，E－44的价格低，E－51却偏高，一般为E－44的1.5倍。所以一般大量使用都采用E－44，在冬季且用量较少时，才考虑使用E－51。

环氧树脂只要不反复加热或暴晒，可陈放5年左右。但要使环氧树脂按人们的愿望，由液体变成固体，并具有黏接性和一定的力学程序，必须加入固化剂，使环氧树脂的分子量再增大。固化剂可分为常温型和加热型。在张桓侯庙的各类构件的修整中，使用的都是常温型的固化剂，即多元胺类。多元胺类具有强碱性，使用时要特别注意，不要接触皮肤，否则会被腐蚀，造成皮肤溃烂，造成化学伤害，另外多元胺的加入量也要控制，不可随意乱加，加多了，环氧树脂固化速度快，使用时间短，固化后脆性大。加少了，固化反应不安全，一直发黏。

环氧树脂固化后，硬度较大，但脆性也大，即塑性差。为了增加环氧树脂固化后的塑性，降低脆性，往往要加入增塑剂。增塑剂可分为活性类和非活性类。活性类一般使用聚酰胺树脂，这类产品增塑效果明显，但黏度较大。固化后，环氧树脂的耐湿热老化性能差，在高温潮湿环境下易于水解，所以一般很少在古建筑的各类构件修整中使用，特别是在南方地区更少。非活性增塑剂为邻苯二甲酸二丁酯（或二辛酯）类。这些增塑剂多为高沸点的液体，挥发较慢，无毒，多受欢迎，较常用。但增塑时间不长，随着邻苯二甲酸二丁酯的缓慢挥发，增塑能力下降，增塑时效最多为3年。

在室温（18℃～20℃）下，环氧树脂的黏度比较大，要利用它来粘接、涂刷和灌注都很不方便，为此需要大力降低其黏度，以便于施工。通常都要加入适量的稀释剂，稀释剂分为惰性稀释剂和活性稀释剂。惰性稀释剂不参与化学反应，不进入固化后的环氧树脂分子结构中。活性稀释剂是要参与化学反应，要进入固化后的环氧树脂分子结构中。研究结果表明：稀释剂的加入量不可过大，一般不超过环氧树脂量的20%，否则会对环氧树脂固化后的力学强度有负面的影响。如果对环氧树脂的粘接强度要求不高，可超剂量使用稀释剂。超剂量的使用稀释剂要注意一点，惰性稀释剂的大量加入会使得环氧树脂固化后体积收缩率由0.5%增至3%以上。这种程度的收缩率对使用环氧树脂作为粘接材料或灌注材料来讲，是必须考虑的问题。忽视这个问题，就达不到粘接和灌注的目的。

另外，填料的加入对改善环氧树脂的性能有较大的影响，特别是粘接性能。如前所述，环氧树脂固化后脆性较大，加入适量的填料后，可得到适当的改善。如在环氧树脂中加入石英粉，可提高抗压强度30%，加入滑石粉可提高塑性20%，加入木粉可提高塑性25%。

综上所述，环氧树脂体系（包括增塑剂、稀释剂、固化剂）对于古建筑木构件、砖石构件的修整是好的化学材料，但在使用中，应充分考虑其体积收缩率，以便真正达到扬长避短，充分发挥环氧树脂的特效。

在张桓侯庙的复建中，使用的环氧树脂体系未考虑加入稀释剂，对于稀释剂的加入引起固化后体积收缩率的问题，可不予过多的考虑。使用了增塑剂邻苯二甲酸二丁酯替代稀释剂使用，使它担负起增塑和稀释两重身份，虽然邻苯二甲酸二丁酯的稀释能力较低，远不如丙酮和苯类溶剂，但是它对减少环氧树脂固化后的收缩是大有好处的。据现代医学研究：苯类溶剂是造成白血病的原因之一，不能不考虑环保和使用人员的身体健康。

在张桓侯庙古建筑复建中，木构件和砖石构件的修整，使用的环氧树脂配方为：E－44 环氧树脂：邻苯二甲酸二丁酯：乙二胺：木粉（或滑石粉）＝100：10：8：100（200）（重量比）。实践表明这种配方是比较理想的。

环氧树脂的使用可分为几种情况：第一，作粘接材料用。第二，作灌注材料用。在张桓侯庙的复建中，灌注的各类构件的缝隙都比较宽大，缝隙宽度都在 5 毫米以上，所以都使用人工灌注，而未使用机械压力灌注。

（2）桐油——油漆材料

桐油是我国传统的油漆材料，它的分子结构是一种双烯共轭的不饱和脂肪酸，又称为桐油酸。根据在空间的构型，桐油酸又为分 α 型和 β 型，中国生产的桐油中大多数都仅含 β 型桐油酸，俗称生桐油。

生桐油在不加入催化剂的条件下，固化速度很慢。因为生桐油的固化，需要光、热或氧气的帮助。这是中国古代在使用生桐油时，固化时间较长的原因所在。而现在的科学研究表明：在有过氧化物存在时，生桐油在常温下，几日内即可固化。

当把生桐油加热，并加入土子和樟丹之后，由于热聚合的发生，生桐油变成熟桐油，β 桐油酸由单个分子聚合成数十个分子的聚合体，使用时稠度增大。熬制熟桐油时，在其中加入苏子油（或亚麻仁油）是为了增加桐油涂膜的韧性，减少或降低脆性，熟桐油在常温下稠度较大。使用何种材料进行稀释，这是各位油漆工人自身的秘密，各说不一。有人说使用香油，有人说使用煤油。

从科学的角度看，一种涂膜，即油漆膜，发光、发亮是它具有完好防水性能的标志。水滴在光亮的表面上停留时间短，滚动快，反之会停留时间长，滚动慢，增加了向内浸润的时间。失去光亮是涂膜老化的开始。在古建筑修缮中，强调涂膜不发光亮，以不发光亮为佳。为达到这一目的，只好增加其表面的粗糙度。实际上是以降低古建筑木构件涂膜的防水性能，去满足于视觉效果的不明智之举。

据研究：熟桐油涂膜的耐老化性并不好，特别是耐紫外线照射，耐老化期最多为 2～3 年。所以，以使用桐油为主要涂料的中国古建筑的维修期，一般是 3 年左右。这是有道理的。

传统材料、在科技发展日新月异的今天，有些早已工业化生产了。用生桐油熬制熟桐油也早已工业化，用熟桐油配制的各种油漆也早已问世。在修缮古建筑时，是否还有必要重新去熬制熟桐油，调配成各种色油呢？是否还有必要从头做起呢？可否购买市场上调好的桐油制品使用，这倒是一个值得考虑的问题。

（3）二氯甲烷——清洗材料

张桓侯庙拆卸前，对种类构件都进行了编号，编号使用了红、黑油漆。在复建中，这些编号已成为历史，需要给予清除或遮盖，对于遮盖可使用各色调的涂料和油漆进行。但对于砖石构件上的油漆编号，却不能使用遮盖法，只能采用清除法。

清洗材料和清洗方法，按现行的方法可分为四类。

第一类：机械清洗，使用人工或机械刮、磨、擦等方法除去漆膜。这种方法在文物上使用是不妥的。

第二类：碱性水溶液清洗，将强碱性材料溶于水中，在热的条件下，使用它来清洗，除去漆膜。这种方法会在构件内残留下强碱性材料。这种方法在工业上使用普遍，特别是金属表面上的漆膜清除，但对砖、石类文物是万万不可使用的。因为盐类的结晶和溶解产生的应力，会造成砖石文物的风化加剧。

第三类：一般有机溶剂清洗，如乙醇、丙酮、香蕉水等，这类溶剂价格低、针对性强，即对某一类油漆涂膜有效，而对另一类油漆涂膜则无效。它们不是通用型的油漆清洗材料，对于不了解需清除的油漆类型，有时很难达到好的清除效果。

第四类：有机含氯材料清洗，这类材料主要是以氯化烃为主的一类化学溶剂，主要有四氯乙烯、四氯化碳、三氯乙烯、二氯甲烷等。这类材料的清洗能力都较强、效果好，但易挥发，有一定的毒性，对环保有一定的影响，一般都在封闭的环境中使用。对于开放环境，一般都使用相对说来毒性最小、效果较佳的二氯甲烷。故张桓侯庙砖石构件上油漆编号采用二氯甲烷进行清除。

二氯甲烷是一种低沸点、易挥发的氯化烃。清洗能力强，对各类型的油漆膜都能先渗透，后使漆膜溶胀，达到清除目的。它的分子体积小，对于厚重的油漆膜也能渗透，对于最难清洗的陈旧的环氧树脂固化物，经过较长时间的浸泡，也能被除去。这实是它的独到之处。

虽然在张桓侯庙的复建工程中，使用的化学材料品种不多，数量也较少，E－44 环氧树脂在300 千克左右。这些化学材料的使用，给张桓侯庙复建工程各类构件的修整，增加了新的方法，使更多地保留原有构件的可能性增大、现实性增加。如何使更多的化学材料进入古建筑保护的领域，充分发挥它们的优点，克服其不足，是文物保护人员面临的永久性课题。

8. 张桓侯庙虫害综合治理

张桓侯庙虫害综合治理工作由重庆华运虫害防制技术研究所完成，为了做到搬迁不搬虫，首先对张桓侯庙旧址古建筑群拆卸前整体消杀，面积达 18000 平方米；古建筑群旧址白蚁灭治面积 2600 平方米；木质文物（木刻字画、牌、匾、木雕等）虫害灭治 236 件，古建筑拆卸木构件虫害灭治 60000 余件，古建筑复建用木构件虫害预防处理 25000 余件。

为了创造良好的新址无虫害环境，对新址周边地带虫害状况进行勘察，对新建基础进行了 4600 平方米的虫害防治，对新增木构件白蚁及其他虫害预防处理 35000 余件，木质文物虫害防治预防处理 236 件。

对旧址、新址场地进行全方位的药物喷洒，对木质构件采取药物喷淋、对文物构件和木质文物采取药物熏蒸方法，严格按方案的剂量和药品进行。

9. “灵钟千古”的发现与保护

“江上风清”复制完成后，剥开灰塑“江上风清”四字时发现字后的条石端部刻有“灵钟千古”四字。“灵钟千古”早在清末民初时已经存在数百年了，由于“灵钟千古”四字是阴刻，远看模糊。清末民初彭聚星书写了“江上风清”四字掩盖了“灵钟千古”。为了尊重历史，保留了“灵钟千古”这一石刻文物，将其移砌于古石桥以西得月亭以下的挡土墙上。挡土墙长 16 米，高 7 米，钢筋混凝土浇筑。在 7 米以上砌筑带有“灵钟千古”字迹的条石，高 4.2 米，用白色涂料填字供游人参观。为了与“灵钟千古”条石砌体匹配，对现代材料的钢筋混凝土进行了改造，在其表面植筋挂石，使其古香古色。

10. 摩崖水景复制

为了达到与原张桓侯庙的外部主要环境相似的目的，首先要了解原张桓侯庙的环境特点。临江、靠山与县城相对，在选址时已经作了详细论证。坐崖、伴溪、有泉、有池是张桓侯庙不可缺少的外部环境，必须根据原有形状进行复制。该工程由重庆园林集团测绘设计并做出小样。

大摩崖在“江上风清”下全长61.5米，高10.8米。小摩崖在陈列室下，全长57.7米，高8.45米。全部采用页岩砖堆砌，为了造型需要和与钢筋混凝土基础墙的连接，在页岩砖砌体内设置了钢筋混凝土梁、悬臂以及拉结筋，确保摩崖的整体性。砧砌体表面布铁丝网，然后喷涂仿石水泥砂浆，在适当处留下许多坑凹，以利种植攀岩植物。同时将切割和复制的题刻“同挽狂澜”、“大江保障”、“龙吟”等七块大型题刻按原有位置嵌于大摩崖上。

原张桓侯庙山门以西是一条依山而下的小溪，通过两层不同高差跌落后穿石拱桥直泻长江。两层不同高度的跌差，第一层跌差约5米，形如瀑布故称瀑布泉；第二层跌差约9米，泻入池中，故称白玉池。池浅，池满后溢出穿古桥而过。白玉池东南西三方为山崖，北方为石拱桥。为造就这一自然景观，采取人工挖掘而成，白玉池东侧是中风化页岩，离山门较近且低于博物馆基础以下，采取锚杆护壁并做页岩砧砌筑摩崖，西侧为低洼回填土，采取现浇大型混凝土块堆砌（每块约3米×2米×1.5米，重达20吨），仿原白玉池形状而做，起到挡土、造型的作用。

新址瀑布泉、白玉池均为水景，但无水源，仅依山而作。为了使水景有水，在瀑布泉最上端开挖了一个小蓄水坑，在石拱桥下挖了一个隐蔽的集水坑，安装了一台口径100毫米，扬程20米的抽水机，通过暗埋的φ100的管道不断循环抽水，保持了瀑布泉的瀑布和白玉池内的水流，增加了水景的生气。

11. 水电消防

（1）给水系统。采用φ100镀锌管从云阳县盘石镇水厂直接引入，供生活用水使用。

（2）排水系统。采用生化污水处理后排入长江，该项目仅有卫生间用水，没有其他生活用水。雨水除结义楼天井、邵杜祠天井采用铸铁下水管组织排水外，其他均为自由排放。

（3）消防系统。为保证消防用水，修建一座500立方米容量的高位消防水池，高程48.6米（相当于绝对标高246.8米），比张桓侯庙最高灭火点222.04米，高出24.76米，近2.5个压力，达到消防要求。同时在戏台、大殿、陈列室、杜鹃亭等处安装了9个消火栓，全面覆盖了1600平方米的古建筑。所有室内木梁及顶棚上均装有烟感探测器。

地下博物馆装有自动喷淋和报警器、同时安装了由排风机、补风机、防火阀、排烟口、排烟阀等组成的防火排烟系统。在庙门内侧设有消防中心，内设主机及联动控制器、消防广播及消防电话等。

（4）供电系统电源由云阳县盘石镇引入10千伏高压电源到园区内400kW的箱式变电压器。为保证张桓侯庙不停电，设置了一台200kW自动柴油发电机。所有电线均采用穿管暗敷，木结构建筑采用穿管明敷。

12. 张桓侯庙塑像

1982年四川美术学院教授的王官乙，经多方考察研究后，采用民间传统的泥塑方法，塑造了木骨草心泥胎彩塑的张飞像。又根据张飞的生平故事，在大殿张飞坐像的左右塑造了四组泥胎彩绘塑像，即："怒鞭督邮"、"义释严颜"、"长坂退敌"、"阆州遇害"，又在结义楼前的戏台上塑了一组刘、关、张"桃园结义"泥胎彩塑像。

2003年张桓侯庙整体搬迁新址，这些塑像都是"草拌泥塑"，因质量较差不宜搬动。经重庆市文物局决定，将张飞的泥胎彩塑像改为青铜铸像在新址安坐，另外五组表现张飞生平故事情节的群雕像改用玻璃钢仿铜塑像，仍由王官乙教授在原作基础上，做进一步的修改提高，安放在新址张桓侯庙大殿及看台上永久保存。

新铸张飞青铜像高3.1米，宽2.1米，厚2.1米，重1890公斤，由成都蜀海世星特艺有限公司铸造，于2003年4月23日在复原的大殿安坐就位。

新塑铸的张飞铜像，将原来那怒目狰狞的神态形象，修改为庄严肃穆的坐姿，把张飞塑造为身着战袍极富人性化的将军，将张飞的精、气、神表现得十分恰当。

2003年4月23日，当张飞铜像运往新址的路途中，受到云阳沿途群众热烈欢迎，一路鞭炮齐鸣，万人空巷。这体现了云阳人民对张飞的热爱和敬仰。

13. 铜钟

为了纪念云阳县张桓侯庙顺利整体搬迁成功。云阳县人民政府、重庆市文物局铸造了一座铜钟。铜钟高175厘米，口径126厘米，重约1868公斤。于2003年6月安装在庙门古桥西"灵钟千古"大型屏墙上的得月草亭中，声音洪亮，数里可闻，恰与"灵钟千古"四字古今结合，相得益彰。钟上铸有张桓侯庙灵钟铭：

张桓侯庙又名张飞庙，原位于重庆云阳飞凤山麓，依峻岭而临大江，山泉飞瀑，古木苍藤，为巴蜀胜境。庙内存历代名人字画木雕700余幅，藏石碑及摩崖题刻400余件，誉为文藻胜地，属全国重点文物保护单位。

三峡工程截断长江，高峡平湖，烟波浩荡。张飞庙溯江30公里，以原材原貌原方位迁建于盘石，2001年12月12日基础工程动工，2002年10月8日闭馆拆迁，2003年6月竣工开馆，新塑张飞铜像安放馆内。今铸钟以记，且复灵钟千古之风。虎将威灵犹在，千古灵音长存。

灵钟千古兮　乐音长鸣
其声悠远兮　佑吾福田
其韵祥和兮　风调雨顺
其势荡云兮　勖我子孙

14. 张桓侯庙附属工程平面布局调整

张桓侯庙根据地勘建议整体西移50米，避开了滑坡带，同时对其他附属建筑作了相应调整。

①厕所合并。原设计为2个公用厕所，距离庙中心80～150米，十分不便，为了方便游客和解

决陈列室游客的疏散通道，将2个厕所合并建于陈列室东端，分上下两层，共159平方米。上层可解决参观博物馆和张桓侯高出口处的游人如厕问题，也是陈列室的主要安全通道；下层可解决参观张桓侯庙主体游客如厕问题，同时又是主庙的安全通道，距离庙中心仅有30～50米。

②望云楼异地恢复。望云楼是一幢20世纪30年代的建筑，面积590平方米，主要功能是张桓侯庙管理人员的食宿用房，原建在石拱桥西，由于新址石拱桥西全是10余米深的回填土，不宜修建房屋。经充分研究移建于张桓侯庙东侧园区南，按原有规模、标准、形状进行恢复。

③张桓侯庙原有占地面积不足30亩，新址占地面积55亩（约36666.80平方米）。其中张桓侯庙主体古建筑群占地约2000平方米，附属工程占地约340平方米，古桥、水景等占地约1360平方米，连接道路及消防路占地约5490平方米，绿化园区占地27476.80平方米，绿地面积占征地面积的75%。新址移栽了原址迁来的3棵百年古树，补充了大量的银杏、桂花、紫薇、榕树和草坪，丰富了张桓侯庙的外部环境。

15. 俞伟超塑像

俞伟超先生是中国著名考古学家和历史学家、北京大学教授、中国历史博物馆馆长、国家文物局考古专家组成员、中国考古学会副理事长、三峡工程淹没区及迁建区文物保护规划组组长、重庆市人民政府三峡保护专家顾问组组长。他毕生从事考古学与博物馆学的理论与实践，主持了多起重大考古发掘，是中国考古学的开拓者之一。他倡导新思想、新技术在中国考古学中的运用，是中国水下考古、航空考古学科的创设者。他主持制订了长江三峡文物保护规划，并为规划的实施奔走操劳，把生命的最后十年献给了三峡文物保护事业。

俞伟超先生1933年1月4日生于上海，2003年12月5日病逝于广州。他才思敏捷，知识渊博，著述颇丰，为中国考古学科的发展作出了重要贡献。他教书育人，唯才是举，成为众多中青年学人尊敬和爱戴的良师益友。

为了纪念俞伟超先生，采三峡大坝岩心石雕刻了一座俞伟超先生的塑像，立于张桓侯庙园区内一隅，供人瞻仰。

16. 完善外部交通

张桓侯庙新址选在云阳县盘石镇龙安村，离盘石镇移民公路约600米，离长江江边约550米。新址必须解决陆路交通和水路交通问题，以便张桓侯庙建设期和竣工后的交通。

陆路交通，选择与盘石镇移民公路相连结，全长600米，路宽6.5米，片石垫层泥结石路面。于2002年11月开工，2003年7月完工。

水路交通，在张桓侯庙西北约550米处与小盘石码头连接，修建了宽6米的梯道，梯道两边由村民自发修建了许多川东民居式的仿古建筑，既方便了旅游轮船的停靠也给当地村民带来了致富机会。

（四）工程监理

张桓侯庙迁建工程监理由河南东方文物建筑监理公司承监。监理公司选派了优秀的总监和监理工程师根据监理法规和合同约定的监理范围，认真、务实地工作，编写监理规划和监理细则，根据国家文物保护法和施工法规从严把握文物的安全和施工质量。鉴于张桓侯庙工程对外界具有较大的影响力，监理人员大处着想，小处着手，善待迁建中的每一构件，尽可能地多修复、多利用原构件，减少人为因素对文物构件的损毁。他们坚持现场检查，坚持隐蔽工程旁站，所有通知、指令做到有理有据，做到文明监督，不刁难、不侮辱施工人员，定期召开监理例会。

1. 质量控制

根据《中华人民共和国文物保护法》、《纪念建筑、古建筑、石窟寺等修缮工程管理办法》以及国家相关的现行施工及验收规范及设计要求、合同约定进行严格的质量检查，监理单位积极努力、认真负责、坚持旁站。在文物工作者及专家的帮助和业主的积极配合下，张桓侯庙工程质量未出现较大的质量事故，未存在质量隐患。在整个复建过程中监理都严格按施工程序、传统工艺结合现代技术进行要求，发现问题及时研究、及时处理、及时送交专家论证。先后在监理、业主主持下召开了屋面瓦件专家论证会、张飞塑像专家论证会、脊饰论证会、大小摩崖水景复制论证会、古桥复建论证会等十余次会议，确保了复建时古建筑的原貌，同时也保证了工程质量。即使在施工过程中出现问题都得到了及时整改，如基础混凝土使用了不同标号的水泥浇注了六十余立方的基础墙，影响强度要求，监理坚持原则、全部拆除，重新按设计和规范进行返工。脊饰与原有形状出现差错也销毁重做。

除了按施工规范严格要求各工艺施工程序外，对施工用建筑材料实行准入制。一切没有合格证和未经监理认可的地方建材都不能进场，杜绝了因材料而影响工程质量的情况。在古建筑施工中大部分材料是木材，木材的含水量较大，根据三峡库区大量移民的特点，选购一些规格、材质符合要求的旧料进行加工使用，避免了古建因含水量大而变形的现象。

针对砧、瓦件补配较多且目前生产较少的情况，监理人员配合业主及设计、施工单位亲自到供货厂家考察或按旧件要求制模加工，保持了古建筑的原状。

2. 进度控制

张桓侯庙迁建工程基础工程合同日历工期 147 天，实际有效工期 130 天（除去雨天、停水、停电等因素）。

张桓侯庙迁建工程环境及附属工程合同日历工期 245 天，实际有效工期 173 天。

为了控制工期，监理认真组织审查施工单位的施工设计，协助施工单位编制网络计划，优化施工方案，有条件的地方实行立体交叉平行施工法，必要时组织延长施工时间，加班加点。关键部位或施工难度较大的工序要求技术好的工人认真做好施工准备，防止不必要的返工。监理按细化分解后的工序逐日检查落实，每周例会总结评价，基本上实现了按期完成的预期结果，保证了张桓侯庙的施工不受库区蓄水的影响。

张桓侯庙迁建工程的施工单位较多，大、小施工队达 12 家，经常出现互不相让的现象，监理还须认真进行协调，帮助各方解决现场经常出现的问题。这是一件赢得时间、化解矛盾，防止事态恶化的重要工作。

3. 投资控制

张桓侯庙的资金来源于国务院三峡建设委员会批复的移民资金，对资金的使用有严格要求。业主通过限额公开招投标进行选择施工队伍，要求施工队伍必须在招投标文件规定的范围内按图实施，但难免在投标时漏项或在施工过程中发生设计变更。监理在审核进度时，对工程量及单价的各个子目都要认真检查，仔细验算，按合同约定慎重签发。监理对施工中的技术经济签证更要严格，大公无私，本着实事求是的态度，不“吃、拿、卡、要”，不弄虚作假，不谋取私利，给全体参建单位留下了奉公廉洁的良好形象。

根据业主单位的最终工程决算，该项目总投资（静态）3983.14万元，总决算为3769.30万元，节约投资213.84万元，实现了全面完成批复的内容且有节余。这是库区文物工程项目少见的。

4. 资料监理

资料是指项目在可行性研究阶段、立项阶段、设计阶段、施工阶段的所有技术、经济往来文件，它反映工程项目的全过程。特别是施工阶段的竣工资料必须实事求是，认真地填写、审核、签署。它是监理人员质量控制、投资控制的重要手段，也是今后宝贵的历史资料。

张桓侯庙在施工阶段签订的各种合同、协议达81份，可见参建单位之多，工程之复杂，资料的收集之困难。监理单位认真负责，对各施工单位的竣工资料整理、完善付出了极大的心血，达到了竣工资料的验收标准。

5. 安全监理

文物的不可再生性决定了该工程安全的重要性。该工程中的安全包括文物安全和人身安全。监理人员在工作中高度重视安全问题，要求施工单位及时成立安全领导小组，制定安全制度，采取安全防范措施。在每次监理例会上都对安全隐患再三强调，防患于未然。要求施工单位加强现场管理，各方共同组建安全巡逻队对现场的各种不安全因素进行检查、分析。监理人员要求操作人员在文物搬运、安装过程中轻拿、轻放、轻装，严禁损坏文物，并注意防火防盗，施工现场严禁吸烟，工人上岗作业必须佩戴安全帽，高空作业佩戴安全带。文物库房、木工房等易燃场所配备灭火消防器材。危险场地做出明显标志，提醒注意安全。所有施工班组，对重要设备都必须制定严格可行的操作规定。监理单位在整个施工过程中针对安全问题下发监理通知15份，专题召开安全会议13次。由于各参建单位的高度重视，张桓侯庙迁建工程在长达一年多时间中没有发生人身伤亡事故和文物被毁、被盗事件。

（五）张桓侯庙迁建工程竣工验收

2003年7月17日，重庆市文化局委托以国家文物局古建专家罗哲文为组长的11位专家组成验收组，在重庆云阳县举行张桓侯庙古建迁建工程验收会。经过专家们的认真评审认为：“张桓侯庙迁建工程较好执行了《中华人民共和国文物保护法》对古建保护的有关规定，贯彻了文物维修的基本准则，是我国古建搬迁的一个成功案例。”

重庆云阳张桓侯庙古建迁建工程验收意见：

专家们对工程进行了认真的踏勘并检查竣工资料，经过评议一致认为：

（1）新的庙址背山面水，与云阳县城隔江相望，较好保存了原张桓侯庙的环境格局，体现了保护文物赖以生存的环境的原则。

（2）古建筑主体保持了原庙的形制和布局，忠实于原庙的视觉效果，体现了不改变原状的原则。

（3）在原建筑拆解和搬迁的过程中，保护措施得当，对原有构件做了最大限度利用，艺术构件较好地保留了历史形成的艺术特征。

（4）做到了搬迁与大修相结合，以传统工艺为主，也慎重地采纳了新技术，有利于张桓侯庙的长远保护。

（5）采取多项措施，尽可能缩短了拆解与复建的周期。施工过程中协调有力，制度健全，纪录全面，资料较翔实，体现了管理到位的特点。

（6）借鉴移民工程的经验，引入了监理机制，开创我国文物搬迁保护工作的先例。

综上所述，专家们认为，张桓侯庙迁建工程较好执行了《中华人民共和国文物保护法》对古建保护的有关规定，贯彻了文物维修的基本准则，是我国古建搬迁的一个成功案例。大家一致认为该工程合格，通过验收。希望完善后续工作，努力争取申报优质文物保护工程。为此，专家们建议：

（1）认真做好收尾工作，注意观察基础、构架等关键因素，在内部附属物的安装中注意与文物相协调。继续完善包括地下室防水、望云亭和拱桥复建等在内的环境工程，尽快综合配套。

（2）尽快划定文物保护范围，严格控制文物周边生存环境，做好张桓侯庙的长远保护规划并希望制定专项法规。

（3）本次属阶段性验收，希望竣工资料结合总体工程各组成方面，进一步完善。

（4）希望及时总结张桓侯庙搬迁保护工作经验，对今后的文物保护项目起到应有的借鉴作用。

（5）在完善后续工作的同时应加强科学研究，整理出版搬迁报告。

专家组组长签名：

罗哲文

二〇〇三年七月十七日

三　云阳张桓侯庙文物保护搬迁工程大事记

序号	时间	摘要	备注
1	1997 年 6 月 20 日	重庆市文化局委托北京清华大学建筑设计研究院对云阳县张桓侯庙文物保护迁建工程进行方案设计。	
2	1999 年 3 月	重庆市文化局委托陕西古建研究所、陕西省文物保护技术中心对云阳张桓侯庙旧址进行实际测绘。11 月完成实测图。	
3	1999 年 4 月 9 日	国家文物局同意张桓侯庙搬迁至云阳县新县城对岸秦家院子的方案（即现址）。	文物保函（1999）160 号
4	1999 年 11 月	重庆市勘察院完成张桓侯庙新址详勘工作。	
5	1999 年 12 月 5 日	北京清华大学建筑设计研究院完成规划设计方案。	
6	2001 年 9 月	云阳县计划委员会同意张桓侯庙迁建工程立项。	云计社（2001）250 号
7	2001 年 10 月	四川省成都市水文地质工程地质队完成张桓侯庙新址地质灾害危险性评估。	
8	2001 年 10 月	国家文物局批复张桓侯庙搬迁保护方案设计。	文物保函（2001）808 号
9	2001 年 11 月 27 日	重庆市文物局授权重庆峡江文物工程有限责任公司为重庆库区市级以上文物保护工程性项目的项目法人。	渝文物（2001）97 号
10	2002 年 8 月	张桓侯庙迁建保护工程地下博物馆（基础）公开招标，北京市大龙建设集团中标。同年 10 月 18 日地下博物馆开工。	
11	2002 年 9 月	张桓侯庙迁建保护工程拆卸、复建进行公开招标。湖北大冶市殷祖园林古建公司、北京大龙建设集团中标共同完成张桓侯庙迁建工程的主体古建筑拆卸与复建。同年 10 月 18 日开始拆卸、包装、运输。	
12	2002 年 12 月	重庆峡江文物工程有限公司委托河南省东方文物建筑工程建设监理公司承担张桓侯庙文物迁建保护工程的施工监理。	

续表

序号	时间	摘要	备注
13	2002年10月31日	北京大龙建设集团施工基础工程1/D－6D段的钢筋混凝土浇筑时擅将湖北荆松32.5水泥掺入经质检试验合格的重庆忠县32.5水泥混合使用，造成60余立方米混凝土拆除返工。	
14	2002年11月至2003年4月	由陕西省考古研究所对张桓侯庙旧址进行考古发掘，完成庙基遗址考古发掘面积1285平方米。出土宋、元、明、清历代文物155件。	
15	2002年12月21日	古建主体及古桥全部完成拆卸运往新址待建。	
16	2002年12月	组织召开云阳张桓侯庙屋面瓦件色彩论证会以及人物塑像研讨，统一了认识。	
17	2003年1月12日	张桓侯庙地下博物馆（基础）工程竣工。经各方验收达到合格标准。共计完成地下室面积2190平方米。	
18	2003年2月10日	张桓侯庙主体古建筑群开工复建。	
19	2003年3月23日	国务院三峡建设委员会批复了云阳张桓侯庙搬迁保护项目投资概算。项目总投资3983.14万元。	国三峡委发办字［2003］4号
20	2003年4月23日	张飞青铜塑像从成都运至新庙大殿就位。	
21	2003年5月	由重庆园林建设集团的张桓侯庙水景工程及临江摩崖方案通过评审。	
22	2003年6月7日	湖北大冶市殷祖园林古建公司施工大殿屋面时电焊火花引发油桶着火，经极力抢救扑灭，未造成损失。	
23	2003年7月15日	张桓侯庙主体建筑群12项及古桥全部复建完成，共计1581平方米。同时完成：400kVA箱式变压器安装并正式供电、1800米φ100给水系统、500立方的高位水池及消防管网、连接公路600米、水运码头500米、围墙990米等。基本具备开放条件。	
24	2003年7月17日	受国家文物局委托由国家文物局古建专家组组长罗哲文、国家文物局文物保护司司长杨志军、河南古建研究所所长杜启明、重庆文物局副局长王川平、云阳县副县长赖云等11位专家组成的竣工验收组对张桓侯搬迁保护工程进行了资料查阅、实地检查，全方位听取参建单位的报告后一致同意工程合格。此次搬迁被誉为我国古建整体搬迁的一个成功案例。	
25	2003年7月19日	云阳县人民政府、重庆市文物局决定张桓侯庙正式开馆迎接游客。	
26	2004年1月22日	张桓侯庙的环境绿化工程，包括摩崖复制、白玉池、瀑布泉复制以及望云楼、小区景观等附属项目全部完成并通过验收。	

四　云阳张桓侯庙搬迁工程组织机构及参建单位名录

1. 机构设置

（1）2002 年 7 月 1 日，重庆市人民政府修定了《重庆市实施建设项目法人责任制规定》。2001 年 7 月 10 日重庆市人民政府印发了《重庆市三峡工程淹没及迁建区文物保护管理办法》，明确重庆市文物局负责库区文物保护工作的组织实施和管理；重庆市移民局负责库区文物保护项目的衔接、调整、销号及资金使用的监督并实行项目法人负责制。工程项目的招投标接受文物、移民、建设、监察等部门监督。以重庆市文物局牵头，与重庆市监察局、重庆市移民局、重庆市建委、重庆市文化局三峡办公室、重庆市文化局计财、纪检等组成重庆市三峡库区文物保护工程性项目招标工程领导小组，负责文物工程评标及结果审批。

（2）根据文物工程的特殊性，为了进一步加强文物保护工程管理，由重庆市文物局文物商店、博物馆、考古所于 2001 年 9 月 1 日共同组建了重庆峡江文物工程有限公司。它由建筑、结构、水电、设备、材料、文物、考古等有关专业的人员组成，按项目管理服务进行管理。代表业主组织实施文物保护工程，从可行性研究、立项、方案、初设、设计、施工、监理、移交以及主要设备材料采购活动、招投标活动、资金管理等全过程进行系统管理并对其负责。峡江公司的代理业主性质决定了峡江公司是零赢利单位，在实施管理过程中不得有任何利润。峡江公司的工作经费从国务院三峡建设委员会项目投资概算中的建设单位管理费中列支。

（3）为了确保张桓侯庙文物保护工程的胜利完成，重庆市文物局、重庆市移民局、云阳县人民政府经研究决定组建了张桓侯庙搬迁保护工作联系会议。由各有关职能部门、项目法人组成，定期召开会议，具体协调迁建过程中的有关事宜，解决工程中出现的重大问题，对张桓侯庙的迁建发挥了重大的推进作用。

（4）峡江公司是实行总经理负责制，按“公司法”规定设立的有限责任公司。它与其他有限责任公司最大的区别是不自负盈亏，不概算包干，严格按基本建设程序、国家文物保护实施细则和文物保护法执行。它是实行节余上缴，超支必须专题报告，经论证审核后由上级主管部门批复的项目法人公司。

（5）峡江公司根据文物保护工程的特点、地理位置、距离远近、保护内容、工作量大小等具体情况，配置项目管理部，实行驻场管理。为了保证工程质量，资金安全，坚持：

①政企分开，实行项目法人负责制。

②建筑工程及主要材料、设备（50 万元以上）实行招投标制。

③建筑工程实行项目监理制。

④投资管理实行三算制（即初设有概算，施工有预算，竣工有结算）。

⑤工程管理实行合同制。

⑥各种费用实行咨询审核制。

2. 参建单位名录

序号	参建单位名称	主要任务
一	建设单位（业主）	
1	重庆峡江文物工程有限责任公司	接受重庆市文物局授权对库区市级以上文物工程全过程管理
二	地勘单位	
1	重庆市勘测院	新址地质勘察
2	云阳县交通勘察设计室	新址连接路地质勘察
3	成都水文地质工程地质队	新址地质灾害危险性评估
4	长江重庆航道勘测设计处	新址水码头选址
5	重庆 136 地质队	新址地灾滑坡调查评估
三	设计单位	
1	北京清华大学建筑设计研究院	主庙古建筑群及地下博物馆建筑结构设计
2	重庆市万州平湖建筑设计事务所	望云楼建筑结构设计
3	云阳交通勘察设计室	连接公路设计
4	重庆园林建筑工程（集团）有限公司	环境、绿化、水景、摩崖设计
5	重庆市豪达室内设计有限公司	张飞青铜塑像设计
6	四川美院城市雕塑设计院	张飞事迹五组塑钢像设计
7	陕西古建设计研究所	张桓侯庙旧址古建实测
四	监理单位	
1	河南东方文物建筑工程监理公司	古建、园林、地下博物馆等及附属工程
2	重庆永泰建设工程监理公司	连接公路工程
五	施工单位	
1	湖北大冶殷祖园林古建公司	主庙古建筑群拆卸复建
2	北京大龙集团古建公司	地下博物馆、少量古建
3	云阳九洲建筑公司	望云楼、围墙、挡土墙等
4	云阳县教育建筑建材公司	连接公路工程
5	广汉建司云阳分公司	供水、供电工程
6	重庆园林建筑工程（集团）有限公司	环境、绿化、水景、摩崖等工程

续表

序号	参建单位名称	主要任务
7	重庆渝惠建筑有限公司	古桥复建
8	重庆华运虫害防治技术研究所	防腐、防虫综合治理
9	重庆西南建设有限公司	盘风路修补、维护、高位消防池
10	重庆市富正建筑公司	连接公路路面工程
11	重庆市通用安装工程有限公司	消防、通风、监控等
12	重庆市恒升电力开发公司	电力安装
13	成都蜀海世星特艺有限公司	铸造张飞青铜像
六	其他参建单位	
1	重庆市云阳县盘石镇政府	
2	重庆市云阳县盘石镇水厂	
3	重庆市云阳县文物管理所	
4	重庆市天工雕塑院	
5	重庆大恒广告文化传播公司	
6	重庆空港建筑有限公司	
7	重庆黎高园林绿化公司	
8	重庆振华造价咨询有限公司	
9	重庆前进造价咨询有限公司	
10	重庆浩欣造价咨询有限公司	
11	四川华西造价咨询有限公司	
12	中国国际工程咨询公司	

附 录

一　国家文物局
关于对白鹤梁题刻、石宝寨及张桓侯庙
保护规划方案的意见函

文物保函〔1999〕160号

国务院三峡工程建设委员会办公室：

你办《关于征求对重庆市人民政府关于白鹤梁题刻石宝寨张桓侯庙保护方案意见的函》（国三峡办发技字〔1999〕014号）收悉，经研究，我局现对白鹤梁题刻、石宝寨、张桓侯庙的保护规划方案提出如下意见：

一、白鹤梁题刻是三峡库区内唯一的一处全国重点文物保护单位，其保护规划方案的核心应是如何保护好这处具有极其重要的历史、科学、艺术价值的文化遗产。

从现阶段经济和技术等因素考虑，围堰保护白鹤梁题刻的设想是可行的，亦给将来的采取其他水下保护措施预留了时间和空间。目前，应抓紧深入研究，切实解决泥沙、石块、污水等对题刻的侵害。对题刻本体保护的研究也应同时进行，并要研究利用各种技术手段全面、准确地获取所有资料、包括录像、拓片、翻模复制等，为研究和地面陈列与展示创造条件。

二、石宝寨作为三峡库区内的一处重要的省级文物保护单位，其保护规划方案的制订应综合考虑护坡仰墙方案和围堤方案的合理因素，切实解决好文物建筑和玉印山的山体保护、地下水处理以及环境景观处理等问题。同时也要处理好交通、参观空间和视线走廊等问题，但不应新建其他假“文物”。

三、张桓侯庙同样也是三峡库区内一处重要的省级文物保护单位，其保护规划方案的核心是搬迁选址问题。我局同意张桓侯庙搬迁至云阳县新县城对岸的陈家院子的方案。但方案中应充分考虑文物建筑与周围环境的协调，处理好低水位时的景观问题，同时也应包括揭示和了解张桓侯庙早期建筑历史等工作内容。

四、鉴于目前尚无可供审批的白鹤梁题刻和石宝寨的保护规划方案，建议你办敦促重庆市人民政府根据我局上述意见，并吸纳重庆市组织的“三峡库区白鹤梁题刻、石宝寨、张桓侯庙保护方案论证会”专家组意见，尽快组织力量，抓紧研究制订白鹤梁题刻和石宝寨的保护规划方案，再按规定程序报批。

五、鉴于张桓侯庙搬迁至陈家院子的保护规划方案已基本成熟，在根据我局上述意见做适当修改后，建议可先行批准，并请重庆市人民政府委托有关专业机构制订设计搬迁施工方案。按照《中华人民共和国文物保护法》第十一条、第十三条和《中华人民共和国文物保护法实施细则》第十五条的规定，其设计搬迁施工方案需报我局审批。

六、考虑到白鹤梁题刻、石宝寨、张桓侯庙保护工程的技术难度和工程量，以及水位增高对工程影响等诸多因素，上述有关工作应尽早完成并付诸实施。

此复。

一九九九年四月九日

二　国家文物局关于对《张桓侯庙搬迁保护规划设计方案》的意见函

文物保函〔2000〕656号

重庆市文物局：

你局《关于报送〈张桓侯庙搬迁保护规划设计方案的请示〉》（渝文物〔2000〕85号）收悉。经研究，我局提出如下意见：

一、张桓侯庙搬迁要保护文物本体和原文物环境景观，也要满足工程地质条件。我局意见，可按清华大学建筑设计研究院制定的张桓侯庙搬迁保护方案进行修改与补充。

二、规划方案中应按新址的条件，提出划定保护范围和建设环境控制地带的要求，取消一切有碍张桓侯庙安全和景观的建设项目。

三、搬迁保护规划方案原则上不得增添新的建筑内容。可以利用因地形改造而增加的地下室和半地下室作必要的业务用房（包括文物库房、陈列等）；在新址可以复原“望云楼”，但不应扩大，要保持原有建筑风貌和体量，从而与整个张桓侯庙建筑群相协调，其内部结构和设施可按使用要求做适当调整；在整个庙后高地上，都应绿化，不应安排道路和其他建筑。

四、要按原庙区内的绿化景观安排新址的绿化。要在实测图中补充绿化描述，并尽可能考虑移植原庙区内的高大植物。

五、应补充基础设施规划。首先是避雷、防火设施和必要的技术防范设施；给水工程方面应明确提出水源和供水方式；排水工程方面应明确污水处理方式，污水不能直接排入长江或渗入地下；供电线路配置要从环境景观和安全角度出发，埋设地下线路；庙外道路工程除按使用要求规定道路的级别和使用的材料外，要注意防止对新址文物环境的不良影响。

六、要充分考虑馆藏文物和庙内外摩崖石刻的搬迁保护，提出具体搬迁措施。

七、应考虑围墙的复建问题。

八、请按以上意见补充修改方案，并重新制定保护工程预算。地方政府提出的增加相关费用问题，要符合国务院三峡工程的有关规定。

九、请你局根据上述意见，组织方案设计单位对方案进行必要的修改后，连同经费总预算，再报我局审批。

二〇〇〇年九月二十九日

三 国家文物局
关于云阳张桓侯庙搬迁保护规划
方案设计的批复

文物保函〔2001〕808号

重庆市文物局：

你局《关于云阳张桓侯庙搬迁保护规划设计方案的请示》（渝文物〔2001〕60号）收悉。根据国务院三峡工程建设委员会批复的《三峡工程淹没区及迁建区文物保护规划（保护项目和保护方案）》的意见（国三峡委发办字〔2000〕15号），经研究，我局批复意见如下：

一、原则同意《张桓侯庙搬迁保护规划方案》。

二、云阳张桓侯庙已被国务院公布为第五批全国重点文物保护单位，应按照新址的条件，在规划中明确保护范围和建设控制地带，为下一步公布保护范围提供科学依据。

三、涉及张桓侯庙搬迁新址用地问题应按照三峡工程库区移民政策的有关规定办理，并妥善处理好张桓侯庙新址范围内居民的搬迁问题。

四、张桓侯庙新址复建的围墙不宜过高，高度、外观形式和颜色应与张桓侯庙及周围的景观保持一致，同时不能影响通往江面的视线。

五、在基础设施规划中，应充分考虑张桓侯庙及所属库房的安防、技术防范设施，以确保搬迁后的文物安全。张桓侯庙后区规划的道路，应注意控制规模，防止对文物环境造成不良影响。

六、望云楼西侧不再安排其他附属建设项目。夏黄氏牌楼不宜搬迁至张桓侯庙新址。

七、应充分考虑碑刻、庙内雕塑和庙前古桥搬迁时的保护问题，切实制订保护措施。

八、张桓侯庙搬迁保护规划应补充总图和总图设计所包括的主要内容。有关施工期间张桓侯庙开放的收入补偿，不宜作为搬迁规划设计内容，应根据有关政策由地方政府向移民部门另行申报。

九、请你局组织方案原设计单位，对方案抓紧进行调整并开展施工设计。施工方案应慎重考虑张桓侯庙新址的地质结构以及地下室和半地下室的防水防潮问题，并预留供电、供水线路的接口。

十、请你局在下一步工程施工过程中，统筹安排好建筑拆解和复建的计划衔接，尽可能缩短拆建周期，减少搬迁工作对文物构件的影响，并注意同时做好飞凤山题刻的复建工作。

十一、搬迁工程施工方案由你局根据调整后的《张桓侯庙搬迁保护规划方案》进行审批，报我局备案。

此复。

二〇〇一年十月十七日

四 重庆市人民政府关于印发重庆市三峡工程淹没及迁建区文物保护管理办法的通知

渝府发〔2001〕47 号

各区县（自治县、市）人民政府，市政府各部门：

《重庆市三峡工程淹没及迁建区文物保护管理办法》已经市政府同意，现印发给你们，请遵照执行。

二〇〇一年七月十日

重庆市三峡工程淹没及迁建区文物保护管理办法

第一章　总　则

第一条　为进一步加强重庆市三峡工程淹没及迁建区的文物保护工作，切实有效地实施对三峡历史文化遗产的抢救保护，根据《中华人民共和国文物保护法》、《中华人民共和国文物保护法实施细则》、《长江三峡工程建设移民条例》和国家有关法律、法规，制定本办法。

第二条　重庆市三峡工程淹没及迁建区（以下简称库区）内的一切文物保护实施工作，均适用本办法。

第三条　库区内一切具有历史、艺术、科学价值的不可移动文物和可移动文物，均受国家保护。

第四条　市文物局主管库区的文物保护工作，负责库区文物保护工作的组织实施和管理，实行任务、经费双包干。

市移民局负责库区文物保护项目计划的衔接、调整，项目的销号管理以及移民资金使用的监督管理。

市建设、规划、国土等有关部门应积极支持库区的文物保护工作，为文物保护实施提供必要的条件。

第五条　库区各级人民政府负责保护本行政辖区内的文物，应切实采取有效措施，打击和防范库区盗掘古遗址、古墓葬、损毁文物、走私文物等犯罪活动，确保库区的文物安全。

库区各区县（自治县、市）文物部门应积极协调、配合库区文物保护工作的实施，并负责组织实施库区县级以下地面文物保护单位的保护工程。

一切机关、组织和个人都有保护文物的义务。

第六条　库区内地下、水下遗存的一切文物（含古脊椎动物化石和古人类化石），地面遗存的古文化遗址、古墓葬、石窟寺、古桥梁等均属于国家所有。

属于集体所有和私人所有的古建筑、纪念建筑等，凡列入库区文物保护规划范围的，经办理移民补偿后，属于国家所有。

任何单位和个人不得对文物进行盗掘、哄抢、藏匿、变卖、拆除或改建。一切破坏、损毁和走私文物的活动均属于犯罪行为。

第二章　计划和资金管理

第七条　库区文物保护资金是三峡库区移民资金的一部分，应纳入移民资金计划统一管理。

第八条　市文物局应根据国务院三峡建设委员会审批的三峡库区文物保护规划，按照三峡工程蓄水进度的要求，编制库区文物保护年度计划，经市移民局综合平衡后，纳入库区年度移民投资计划。

第九条　在库区文物保护年度计划执行过程中，市文物局按计划进度向市移民局提出项目的资金使用计划，由市移民局核准实施。

在计划的执行过程中，市文物局可根据实际情况对项目及经费作适当调整，调整幅度及审批程序按国务院三峡建设委员会移民开发局有关规定执行。

第十条 库区文物保护资金按照移民资金管理规定进行管理。市、区县（自治县、市）文物部门须设置库区文物保护资金账户，确保文物保护资金的专款专用，并定期向移民部门报送资金使用情况及相关报表。

第十一条 库区文物保护项目的法人应对项目经费进行严格管理，并在项目完成时向市文物局提交项目资金的使用情况报表。

任何单位和个人不得挪用、挤占、拆借、侵吞库区文物保护资金。

第十二条 库区文物保护项目的招投标、方案评审等费用按有关规定在项目前期费中直接列支；地下文物的重要遗迹留取和标本测试等经费可在计划实施中统筹使用；宣传出版、培训等工作经费按国务院三峡建设委员会移民开发局有关规定进行开支。

第三章 项目管理

第十三条 库区文物保护项目按保护工作性质分为非工程性项目及工程性项目，凡经国务院三峡建设委员会审批列入规划的地下文物考古发掘及地面文物留取资料项目属非工程性项目，地面文物原地保护和搬迁保护项目属工程性项目。

第十四条 库区文物保护实行项目法人负责制。

非工程性项目的项目法人为市文物局。

工程性项目中涉及市级以上文物保护单位的，由市文物局委托项目法人负责项目的实施管理。涉及县级以下文物保护单位的，由所在地区县（自治县、市）文物部门委托项目法人进行管理。

第十五条 库区地下文物考古发掘项目，由市文物局依法向国家文物局履行有关考古发掘的报批手续。

库区地面文物保护项目，属于县级以下文物保护单位的，其搬迁保护方案由市人民政府负责审批，其设计方案，由市文物局会同市移民局组织审批；属于市级以上文物保护单位的搬迁保护方案，按国家有关法律法规履行报批程序。

第十六条 库区地面文物搬迁保护项目的迁建用地，在选址前应进行地质灾害危险性评估。搬迁保护方案审批后，由项目法人向所在地区县（自治县、市）国土部门办理土地征用手续，其用地面积在原文物占地面积的基数上可适当考虑环境因素有所增加，具体面积指标和征地费用须经区县（自治县、市）移民部门商同级国土部门核定。

第十七条 凡在库区承担文物保护非工程性项目的单位，由市文物局核查其考古发掘及文物保护的相关资质。

凡在库区承担文物保护工程性项目的施工及监理单位，必须具备工程施工三级、监理乙级以上资质，具体准入审批由市文物局会同市建设主管部门根据其技术力量、相关资质材料以及文物保护工程履历资料核发证书，并标明投标范围。

从事水文、地质勘察、地形测绘工程的单位，其资质审核和准入管理按国家基本建设管理程序和有关规定进行。

香港、澳门、台湾地区及国外、国际组织和单位申请承担库区文物保护项目的，按国家文物涉外管理办法执行。

第十八条 库区文物保护工程性项目中，单项资金在50万元以上的，均实行招投标制。非工程性项目及50万元以下的工程性项目，可直接进行委托。

工程性项目的招投标工作均由项目法人负责组织，同时须邀请文物、移民、建设、监察等部门进行监督。市文物局牵头成立重庆市三峡库区文物保护工程性项目招标工作领导小组，负责项目评标委员会及评标结果的审批。

第十九条 库区文物保护推行项目监理制。

非工程性项目可试行综合监理；工程性项目可逐步实行单项监理。合同经费在100万元以上的地面文物搬迁保护工程性项目，必须实行单项监理。

文物保护项目监理的具体管理办法由市文物局商市建委参照国家基本建设的监理规定另行制定。

第二十条 库区文物保护项目的管理实行合同制。

项目法人为合同甲方，负责根据合同检查项目进展情况和工作质量，按项目进度拨付经费并组织项目初步验收。

承担项目实施的单位为合同乙方，负责根据合同和行业规范实施项目计划任务，保证项目工作质量，按进度提交工作简报和竣工资料，及时报告重要发现和重大成果，并负责工作期间的文物安全和人身安全。

承担项目单位不得进行项目转包。总承包单位经甲方批准后可进行项目分包，项目主体工程不得进行分包。

项目所在地区县（自治县、市）文物保护管理所为非工程性项目的协作方，负责项目实施中的工作协调、提供出土品或文物构件的存放、整理场地以及文物安全管理等工作。

第二十一条 库区文物保护项目质量实行法人负责制。项目法人对文物保护项目质量负总责。勘察设计、施工、监理等单位的法定代表人按各自职责对所承担项目的质量负责。

第二十二条 库区文物保护工作中的出土品、文物构件及档案资料的移交由市文物局负责统一管理。

第二十三条 项目实施过程中，除市文物局另有指定外，库区的出土品和文物构件由项目合同的协作方负责提供寄存和整理场地，并负责其安全管理。

未经市文物局批准，任何单位和个人不得将出土品和文物构件携离库区。需作鉴定或测年的各类标本，必须经市文物局批准，并在指定期限内交还。

第二十四条 除国家文物局另有指定外，库区的出土品和文物构件由市文物局根据重庆市及库区文物事业发展的实际需要，以及有关大专院校和科研机构的教学、研究需要，按照统筹兼顾、合理调剂的原则，统一指定具备条件的国有博物馆单位收藏保管，并办理移交手续。任何单位和个人不得扣压出土品和文物构件，阻挠文物的妥善保管和科学研究。

市文物局负责筹备建立重庆中国三峡博物馆，以系统收藏、研究和全面展示三峡文物抢救保护工作成果。

第二十五条　各级公安部门、工商行政管理部门和重庆海关在查处库区违法犯罪活动中依法没收、追缴的除返还受害人以外的所有文物，须按国家有关规定在结案后立即无偿移交市文物局，由市文物局统一指定具备条件的国有博物馆单位收藏保管。

第二十六条　库区文物保护工作的有关项目资料、文物资料以及管理资料等，由市文物局负责统一建档、保存和管理。

第二十七条　库区文物保护项目由市文物局、移民局统一组织验收。

涉及工程性项目的验收应有当地建设主管部门和质检机构参加。

对验收不合格的项目，乙方单位负责限期进行整改，并承担整改费用。

第二十八条　地下文物保护项目的验收资料应包括：考古发掘、勘探的文字、测绘、影像等原始记录资料；出土品及入藏或寄存手续；考古发掘报告或简报；各类测试、鉴定报告；经费结算报告；有关资料的反转片、磁盘、光盘等。

地面文物保护项目的验收资料应包括：文物调查报告及测绘、拓片、影像等原始记录资料；留取资料项目的重要文物构件及清单；原地保护工程的施工原始记录资料；搬迁保护工程的施工原始记录资料；经费结算报告；有关资料的反转片、磁盘、光盘等。

第二十九条　文物保护工程性项目验收合格后，项目法人应按照基本建设程序和移民资金的使用规定对项目组织竣工决算审计。

第三十条　库区文物保护项目的销号，由市文物局与市移民局制定具体办法，并负责办理相关手续。

第四章　奖　惩

第三十一条　在库区文物抢救保护工作过程中，有下列情形之一的单位、集体或个人，可给予表彰和奖励：

（一）坚决与盗掘古遗址、古墓葬、损毁文物、走私文物等犯罪行为作斗争，确保文物安全，成绩显著；

（二）长期从事库区文物抢救保护工作，认真履行文物保护项目合同，按时保质完成项目任务，并做出显著贡献；

（三）积极探索库区文物保护工作管理模式，在项目、资金等文物保护管理工作中成绩显著；

（四）有重大发现或取得重要研究成果。

第三十二条　对有下列情形之一的单位、集体或个人，应依法给予行政、经济处罚，情节严重的由司法部门追究刑事责任；

（一）盗掘古遗址、古墓葬、损毁文物、走私文物，或发现文物隐匿不报，不上交国家；

（二）不履行文物保护项目合同，造成文物毁损或重大经济损失；

（三）因工作失职或渎职，造成文物毁损、流失；

（四）侵占、贪污或盗窃国家文物；

（五）擅自截留文物，拒不按规定办理文物移交；

（六）挪用、侵占、浪费、贪污文物保护资金，或因失职、渎职造成文物保护资金严重损失。

第五章　附　则

第三十三条　本办法实施中的具体问题，由市文物局负责解释。

第三十四条　区县（自治县、市）人民政府可根据本办法制定实施细则。

第三十五条　本办法自发布之日起执行。

五　云阳县计划委员会
关于同意张桓侯庙迁建工程项目立项的通知

云计社〔2001〕250号

云阳县文化局：

你局《关于张桓侯庙迁建工程立项的报告》（云文发〔2001〕79号文）收悉。根据国务院三建委《关于抓紧开展白鹤梁题刻、石宝寨、张桓侯庙保护工程的函》（国三峡办法技字〔1999〕037号）和国家文物局《关于对白鹤梁题刻、石宝寨及张桓侯庙保护规划方案的意见函》（文物保函〔1999〕60号文）精神，为保护挽救国家级重点文物，经研究，同意张桓侯庙迁建工程项目立项。现就立项的有关事项通知如下：

一、项目法人代表及项目承办单位

项目法人代表：陈源林；项目承办单位：云阳县文物保护管理所。

二、建设地址及用地

建设地址：盘石镇龙安村境内（小地名秦家院子）；其用地手续请与国土部门衔接办理。

三、建设规模及主要建设内容

建设规模：4500平方米（绝对保护范围74470.39平方米、111.7亩）；主要建设内容：结义楼、望云轩、面殿、杜鹃亭、助风阁、八角亭、得月亭、陈列室、生活房及园林绿化配套设施等。

四、建设工期及进度安排

建设工期：18个月；进度安排为：2002年1月底完成项目前期准备工作、规划设计和“三通一平”；2003年6月底前完成搬迁上升工程、园林绿化配套设施和竣工验收。

五、概算总投资及资金筹措

该项目概算总投资8000万元。资金筹措：国家文物搬迁补偿8000万元。

接文后，请抓紧做好项目前期准备（地质灾害评估报告）工作和请有资质的单位编制项目可行性研究报告，待可研报告评审和资金落实到位，向我委申报下达投资计划并完善相关手续后方能开工建设。

二○○一年九月五日

六　重庆市文物局关于委托重庆峡江文物工程有限责任公司为重庆库区市级以上文物保护工程性项目法人的通知

渝文物〔2001〕97 号

库区各区县（自治县、市）文化（文物）局：

根据《重庆市实施建设项目法人责任制规定》（渝府发〔2000〕50 号）和《重庆市三峡工程淹没区及迁建区文物保护管理办法》（渝府发〔2001〕47 号）的规定，为了加强三峡工程重庆库区的文物保护工程的管理工作，今授权委托重庆峡江文物工程有限责任公司为三峡工程重庆库区市级以上文物保护工程性项目的项目法人，实施三峡工程重庆库区市级以上文物保护工程性项目的管理工作。有关文物保护工程的工作，请给予支持和配合。

二〇〇一年十一月二十七日

七　重庆市文物局关于成立重庆市三峡库区文物工程性项目招标领导小组的通知

渝文物〔2001〕69号

库区各区县（自治县、市）文化局：

根据重庆市人民政府《关于印发重庆市三峡工程淹没区及迁建区文物保护管理办法的通知》（渝府发〔2001〕47号）的要求，由重庆市文物局牵头成立重庆市三峡库区文物工程性项目招标领导小组。领导小组名单如下：

组　　长：王洪华　重庆市文化（文物）局局长

副 组 长：王川平　重庆市文化（文物）局副局长

成　　员：吕天庆　重庆市监察局副局长、市纪委常委

陈联德　重庆市移民局副局长

黄福元　重庆市建设委员会副总工程师

刘豫川　重庆市文化局三峡办主任

邵卫东　重庆市文化局三峡办副主任

程武彦　重庆市文化局计财处处长

李朝卫　重庆市文化局纪检、监察室副主任

办公室主任：王川平（兼）

项目招标领导小组办公室设在重庆市文化局三峡文物保护工程领导小组办公室内，地址：渝中区枇杷山正街72号，邮编：400013，联系电话：63510467。

库区文物保护工程性项目，单项工程投资在50万元以上的，均实行招投标制。项目的招投标工作由项目法人按有关规定组织实施，项目评标委员会及评标结果报市三峡库区文物工程性项目招标领导小组审批。

特此通知。

二〇〇一年九月三日

八　国务院三峡工程建设委员会关于批准云阳张桓侯庙搬迁保护项目投资概算的批复

国三峡委发办字〔2003〕4号

重庆市人民政府：

你市关于《报请审批张桓侯庙搬迁保护规划方案投资概算的请示》（渝府文〔2002〕16号），经三峡建委办公室委托中国国际工程咨询公司审核（见附件），现批复如下：

一、同意张桓侯庙搬迁保护投资概算共4042.89万元，其中项目投资3983.14万元，市级管理费59.75万元，按2001年价差指数（1.3025）折算为静态投资2819.92万元。

二、在项目实施过程中，应严格执行移民工程建设项目管理有关规定，统筹使用好核定的包干总投资，确保文物保护工程建设的需要。确属初步设计未考虑到的事项应按程度再行报批，经批准后在项目不可预见费中列支，包干投资确实解决不了的，经工程审价、审计后，可准许你从市包干总投资的节余中解决。

三、请你市督促有关部门和项目建设单位，增强投资包干责任意识，加强项目建设管理，确保完成搬迁保护复建任务。专此批复。

附件：中国国际工程咨询公司《关于云阳张桓侯庙（张飞庙）搬迁保护工程初步设计概算的评审报告》（咨社会〔2002〕987号）

二〇〇三年三月二十日

九 中国国际工程咨询公司关于云阳张桓侯庙（张飞庙）搬迁保护工程初步设计概算的评审报告

咨社会〔2002〕987号

国务院三峡工程建设委员会办公室：

受你办委托，我公司对《云阳张桓侯庙搬迁保护工程初步设计概算》（简称《初设概算》）进行了评审，现将评审意见报告如下：

一、项目概况

张桓侯庙原址位于重庆市云阳县长江南岸飞凤山麓，与云阳老县城隔江相望，是国家重点风景名胜区——三峡风景名姓区中重要的人文景观之一。该原始建于蜀汉末年，后经宋、元、明、清历代扩建，已有1700多年历史。张桓侯庙内有大量题记木刻、石刻字画及碑碣等文物，已被列为第五批国家重点文物保护单位。另存有其他文物2万余件（其中包括部分国家三级以上的文物）。

张桓侯庙主体建筑群的高程在海拔130米—160米之间，2003年6月30日三峡工程开始蓄水后，二期淹没线将达到海拔148.4米，到三峡工程最终蓄水高程达到175米时该庙将被淹没。根据国务院三峡工程建设委员会部署，于1996年组织编制了三峡工程库区文物保护规划子项之一的《云阳县张桓侯庙保护规划报告》。2001年10月17日国家文物局以文物保函〔2001〕808号文对清华大学建筑设计研究院编制的张桓侯庙搬迁保护规划设计方案进行了批复。

考虑到张桓侯庙原址背山、面江，并与云阳县城相对关系的环境特征，规划设计方案提出新址选择在与云阳新县城隔江而望的长江南岸盘石镇，这一地区在自然环境上与现在的张桓侯庙较为接近，距原址约30公里。此选址方案已得到国家文物局的认可。

二、评审原则和依据

（一）评审原则

按照国务院三峡建设委员会办公室的委托要求和国家文物局对该项目的批复（文物保函〔2001〕808号文）意见，评审工作遵循以下原则：

1. 张桓侯庙作为文物建筑，在它保护过程中，首先要遵守的原则是不改变建筑的原状，这里所说的“原状”理解为文物建筑的“现状”（《云阳县张桓侯庙保护规划报告》对于文物保护法第十四条的解释）。

2. 按照国家现行建设标准和规范评审建筑和供排水、供电、道路工程等基础设施，其中建筑分为古建保护和新建两部分。

3. 取费标准在有明确的古建定额、标准文件规定时，按古建标准。新建和基础设施按照重庆市建筑定额和标准核定。文物保护项目采用与同类项目进行类比和市场询价。

4. 根据委托要求，评审工作在清华大学建筑设计研究院编制的《云阳张桓侯庙搬迁保护工程初步设计概算》以及提供的建设内容、工程量等基础上进行，对占地面积、建筑面积、工程量根据有关文件和图纸进行核实，不需实地测量。

（二）评审依据

1.《中华人民共和国文物保护法》；

2.《长江三峡工程建设移民条例》；

3. 国家文物局《关于云阳张桓侯庙搬迁保护规划方案设计的批复》（文物保函〔2001〕808号）；

4. 清华大学建筑学院及建筑设计研究院编制的《张桓侯庙搬迁保护规划设计方案》；

5. 国家文物局《关于云阳张桓侯庙搬迁保护规划方案的意见》（文物保函〔2000〕656号）；

6. 清华大学张桓侯保护规划组《张桓侯庙保护规划报告》；

7. 清华大学建筑设计研究院编制的初步设计图纸、说明及概算书；

8. 国务院三峡建设委员会办公室相关文件及会议纪要；

9. 重庆市现行工程建设概预算定额及相关政策（土建、安装、市政）。

三、建设规模和内容

根据三峡工程库区文物保护规划和国家文物局的批复，三峡库区文物搬迁保护项目分为整体搬迁和部分搬迁两类，规划设计基本是本着“拆多少，建多少，按原文物工程原貌和规模”的原则进行迁建。张桓侯庙迁建工程属整体迁建项目。

原张桓侯庙内容包括：结义楼（三层）、戏台、大殿、望云轩、助风阁、偏殿、障川阁、杜鹃厅（二层）、得月亭、听涛亭（1960年建）、望云楼（1936年建）及廊庑等构成。总建筑面积3981平方米，其中，历史文物建筑约1581平方米（出檐面积，不含望云楼），其他后期建设部分2400平方米（含宿舍、茶室、展厅等）。占地面积40亩，一般保护范围260000平方米。

初步设计说明提出的占地面积为119亩，建筑规模为4500平方米。评审对初步设计图纸核定后，其总建筑面积为4417平方米（按轴线计算），其中古建筑迁建1314平方米、附属博物馆2190平方米、望云楼590平方米、附属配套建筑323平方米以及室外工程、场内工程、其他相关工程等。总建筑面积调整的原因主要是利用基础结构处理建设的博物馆；初步设计说明中分项合计4500平方米有误。占地面积按规划文件批复认定为55亩，重庆市文物局重庆市移民局以渝文物〔2001〕92号文、渝文物〔2002〕18号文已按55亩用地进行征地拆迁工作。征地拆迁工作已基本完成。

评审认为，新址建设规模和内容基本符合国家文物局已批复的搬迁规划方案，按此初步设计实施后基本能体现张桓侯庙的原貌；内部文物保护设备和周边交通环境也将得到改善。

四、评审主要调整意见

《初步设计》提出建设内容包括古建筑迁建、附属博物馆、望云楼、附属配套建筑以及室外工程、场内工程、其他相关工程等，概算总投资为7340.50万元。

按照上述评审原则和依据，对清华大学建筑设计院编制的《云阳张桓侯庙搬迁保护工程初步设计概算》的主要评审意见分述如下：

（一）古庙拆建

此部分工程包括建筑部分和文物部分。除古建迁建工程、古建电气工程、古建弱电工程初设概算由清华大学建筑设计院提供外，其余均为甲方提供。

对清华大学建筑设计院编制部分的评审意见：

1. 税金由3.56%调为3.43%；定额测定费由1.8%调整为1.4%；

2. 调整石构件运输工程量；

3. 木材修复加固涂料（德国雷码士pu涂料）调整为按实计算费用，不计取管理费用；

古建拆建工程费用由889.62万元调减为621.62万元，调减了268万元。调整后每平方米造价为4730.7元。

对甲方提供的项目的评审意见：

1. 临时棚库2000平方米，80万元。评审建议为减少文物迁建暂存临建设施面积，建议施工组织安排上考虑先建望云楼，以周转部分古庙柱、梁等材料，调减临建面积500平方米；单价由400元/平方米调减为300元/平方米，调整后投资为45万元。

2. 油饰彩绘修补、壁画复制、砖木石雕、牌匾石碑拆运和恢复、题刻切割、塑像、“江上清风”复制等项目，共计611.9万元。油饰彩绘修补9.48万元投资基本合理；壁画复制应按平方米计算，核实工程量后投资由30万元调整为15万元；砖木石雕投资由86.55万元调整为20万元；牌匾石碑拆运和恢复投资由72.50万元调整为30万元；题刻切割投资基本合理；塑像投资偏高，由259.37万元调整为80万元。

综上所述，古庙拆建工程由1634.89万元调整为1028.47万元，调减了606.42万元。评审后工程单位造价7827元/平方米。

（二）望云楼

此部分工程初设概算主要由清华大学建筑设计院提供，评审意见如下：

1. 工程类别由一类调整为四类；

2. 税金由3.56%调为3.43%；定额测定费由1.8%调整为1.4%；

3. 增加施工图预算包干费、安全文明施工增加费、二次转运费；

4. 调整一部分特殊材料不进基价取费，按实价进价；

5. 增加地材和单调材料价差；

6. 取消部分重复计算项目；

7. 家具购置费并入其他费用中办公及生活家具购置费。

综上所述，望云楼工程由66.67万元调整为62.24万元，调减了4.43万元。

（三）附属博物馆工程

此部分工程初设概算主要由清华大学建筑设计院提供，主要评审意见是：

1. 工程类别由一类调整为二类；

2. 税金由3.56%调为3.43%；定额测定费由1.8%调整为1.4%；

3. 增加施工图预算包干费、安全文明施工增加费、二次转运费；

4. 调整一部分特殊材料不进基价取费，按实价进价；

5. 调减了钢筋工程量；

6. 取消了楼地面中没有设计的项目；

7. 土石方外运距离由55公里调整为5公里；

8. 调减了一部分重复计算的土石方；

9. 调增了屋面回填的运输费用；

10. 增加地材和单调材料价差；

11. 临江摩崖复制估算额80万元为甲方提供。该项目已由国务院三峡工程建设委员会作为单项解决，因此不在此项目列支，估算费用调整为0。

张桓侯庙原址不含附属博物馆，因此该工程属增建工程。按三峡工程移民条例，该工程补偿投资只应包含封建结构工程费用，按博物馆标准提出的建筑、装修费用及设备费用应由业主自筹。调整后土建结构工程费用为359万元。综上所述，附属博物馆工程由817.12万元调整为359万元，调减了458.12万元。

（四）变配电及附属建筑

此部分工程初设概算主要由清华大学建筑设计院提供，评审意见如下：

1. 工程类别由一类调整为四类；

2. 税金由3.56%调为3.43%；定额测定费由1.8%调整为1.4%；

3. 增加施工图预算包干费、安全文明施工增加费、二次转运费；

4. 调整一部分特殊材料不进基价取费，按实价进价；

5. 调整了部分工程量。

综上所述，变配电及附属建筑工程由150.50万元调增为150.62万元，调增了0.12万元。

（五）室外土建工程

此部分工程主要包括迁建区场外工程、迁建区场内工程、迁建区景观工程、迁建区构筑物四部分。除迁建区场内工程中室外电气工程、室外给排水工程、室外土建工程三项初设概算为清华大学建筑设计院根据初步设计进行测算外，其余均为甲方提供。

对清华大学建筑设计院编制部分的评审意见：

1. 工程类别由一类调为二类；

2. 税金由3.56%调为3.43%；定额测定费由1.8%调整为1.4%；

3. 增加地材和单调材料价差；

4. 增加施工图预算包干费、安全文明施工增加费、二次转运费；

5. 调整台阶块料面层定额。

对甲方提供项目的评审意见：

1. 区外供电和供水按已签合同价调整，供电由27.78万元调整为27.45万元、供水由24.46万元调整为20.57万元。

2. 迁建区外条石路工程（546×6米）166.61万元、路面工程合同已发生为49.8万元，考虑增加堡坎、场坡土方、危房补偿与青苗补偿等内容，按70万控制投资。

3. 机耕道加宽修补费（20公里×3.5米）350万元。该路是连接老址与新址的运输道路，为保证文物安全运输而进行修补。由于该路是三峡移民专项资金建设的库区道路，有其他渠道进行维护建设，因此，取消该项投资。

4. 小溪水涧复制50万元为估算值。按重庆定额计算，人工开凿沟槽宽度在5米以内，每百立方米费用为3521.10元，按目前工程量，投资按28万元控制。

5. 迁建区绿化工程118.88万元为估算值。按目前面积计算，若全部栽种灌木，重庆定额费用为25元/平方米，若全部栽种草皮，6元/平方米。因此，该项投资应按50万元控制。在设计中应以自然植被为主，尽量使其与原张桓侯庙的自然环境接近。

6. 仿古围墙及大门126.66万元。原设计中提出的围墙全部为条石建造，全长980米。评审认为，其围墙形式与整体古庙环境的不够协调，临江的围墙还会破坏景观的完整性。建议围墙基础可采用部分条石，上部仍改为砖墙，临江段利用建筑形成与外界的隔离，不做围墙。大门也不宜过大，以免喧宾夺主，建议采用清华大学的方案。围墙长度由980米减为680米，造价由1292元/米调为600元/米；大门造价2×5万元/樘。调整后为50.8万元。

7. 题刻复制投资34万元，按17处考虑。经核实，实际数量为13处，总面积80平方米以内，按24万控制投资。

综上所述，室外土建工程由1810.06万元调整为1151.22万元，调减了658.83万元。

（六）特殊工程费用

这部分费用在原概算中称“其余”，主要由甲方提供，包含旅游码头、旅游趸船、云阳至张桓侯庙运费增加、特殊措施费、清库费，共计918.15万元。评审提出以下意见：

1. 旅游码头、趸船和连接道路三项估算额570万元，其中旅游码头和连接道路220万元、趸船350万元。

趸船设计方案按千吨级泊位设计，选用65×11米全配套设施设备的定型产品趸船，可同时停泊游船5艘。目前张桓侯庙前有一个供游船停靠的趸船码头，根据三峡工程移民条例，可移动实施不予补偿，因此，只考虑移位费20万元。

重庆市政府以渝府文〔2002〕16号文上报的工程概算表中码头投资30万元；修建630米长连接道路可与过境公路在233米高程相连，按6米宽、200元/平方米计算，连接道路投资为75.6万元。因此，码头和道路投资核减为105.6万元。

2. 云阳至张桓侯庙运费增加在清华大学建筑设计院提供概算中已计算，此处只考虑缺列的包装费，此项投资由150万元核减为50万元。

3. 特殊措施费在清华大学建筑设计院提供概算中已计算，150万元投资取消。

4. 由于本工程为文物迁建项目，不同于其他三峡库区遗留的构筑物，因此清库费应折减。由48.15万元调减为20万元。

综上所述，此部分费用由918.15万元调减为195.6万元，调减了722.55万元。

（七）其他费用

此部分费用全部由甲方提供，其中征地拆迁按实际发生计算；按建设部及重庆地方相关文件调整设计勘察费、审计费、质检费等取费费率，并随工程费进行相应调整各种取费；虫害防治等特殊费用按专业部门提供的文件为准；补列了部分漏项，按此原则重点调整项目如下：

1. 征地拆迁原概算为119亩和357万元，经核实实际征地55亩。根据审计结果，实际开支274万元。

2. 停业期间门票损失费208.28万元。老张桓侯庙在2002年10月8日即旅游黄金周之后开始拆迁，损失已尽可能降低；同时考虑到新张桓侯庙建设的合理工期，因此，该项目补偿费用按100万考虑。

3. 调整一部分特殊材料不进基价取费，按实价进价。

4. 家具购置费20万元。由于该项目为迁建工程，因此，不考虑该项费用。

5. 建设单位管理费取2.8%，由159.47万元调减为105.52万元。

6. 审计费取0.1%，由53.16万元调减为4.04万元。

7. 配套费48.96万元。根据国办函〔1998〕12号文，取消向三峡移民迁建项目收取城市建设配套费，因此，该项费用调整为0。

8. 建设单位临设已含在建设单位管理费中，取消53.16万元。

9. 补列招标管理费5.89万元。

10. 竣工图编制费6.08万元。

综上所述，此部分费用由1446.58万元调减为824.41万元，调减了622.17万元。

（八）按国家计委规定取消涨价预备费；不可预见费随工程投资进行相应调整

上报的初步设计概算总投资为7340.50万元（该数据计算有误，实际为7326.02万元），经评审后的概算为3960.14万元，调减总投资额3365.88万元（见附表）。其中建安工程费调减2450.24万元；其他费调减622.17万元；不可预见费调减149.54万元；根据国家计委的有关规定，涨价预备费为零，故取消该项费用。

五、资金筹措与工期

本工程资金全部由国务院三峡建设委员会从三峡移民资金中拨款。

初步设计方案说明中没有对建设工期进行论述，部分工程已开工建设，考虑到二期淹没线的邻近以及施工停业的门票损失，评审建议优化施工组织，将工期尽量缩短。

六、结论

评审认为，项目建设规模和内容基本符合国家文物局已批复的搬迁规划方案，按此初步设计方案实施后基本能体现张桓侯庙的原貌；内部文物保护设备和周边交通环境也将得到改善。原初步设计概算总投资为7340.50万元（实际为7326.02万元），经评审后的概算为3960.14万元，调减投资额3365.88万元。

七、其他

关于云阳县文管所保存在张桓侯庙中的2万件文物的保护费问题。云阳县文物保护管理所以云文物函〔2002〕32 号文提出为临时存放这 2 万件文物，共计花费 360328 元。由于国务院三峡建设委员会已于 1997 年拨付 50 万元库房费，因此，这笔费用不从本项目投资中列支。

以上意见供决策参考。

附表：投资概算调整对照表

附件：评审人员名单

二〇〇二年十月二十二日

附表　投资概算调整对照表

单位：万元

序号	工程或费用名称	初设概算		审核意见		增减额	备　注
		工程量	投资额	工程量	投资额		
一	建安工程		5397.39		2947.15	-2450.24	
(一)	古庙拆建工程		1634.89		1028.47	-606.42	
1	古建拆建	1314	889.62	1314	621.62	-268.00	石构件运输计算有误，德国涂料不应取费应核减。
2	古建电气工程		26.41		26.41	0.00	
3	古建弱电工程		60.96		60.96	0.00	
4	临时棚库	2000平方米	30.00	1500平方米	45.00	-35.00	临时棚库造价偏高调为300元/平方米，先建望云楼可少建500平方米。
5	油饰彩绘修补	1896平方米	9.48	1896平方米	9.48	0.00	
6	壁画复制	100	30.00	100	15.00	-15.00	应按平方米估算，并核实数量。
7	砖木石雕	577件	86.55	577件	20.00	-66.55	
8	牌匾、石碑等拆运	290件	29.00	290件	15.00	-14.00	
9	牌匾、石碑等恢复	290件	43.50	291件	15.00	-28.50	
10	题刻切割	7块	70.00	7块	70.00	0.00	
11	塑像	14组	259.37	14组	80.00	-179.37	
12	“江上清风”保护复制	10*2.2	50.00	10*2.2	50.00	0.00	
(二)	望云楼		66.67		62.24	-4.43	
1	土建工程	590	36.05	590	39.72	3.67	增材料价差、文明施工增加费、施工图预算包干、二次转运费。
2	电气工程		14.48		14.48	0.00	
3	给排水工程		3.78		3.78	0.00	
4	弱电工程		4.26		4.26	0.00	
5	家具配置	27*3000	8.10	27*3000	0.00	-8.10	列入第二部分。
(三)	附属博物馆		817.12		359.00	-458.12	
1	土建工程	2190	640.61	2190	359.00	-281.61	增材料价差、文明施工增加费、施工图预算包干、二次转运费。调整计算有误部分。仅保留结构工程投资。

续表

序号	工程或费用名称	初设概算		审核意见		增减额	备　注
		工程量	投资额	工程量	投资额		
2	给排水及消防工程		22.69		0.00	-22.69	非结构工程。
3	通风工程		14.18		0.00	-14.18	非结构工程。
4	动力照明工程		23.87		0.00	-23.87	非结构工程。
5	消防报警及保安监控		23.27		0.00	-23.27	非结构工程。
6	临江摩崖复制		80.00		0.00	-80.00	已由单项资金解决。
7	文物保管陈列柜、架	2000平方米	12.50	2000平方米	0.00	-12.50	非结构工程。
（四）	变配电及附属建筑		150.50		150.62	0.12	
1	变配电工程	133.94	92.07	133.94	92.07	0.00	
2	电器工程附属建筑		32.30		32.30	0.00	
3	土建附属建筑	149	26.13	149	26.25	0.12	增文明施工增加费、施工图预算包干、二次转运费。调整计算有误部分。
（五）	室外工程		1810.06		1151.22	-658.84	
1	场外工程		605.65		154.82	-450.83	按实际发生；机耕道投资取消。
2	室外工程		778.50		776.93	-2.57	增文明施工增加费、施工图预算包干、二次转运费。调整计算有误部分。
3	场内景观		260.85		169.97	-90.88	小溪水涧复制核实工程量；核实迁建区绿化。
4	场区构筑物		165.06		50.60	-114.56	300米围墙建设标准偏高调减，建设单位提出长度按980米；题刻数量13处，总面积小于80平方米，按24万控制。
（六）	其余		918.15		195.60	-722.55	
1	旅游码头（含路）		220.00		105.60	-114.40	调减连接道路投资。
2	趸船	1艘	350.00	1艘	20.00	-330.00	
3	运费增加		150.00		50.00	-100.00	偏高调减。
4	特殊措施费		150.00		0.00	-150.00	概算已包含。
5	清库费		48.15		20.00	-28.15	文物部分已搬迁。
二	其他工程费		1446.58		824.41	-622.17	
1	征地费	119亩	357.00	55亩	274.00	-83.00	按云阳新县城标准控制。
2	勘察设计费	3%	159.47	3%	76.10	-83.37	随工程费调减。

续表

序号	工程或费用名称	初设概算		审核意见		增减额	备　注
		工程量	投资额	工程量	投资额		
3	监理费	1.5%	79.74	1.5%	40.84	-38.90	按监理范围计算。
4	地质灾害评估费	1%	53.16		2.63	-50.53	按当地规定。
5	环境保护评估费	1%	53.16		12.00	-41.16	按当地规定。
6	门票损失费		208.28		100.00	-108.28	按损失程度和合理工期调整。
7	建设单位管理费	3.0%	159.47	2.8%	105.52	-53.95	按规定费率调为2.8%、随工程费调减。
8	虫害综合防治费		62.19		68.97	6.78	按专业部门预算。
9	审计费	1%	53.16	0.10%	4.04	-49.12	按规定费率调为0.1%。
10	质监费	0.28%	14.88	0.50%	12.01	-2.87	按规定费率调为0.5%。
11	特殊检测试验费		15.00		15.00	0.00	
12	家具购置费		20.00		0.00	-20.00	迁建项目不考虑。
13	配套费		48.96		0.00	-48.96	按国务院文件不考虑。
14	施工图审查费	0.36%	19.14	0.36%	10.61	-8.53	随工程费调减。
15	水电增容费		22.00		22.60	0.60	按实际发生。
16	建设单位临设	1%	53.16			-53.16	含在建设单位管理费内。
17	发掘勘探调查费		67.81		68.11	0.30	按国家文物局规定。
18	招标管理费			0.002	5.89	5.89	应发生。
19	竣工图编制费			0.0024	6.08	6.08	应发生。
三	不可预见费	5%	338.12	5%	188.58	-149.54	比例增加调增。
四	涨价预备费	2%	143.93	0%	0.00	-143.93	
	工程总投资		7326.02		3960.14	-3365.88	

附　　件
评审人员名单

社会事业项目部负责人：

胡元明　高级工程师

项目经理：

于晓东　工程师

专家组：

李温兰　高级工程师　技术经济
王立平　高级建筑师　古建文物
胡　灵　教授　　　　技术经济
淦玉梅　高级工程师　概预算
文爱群　经济师　　　技术经济

实测勘察

与设计图

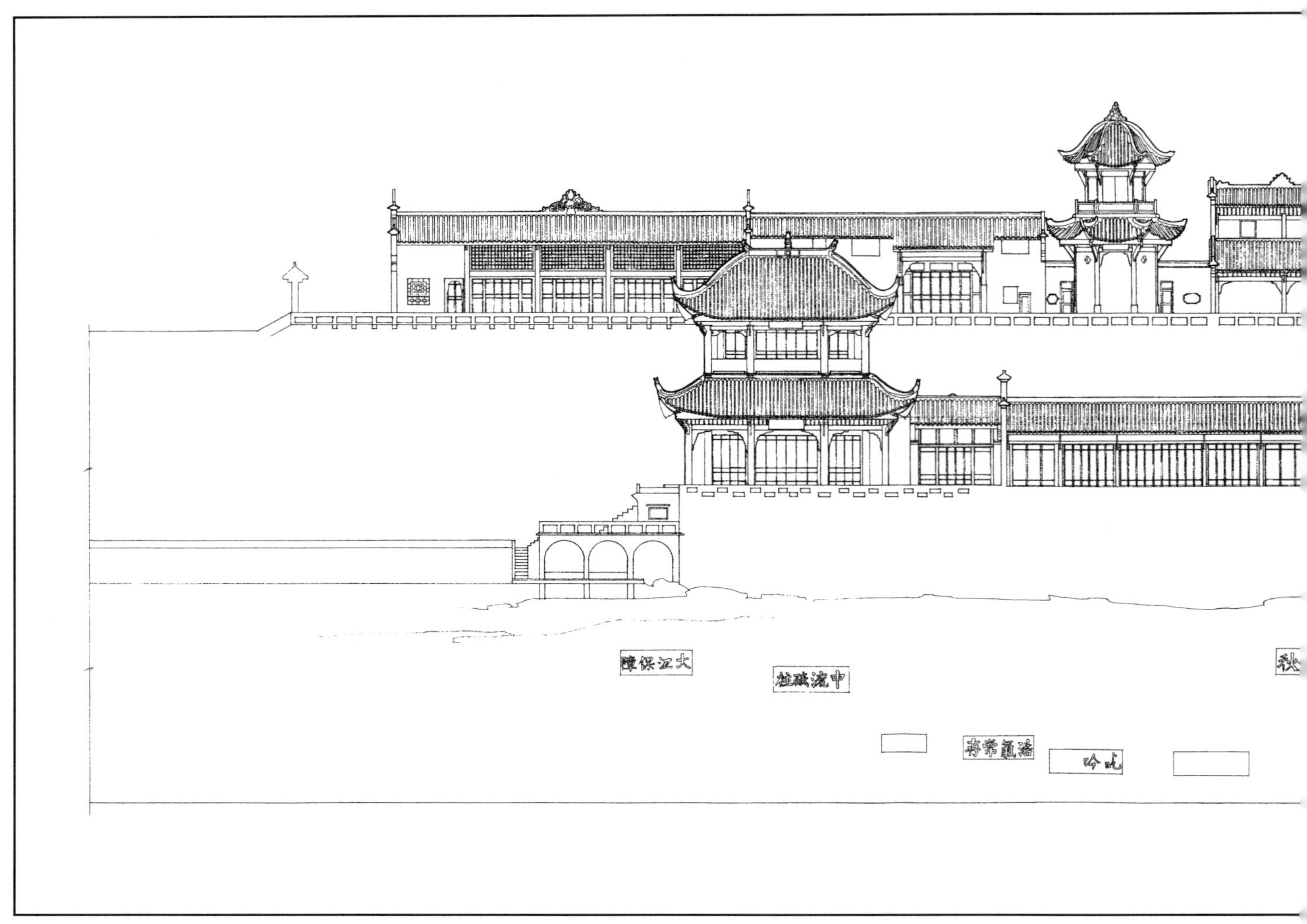
大江保障
中流砥柱
浩氣常存

一　张桓侯庙立面图

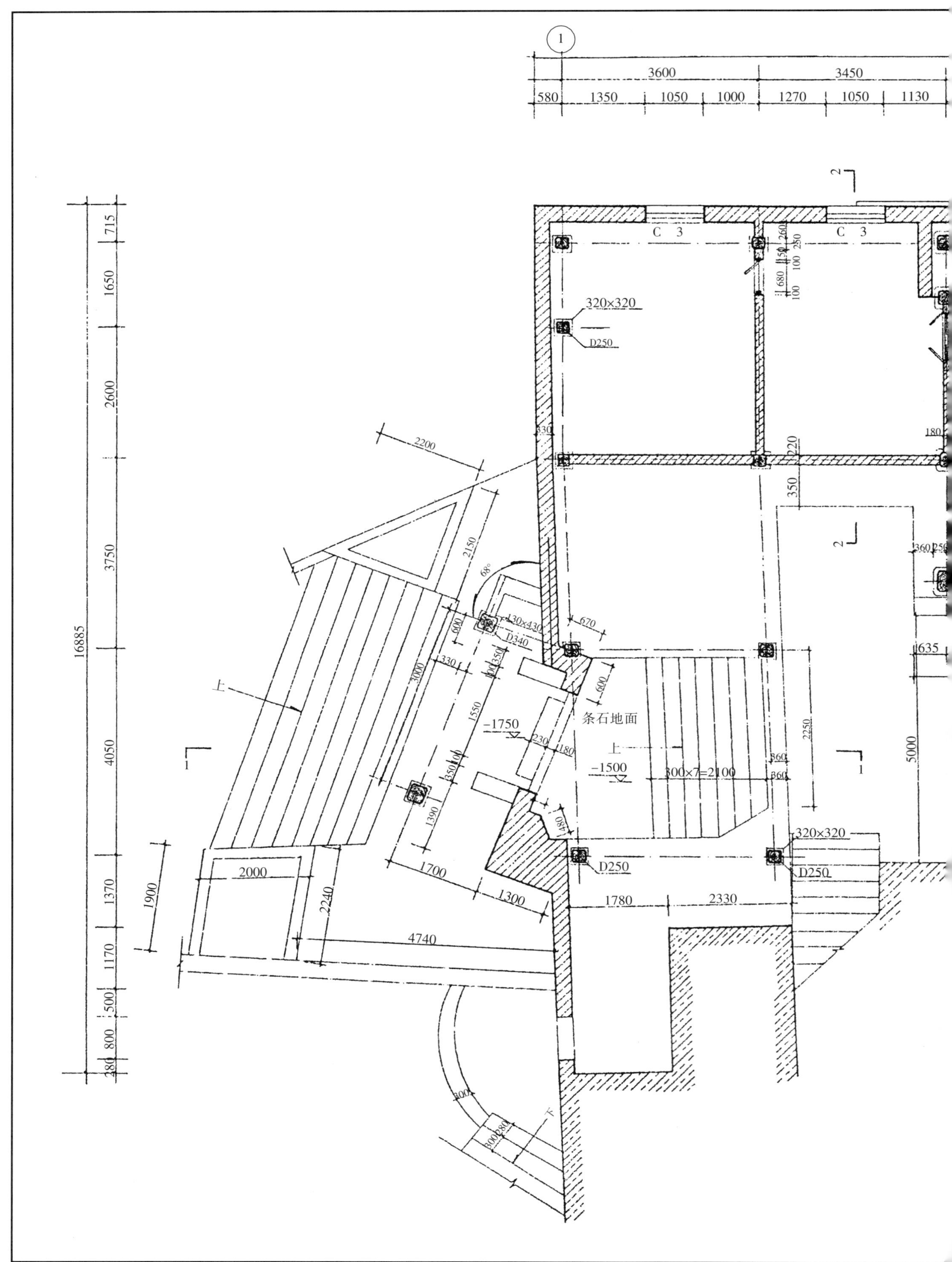

1
3600
3450
580
1350
1050
1000
1270
1050
1130
C 3
C 3
320×320
D250
2200
2150
68°
130×430
D340
670
600
330
3000
1550
-1750
230
1180
条石地面
上
-1500
300×7=2100
2250
5000
635
360
250
180
220
350
320×320
D250
D250
1390
1700
1300
1780
2330
2000
2240
4740
1900
16885
715
1650
2600
3750
4050
1370
1170
500
800
380
下

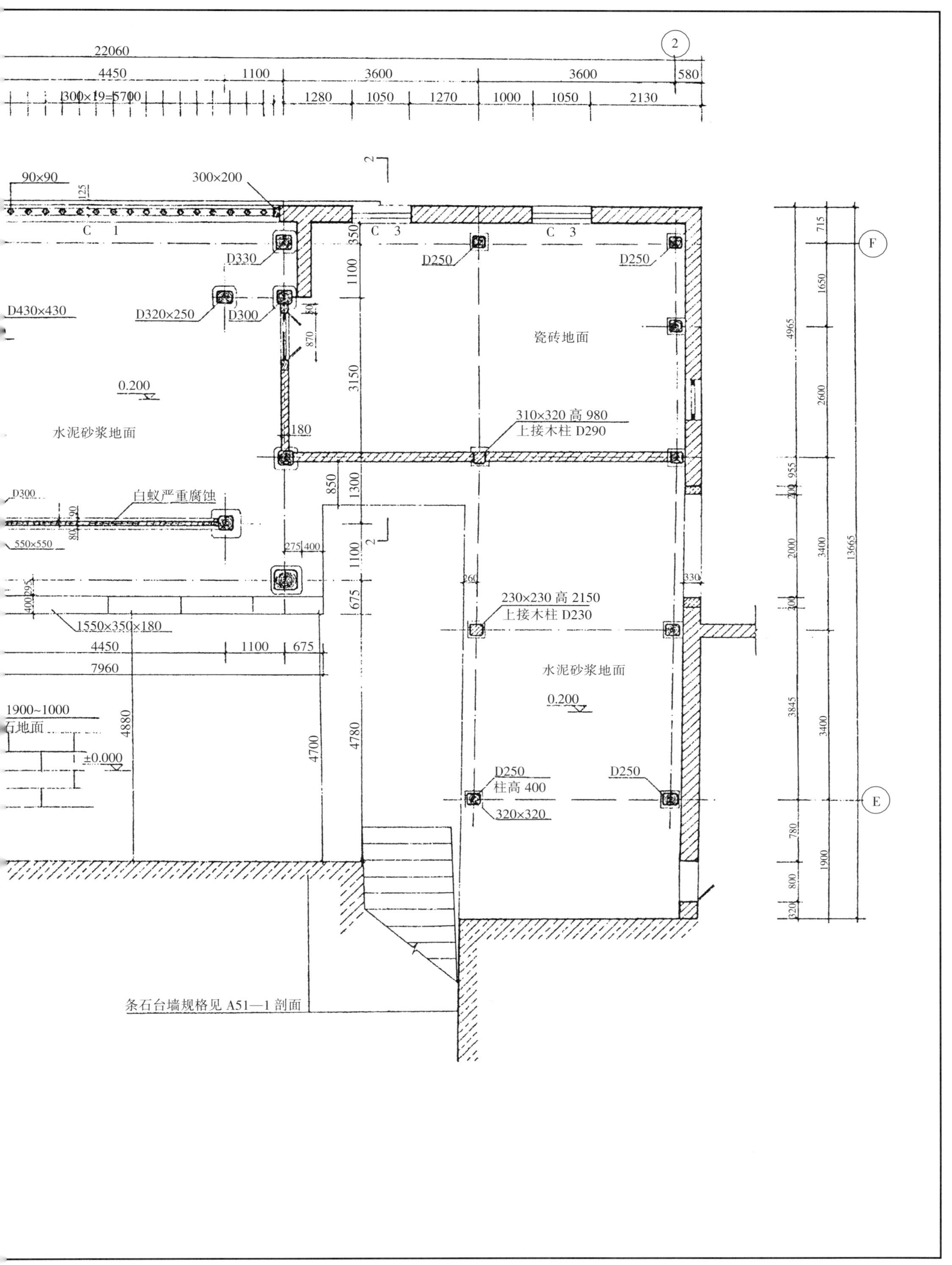
瓷砖地面
水泥砂浆地面
白蚁严重腐蚀
310×320 高 980
上接木柱 D290
230×230 高 2150
上接木柱 D230
D250
柱高 400
320×320
条石台墙规格见 A51—1 剖面
石地面
0.200
±0.000
22060
300×19=5700
1550×350×180

二　张桓侯庙一层平面图（A 段）

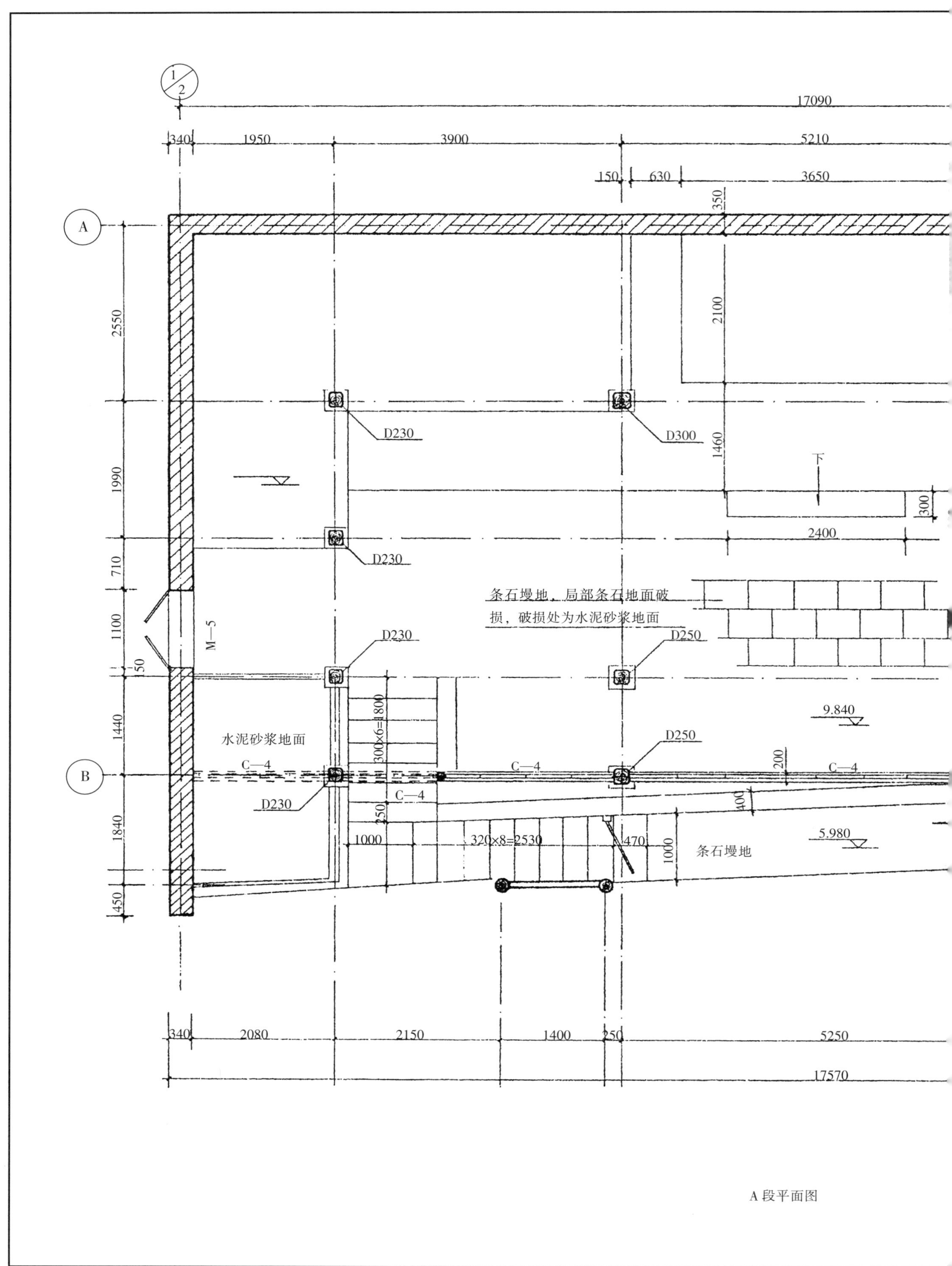

1/2
17090
340
1950
3900
5210
150
630
3650
350
A
2550
2100
D230
D300
1990
1460
下
300
2400
D230
710
条石墁地，局部条石地面破
损，破损处为水泥砂浆地面
1100
M—5
D230
D250
50
9.840
1440
水泥砂浆地面
300×6=1800
D250
B
C—4
C—4
200
C—4
D230
C—4
400
250
1840
1000
320×8=2530
470
1000
条石墁地
5.980
450
340
2080
2150
1400
250
5250
17570

A段平面图

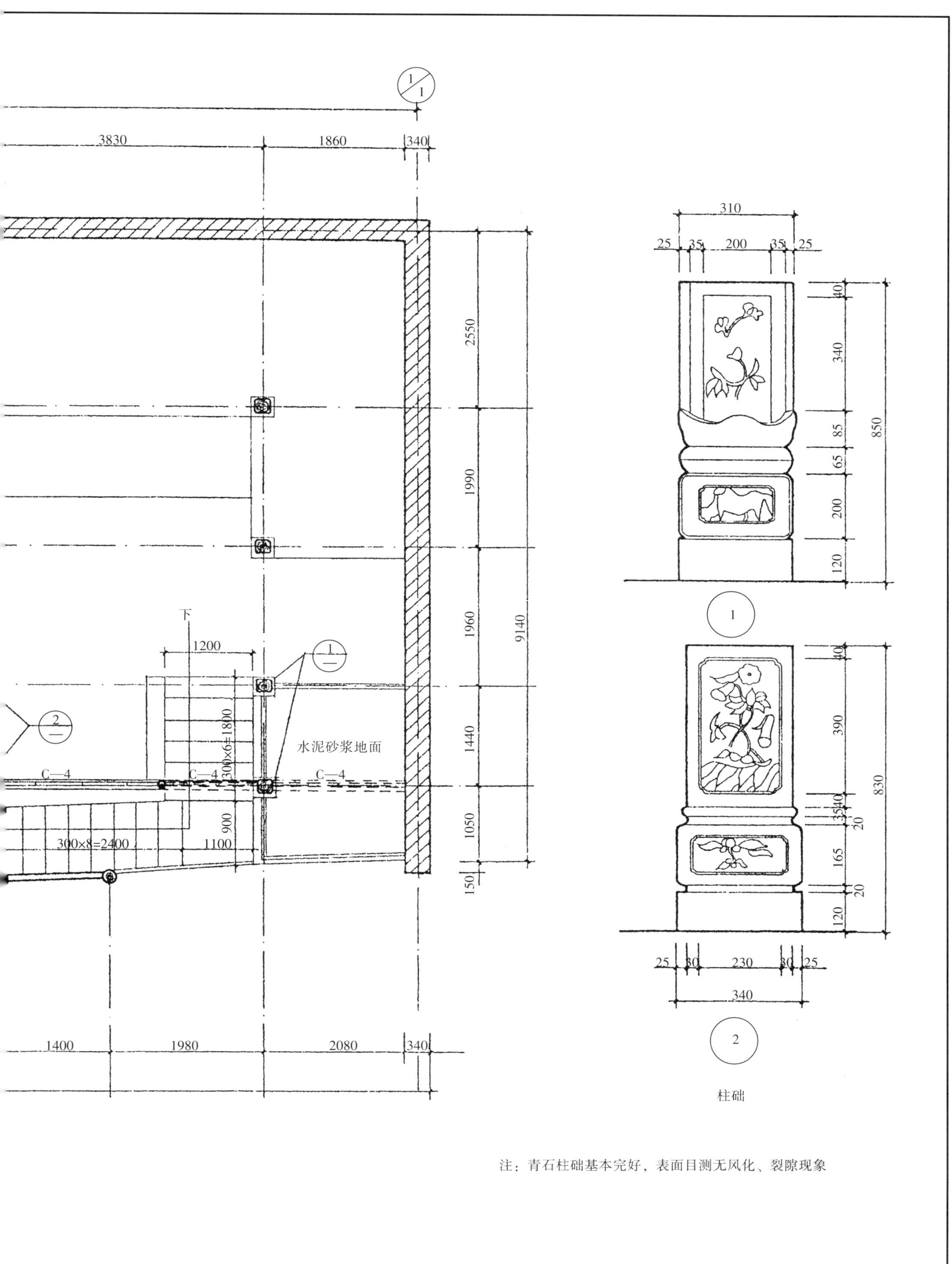

注：青石柱础基本完好，表面目测无风化、裂隙现象

三　结义楼平面图、柱础（A 段）

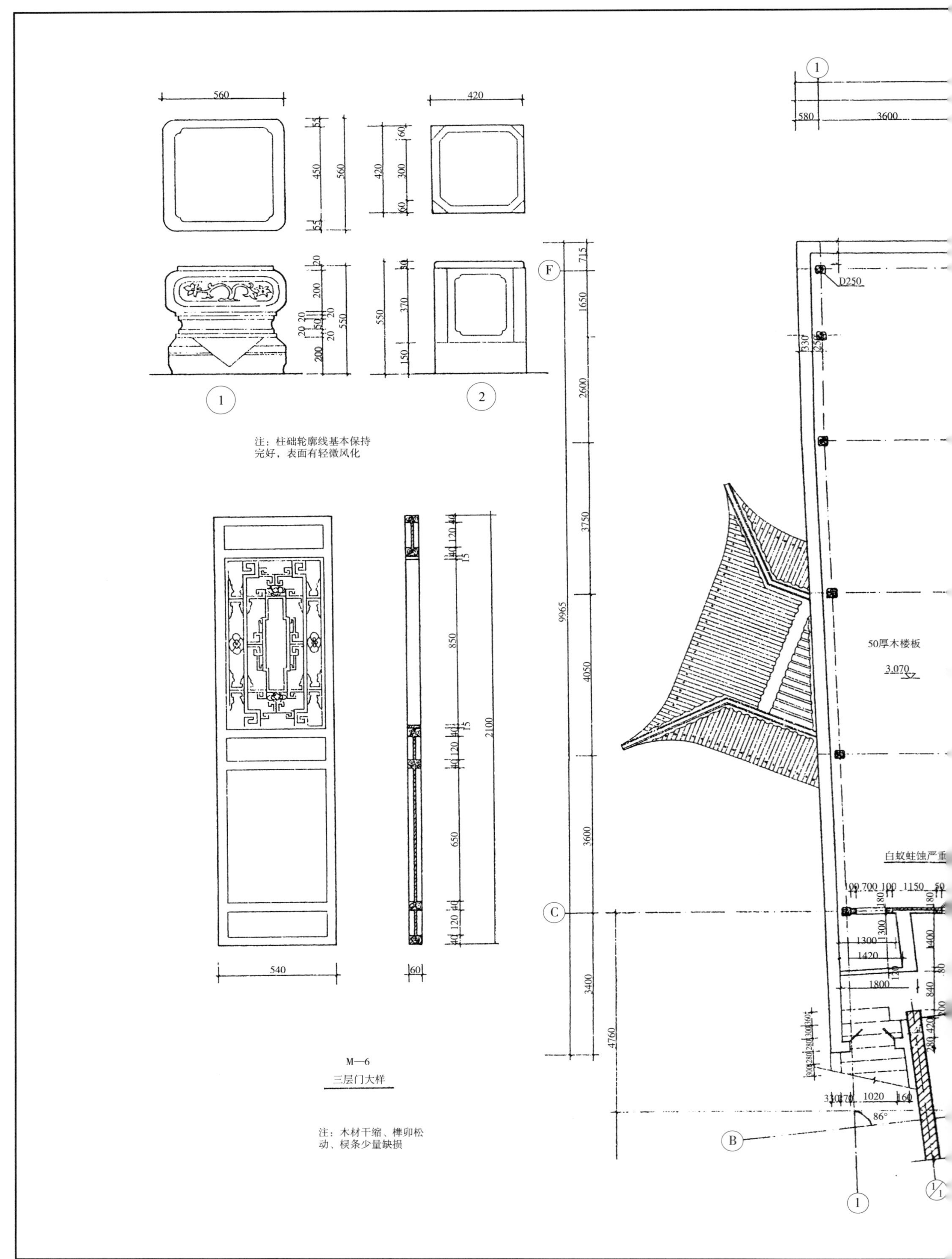

注：柱础轮廓线基本保持
完好，表面有轻微风化
M—6
三层门大样
注：木材干缩、榫卯松
动、棂条少量缺损
50厚木楼板
3.070
白蚁蛀蚀严重
D250

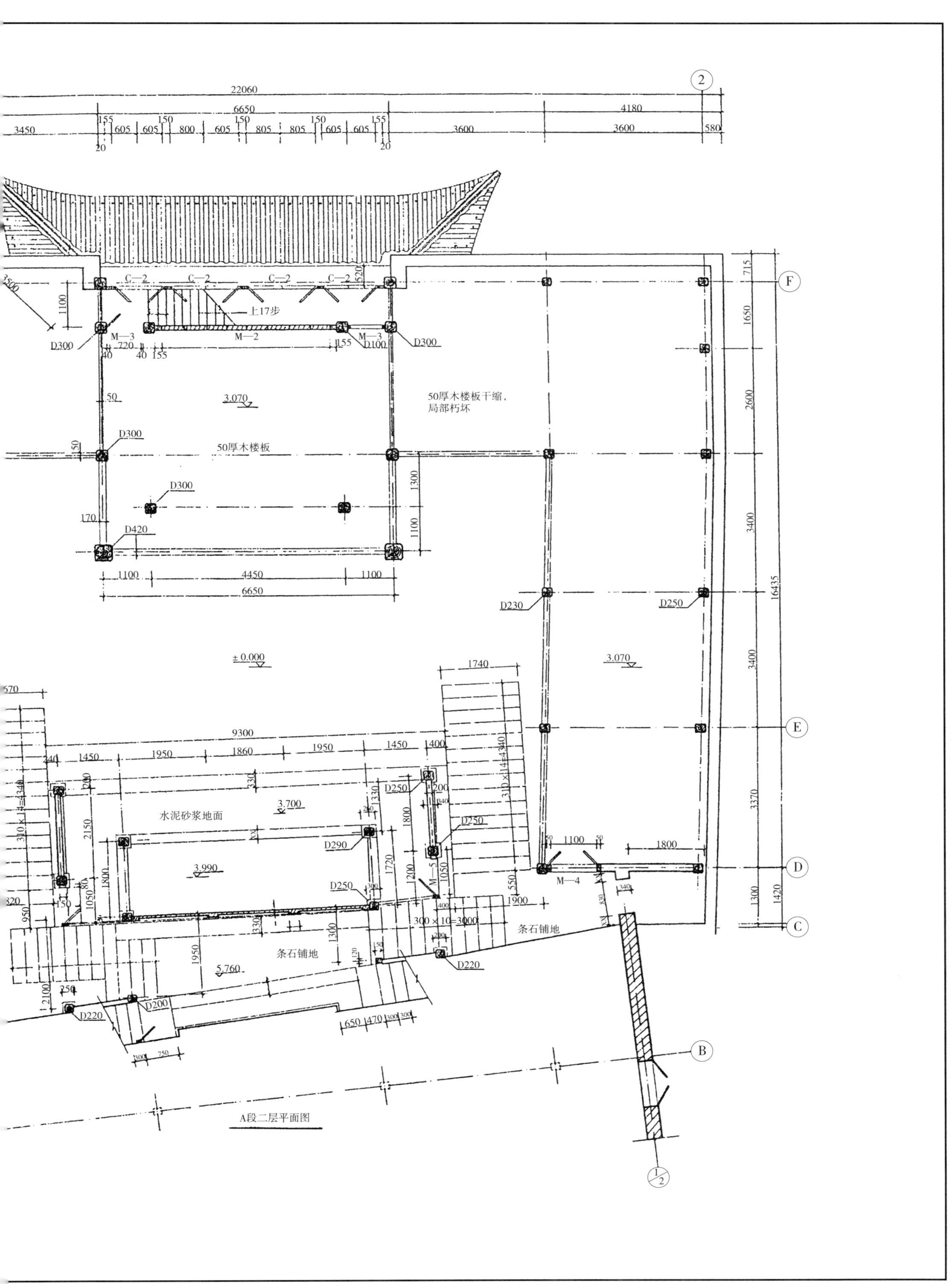

四　结义楼二层平面图（A段）

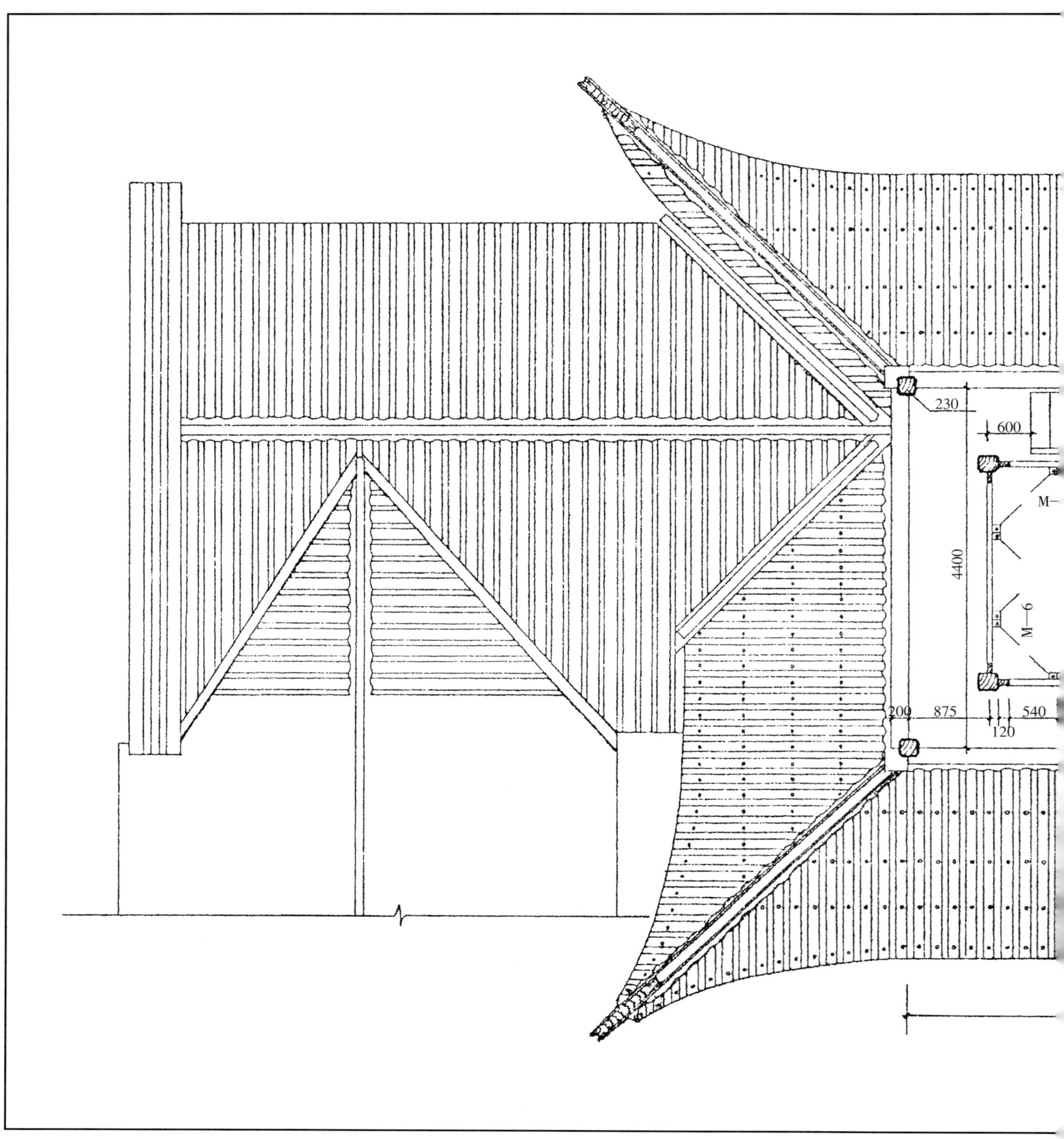
230
600
M—
4400
M—6
200
875
120
540

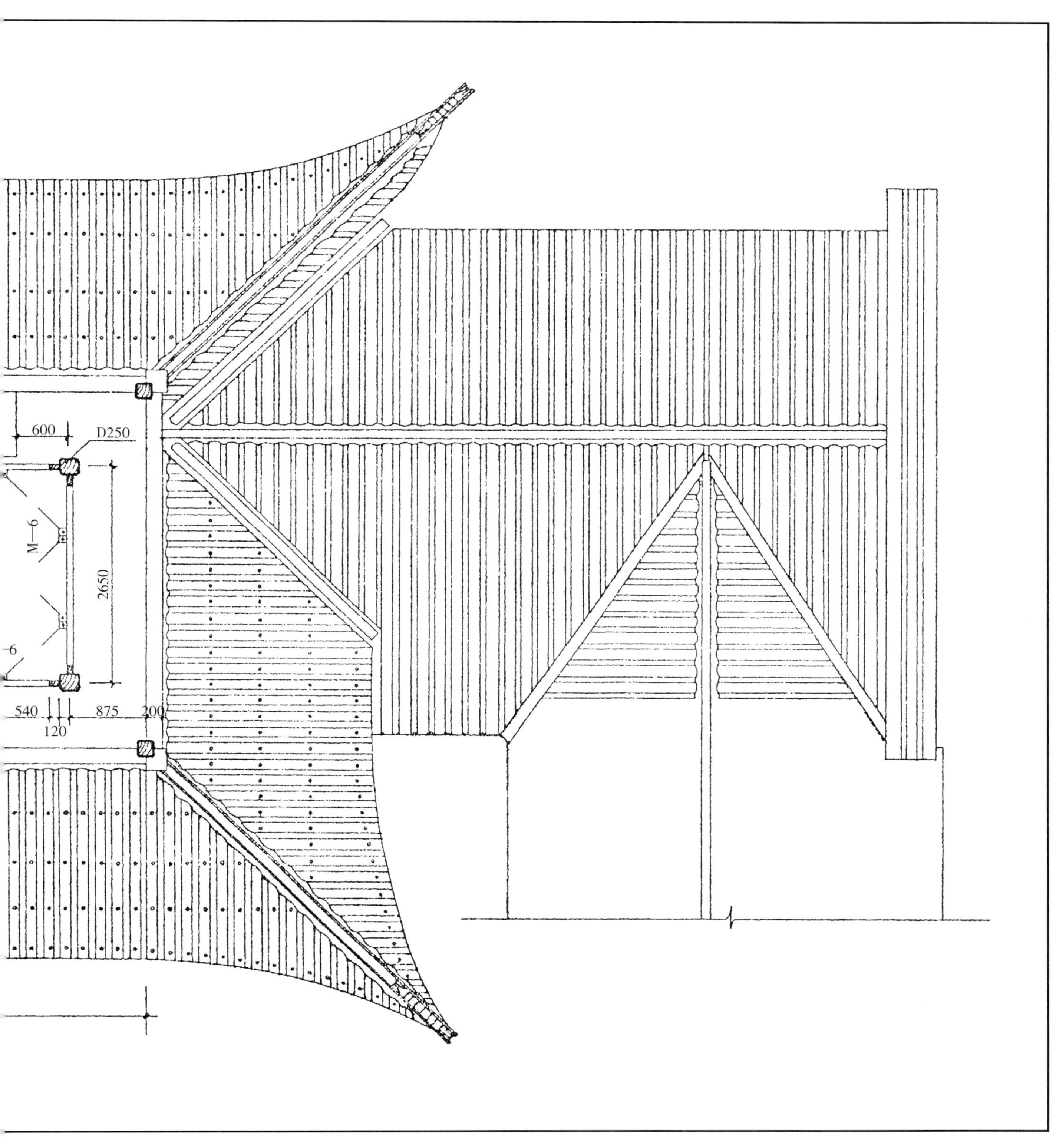

五　结义楼三层平面图（A 段）

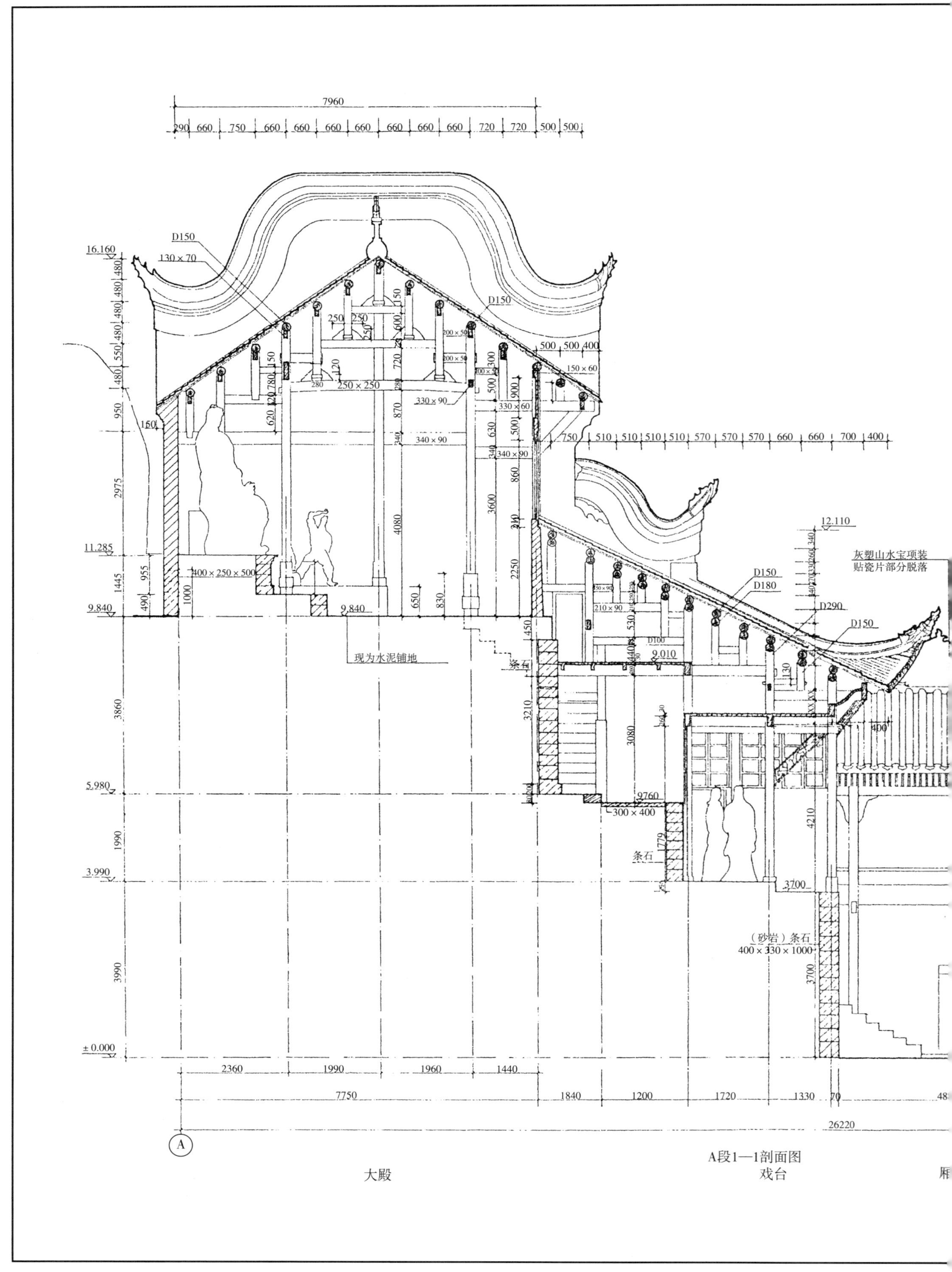

A段1—1剖面图

大殿

戏台

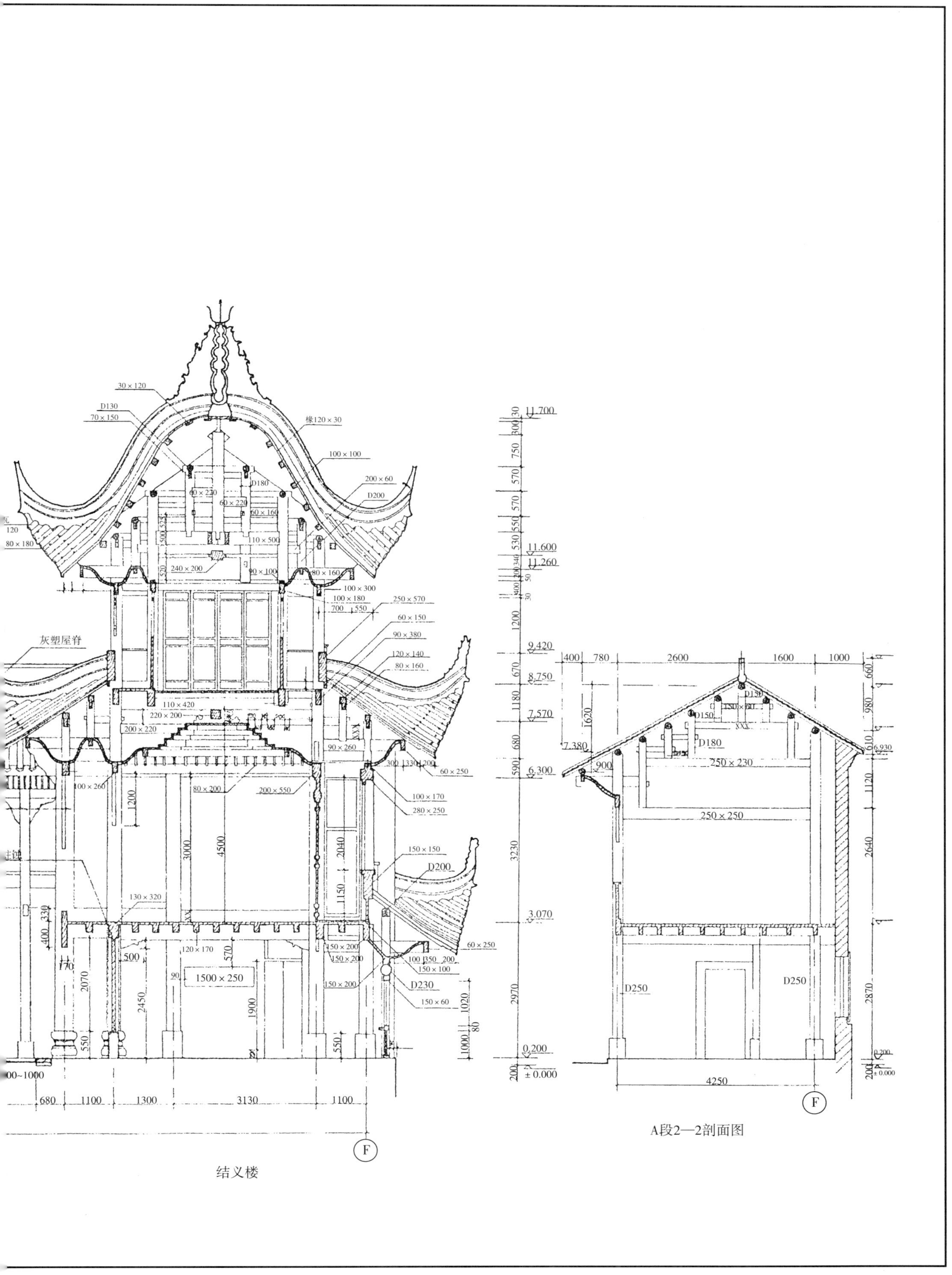

六　大殿、结义楼剖面图（A 段）

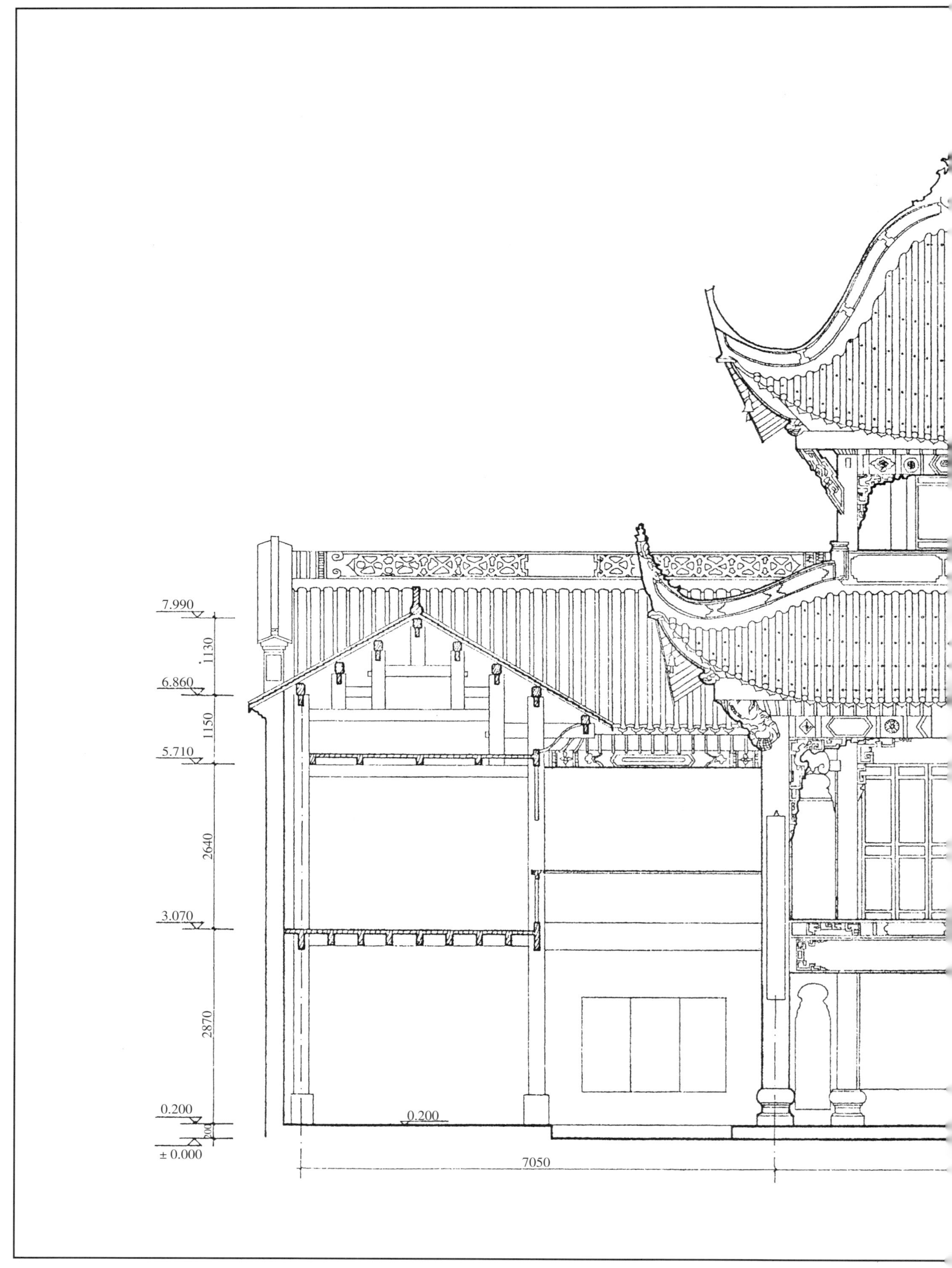
7.990
1130
6.860
1150
5.710
2640
3.070
2870
0.200
200
± 0.000
0.200
7050

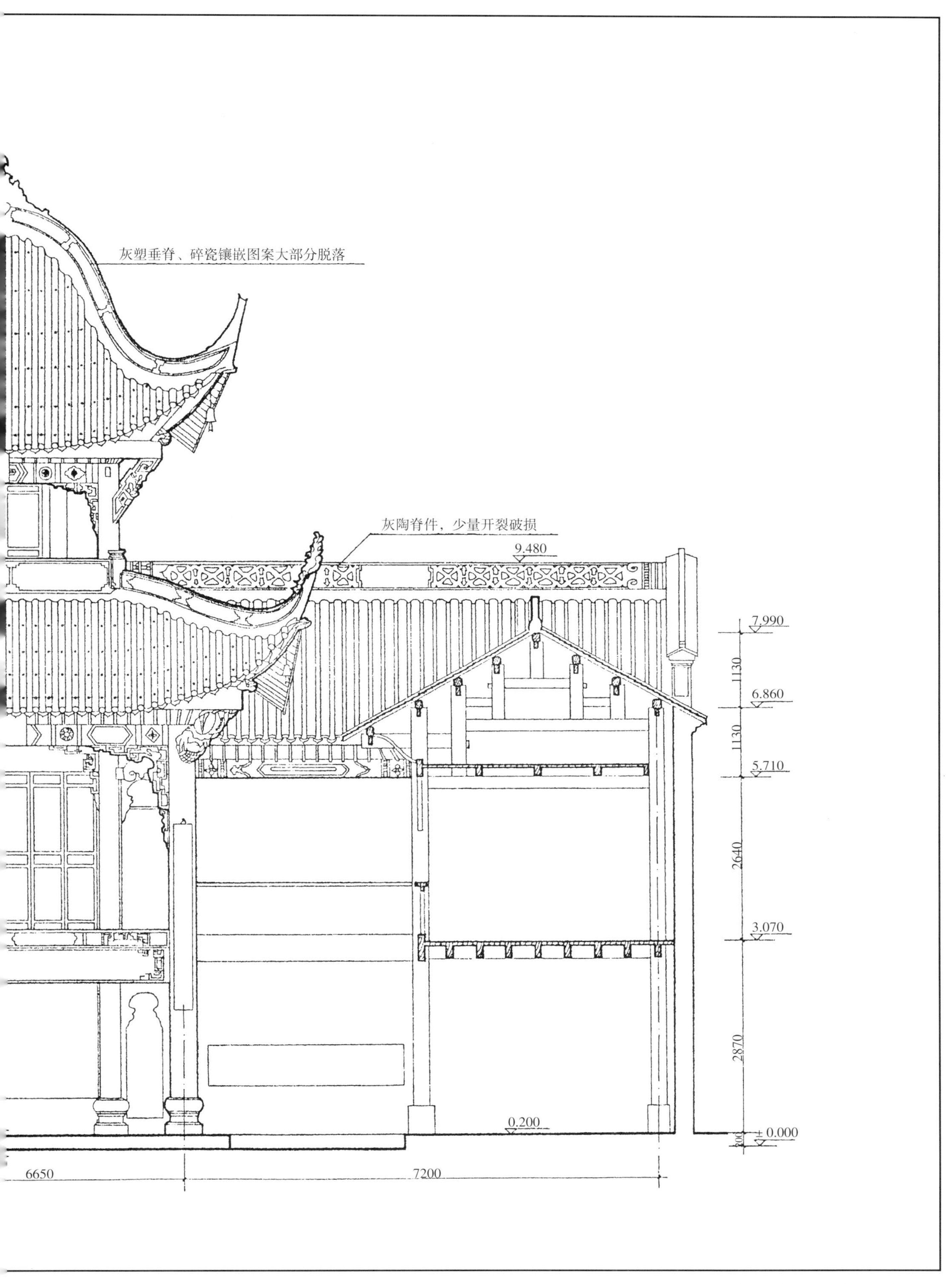
灰塑垂脊、碎瓷镶嵌图案大部分脱落
灰陶脊件，少量开裂破损
9.480
7.990
1130
6.860
1130
5.710
2640
3.070
2870
0.200
±0.000
300
6650
7200

七　结义楼立面图（A段）

A段大殿立面

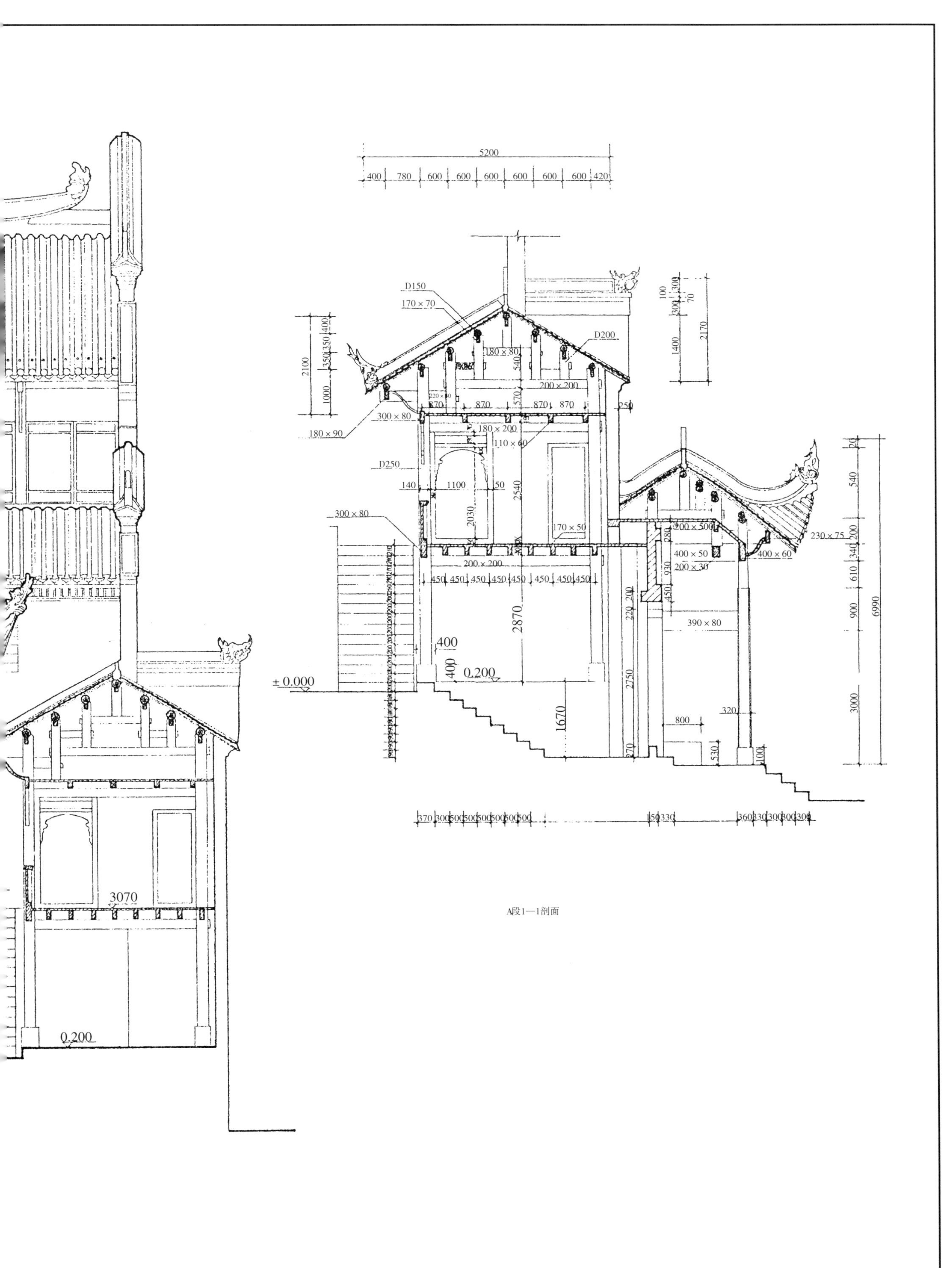

八　大殿、戏台立面图、1-1 剖面（A 段）

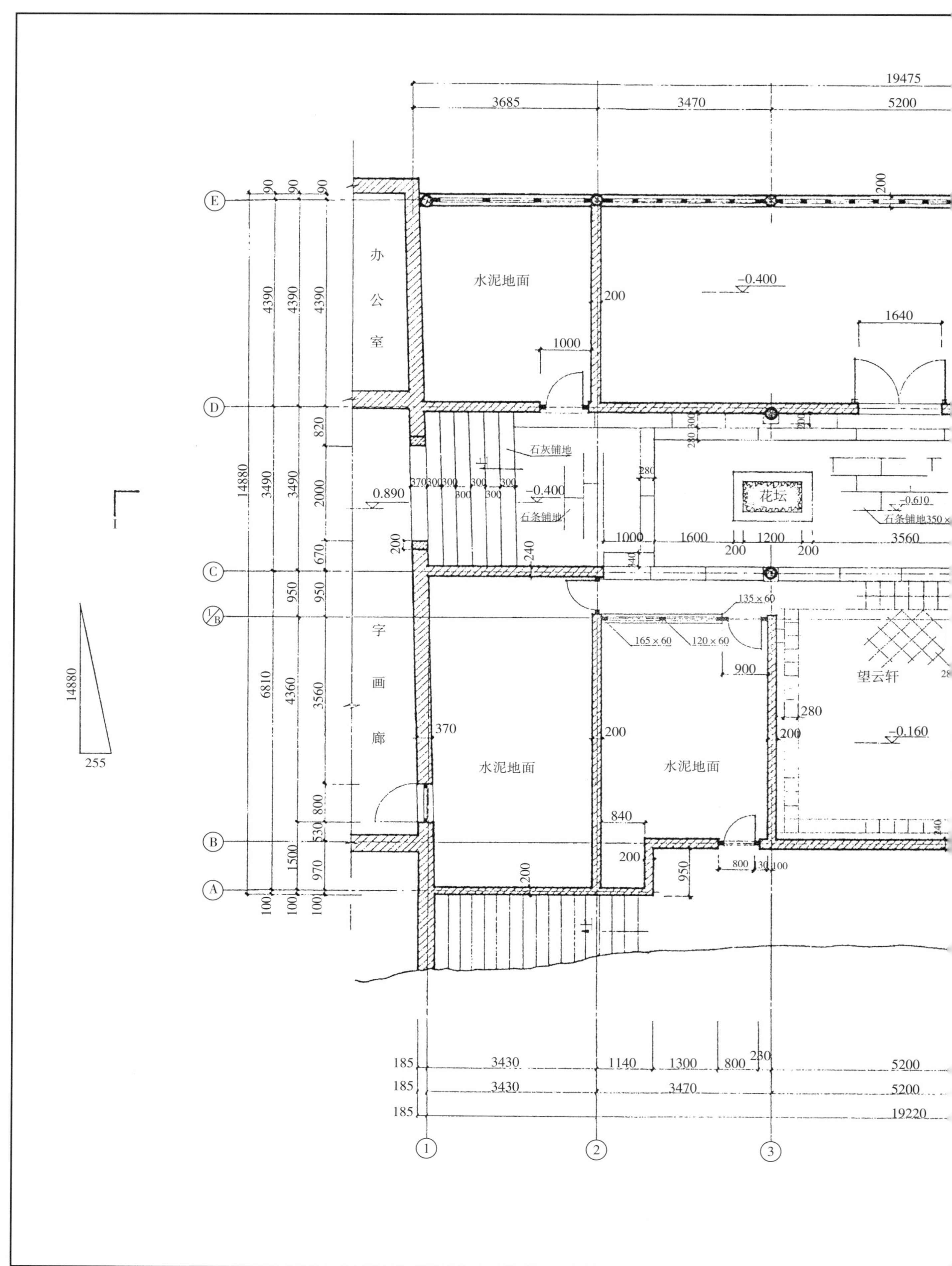

19475
3685
3470
5200
办
公
室
水泥地面
-0.400
1640
1000
石灰铺地
0.890
-0.400
石条铺地
花坛
-0.610
石条铺地350×
1000
1600
1200
3560
字
画
廊
水泥地面
水泥地面
望云轩
-0.160
14880
255
3430
1140
1300
800
5200
3430
3470
5200
19220

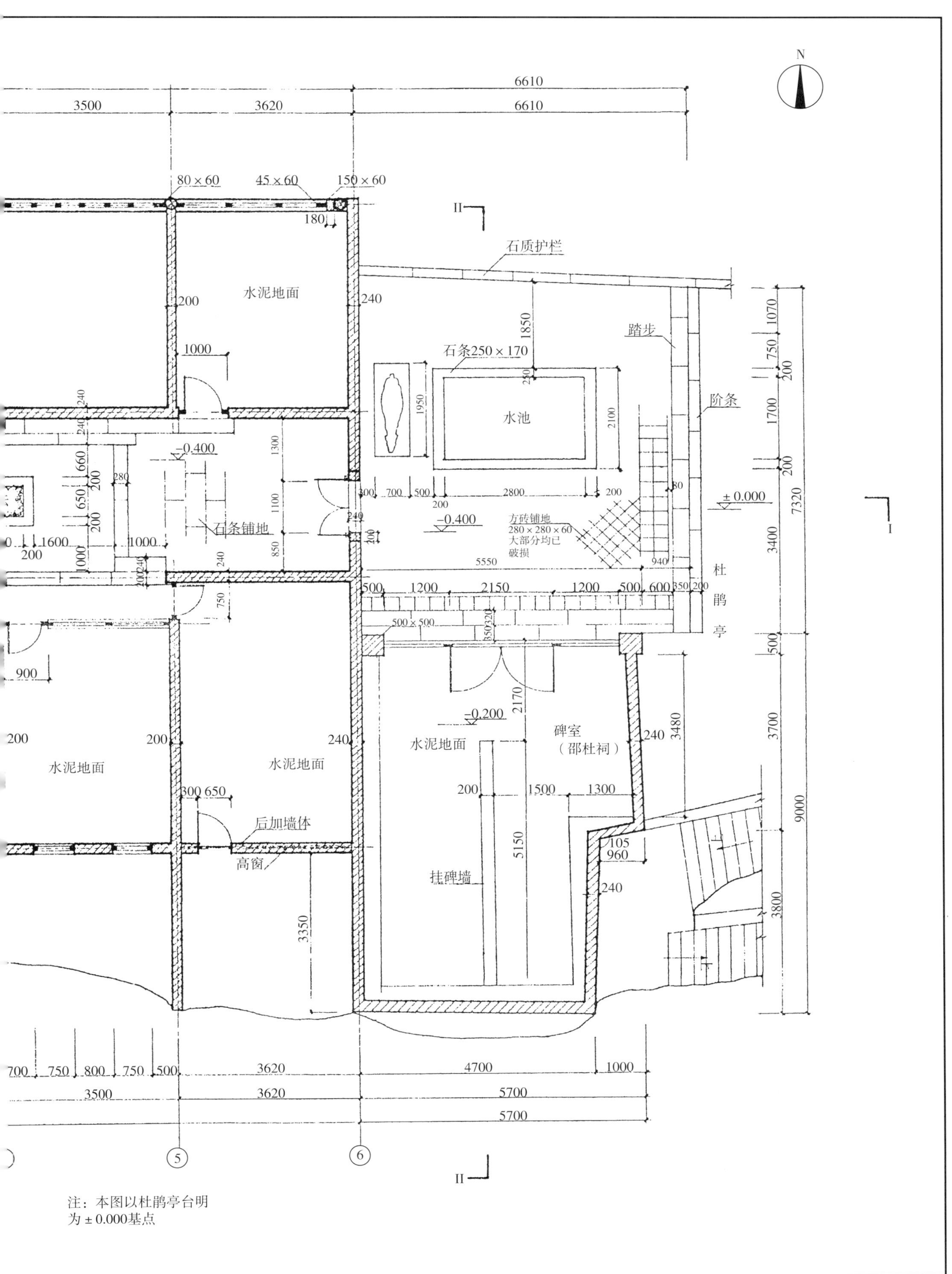

N
石质护栏
水泥地面
踏步
石条250 × 170
水池
阶条
石条铺地
方砖铺地
280 × 280 × 60
大部分均已
破损
杜
鹃
亭
碑室
（邵杜祠）
水泥地面
水泥地面
水泥地面
后加墙体
高窗
挂碑墙
注：本图以杜鹃亭台明
为 ± 0.000基点

九　望云轩、碑室平面图

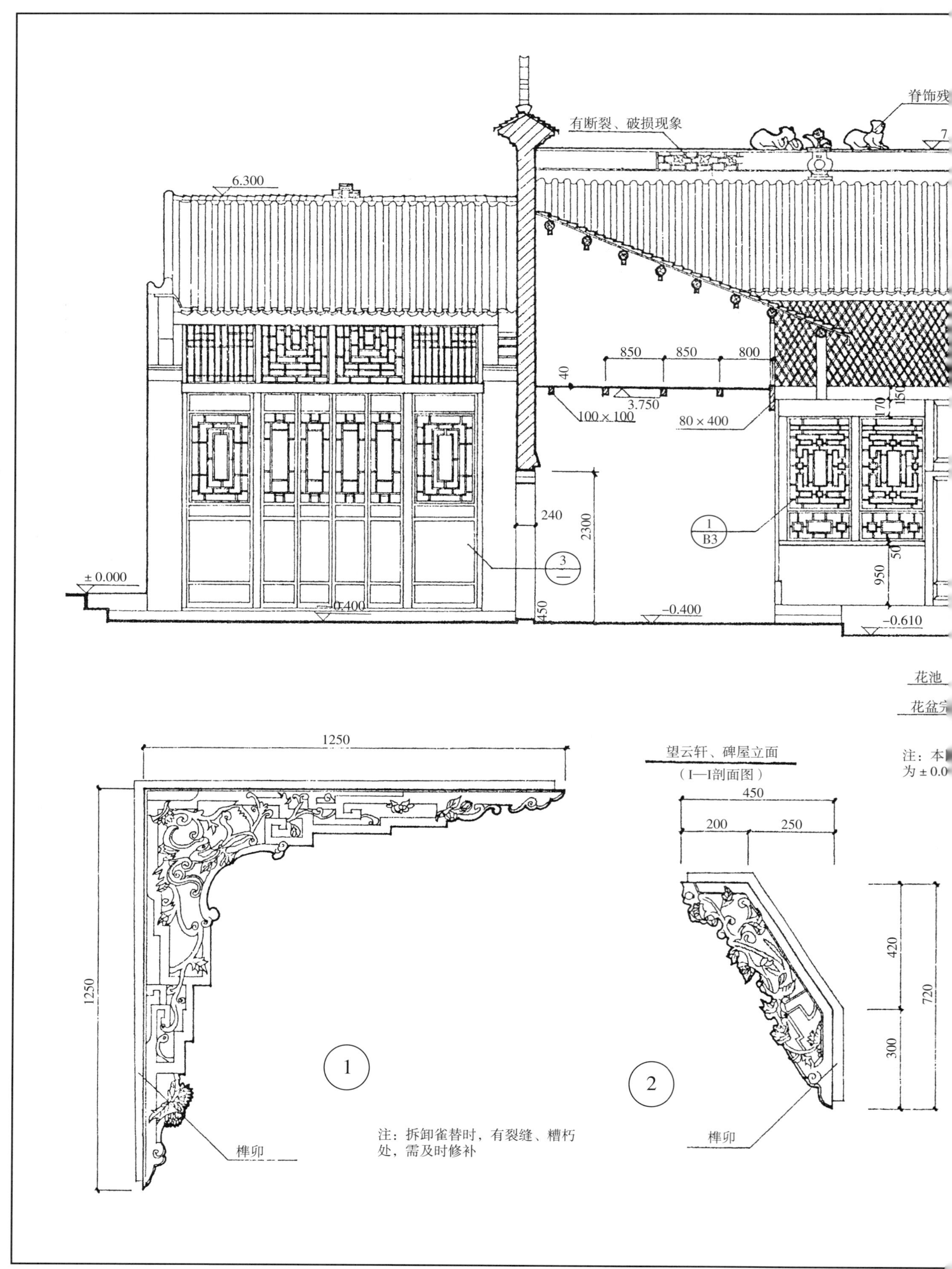
有断裂、破损现象
脊饰残
6.300
850
850
800
40
3.750
100×100
80×400
240
2300
± 0.000
-0.400
-0.400
-0.610
450
950
50
170
150
花池
花盆完
1250
1250
450
200
250
420
720
300
望云轩、碑屋立面
（I—I剖面图）
注：本
为 ± 0.0
榫卯
榫卯
注：拆卸雀替时，有裂缝、糟朽处，需及时修补

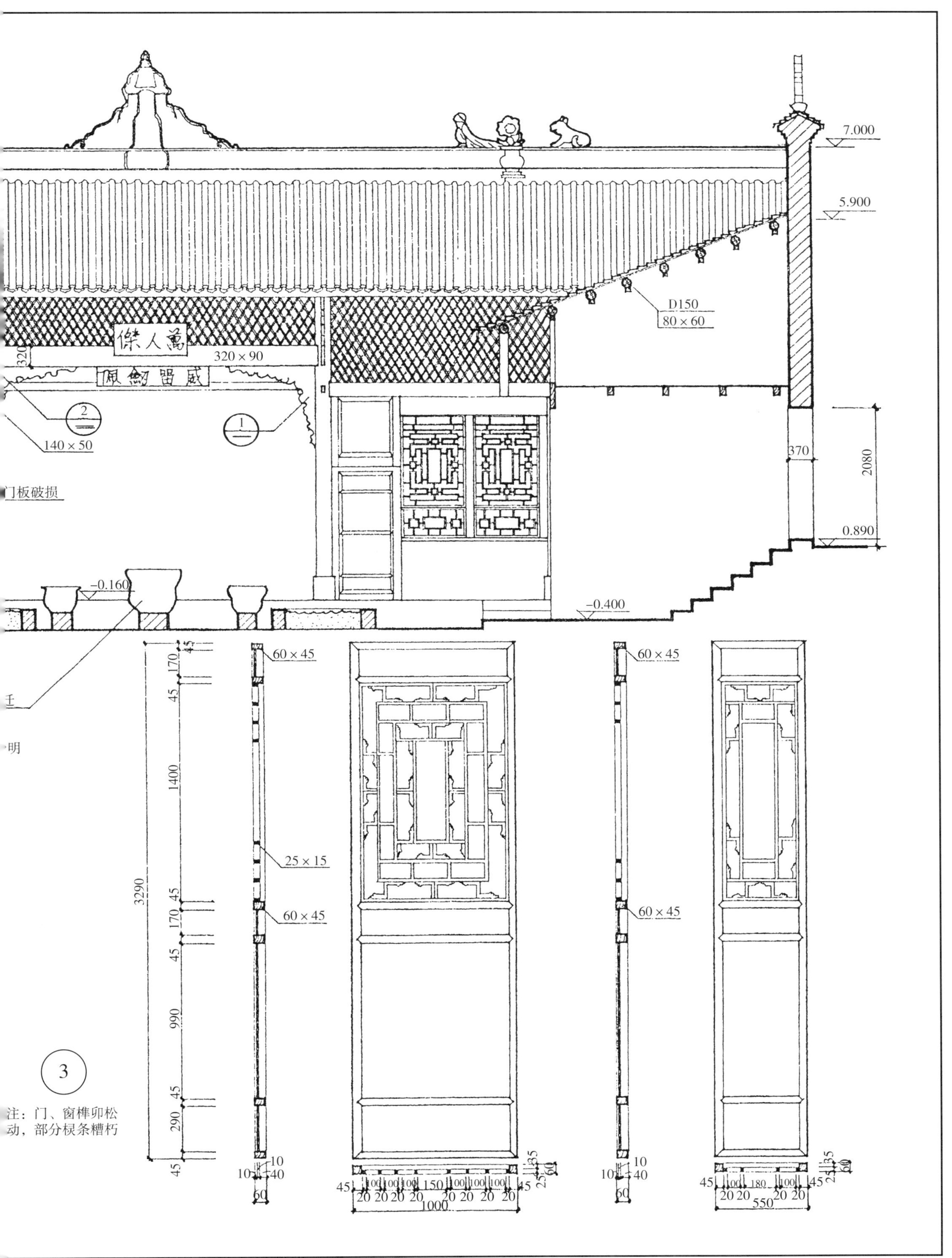

一〇　望云轩、邵杜祠立面图　邵杜祠门大样图　望云轩大样图

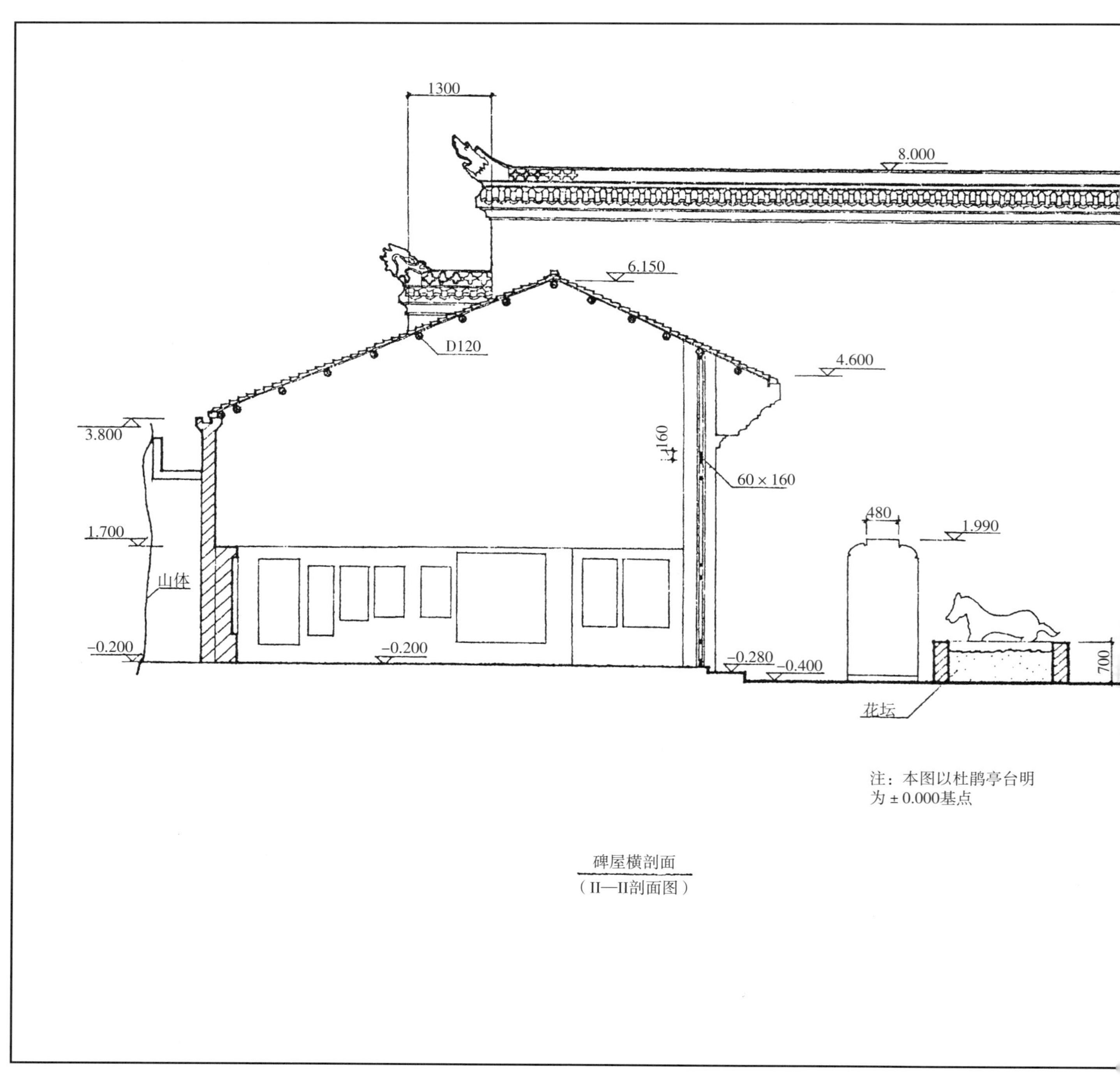

注：本图以杜鹃亭台明为±0.000基点

碑屋横剖面

（II—II剖面图）

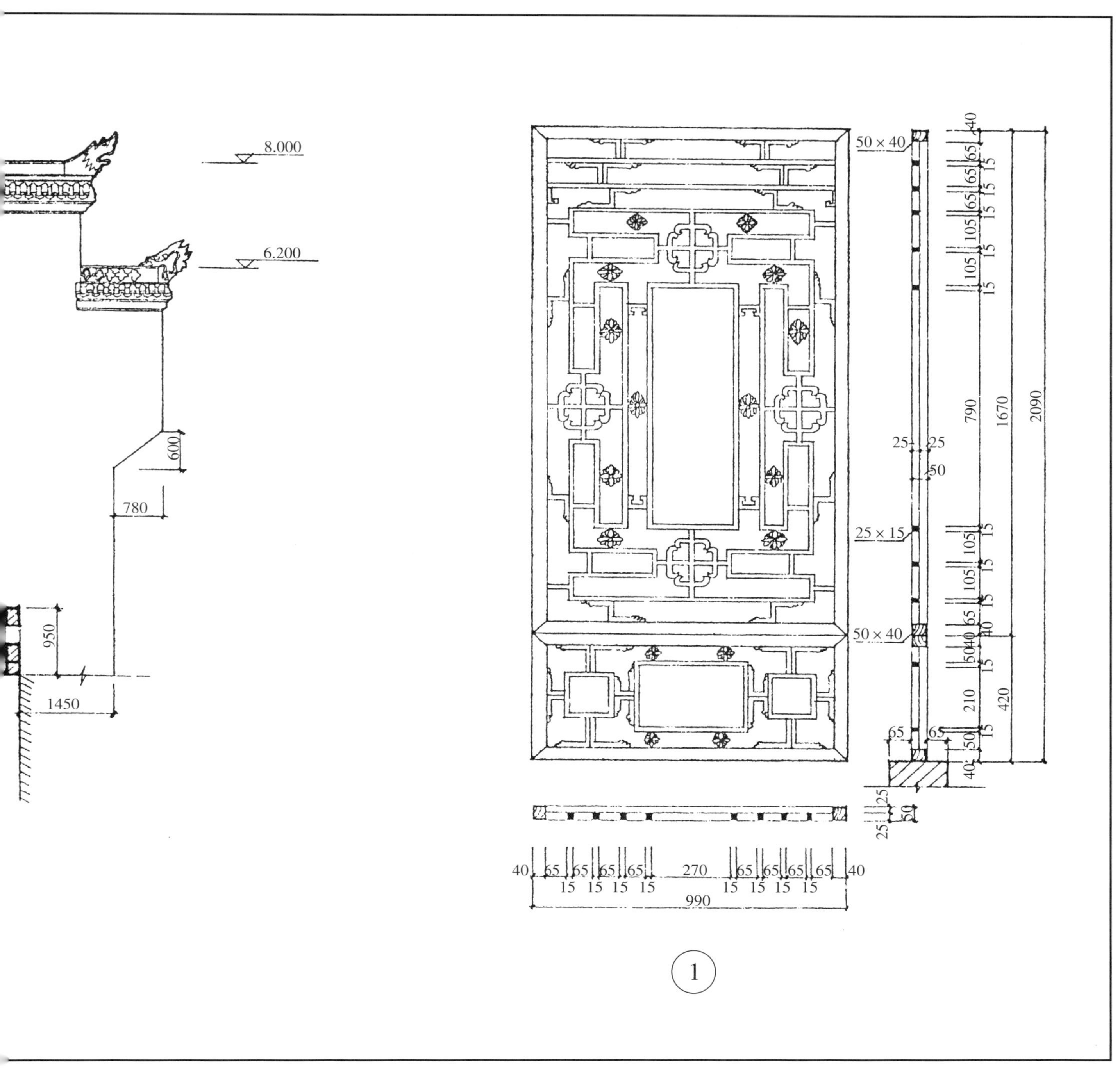

一一　邵杜祠横剖面图　望云轩大样图

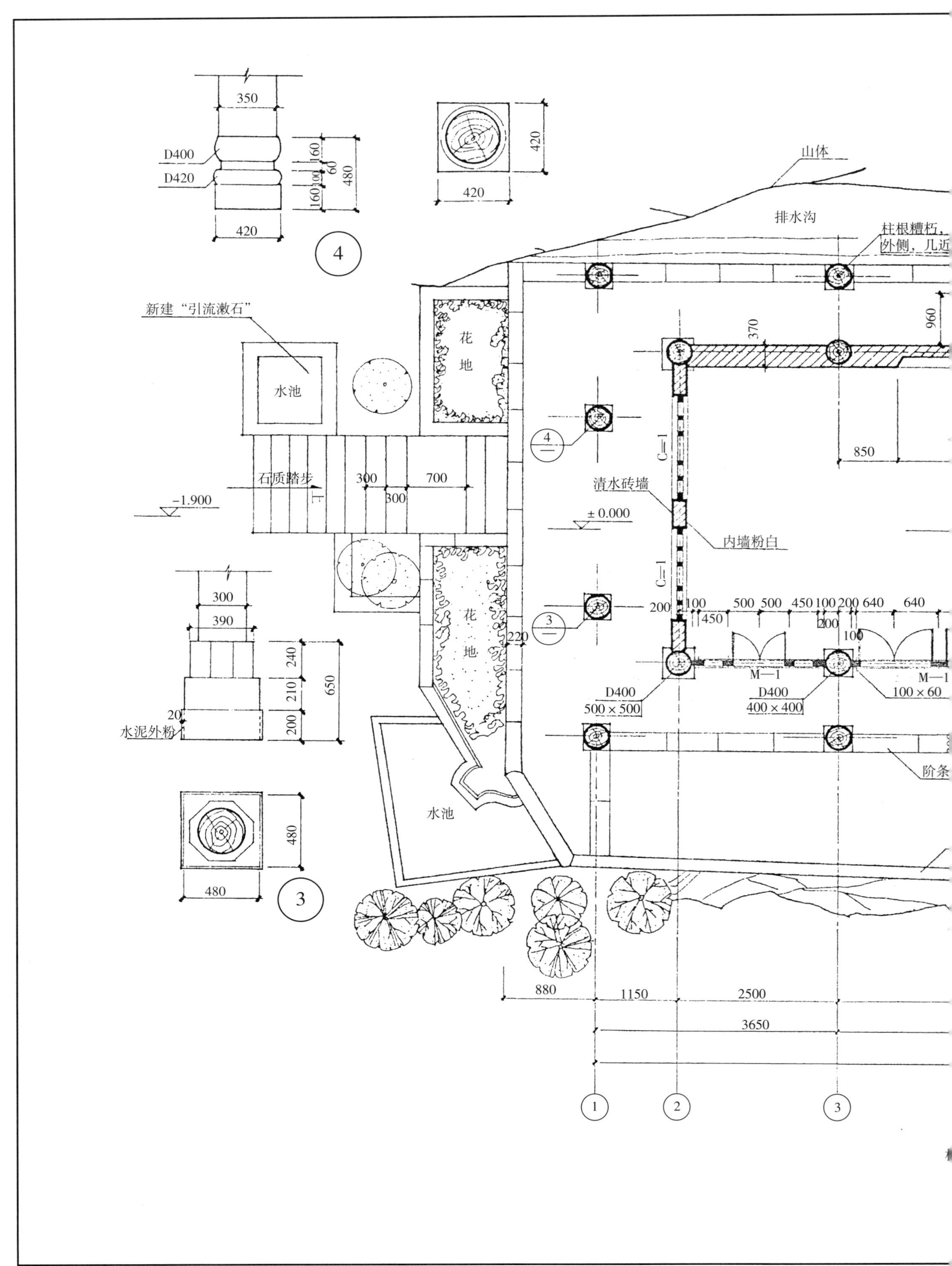

350
D400
D420
160
60
100
160
480
420
4
420
420
山体
排水沟
柱根糟朽，
外侧，几近
新建“引流漱石”
水池
花
地
960
370
850
石质踏步
300
700
300
−1.900
清水砖墙
± 0.000
内墙粉白
C—1
C—1
300
390
240
210
200
650
20
水泥外粉
花
地
220
200
100
450
500
500
450
100
200
200
100
640
640
M—1
M—1
D400
500 × 500
D400
400 × 400
100 × 60
阶条
水池
480
480
3
880
1150
2500
3650
1
2
3

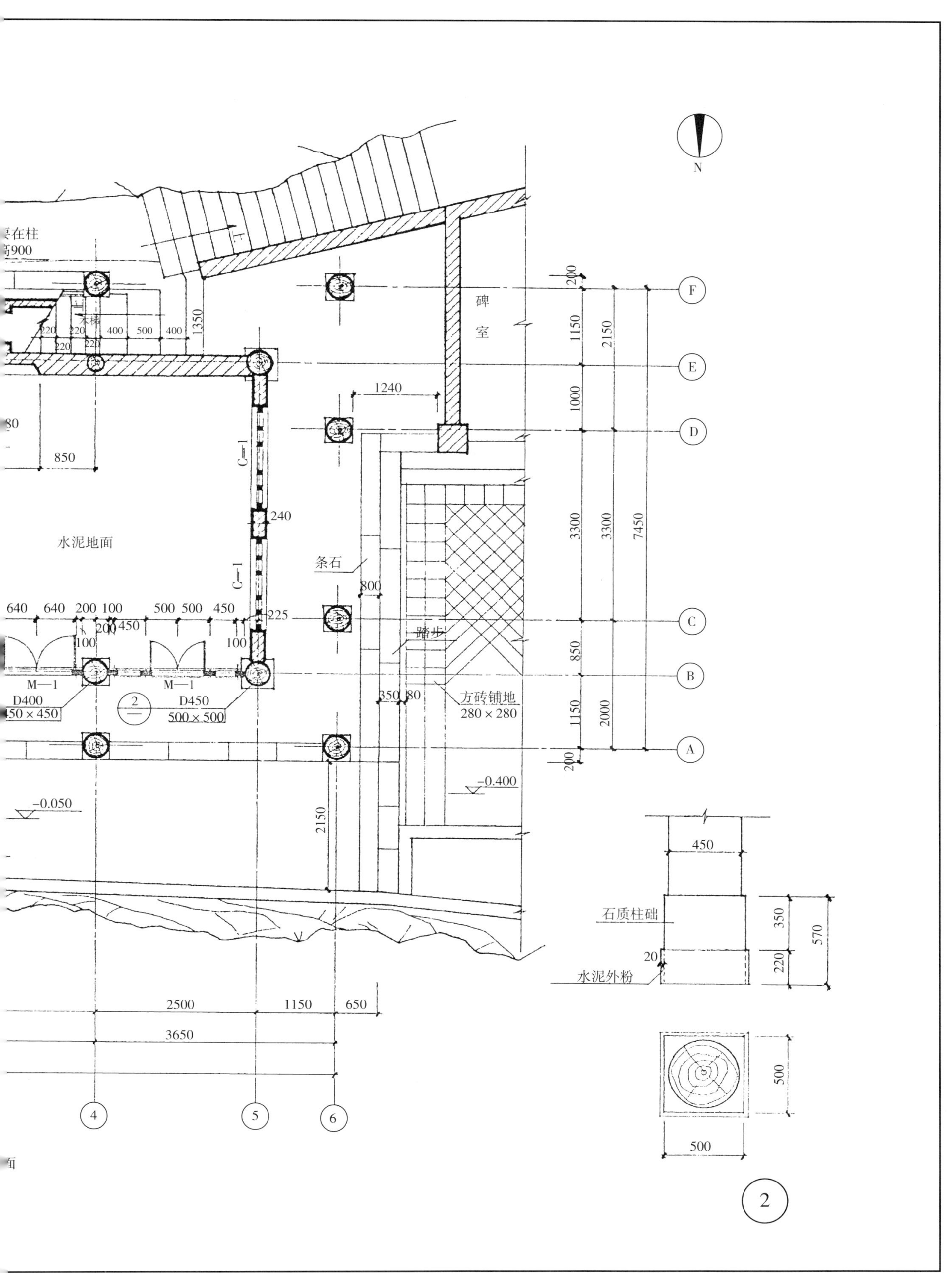

N
碑
室
水泥地面
条石
踏步
方砖铺地
280 × 280
石质柱础
水泥外粉

一二　杜鹃亭一层平面图

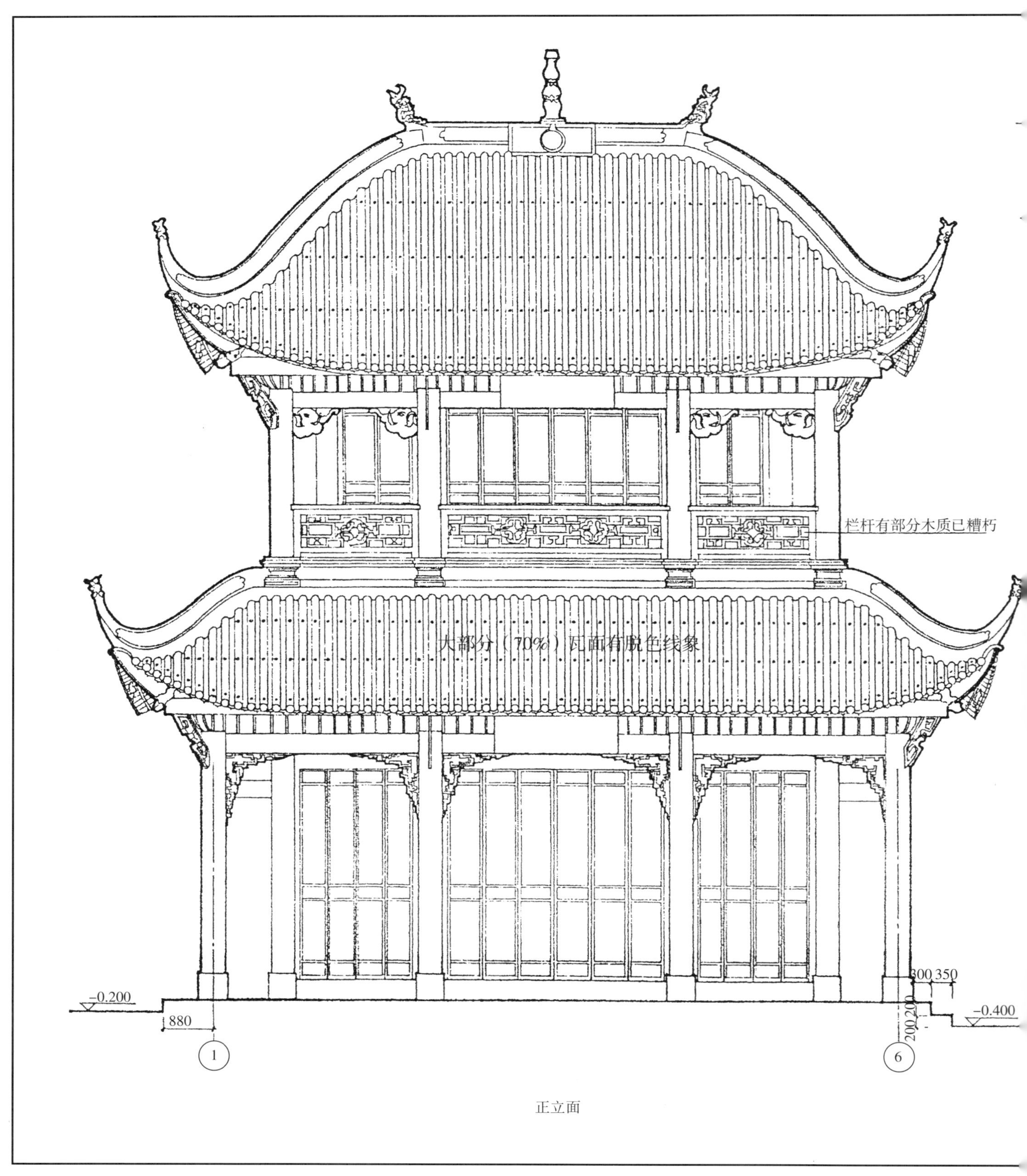
栏杆有部分木质已糟朽
大部分（70%）瓦面有脱色线象
300 350
-0.200
-0.400
880
200 200
1
6

正立面

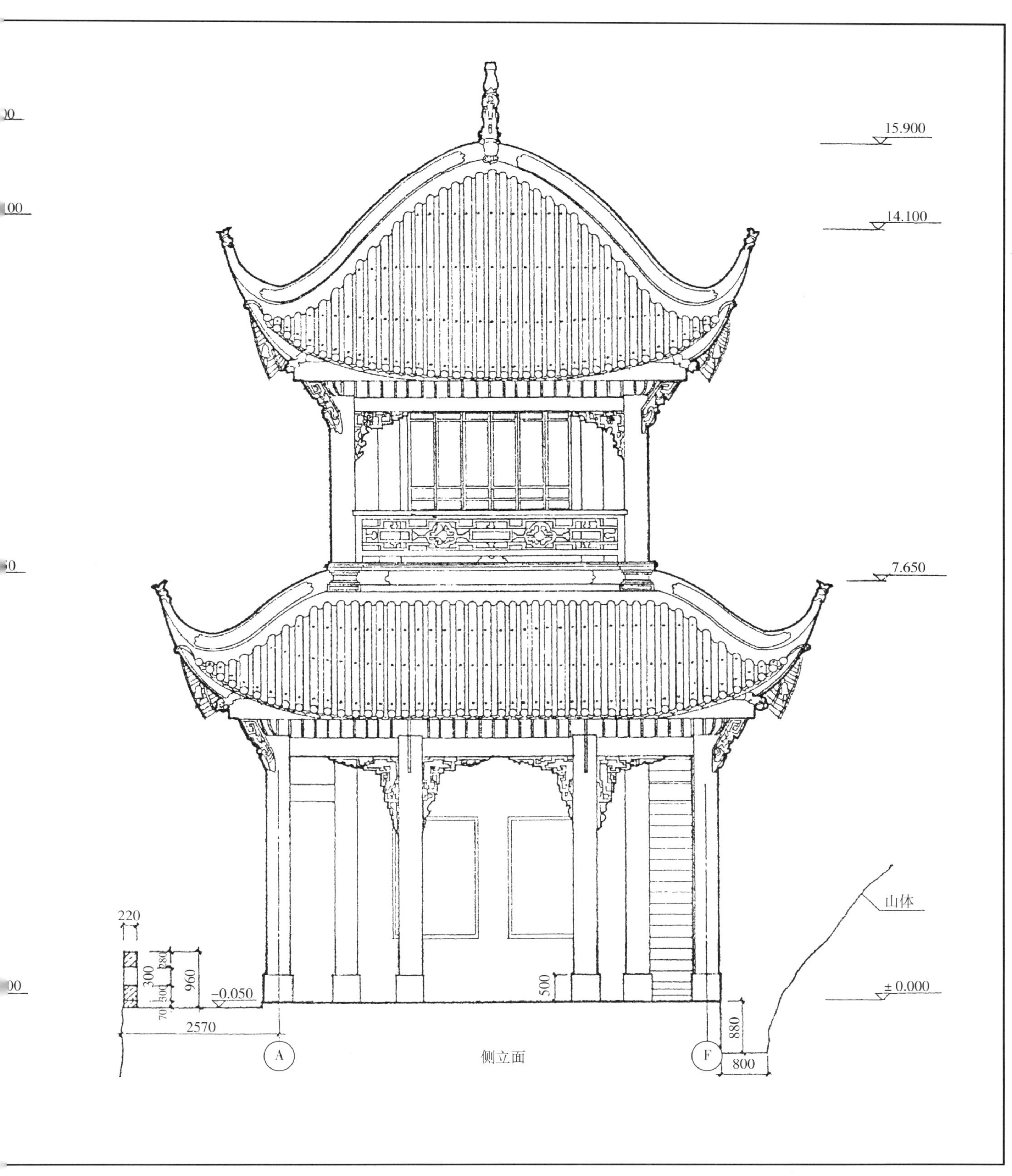

一三　杜鹃亭正立面图　杜鹃亭侧立面图

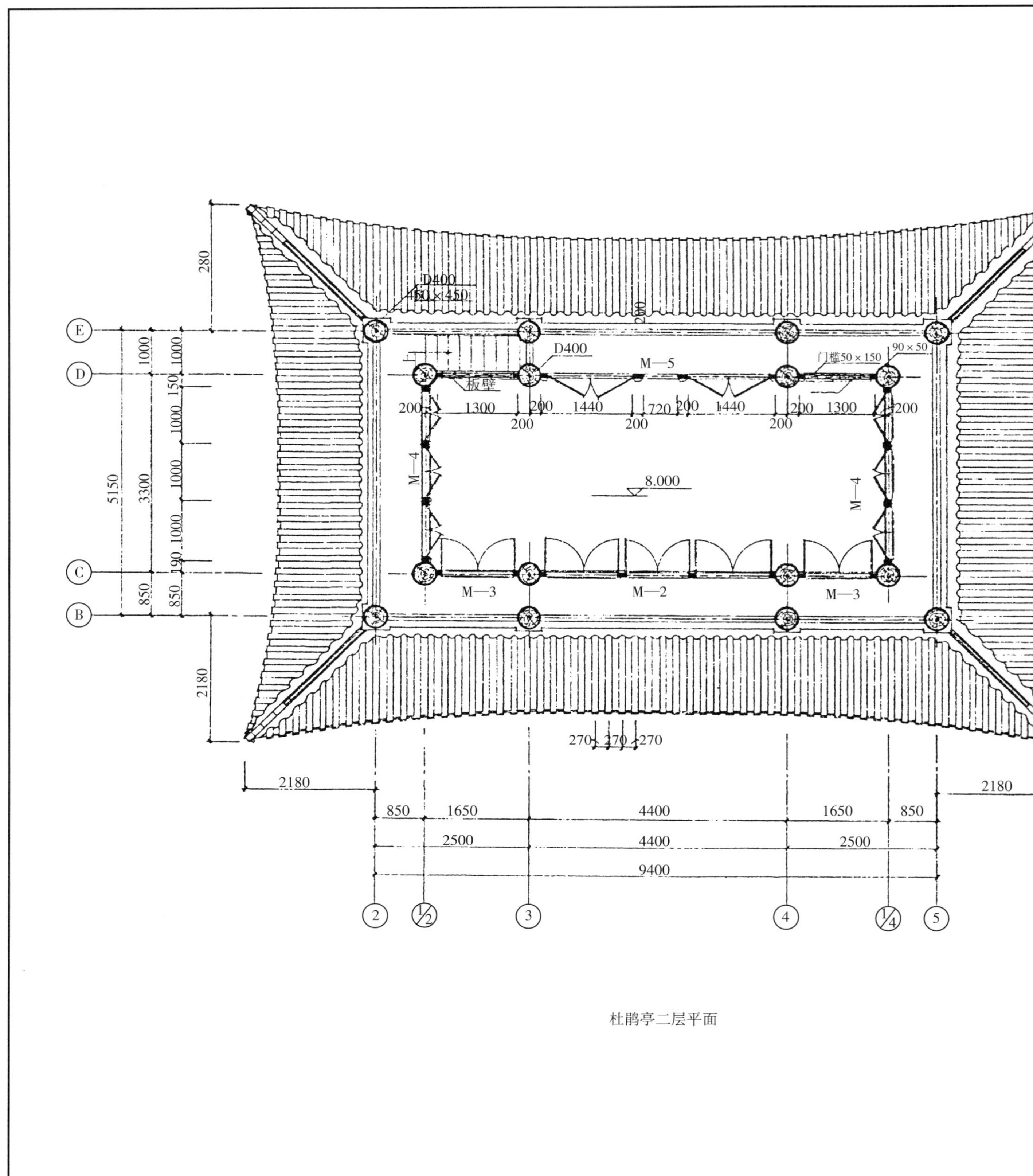
D400
450×(450)
D400
M—5
门槛50×150
90×50
板壁
M—4
M—4
8.000
M—3
M—2
M—3
280
1000
1000
150
1000
1000
1000
5150
3300
190
850
850
2180
200
1300
200
1440
720
200
1440
200
1300
200
270
270
270
2180
850
1650
4400
1650
850
2500
4400
2500
9400
2180
E
D
C
B
2
1/2
3
4
1/4
5
杜鹃亭二层平面

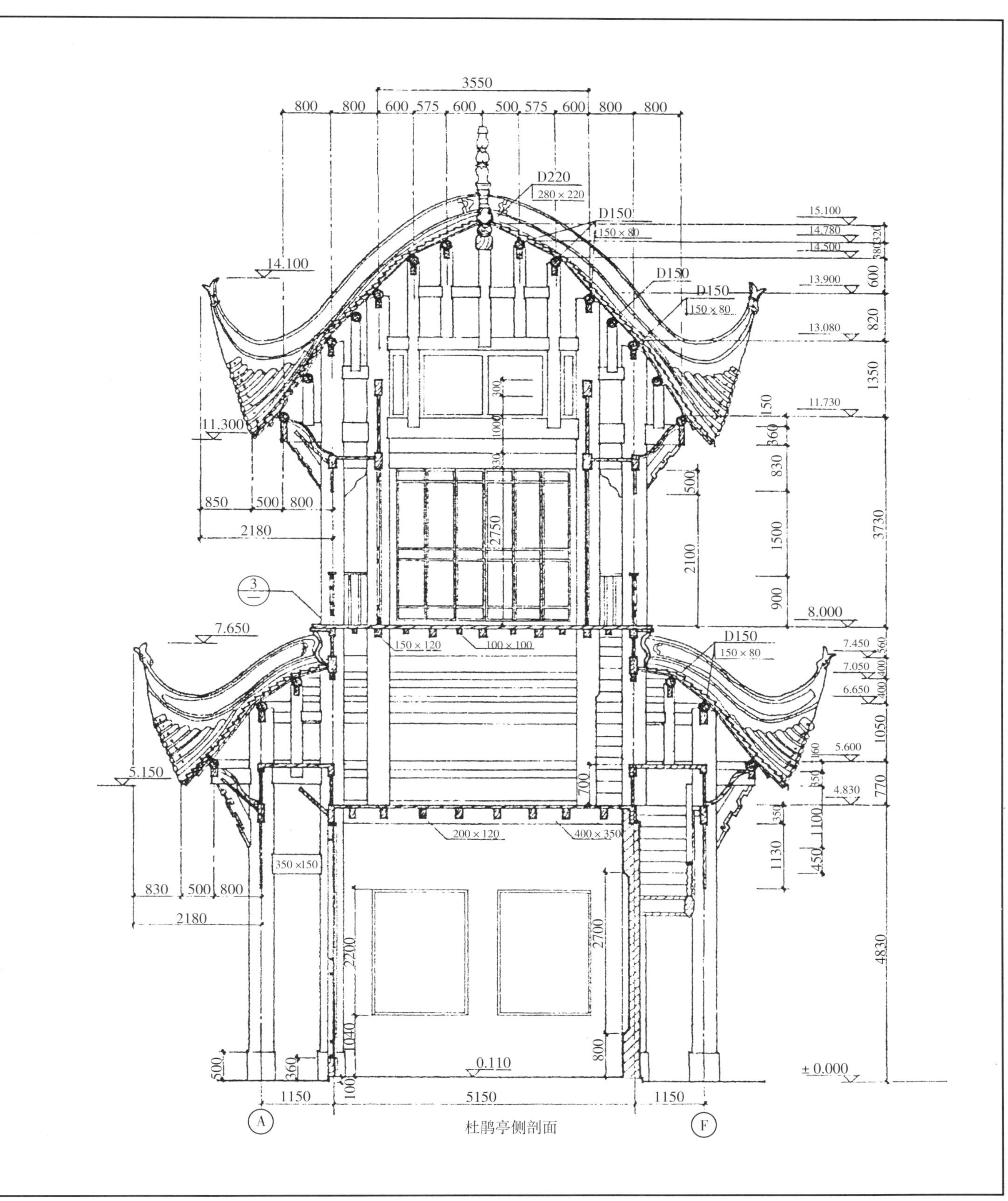

一四　杜鹃亭二层平面和杜鹃亭侧剖面图

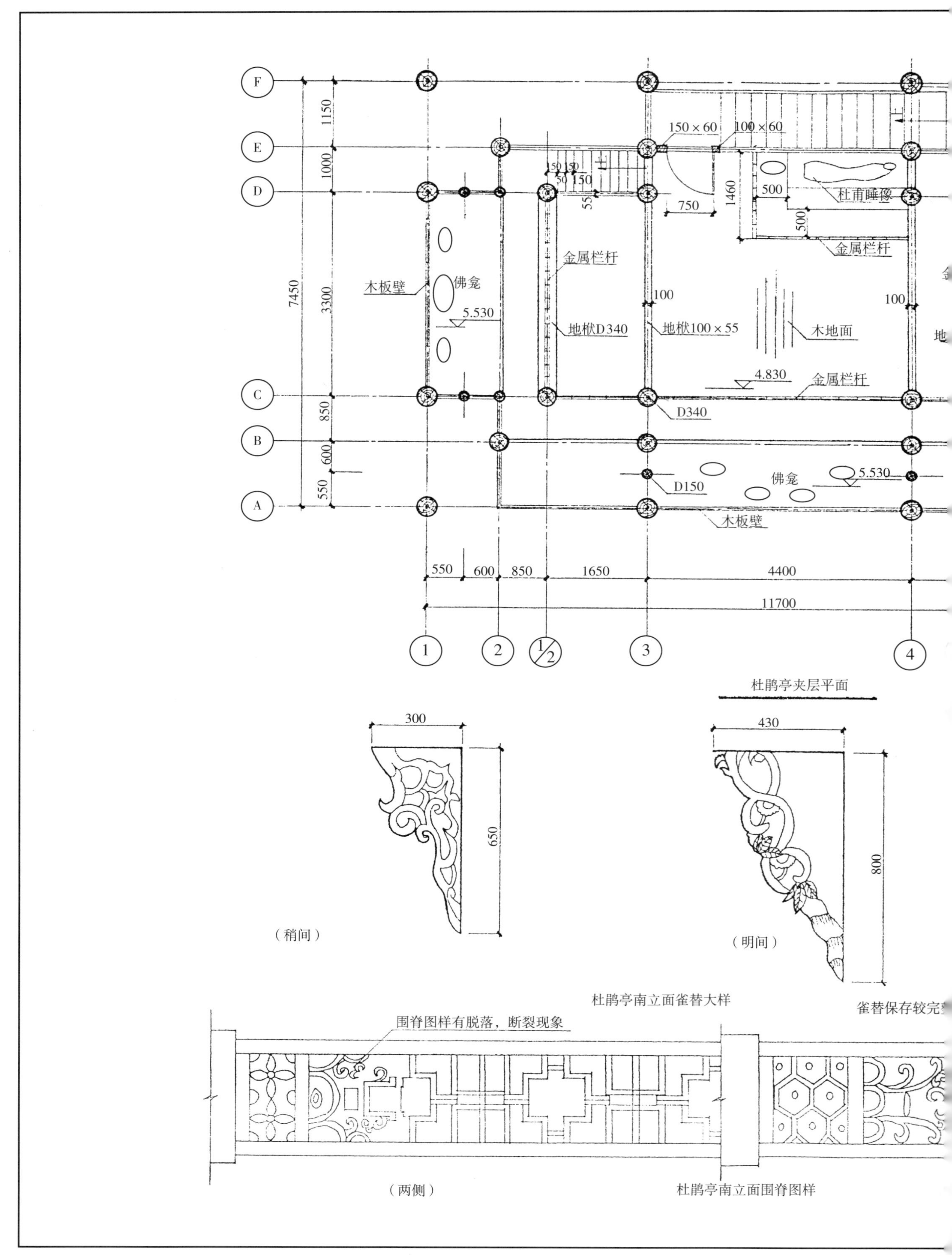
150×60
100×60
杜甫睡像
金属栏杆
木板壁
佛龛
5.530
地栿D340
地栿100×55
木地面
4.830
D340
D150
木板壁
杜鹃亭夹层平面
(稍间)
(明间)
杜鹃亭南立面雀替大样
雀替保存较完
围脊图样有脱落，断裂现象
(两侧)
杜鹃亭南立面围脊图样

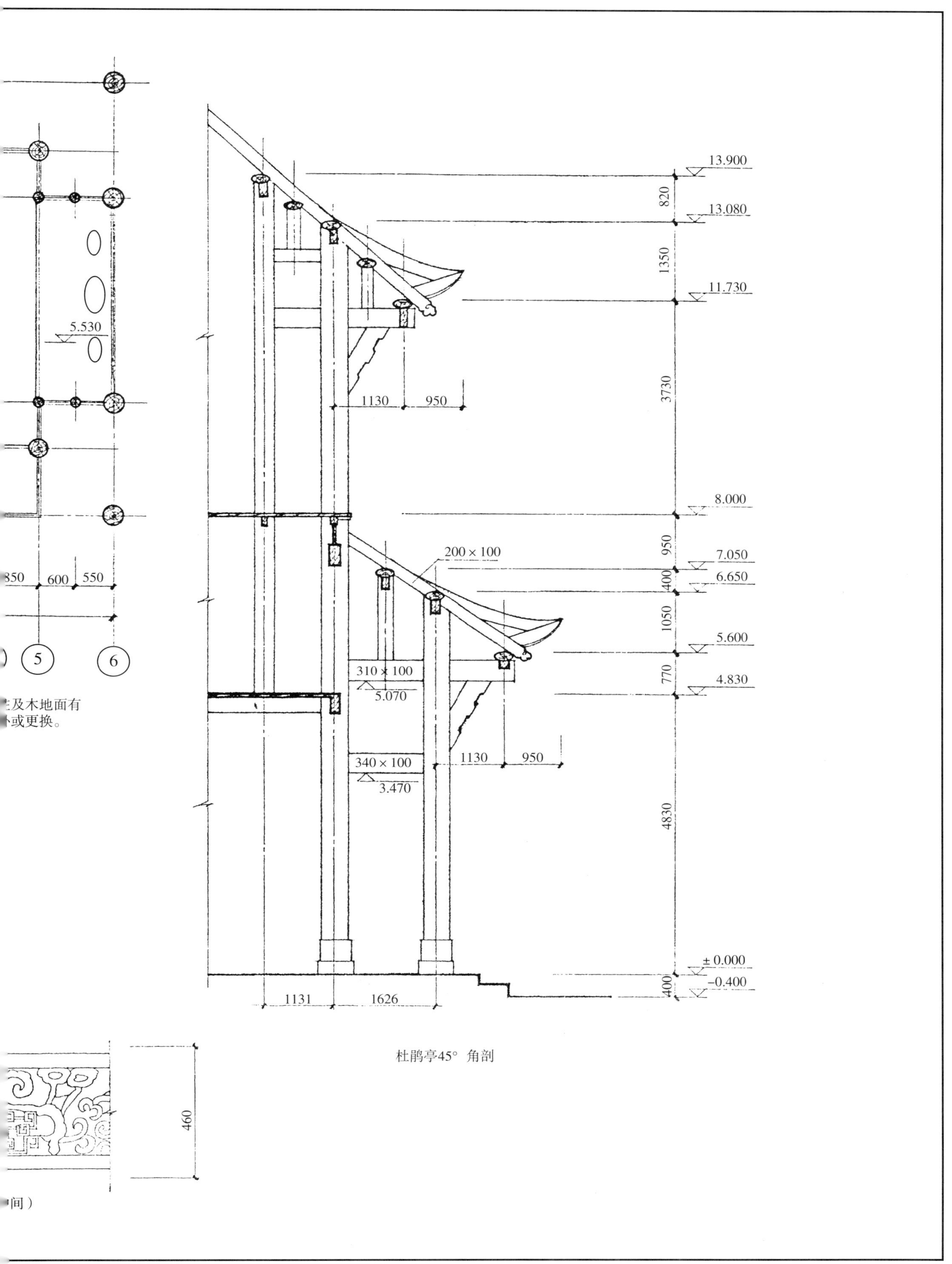

杜鹃亭45° 角剖

一五　杜鹃亭夹层平面图　45°角剖面及大样图

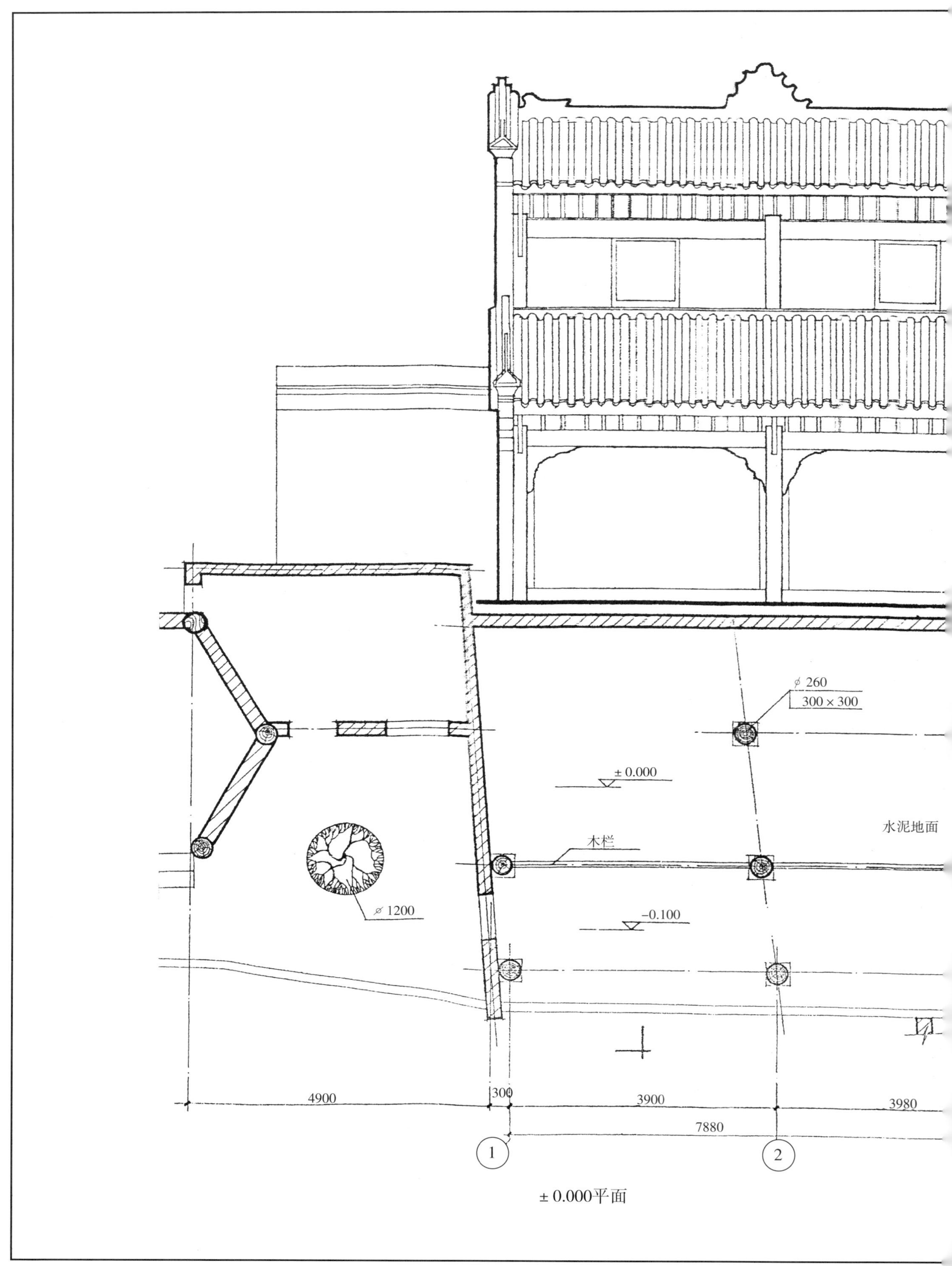

ϕ 260
300 × 300
± 0.000
水泥地面
木栏
⌀ 1200
−0.100
4900
300
3900
3980
7880
1
2

± 0.000平面

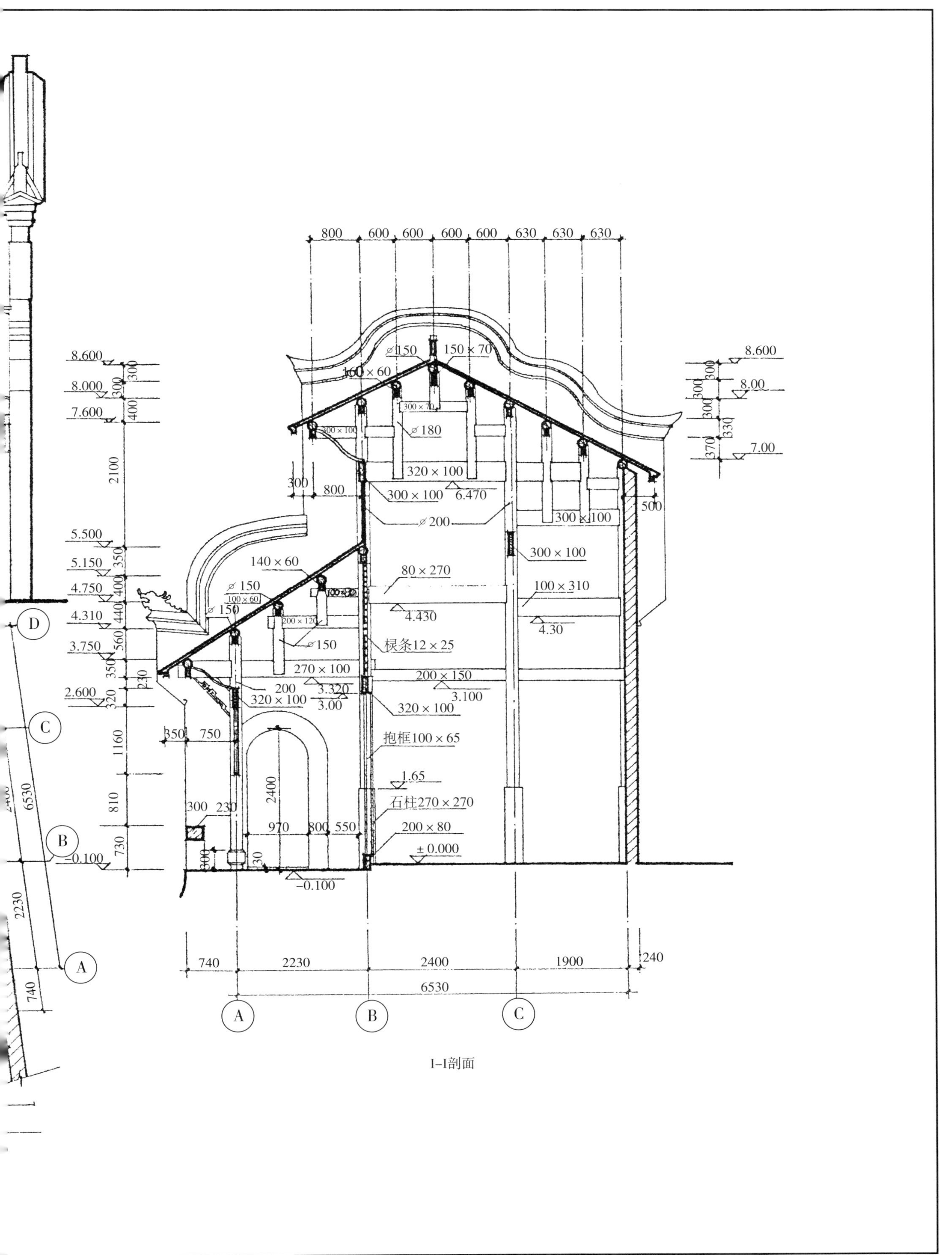

I-I剖面

一六　偏殿平面、剖面、立面图

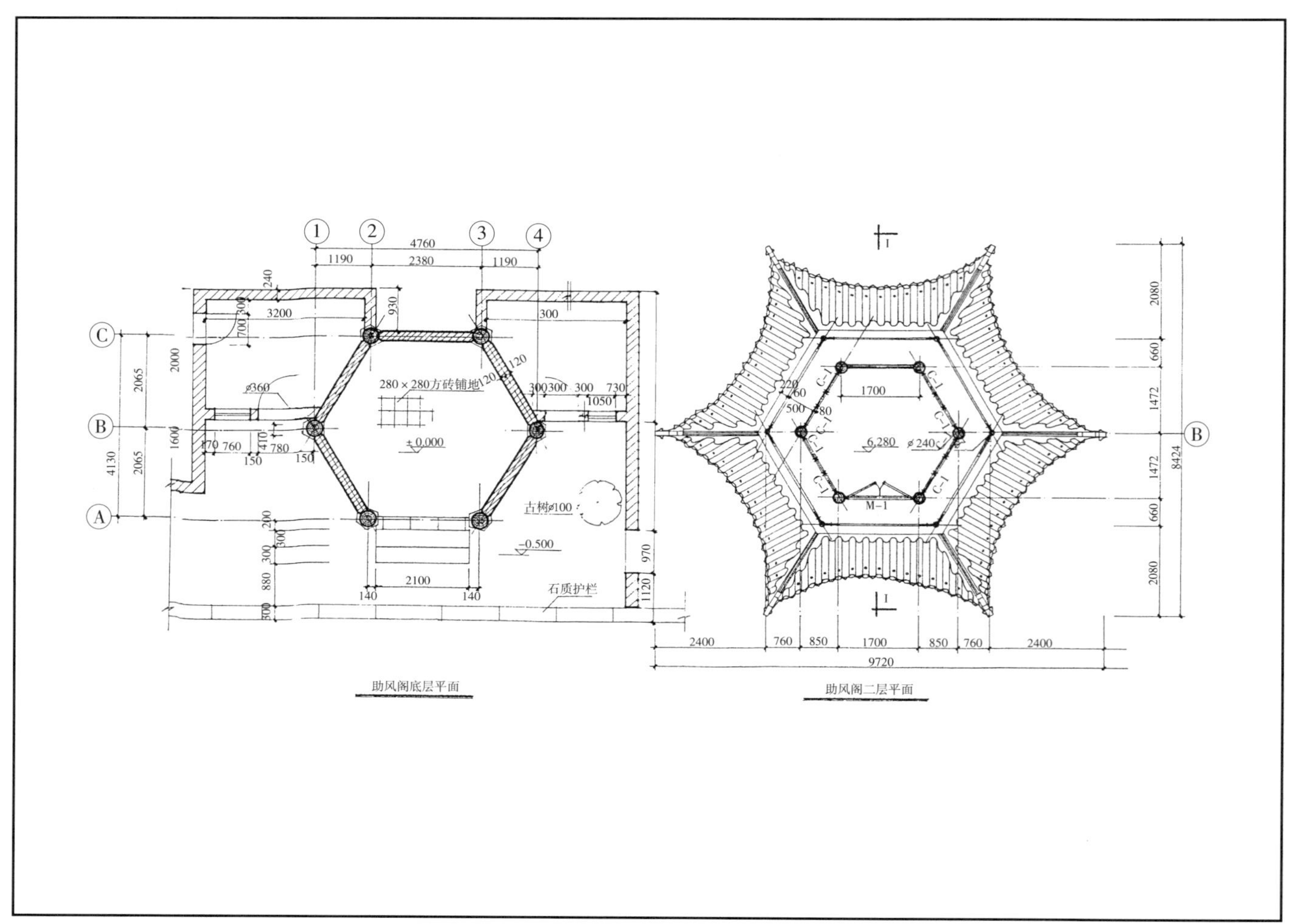

一七　助凤阁底层、二层平面图

一八　助凤阁立面图　C2、C3、C4 大样图

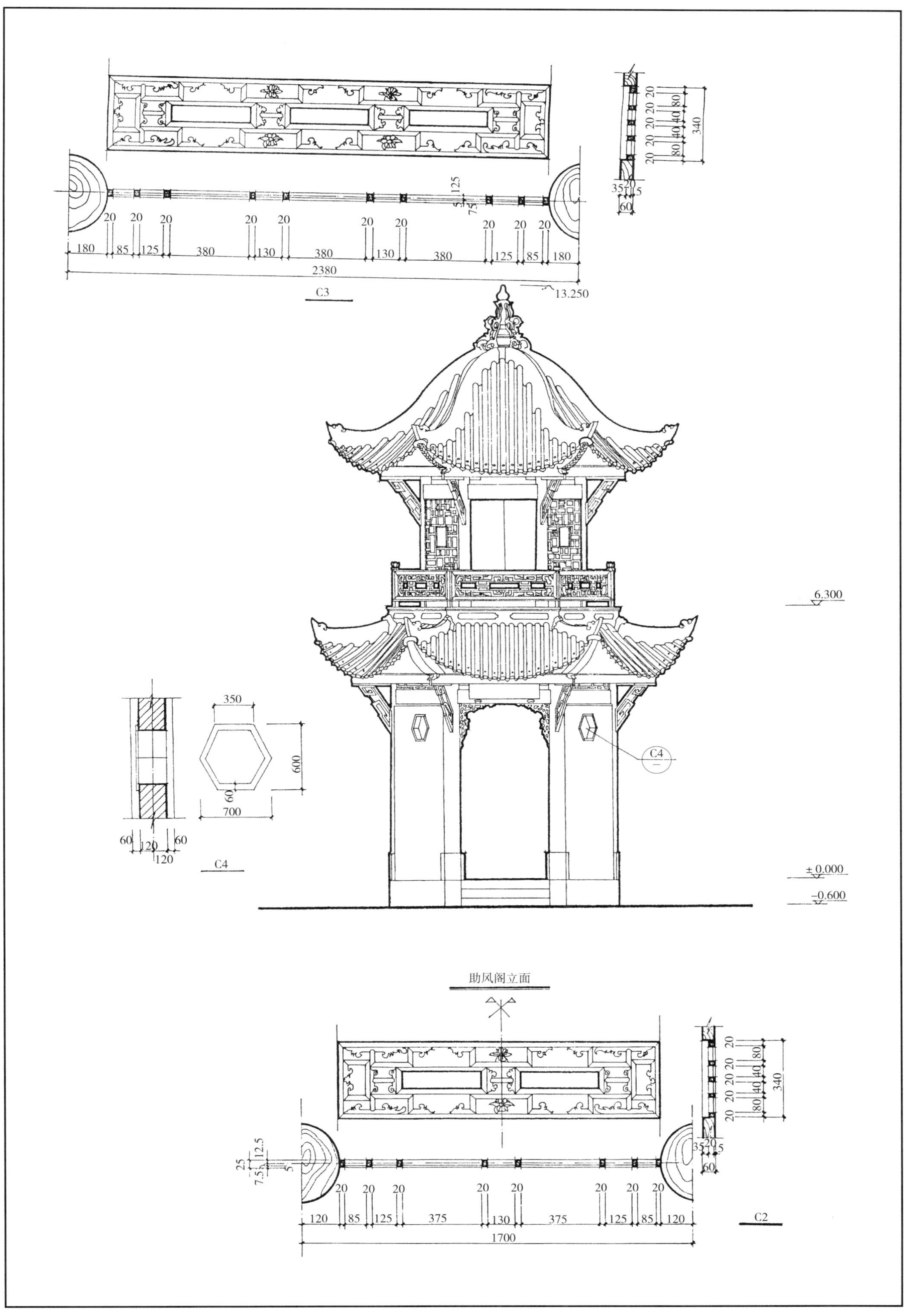
C3
13.250
2380
1700
C2
C4
350
600
700
6.300
±0.000
-0.600
助风阁立面

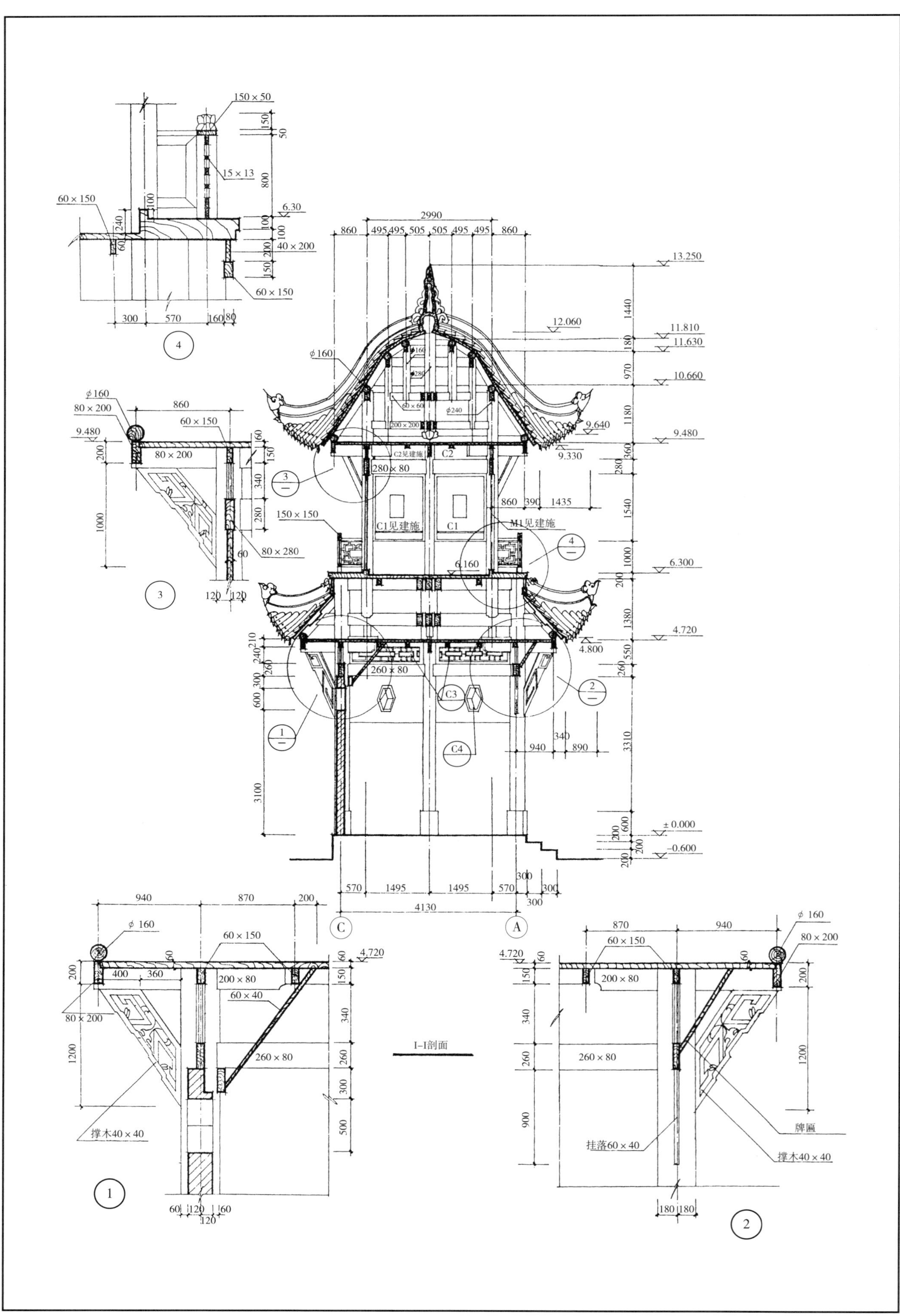
I-I剖面
C1见建施
C2见建施
M1见建施
撑木40×40
挂落60×40
牌匾

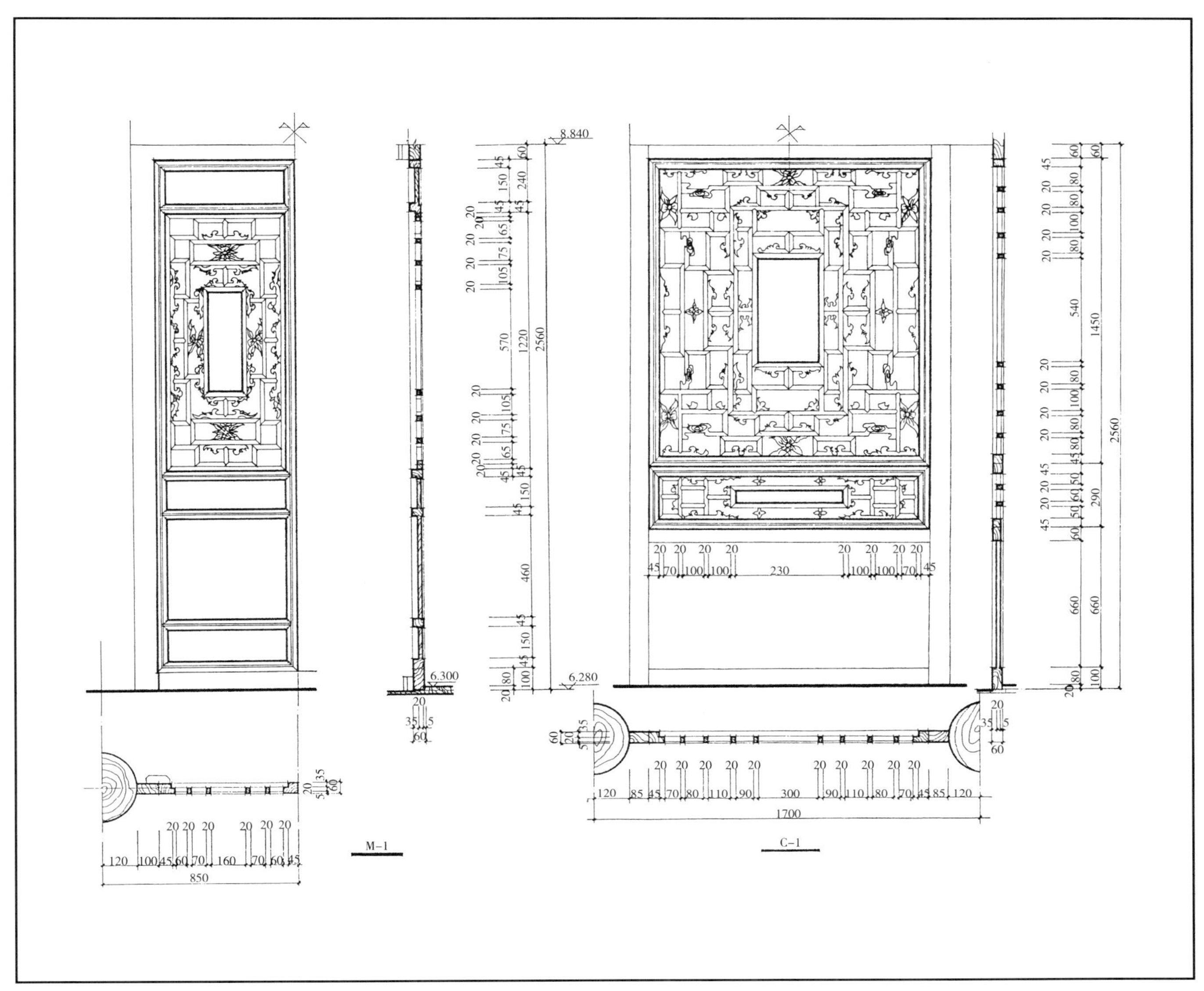

二〇　助凤阁 M–1、C–1 大样图

一九　助凤阁 1–1 剖面图 节点大样图

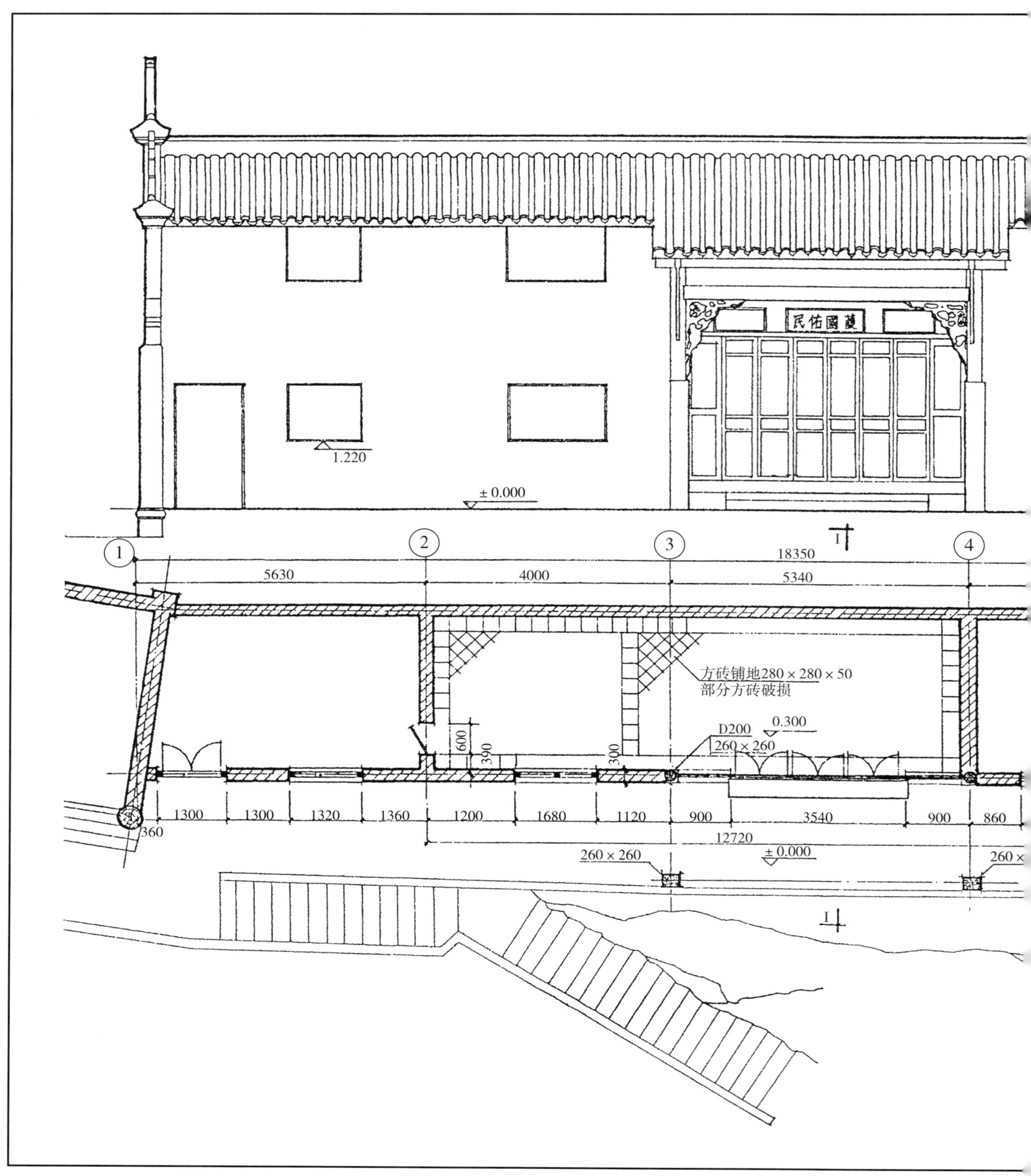

民佑國蔭
1.220
± 0.000
1
2
3
4
I
18350
5630
4000
5340
方砖铺地280 × 280 × 50
部分方砖破损
D200
0.300
260 × 260
600
390
300
1300
1300
1320
1360
1200
1680
1120
900
3540
900
860
360
12720
260 × 260
± 0.000

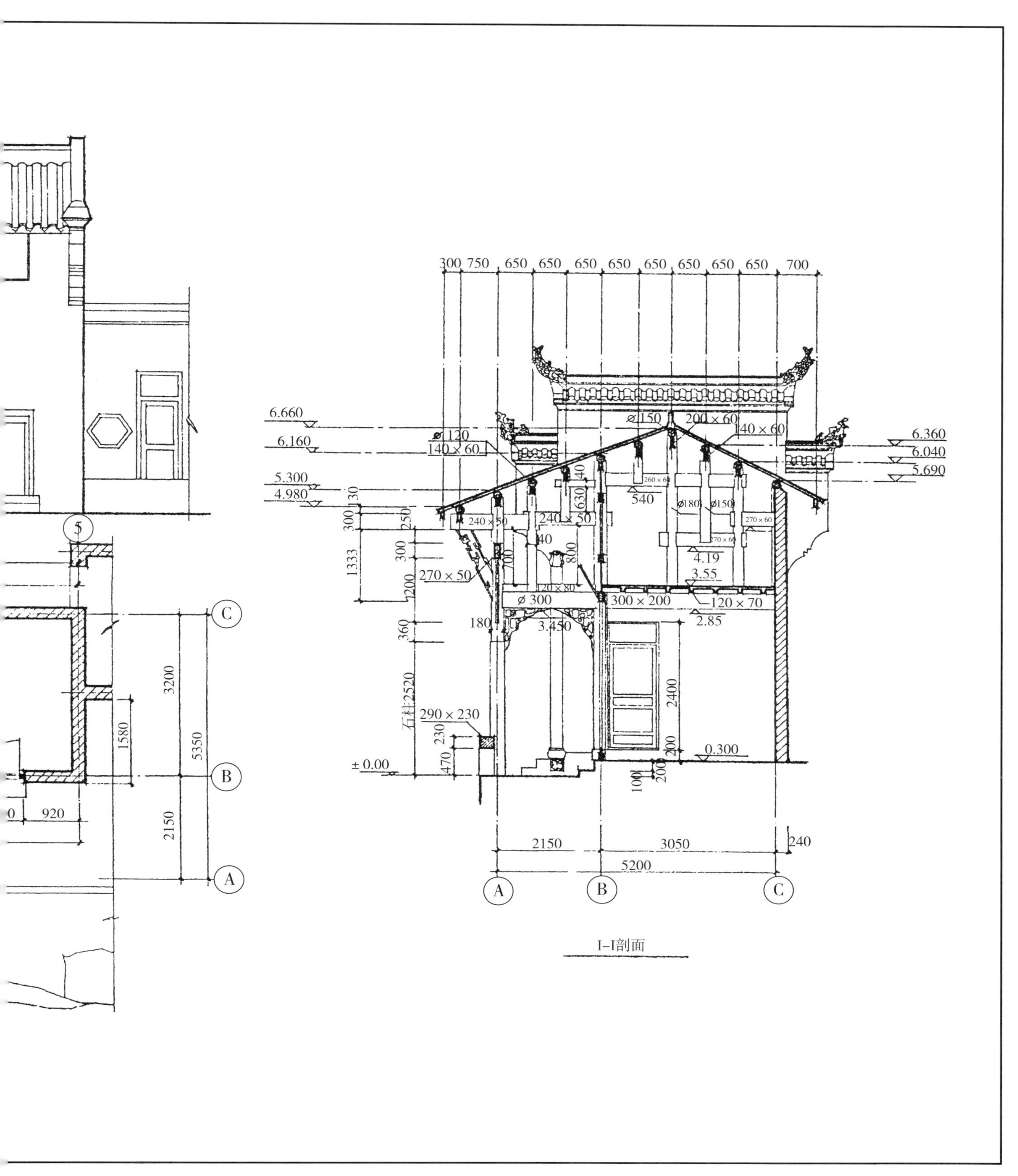

二一　侧廊平面、剖面、立面图

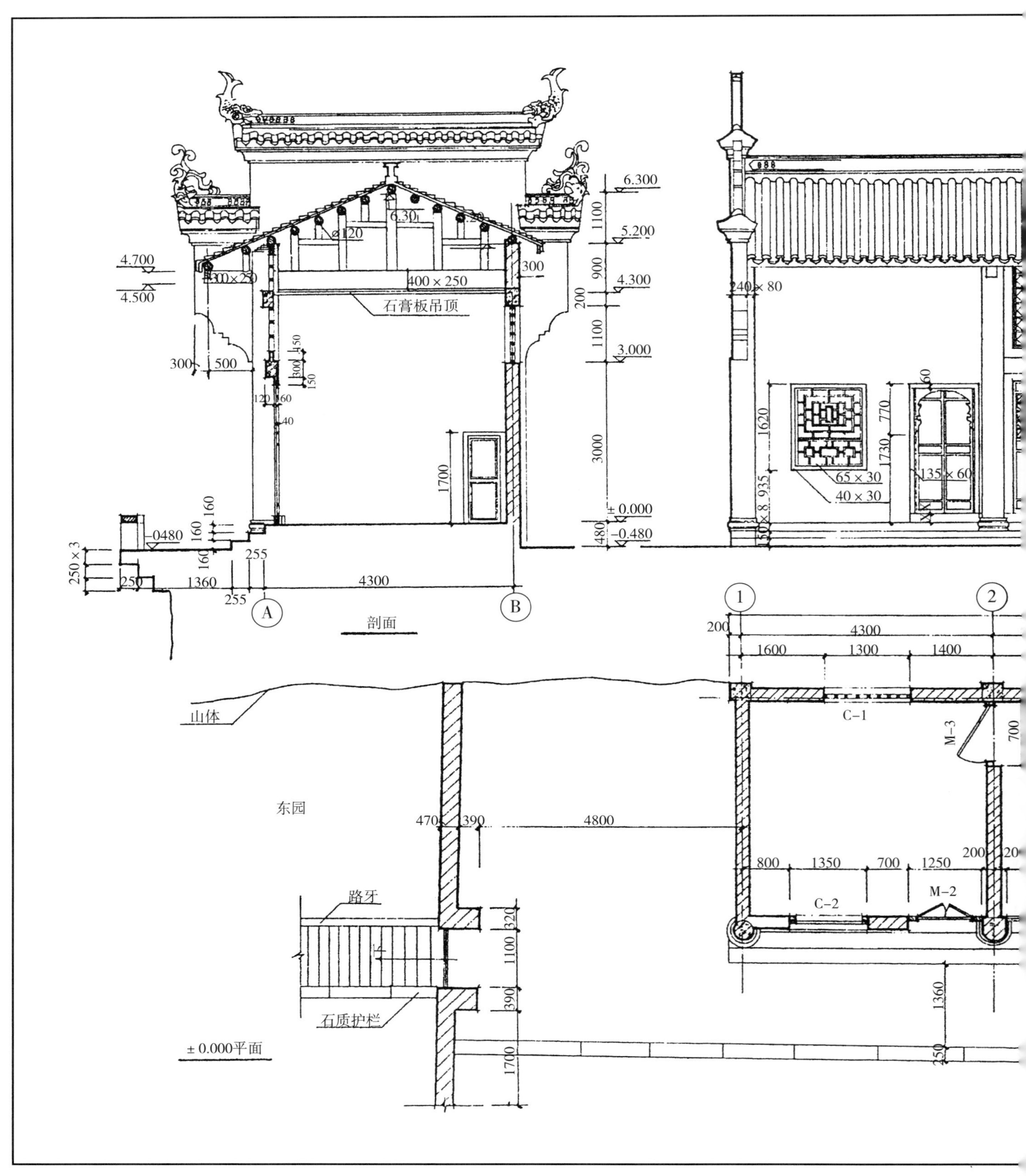
剖面
石膏板吊顶
±0.000平面
山体
东园
路牙
石质护栏
C-1
C-2
M-2
M-3

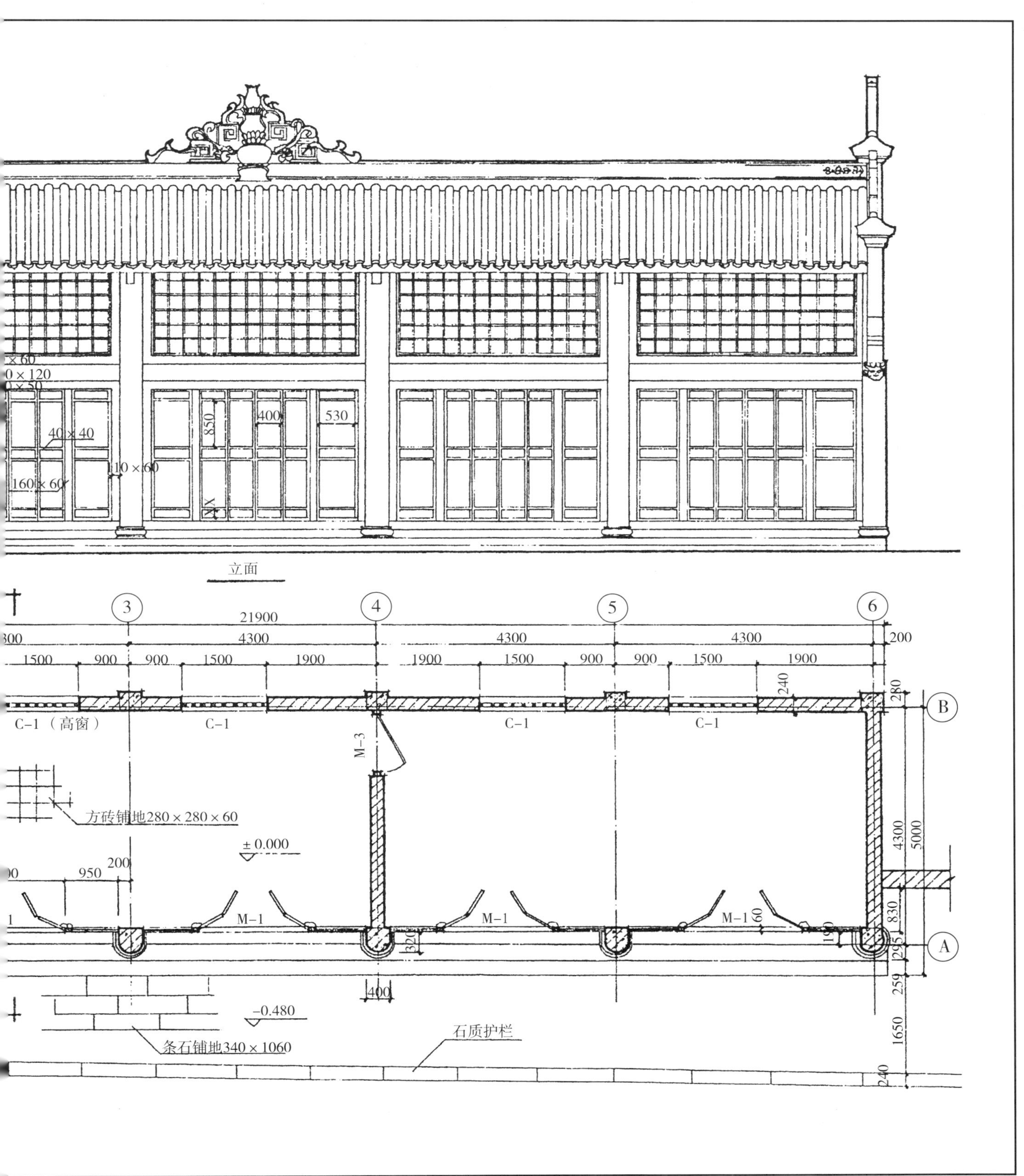

二二 陈列室平面、剖面、立面图

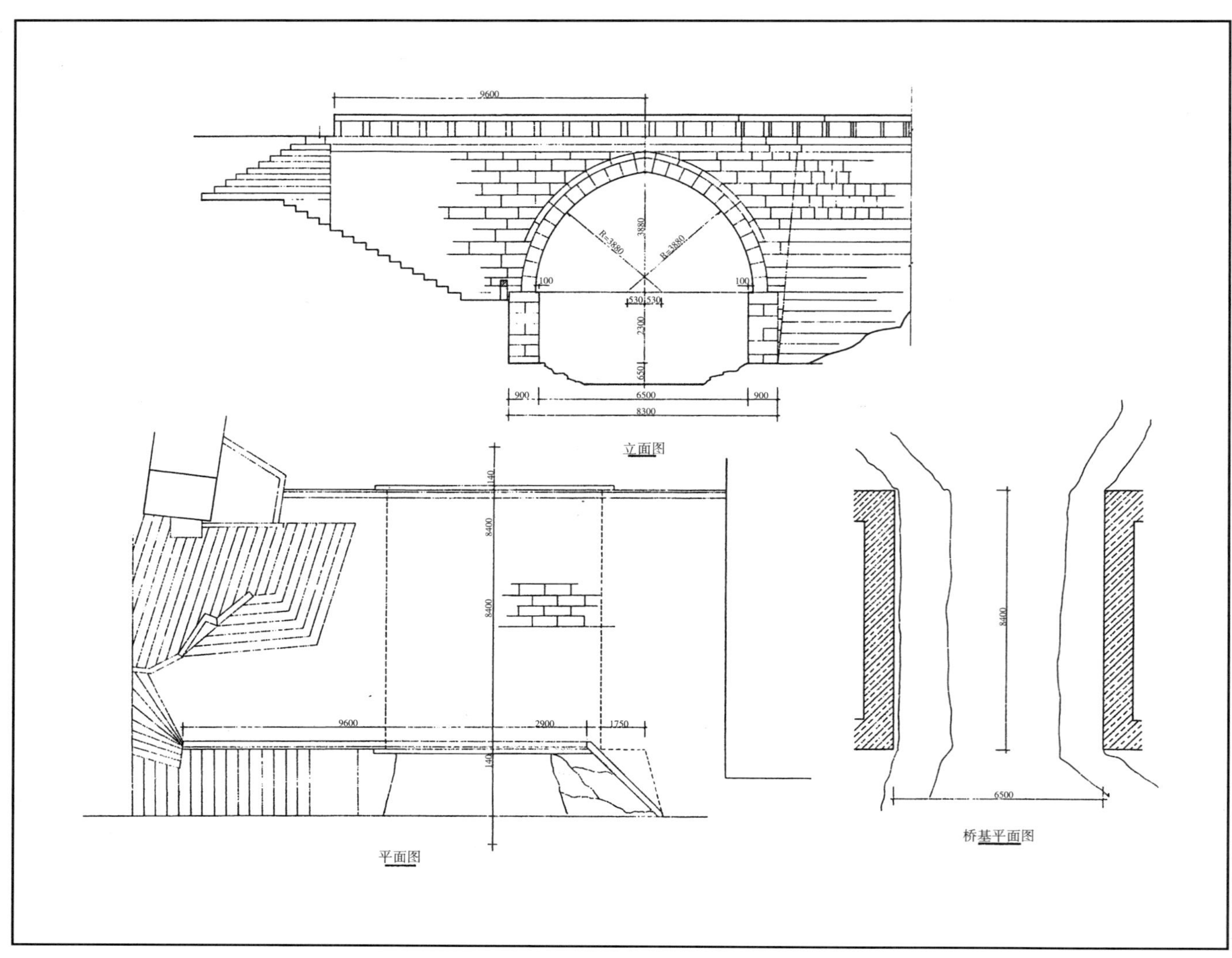

二三　石桥平面、立面图

二四　得月亭平面、剖面、立面图

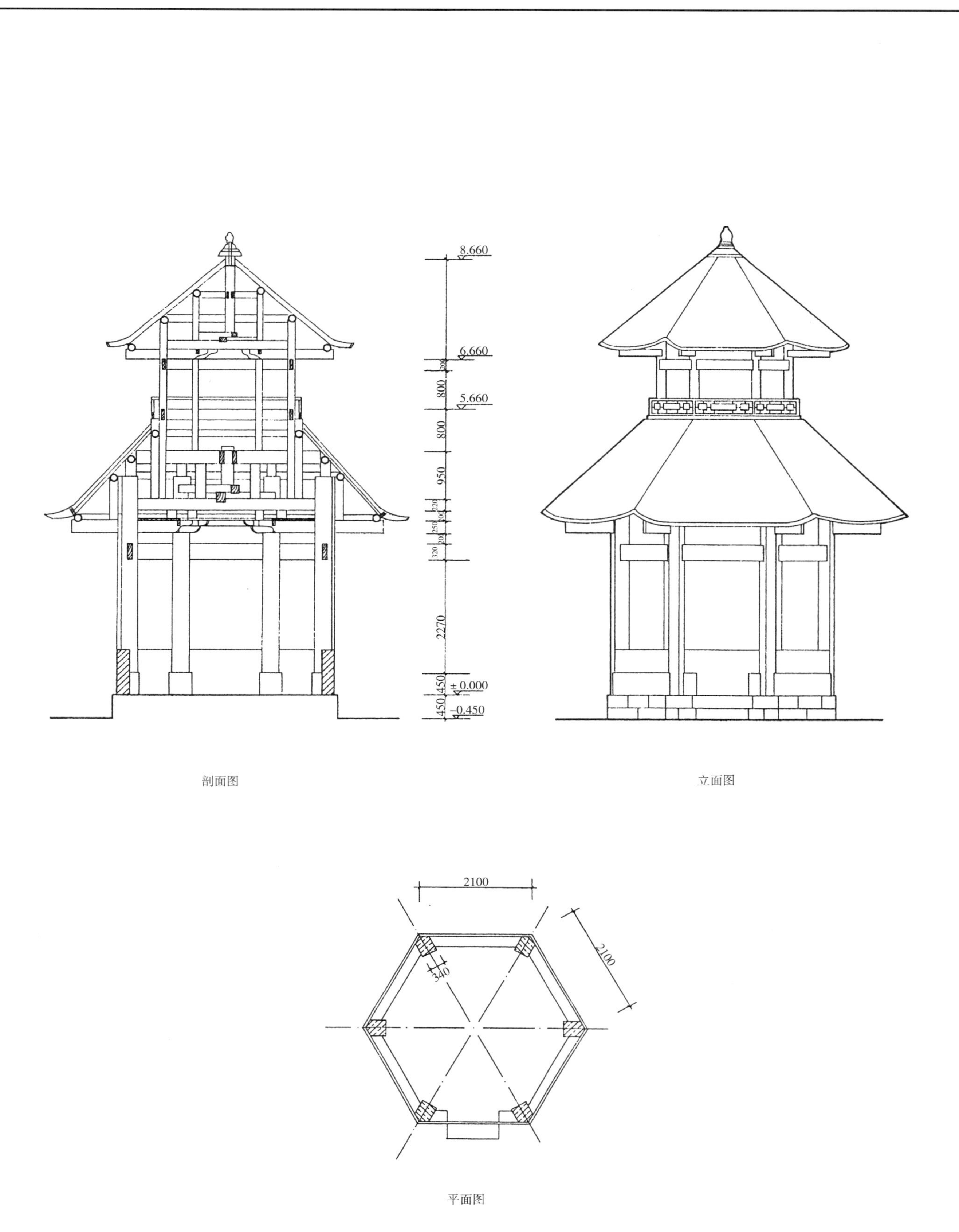
8.660
6.660
5.660
800
800
950
2270
450
450
±0.000
−0.450
2100
2100
340

剖面图

立面图

平面图

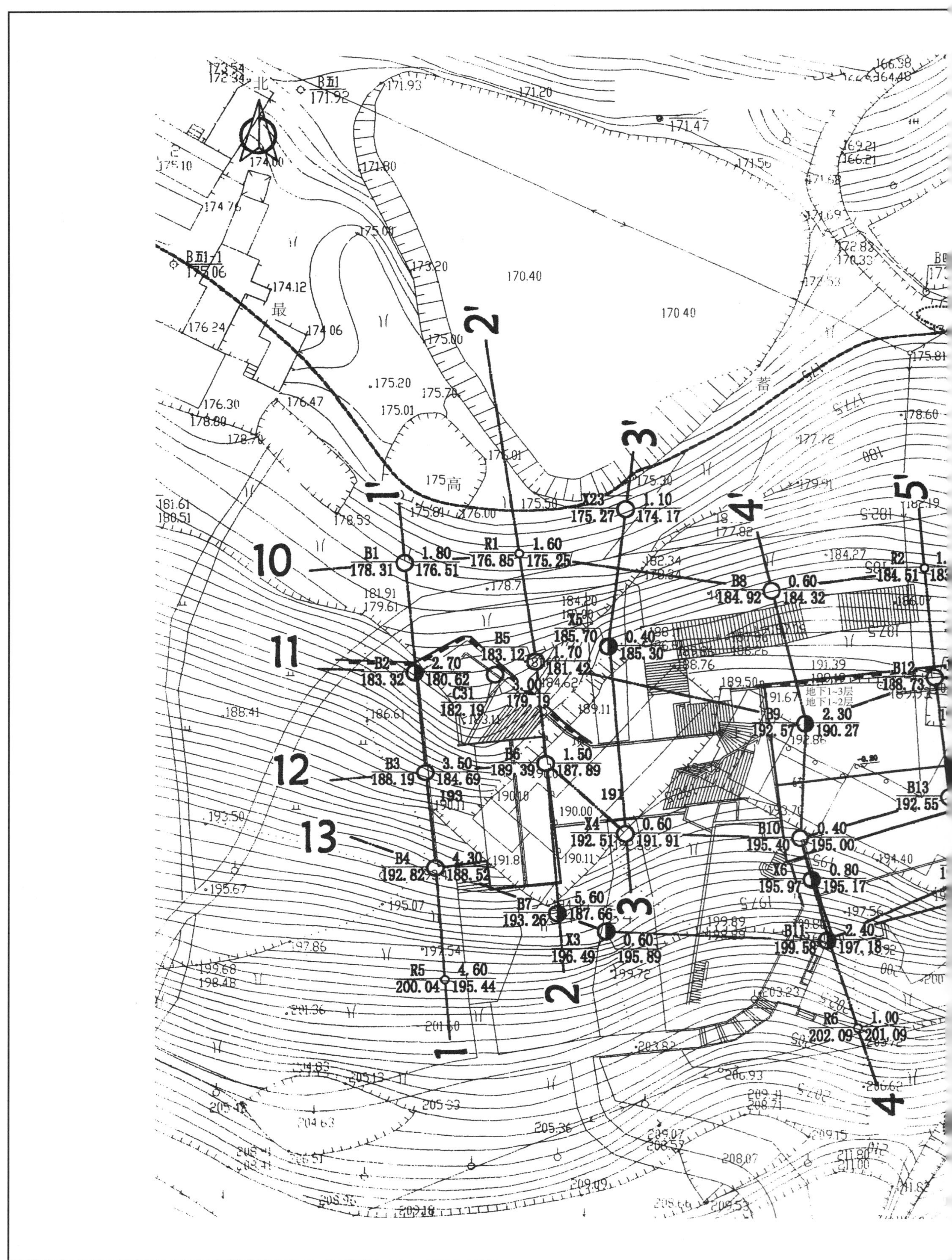

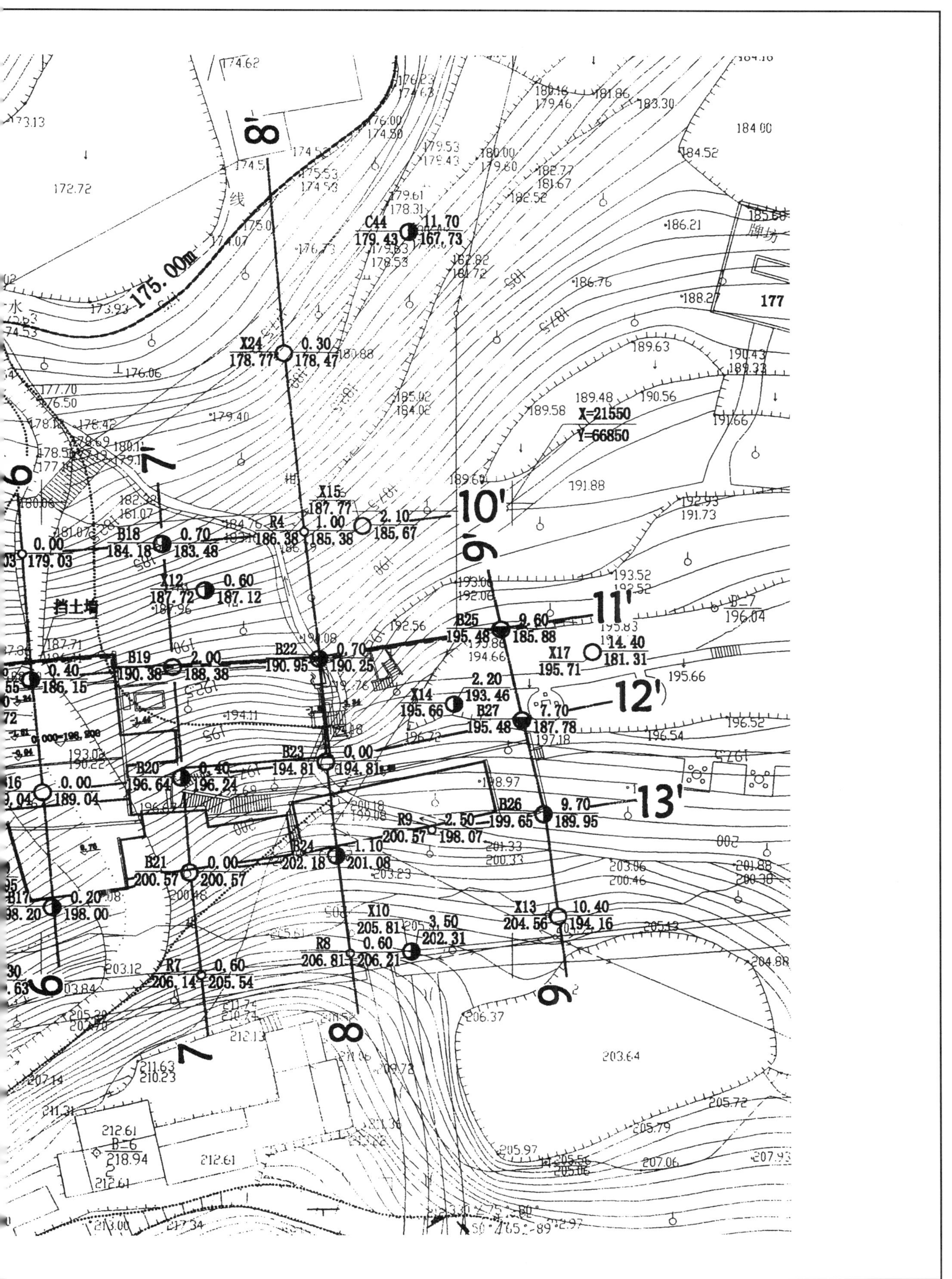

二五　张桓侯庙搬迁工程补充勘查工程地质平面图

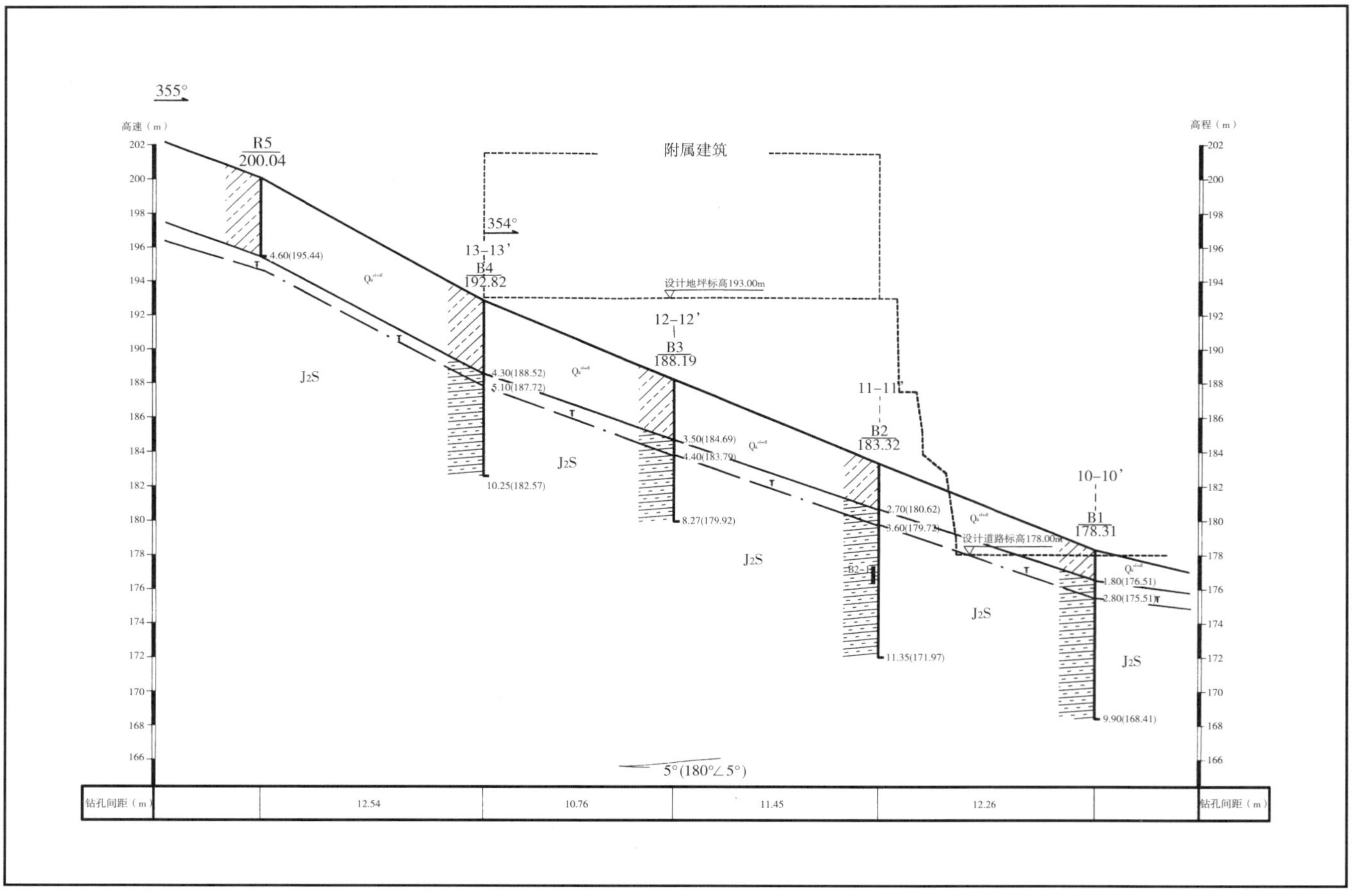

二六　工程地质（1————1′）剖面图

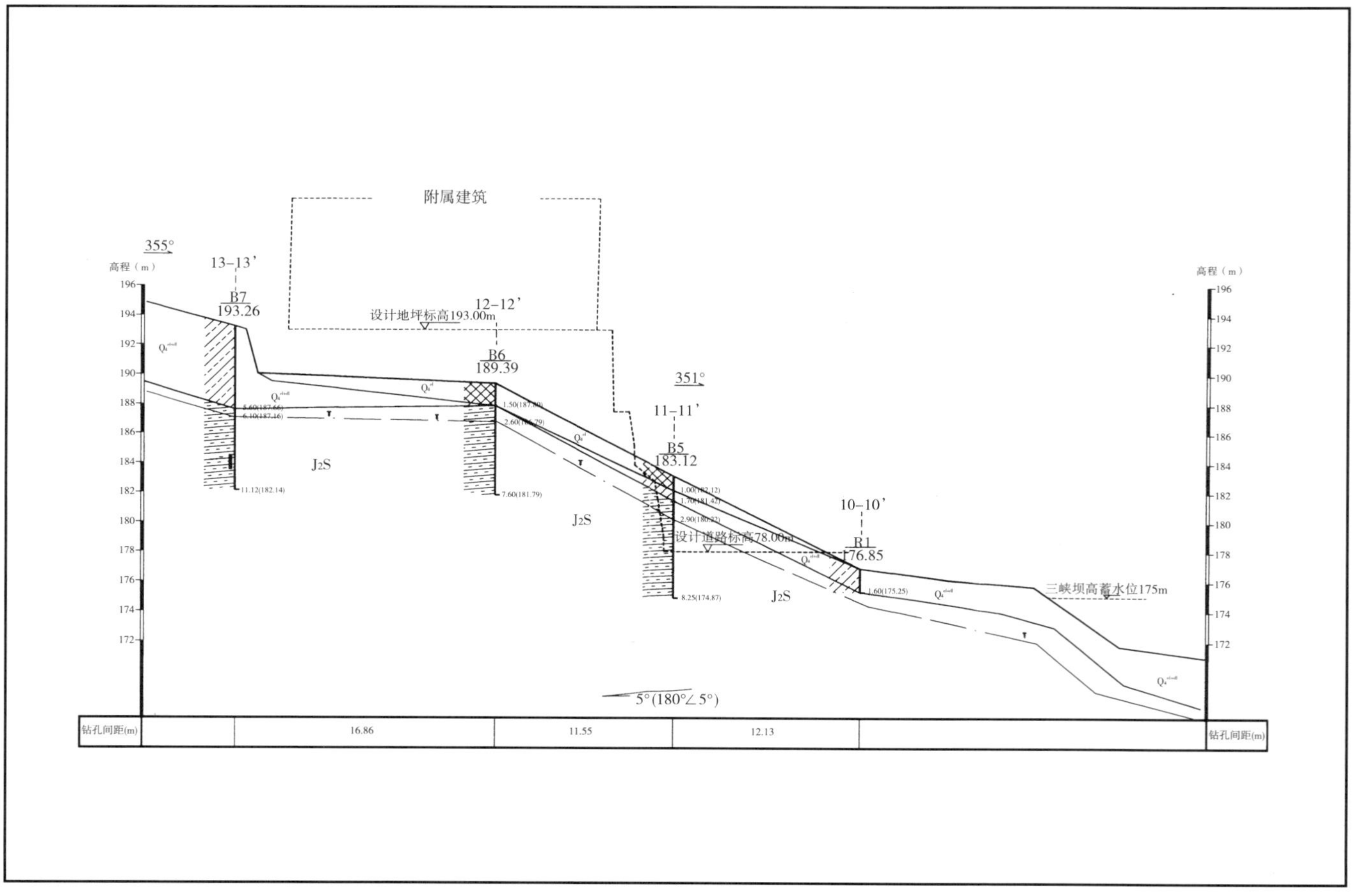

二七　工程地质（2————2′）剖面图

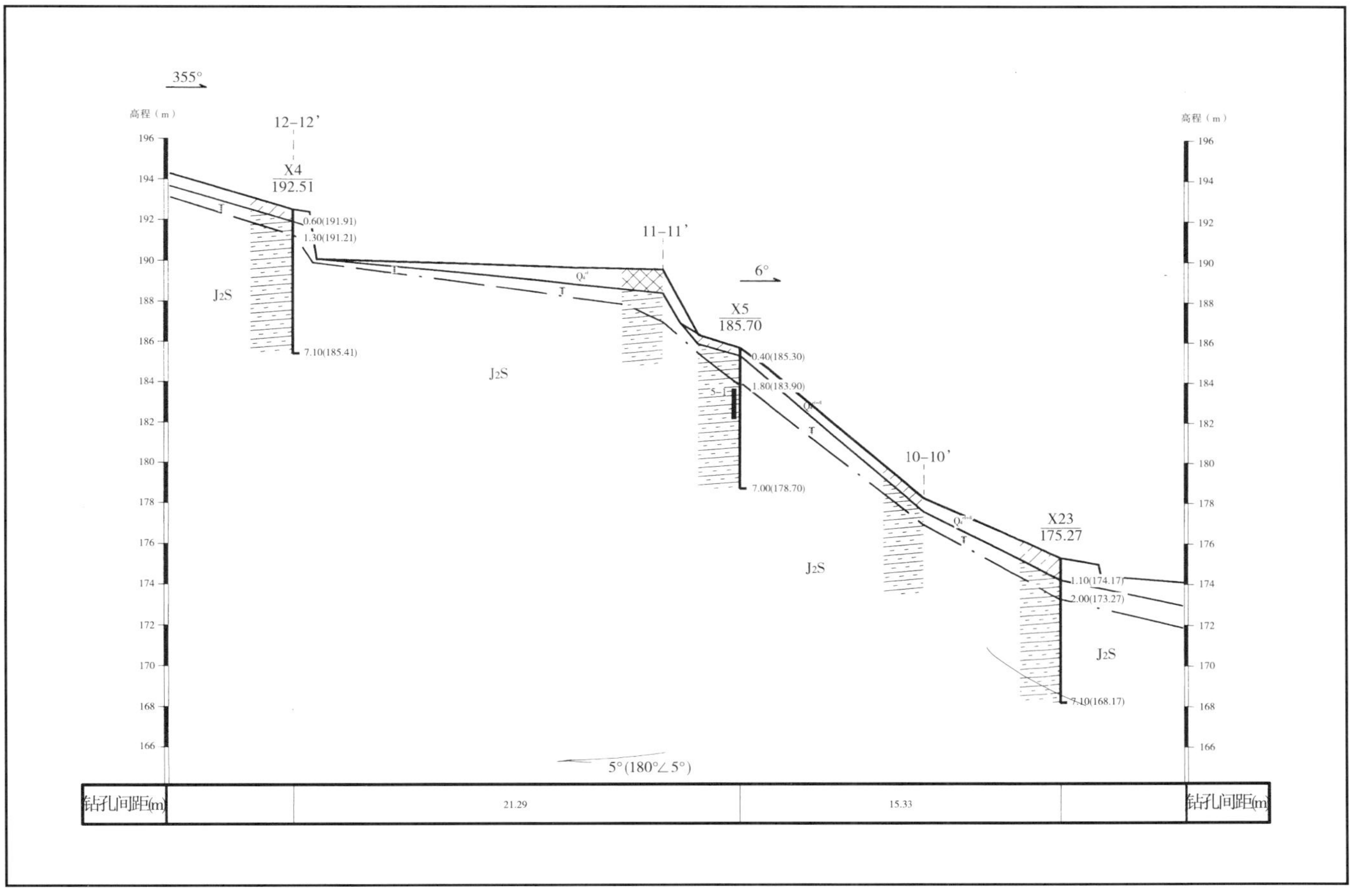

二八　工程地质（3——3′）剖面图

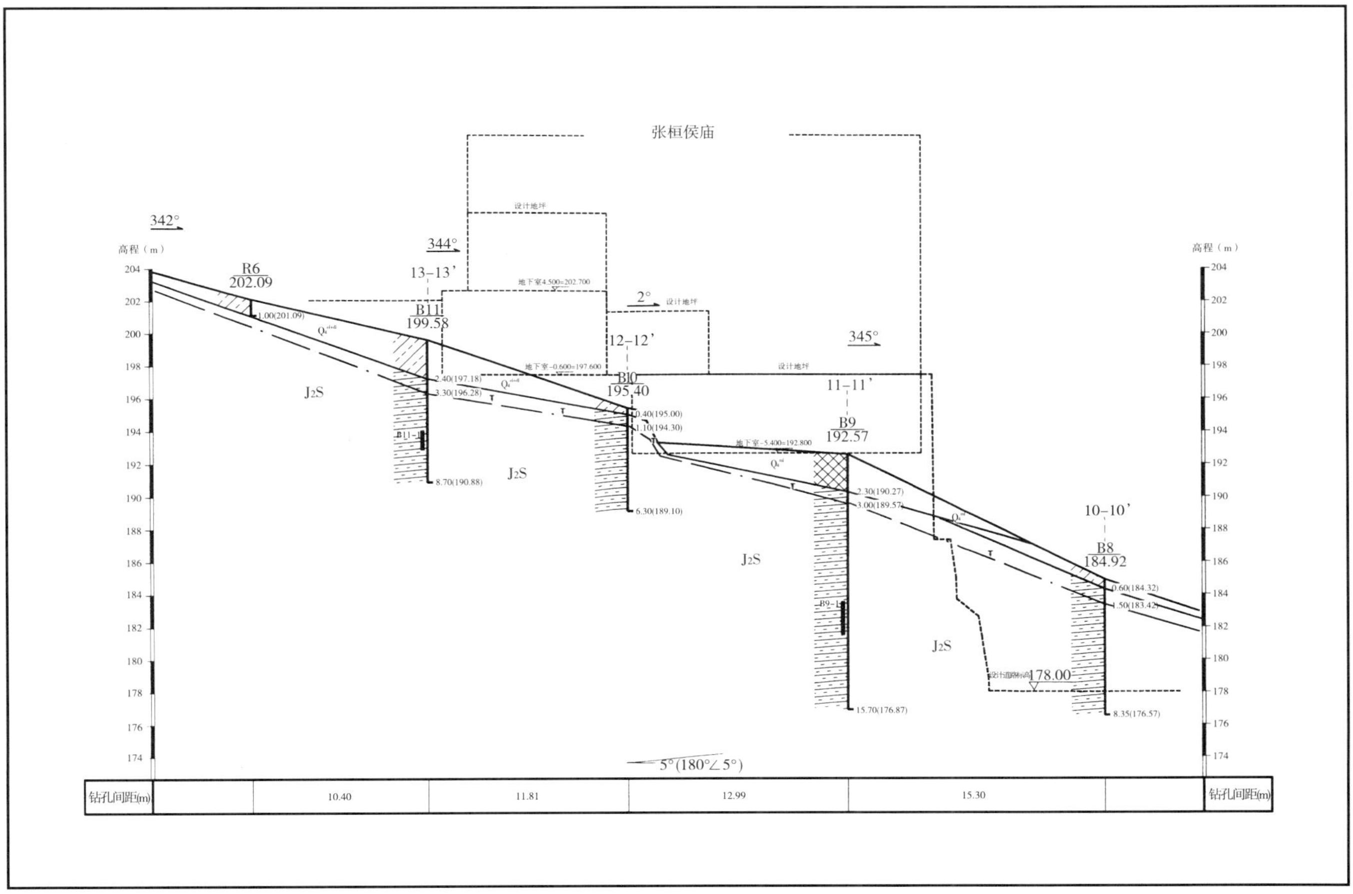

二九　工程地质（4——4′）剖面图

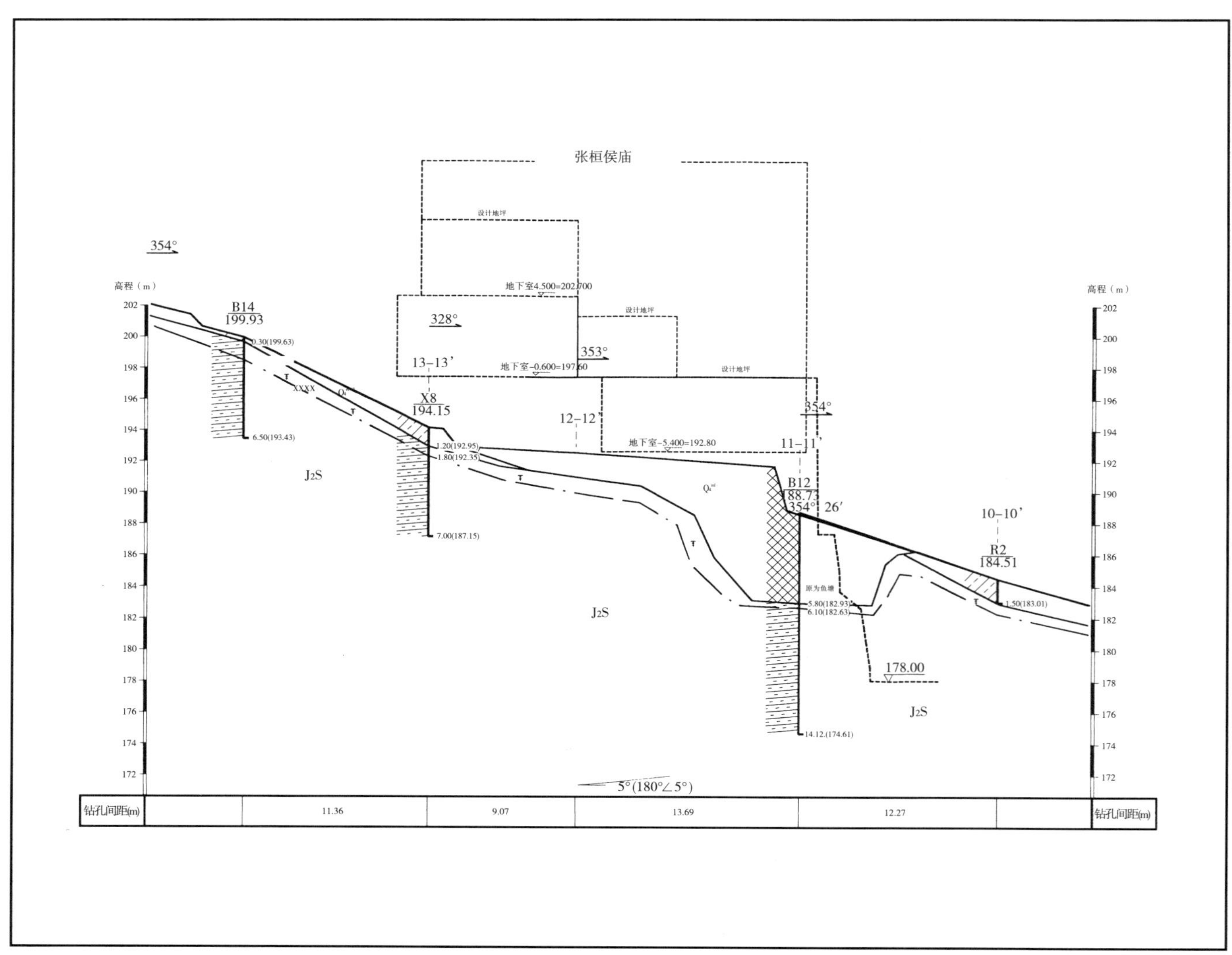

三〇　工程地质（5————5′）剖面图

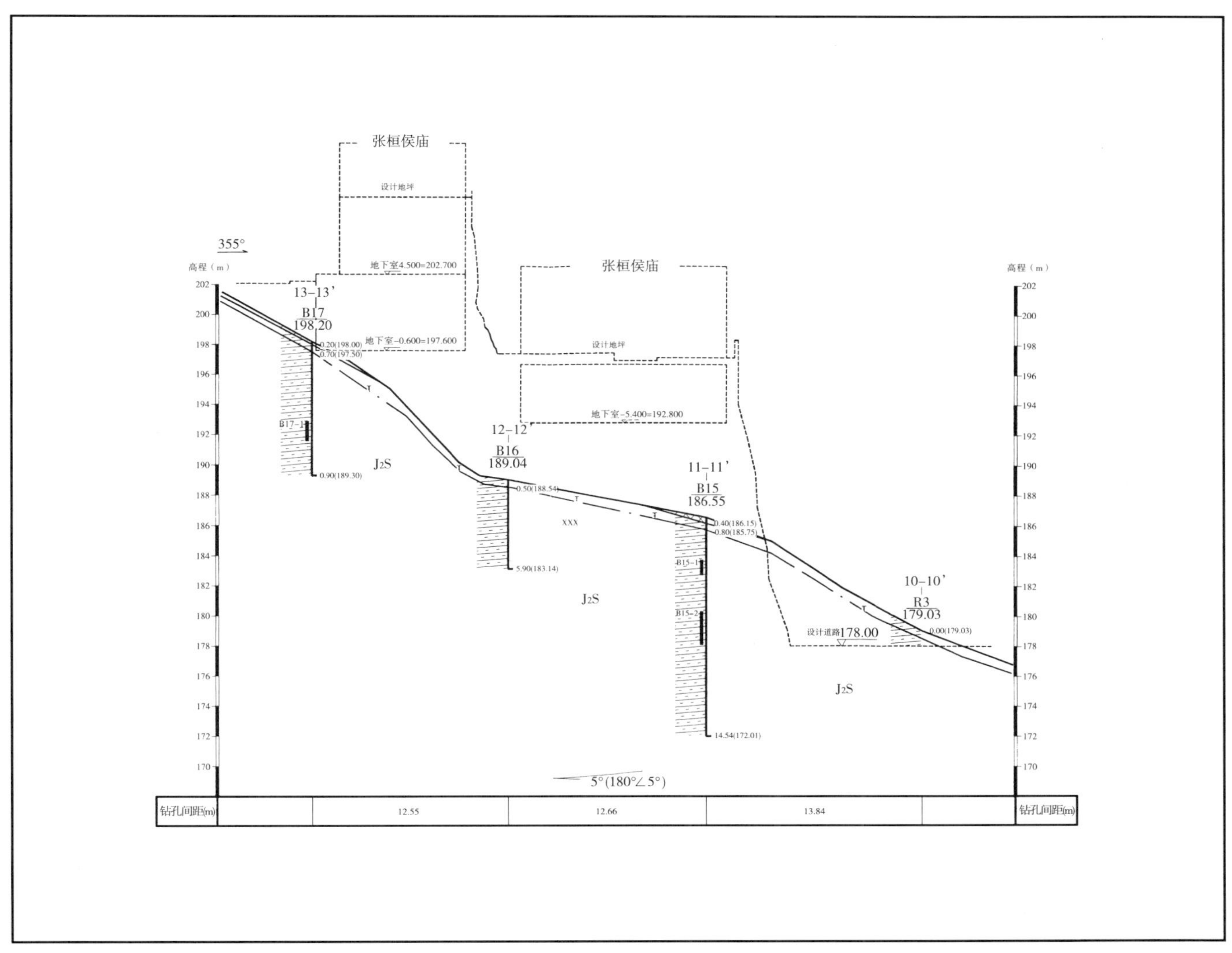

三一　工程地质（6————6′）剖面图

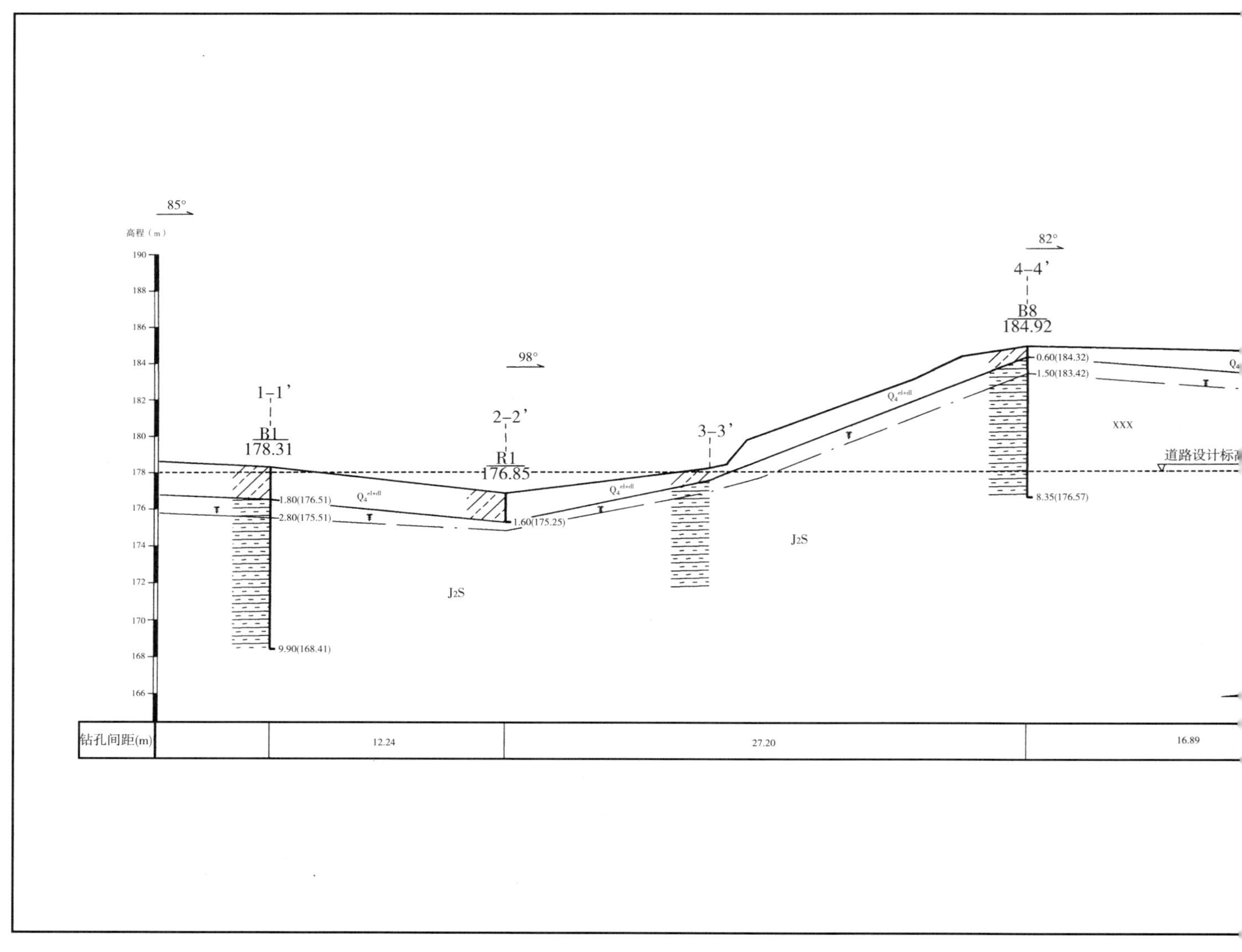
85°
高程（m）
190
188
186
184
182
180
178
176
174
172
170
168
166
1-1'
B1
178.31
1.80(176.51)
2.80(175.51)
9.90(168.41)
2-2'
R1
176.85
1.60(175.25)
98°
3-3'
J2S
4-4'
82°
B8
184.92
0.60(184.32)
1.50(183.42)
8.35(176.57)
XXX
道路设计标高
钻孔间距(m)
12.24
27.20
16.89

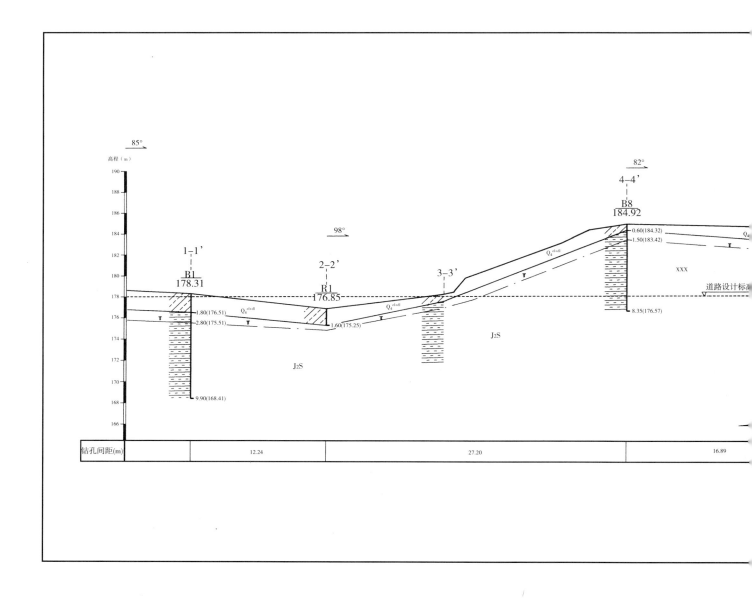

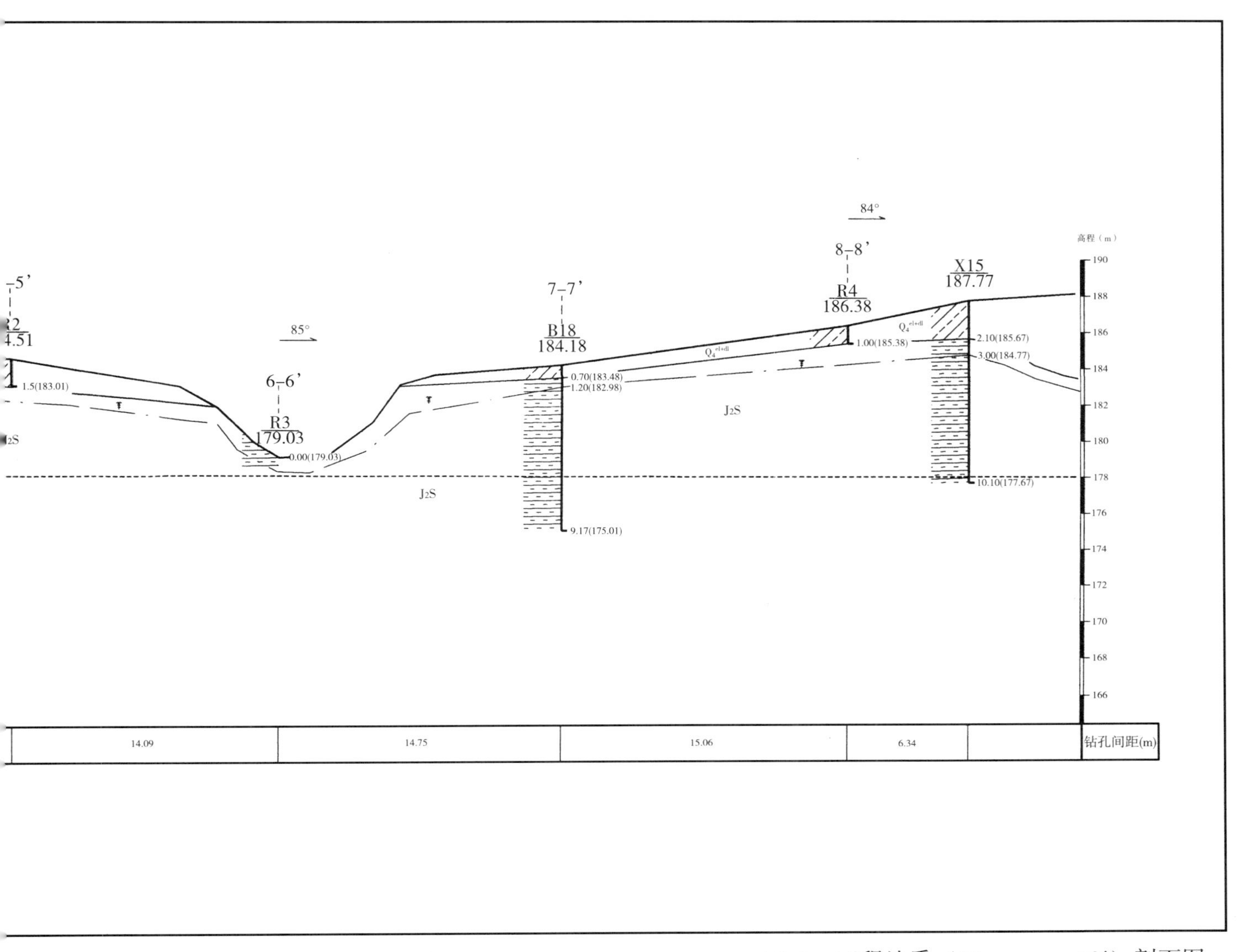

三二 工程地质（10————10′）剖面图

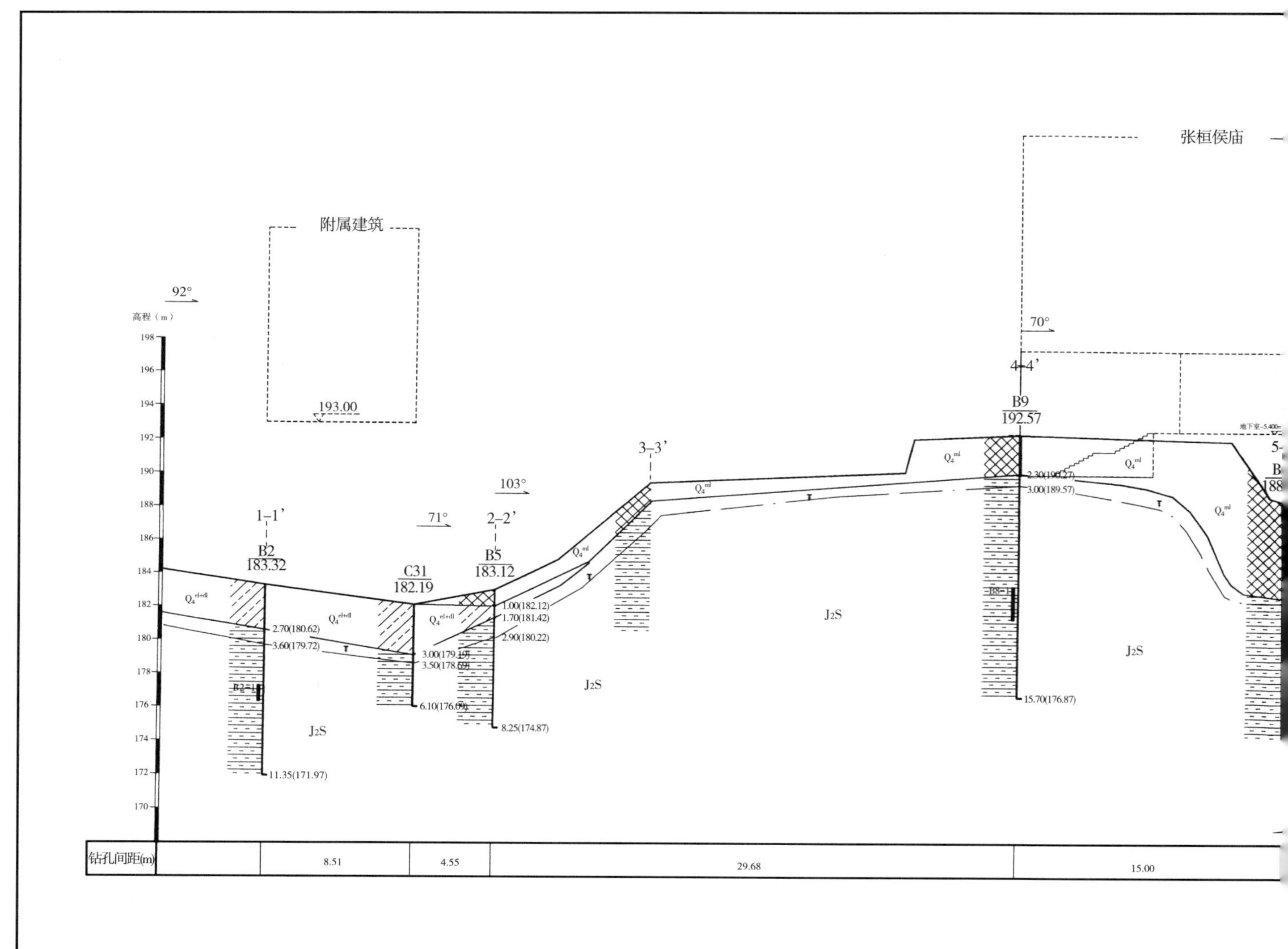

张桓侯庙
附属建筑
193.00
92°
高程（m）
198
196
194
192
190
188
186
184
182
180
178
176
174
172
170
1–1'
B2
183.32
71°
C31
182.19
103°
2–2'
B5
183.12
3–3'
70°
4–4'
B9
192.57
2.70(180.62)
3.60(179.72)
1.00(182.12)
1.70(181.42)
2.90(180.22)
6.10(176.09)
8.25(174.87)
11.35(171.97)
2.30(190.27)
3.00(189.57)
15.70(176.87)
J2S
钻孔间距(m)
8.51
4.55
29.68
15.00

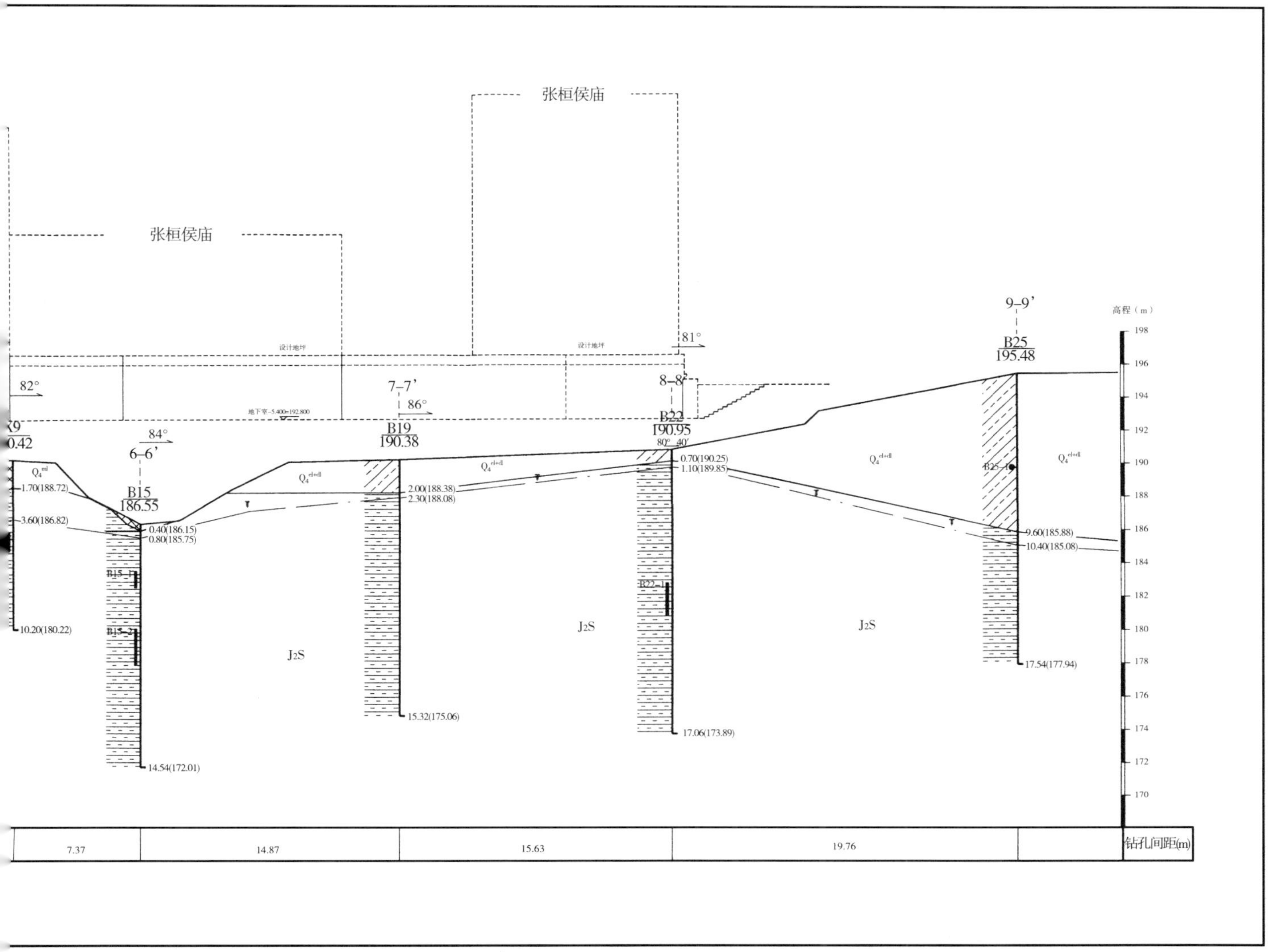

三三　工程地质（11————11′）剖面图

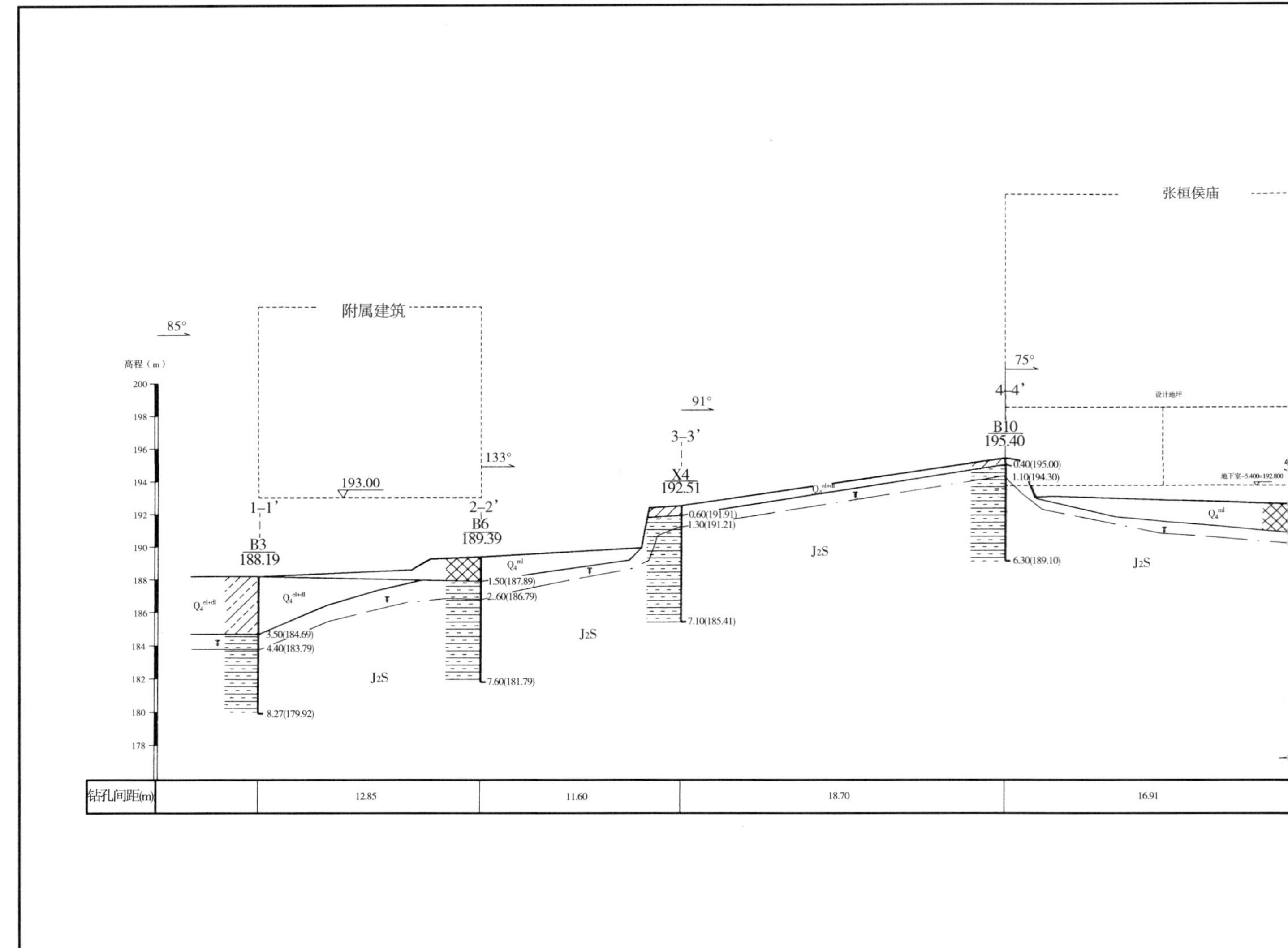

附属建筑
张桓侯庙
85°
133°
91°
75°
高程（m）
1-1'
B3
188.19
2-2'
B6
189.39
3-3'
X4
192.51
4-4'
B10
195.40
193.00
设计地坪
3.50(184.69)
4.40(183.79)
8.27(179.92)
1.50(187.89)
2.60(186.79)
7.60(181.79)
0.60(191.91)
1.30(191.21)
7.10(185.41)
0.40(195.00)
1.10(194.30)
6.30(189.10)
J2S
钻孔间距(m)
12.85
11.60
18.70
16.91

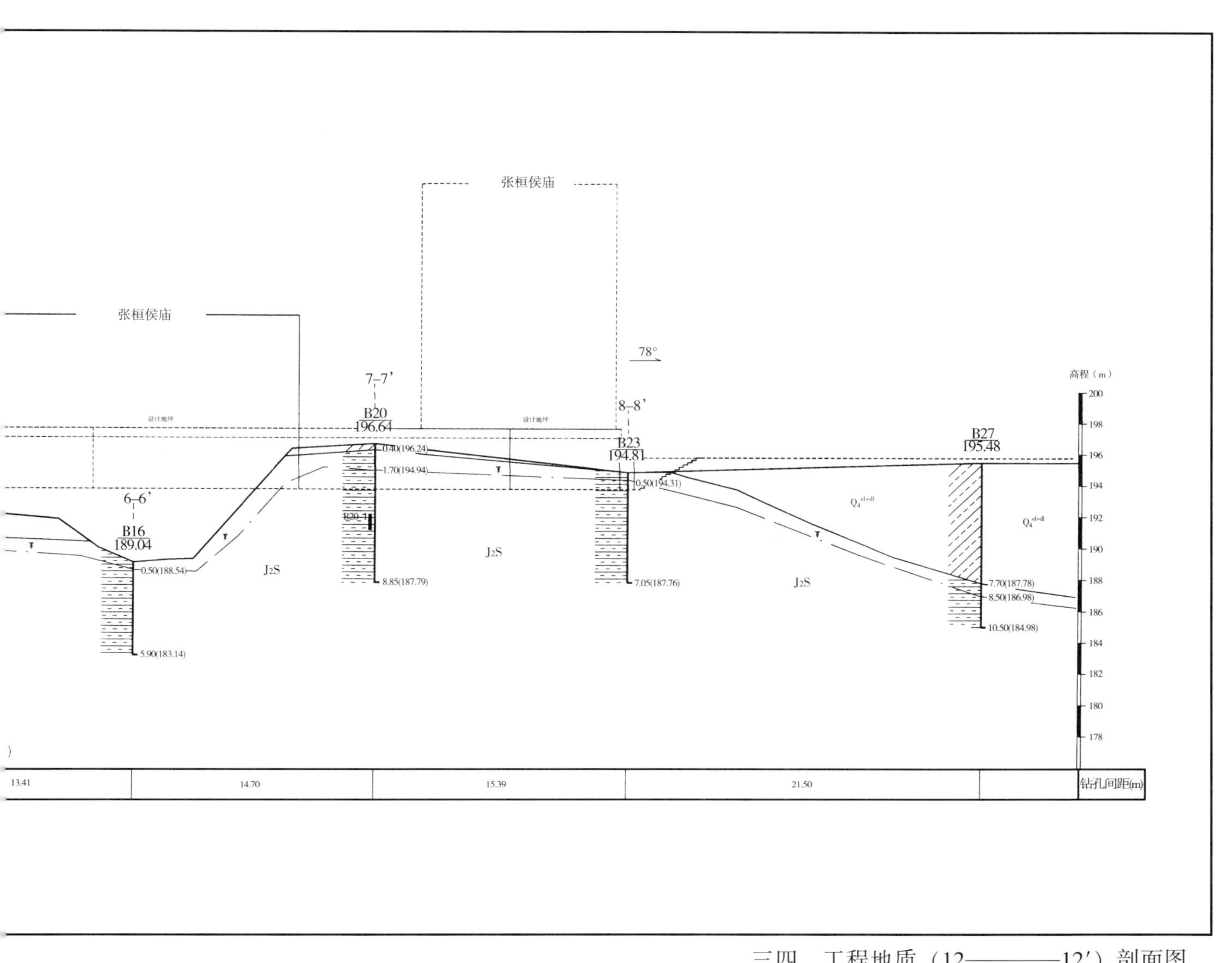
张桓侯庙
张桓侯庙
78°
7–7’
B20
196.64
8–8’
B23
194.81
6–6’
B16
189.04
B27
195.48
设计地坪
设计地坪
0.40(196.24)
1.70(194.94)
0.50(194.31)
0.50(188.54)
5.90(183.14)
8.85(187.79)
7.05(187.76)
7.70(187.78)
8.50(186.98)
10.50(184.98)
J2S
J2S
J2S
高程（m）
200
198
196
194
192
190
188
186
184
182
180
178
13.41
14.70
15.39
21.50
钻孔间距(m)

三四　工程地质（12————12′）剖面图

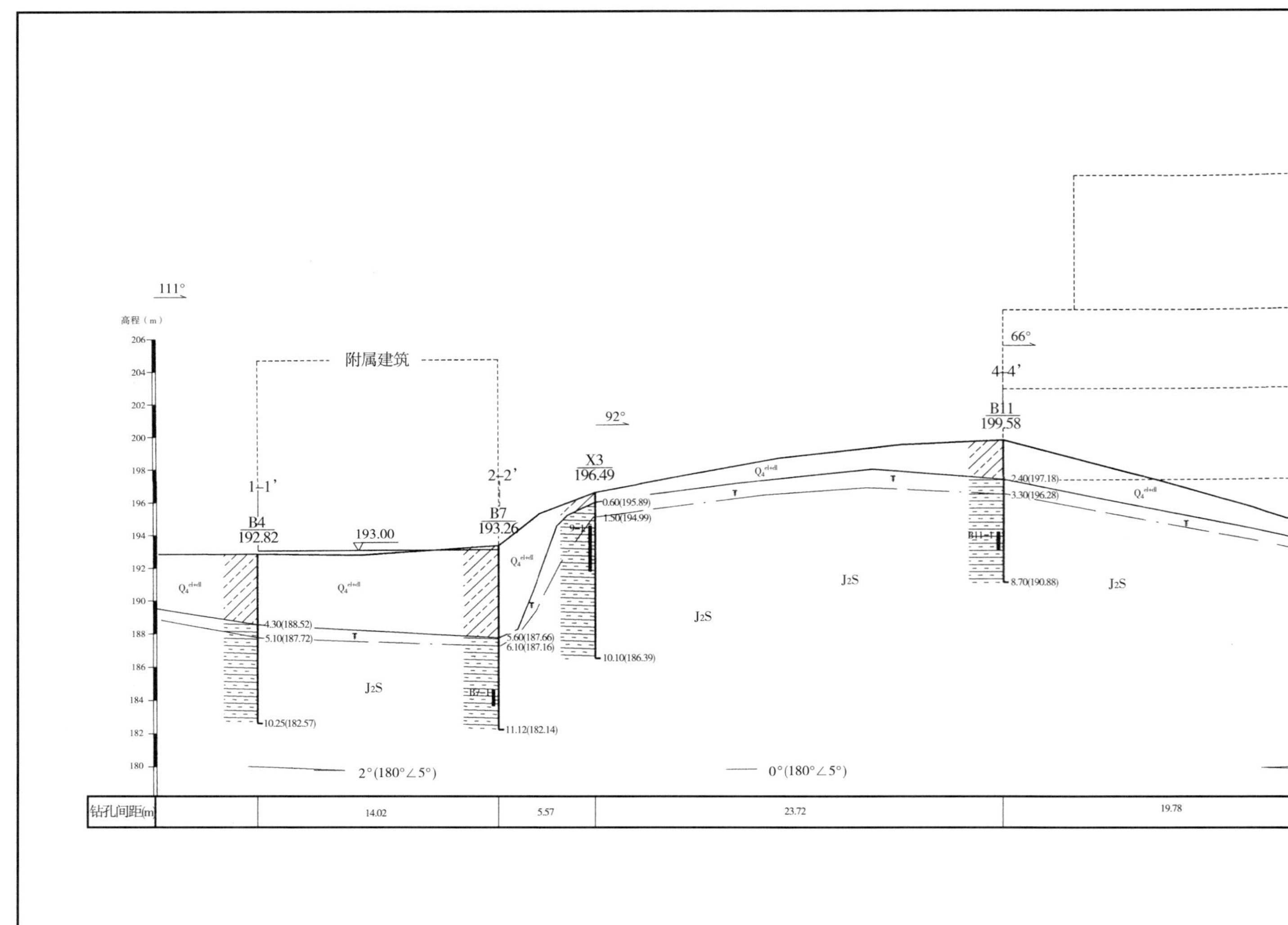

111°
高程（m）
附属建筑
1-1'
2-2'
92°
X3
196.49
66°
4-4'
B11
199.58
B4
192.82
193.00
B7
193.26
4.30(188.52)
5.10(187.72)
10.25(182.57)
5.60(187.66)
6.10(187.16)
11.12(182.14)
0.60(195.89)
1.50(194.99)
10.10(186.39)
2.40(197.18)
3.30(196.28)
8.70(190.88)
J2S
2°(180°∠5°)
0°(180°∠5°)
钻孔间距(m
14.02
5.57
23.72
19.78

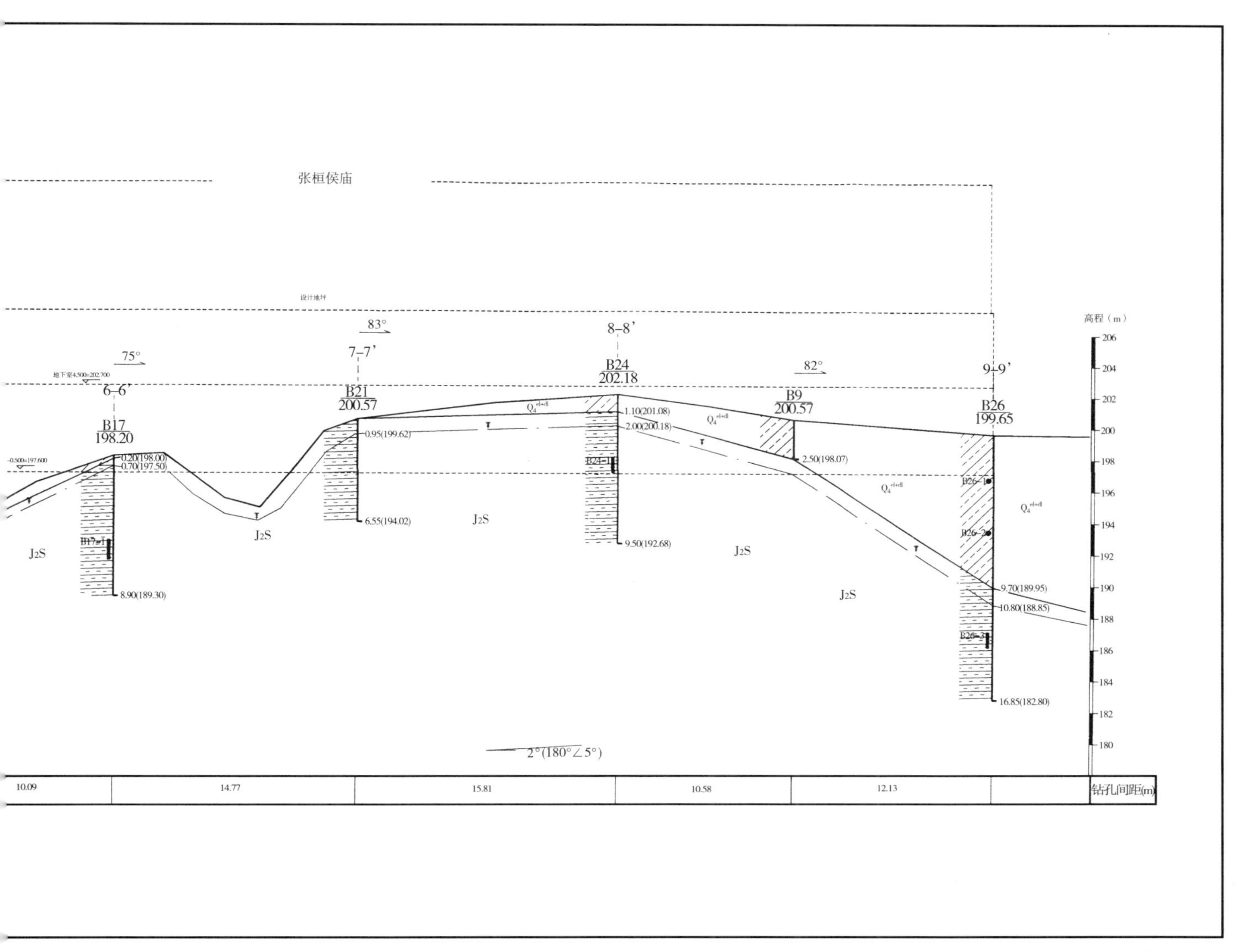

张桓侯庙
设计地坪
75°
83°
8-8'
82°
6-6'
7-7'
9-9'
B17
198.20
B21
200.57
B24
202.18
B9
200.57
B26
199.65
0.20(198.00)
0.70(197.50)
8.90(189.30)
0.95(199.62)
6.55(194.02)
1.10(201.08)
2.00(200.18)
9.50(192.68)
2.50(198.07)
9.70(189.95)
10.80(188.85)
16.85(182.80)
J2S
2°(180°∠5°)
高程（m）
206
204
202
200
198
196
194
192
190
188
186
184
182
180
10.09
14.77
15.81
10.58
12.13
钻孔间距(m)

三五　工程地质（13————13′）剖面图

钻孔柱状图

工程名称	张桓侯庙搬迁工程补充勘察			钻孔编号	B1		
孔口高程	178.31m	坐标	x = 21542.50m	开工日期	2001.10.25	静止水位	无
孔口直径	110.00mm		y = 66728.30m	竣工日期	2001.10.26	测量水位日期	

地层	层底标高(m)	层底深度(m)	分层厚度(m)	柱状图 1:100	岩芯采取率% 20 40 60 80	RQD% 20 40 60 80	岩土名称及其特征	取样	备注
Q_4^{el+dl}	176.51	1.80	1.80				粉质黏土: 紫褐色,可塑～硬塑,夹有一定的砂岩,泥岩块石,粒径多为5～20mm,最大达100mm以上,含量10%～25%.		
J_{2S}	175.51	2.80							
	168.41	9.90	8.10				泥 岩: 紫红色,粉砂泥质结构,厚层状构造,岩芯多呈短～中柱状,岩体较完整,岩质较硬,孔深7.70m处见一组节理,其倾角约65°孔深2.20～2.60m,3.90～4.60m和7.80～8.70m夹灰色泥质砂岩,孔深2.80m为强风化底界.		

三六 钻孔柱状图（B1）

钻 孔 柱 状 图

工程名称	张桓侯庙搬迁工程补充勘察			钻孔编号	B2		
孔口高程	183.32m	坐标	x = 21530.30m	开工日期	2001.10.25	静止水位	无
孔口直径	110.00mm		y = 66729.50m	竣工日期	2001.10.25	测量水位日期	

地层	层底标高(m)	层底深度(m)	分层厚度(m)	柱状图 1:100	岩芯采取率 % (20 40 60 80)	RQD % (20 40 60 80)	岩土名称及其特征	取样	备注
Q_4^{el+dl}	180.62	2.70	2.70				粉质黏土: 紫褐色,可塑～硬塑,夹有少量的泥岩小块石,其粒径多小于10mm,最大达50mm,含量10%～25%.		
J_{2S}	179.72 171.97	3.60 11.35	8.65				泥 岩: 紫红色,粉砂泥质结构,厚层状构造.岩芯多呈短～中柱状,岩体完整.岩质较硬.孔深8.10～8.60m夹泥质砂岩.孔深3.60m为强风化底界.在孔深6.00～7.00m取岩样,编号B2－1.	1 6.00－7.00	

三七 钻孔柱状图（B2）

钻 孔 柱 状 图

工程名称	张桓侯庙搬迁工程补充勘察			钻孔编号	B3		
孔口高程	188.19m	坐标	x = 21518.90m	开工日期	2001.10.24	静止水位	无
孔口直径	110.00mm		y = 66730.60m	竣工日期	2001.10.24	测量水位日期	

地层	层底标高(m)	层底深度(m)	分层厚度(m)	柱状图 1:100	岩芯采取率 % 20 40 60 80	RQD % 20 40 60 80	岩土名称及其特征	取样	备注
Q_4^{el+dl}	184.69	3.50	3.50				粉质黏土: 黄褐色,可塑～硬塑状,夹有少量的泥岩小块石.		
J_{2S}	183.79 179.92	4.40 8.27	4.77				泥 岩: 紫红色,粉砂泥质结构,厚层状构造.岩芯多呈短～中柱状,局部段较破碎,岩体较完整,岩质较硬.孔深4.40m为强风化底界.		

三八　钻孔柱状图(B3)

钻孔柱状图

工程名称	张桓侯庙搬迁工程补充勘察		钻孔编号	B4		
孔口高程	192.82m	坐标 x = 21508.20m	开工日期	2001.10.24	静止水位	无
孔口直径	110.00mm	坐标 y = 66731.70m	竣工日期	2001.10.24	测量水位日期	

地层	层底标高(m)	层底深度(m)	分层厚度(m)	柱状图 1:100	岩芯采取率% 20 40 60 80	RQD% 20 40 60 80	岩土名称及其特征	取样	备注
Q_4^{el+dl}	188.52	4.30	4.30				粉质黏土: 紫褐色,可塑～硬塑.夹有少量的砂岩,泥岩块石.块石粒径多为5～50mm,含量10%～25%.其中孔深2.80～3.40m夹砂岩孤石.		
J_{2S}	187.72	5.10					泥岩: 紫红色,粉砂泥质结构,厚层状构造.岩芯多呈短～中柱状,岩体较完整,岩质较硬,未见节理.孔深5.10m为强风化底界.		
	182.57	10.25	5.95						

三九 钻孔柱状图(B4)

钻孔柱状图

工程名称	张桓侯庙搬迁工程补充勘察			钻孔编号	B5		
孔口高程	183.12m	坐标	x = 21531.50m	开工日期	2001.10.27	静止水位	无
孔口直径	110.00mm		y = 66742.30m	竣工日期	2001.10.27	测量水位日期	

地层	层底标高(m)	层底深度(m)	分层厚度(m)	柱状图 1:100	岩芯采取率 %	RQD %	岩土名称及其特征	取样	备注
Q_4^{ml}	182.12	1.00	1.00				素填土：褐色为主，由黏性土和砂岩、泥岩块石组成。块石粒径多为50～150mm，含量20%～40%，松散		
Q_4^{el+dl}	181.42	1.70	0.70				粉质黏土：紫褐色，可塑～硬塑。		
J_{2S}	180.22	2.90					泥岩：紫红色，粉砂泥质结构，厚层状构造，岩芯多呈短～中柱状，岩体较完整，岩质较硬，未见节理。孔深2.90m为强风化底界。		
	174.87	8.25	6.55						

四〇 钻孔柱状图（B5）

钻　孔　柱　状　图

工程名称	张桓侯庙搬迁工程补充勘察			钻孔编号	B6		
孔口高程	189.39m	坐标	x = 21520.00m	开工日期	2001.10.28	静止水位	无
孔口直径	110.00mm		y = 66743.40m	竣工日期	2001.10.28	测量水位日期	

地层	层底标高 (m)	层底深度 (m)	分层厚度 (m)	柱状图 1:100	岩芯采取率 % 20 40 60 80	RQD % 20 40 60 80	岩土名称及其特征	取样	备注
Q_4^{ml}	187.89	1.50	1.50				素填土： 褐色为主，由黏性土和泥岩小块石组成块石粒径多为10～50mm，含量10%～20%，结构稍密.		
J_{2S}	186.79	2.60							
	181.79	7.60	6.10				泥　岩： 紫红色，粉砂泥质结构，厚层状构造，岩芯多呈短～中柱状，岩体较完整，岩质较硬，其中孔深5.40～6.40m段较为破碎. 孔深2.60m为强风化底界.		

四一　钻孔柱状图（B6）

钻 孔 柱 状 图

工程名称	张桓侯庙搬迁工程补充勘察			钻孔编号	B7		
孔口高程	193.26m	坐标	x = 21503.20m	开工日期	2001.10.23	静止水位	无
孔口直径	110.00mm		y = 66744.80m	竣工日期	2001.10.24	测量水位日期	

地层	层底标高(m)	层底深度(m)	分层厚度(m)	柱状图 1:100	岩芯采取率 % 20 40 60 80	RQD % 20 40 60 80	岩土名称及其特征	取样	备注
Q_4^{el+dl}	187.66	5.60	5.60				粉质黏土: 紫红色,可塑~硬塑.孔深0~2.00m和4.50~5.60m夹砂岩块石,块石粒径100~200mm,含量20%~30%.		
J_{2S}	187.16 182.14	6.10 11.12	5.52				泥 岩: 紫红色,粉砂泥质结构,厚层状构造,岩芯多呈短~中柱状,岩体较完整,岩质较硬.孔深6.10m为强风化底界.在孔深8.70~9.70m取岩样,编号B7-1.	1 8.70-9.70	

四二 钻孔柱状图（B7）

钻　孔　柱　状　图

工程名称	张桓侯庙搬迁工程补充勘察			钻孔编号	B8		
孔口高程	184.92m	坐标	x = 21539.50m	开工日期	2001.10.28	静止水位	无
孔口直径	110.00mm		y = 66767.40m	竣工日期	2001.10.28	测量水位日期	

地层	层底标高(m)	层底深度(m)	分层厚度(m)	柱状图 1:100	岩芯采取率 % 20 40 60 80	RQD % 20 40 60 80	岩土名称及其特征	取样	备注
Q_4^{el+dl}	184.32	0.60	0.60				粉质黏土： 紫褐色，可塑～硬塑，夹少量的泥岩小碎石，表层0.20m为耕种土。		
J_{2S}	183.42	1.50							
	176.57	8.35	7.75				泥　岩： 紫红色，粉砂泥质结构，厚层状构造，岩芯多呈短～中柱状，岩体较完整，岩质较硬，孔深5.10m处见一组节理，其倾角约70°．孔深1.50m为强风化底界．		

四三　钻孔柱状图（B8）

钻孔柱状图

工程名称	张桓侯庙搬迁工程补充勘察			钻孔编号	B9		
孔口高程	192.57m	坐标	x = 21524.68m	开工日期	2001.10.28	静止水位	无
孔口直径	110.00mm		y = 66771.19m	竣工日期	2001.10.28	测量水位日期	

地层	层底标高 (m)	层底深度 (m)	分层厚度 (m)	柱状图 1:100	岩芯采取率 %	RQD %	岩土名称及其特征	取样	备注
Q_4^{ml}	190.27	2.30	2.30				素填土: 褐色为主，由黏性土和砂岩，泥岩小块石组成. 块石粒径多为10～100mm，含量20～30%，结构稍密.		
J_{2s}	189.57 176.87	3.00 15.70	13.40				泥　岩: 紫红色，粉砂泥质结构，厚层状构造，岩芯多呈短～中柱状，岩体较完整，岩质较硬. 孔深15.20m处见一组节理，其倾角约80°. 孔深3.00m为强风化底界. 在孔深9.00～11.00m取岩样，编号B9－1.	1 9.00–11.00	

四四　钻孔柱状图（B9）

钻 孔 柱 状 图

工程名称	张桓侯庙搬迁工程补充勘察			钻孔编号	B10		
孔口高程	195.40m	坐标	x = 21511.70m	开工日期	2001.10.23	静止水位	无
孔口直径	110.00mm		y = 66770.60m	竣工日期	2001.10.23	测量水位日期	

地层	层底标高(m)	层底深度(m)	分层厚度(m)	柱状图 1:100	岩芯采取率% 20 40 60 80	RQD % 20 40 60 80	岩土名称及其特征	取样	备注
Q_4^{el+dl}	195.00	0.40	0.40				粉质黏土：紫褐色，可塑。		
J_{2S}	194.30	1.10							
	189.10	6.30	5.90				泥 岩：紫红色，粉砂泥质结构，厚层状构造，岩芯多呈短～中柱状，岩体较为完整，岩质较硬，节理少见，孔深1.10m为强风化底界。		

四五 钻孔柱状图（B10）

钻孔柱状图

工程名称	张桓侯庙搬迁工程补充勘察			钻孔编号	B11		
孔口高程	199.58m	坐标	x = 21500.30m	开工日期	2001.10.22	静止水位	无
孔口直径	110.00mm		y = 66773.70m	竣工日期	2001.10.23	测量水位日期	

地层	层底标高(m)	层底深度(m)	分层厚度(m)	柱状图 1:100	岩芯采取率 %	RQD %	岩土名称及其特征	取样	备注
Q_4^{el+dl}	197.18	2.40	2.40				粉质黏土：紫褐色，呈可塑～硬塑状，表层0.30m为耕种土。		
J_{2S}	196.28 190.88	3.30 8.70	6.30				泥岩：紫红色，粉砂泥质结构，厚层状构造，岩芯多呈短～中柱状，岩体较完整，岩质较硬，孔深3.30m为强风化底界，在孔深5.60～6.70m取岩样，编号B11－1	1 5.60－6.70	

四六　钻孔柱状图（B11）

钻 孔 柱 状 图

工程名称	张桓侯庙搬迁工程补充勘察			钻孔编号	B12		
孔口高程	188.73m	坐	x = 21529.79m	开工日期	2001.10.28	静止水位	无
孔口直径	110.00mm	标	y = 66785.29m	竣工日期	2001.10.28	测量水位日期	

地层	层底标高(m)	层底深度(m)	分层厚度(m)	柱状图 1:100	岩芯采取率 % 20 40 60 80	RQD % 20 40 60 80	岩土名称及其特征	取样	备注
Q_4^{ml}	182.93	5.80	5.80				素填土： 褐色为主，由黏性土和砂岩，泥岩小块石组成，块石粒径多为10～50mm，含量10%～30%.		
J_{2S}	182.63 174.61	6.10 14.12	8.32				泥 岩： 紫红色，粉砂泥质结构，厚层状构造，岩芯多呈短～中柱状，岩体较完整，岩质较硬，节理不发育，孔深6.10m为强风化底界.		

钻孔柱状图

工程名称	张桓侯庙搬迁工程补充勘察			钻孔编号	B14		
孔口高程	199.93m	坐标	x = 21497.20m	开工日期	2001.10.22	静止水位	无
孔口直径	110.00mm		y = 66792.90m	竣工日期	2001.10.22	测量水位日期	

地层	层底标高 (m)	层底深度 (m)	分层厚度 (m)	柱状图 1:100	岩芯采取率 %	RQD %	岩土名称及其特征	取样	备注
Q_4^{el+dl}	199.63	0.30	0.30				粉质黏土：紫褐色，呈可塑状		
J_{2S}	198.43	1.50							
	193.43	6.50	6.20				泥　岩： 紫红色，粉砂泥质结构，厚层状构造，岩芯呈短～中柱状，岩体较完整，岩质较硬。孔深0.90～1.50m夹灰色泥质粉砂岩。孔深1.50m为强风化底界。		

四八　钻孔柱状图（B14）

钻孔柱状图

工程名称	张桓侯庙搬迁工程补充勘察			钻孔编号	B15		
孔口高程	186.55m	坐标	x = 21530.50m	开工日期	2001.10.20	静止水位	无
孔口直径	110.00mm		y = 66799.00m	竣工日期	2001.10.21	测量水位日期	

地层	层底标高(m)	层底深度(m)	分层厚度(m)	柱状图 1:100	岩芯采取率 %	RQD %	岩土名称及其特征	取样	备注
Q_4^{ml}	186.15	0.40	0.40				素填土: 紫褐色,由泥岩小碎块和砂粒组成,松散.		
J_{2S}	185.75	0.80					泥　岩: 紫红色,粉砂泥质结构,厚层状构造,岩芯多呈短～中柱状,岩体较完整,岩质较硬,节理少见.孔深0.80m为强风化底界.在孔深2.80～3.80m取岩样,编号B15－1.孔深6.20～8.40m取岩样,编号B15－2.	1 2.80-3.80 2 6.20-8.40	
	172.01	14.54	14.14						

四九　钻孔柱状图(B15)

钻 孔 柱 状 图

工程名称	张桓侯庙搬迁工程补充勘察			钻孔编号	B16		
孔口高程	189.04m	坐标	x = 21517.90m	开工日期	2001.10.20	静止水位	无
孔口直径	110.00mm		y = 66800.20m	竣工日期	2001.10.20	测量水位日期	

地层	层底标高(m)	层底深度(m)	分层厚度(m)	柱状图 1:100	岩芯采取率 % 20 40 60 80	RQD % 20 40 60 80	岩土名称及其特征	取样	备注
J_{2S}	188.54 183.14	0.50 5.90	5.90				泥 岩: 紫红色,粉砂泥质结构,厚层状构造,岩芯多呈短~中柱状,岩体较为完整,岩质较硬,孔深2.40m以下有裂隙出现,其倾角60°~65°,1米岩芯内出现2~3条,孔深0.50m为强风化底界.		

五〇 钻孔柱状图(B16)

钻孔柱状图

工程名称	张桓侯庙搬迁工程补充勘察			钻孔编号	B17		
孔口高程	198.20m	坐标	x = 21505.40m	开工日期	2001.10.18	静止水位	无
孔口直径	110.00mm		y = 66801.30m	竣工日期	2001.10.18	测量水位日期	

地层	层底标高(m)	层底深度(m)	分层厚度(m)	柱状图 1:100	岩芯采取率 % 20 40 60 80	RQD % 20 40 60 80	岩土名称及其特征	取样	备注
Q_4^{el+dl}	198.00	0.20	0.20				粉质黏土：紫褐色，可塑.		
J_{2S}	197.50 189.30	0.70 8.90	8.70				泥　岩: 紫红色，粉砂泥质结构，厚层状构造，岩芯多呈短～中柱状，岩体较完整，岩质较硬. 孔深0.70～1.40m和6.60～6.90m夹泥质粉砂岩. 孔深0.70m为强风化底界. 在孔深5.30～6.60m取岩样，编号B17－1.	1 5.30-6.60	

五一　钻孔柱状图（B17）

钻孔柱状图

工程名称	张桓侯庙搬迁工程补充勘察			钻孔编号	X3		
孔口高程	196.49m	坐标	x = 21501.20m	开工日期	1999.10.28	静止水位	无
孔口直径	110.00mm		y = 66750.00m	竣工日期	1999.10.29	测量水位日期	

地层	层底标高(m)	层底深度(m)	分层厚度(m)	柱状图 1:100	岩芯采取率 %	RQD %	岩土名称及其特征	取样	备注
Q_4^{el+dl}	195.89	0.60	0.60				粉质黏土：紫褐色，呈可塑状。		
J_{2S}	194.99	1.50							
	186.39	10.10	9.50				泥岩： 紫褐色、紫红色，粉砂泥质结构，厚层状构造。井深0.60～1.50m为强风化层，岩心破碎，岩质较软；井深1.50m以下为中风化层，岩体完整，岩质较硬，井深5.80～7.20m夹灰色砂岩，井深9.60m有一组裂隙，其倾角65°。在井深2.00～4.80m取样，编号3－1。	1 2.00-4.80	

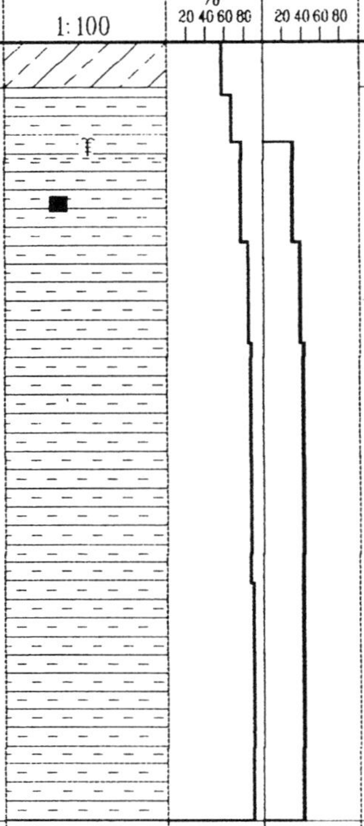

五二　钻孔柱状图（X3）

钻孔柱状图

工程名称	张桓侯庙搬迁工程补充勘察			钻孔编号	X4		
孔口高程	192.51m	坐标	x = 21512.10m	开工日期	1999.10.28	静止水位	无
孔口直径	110.00mm		y = 66751.90m	竣工日期	1999.10.28	测量水位日期	

地层	层底标高(m)	层底深度(m)	分层厚度(m)	柱状图 1:100	岩芯采取率% 20 40 60 80	RQD % 20 40 60 80	岩土名称及其特征	取样	备注
Q_4^{el+dl}	191.91	0.60	0.60				粉质黏土：紫褐色，呈可塑状.		
J_{2S}	191.21 185.41	1.30 7.10	6.50				泥 岩: 紫红色. 紫红色，粉砂泥质结构，厚层状构造，岩心呈柱状，岩体完整，岩质较硬，节理裂隙少见，井深1.30m为强风化底界.		

五三　钻孔柱状图（X4）

钻 孔 柱 状 图

工程名称	张桓侯庙搬迁工程补充勘察			钻孔编号	X5		
孔口高程	185.70m	坐	x = 21533.32m	开工日期	1999.10.30	静止水位	无
孔口直径	110.00mm	标	y = 66750.14m	竣工日期	1999.10.30	测量水位日期	

地层	层底标高(m)	层底深度(m)	分层厚度(m)	柱状图 1:100	岩芯采取率 % 20 40 60 80	RQD % 20 40 60 80	岩土名称及其特征	取样	备注
Q_4^{el+dl}	185.30	0.40	0.40				粉质黏土：紫褐色，呈可塑状。		
J_{2S}	183.90 178.70	1.80 7.00	6.60				泥 岩： 紫红色、紫褐色，粉砂泥质结构，厚层状构造，井深0.40～1.80m为强风化层，岩质较软；1.80m以下为中风化层，岩体完整，岩质较硬。在井深2.00～3.50m取样，编号5－1。	1 2.00-3.50	

五四　钻孔柱状图（X5）

钻 孔 柱 状 图

工程名称	张桓侯庙搬迁工程补充勘察			钻孔编号	X6		
孔口高程	195.97m	坐标	x = 21507.10m	开工日期	1999.10.27	静止水位	无
孔口直径	110.00mm		y = 66772.00m	竣工日期	1999.10.27	测量水位日期	

地层	层底标高(m)	层底深度(m)	分层厚度(m)	柱状图 1:100	岩芯采取率 % 20 40 60 80	RQD % 20 40 60 80	岩土名称及其特征	取样	备注
Q_4^{el+dl}	195.17	0.80	0.80				粉质黏土：紫褐色，呈可塑状。		
J_{2S}	194.47 188.87	1.50 7.10	6.30				泥岩： 紫红色、紫褐色，粉砂泥质结构，厚层状构造，岩心呈柱状，岩质较硬，节理不发育。井深1.50m为强风化底界。在井深1.50～3.10m取样，编号6－1。	1 1.50－3.10	

五五　钻孔柱状图（X6）

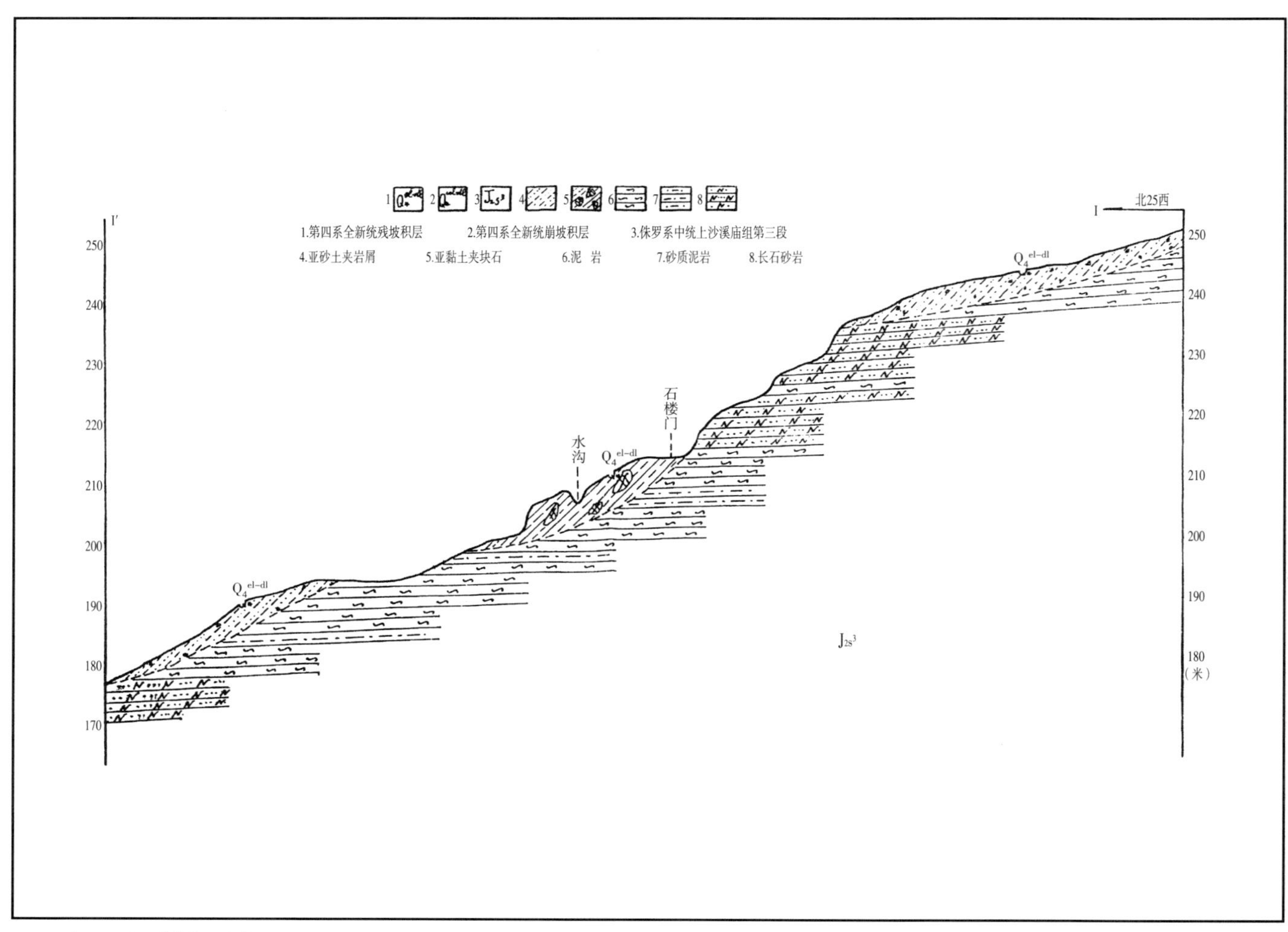
1.第四系全新统残坡积层
2.第四系全新统崩坡积层
3.侏罗系中统上沙溪庙组第三段
4.亚砂土夹岩屑
5.亚黏土夹块石
6.泥 岩
7.砂质泥岩
8.长石砂岩
I′
I
北25西
250
240
230
220
210
200
190
180
170
(米)
水沟
石楼门
Q_4^{el-dl}
J_{2s}^3

五六 地质剖面图 1

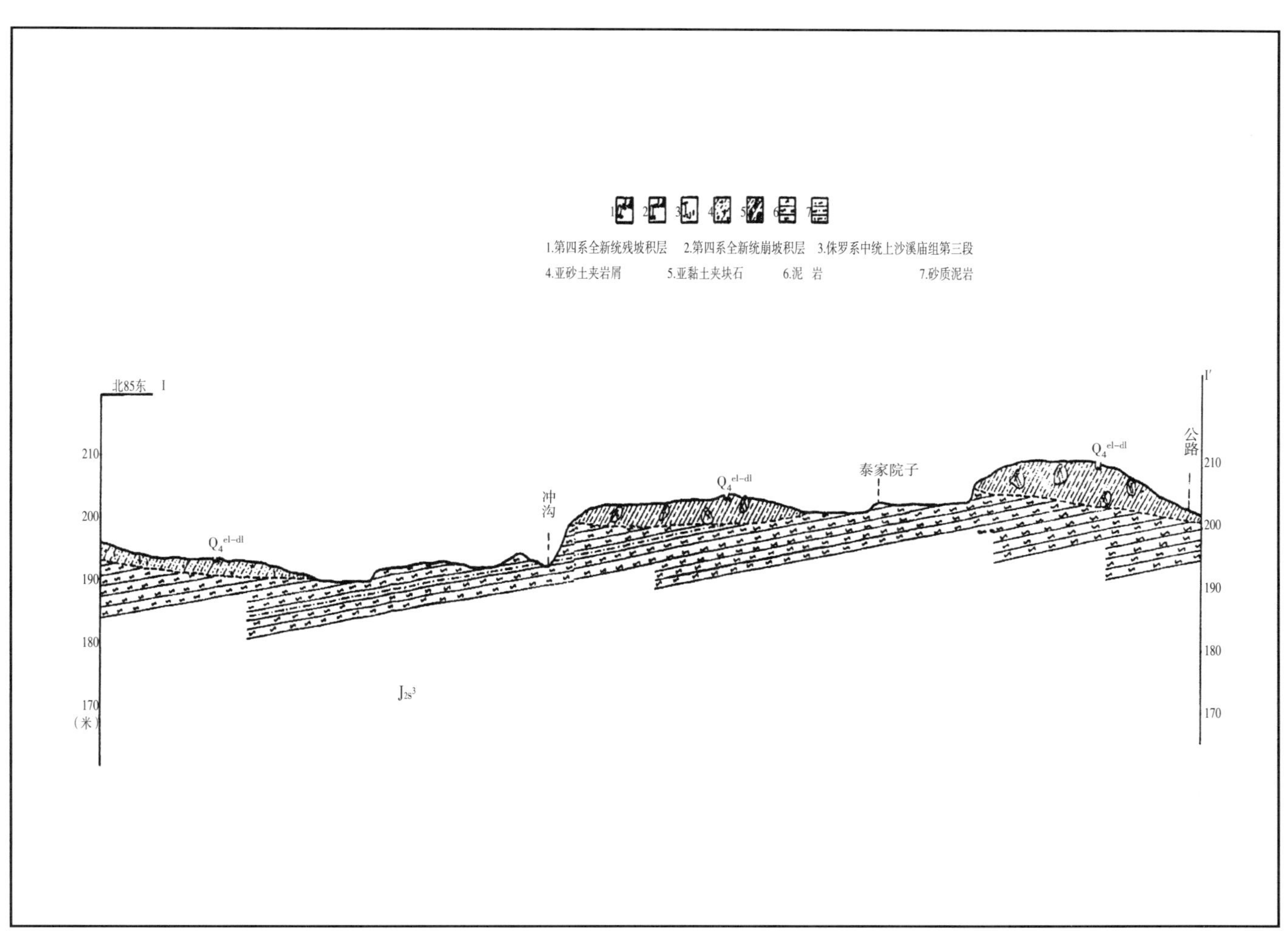
1.第四系全新统残坡积层 2.第四系全新统崩坡积层 3.侏罗系中统上沙溪庙组第三段
4.亚砂土夹岩屑 5.亚黏土夹块石 6.泥 岩 7.砂质泥岩
北85东 I
I′
210
200
190
180
170
（米）
Q_4^{el-dl}
冲沟
泰家院子
公路
J_{2s}^3

五七 地质剖面图 2

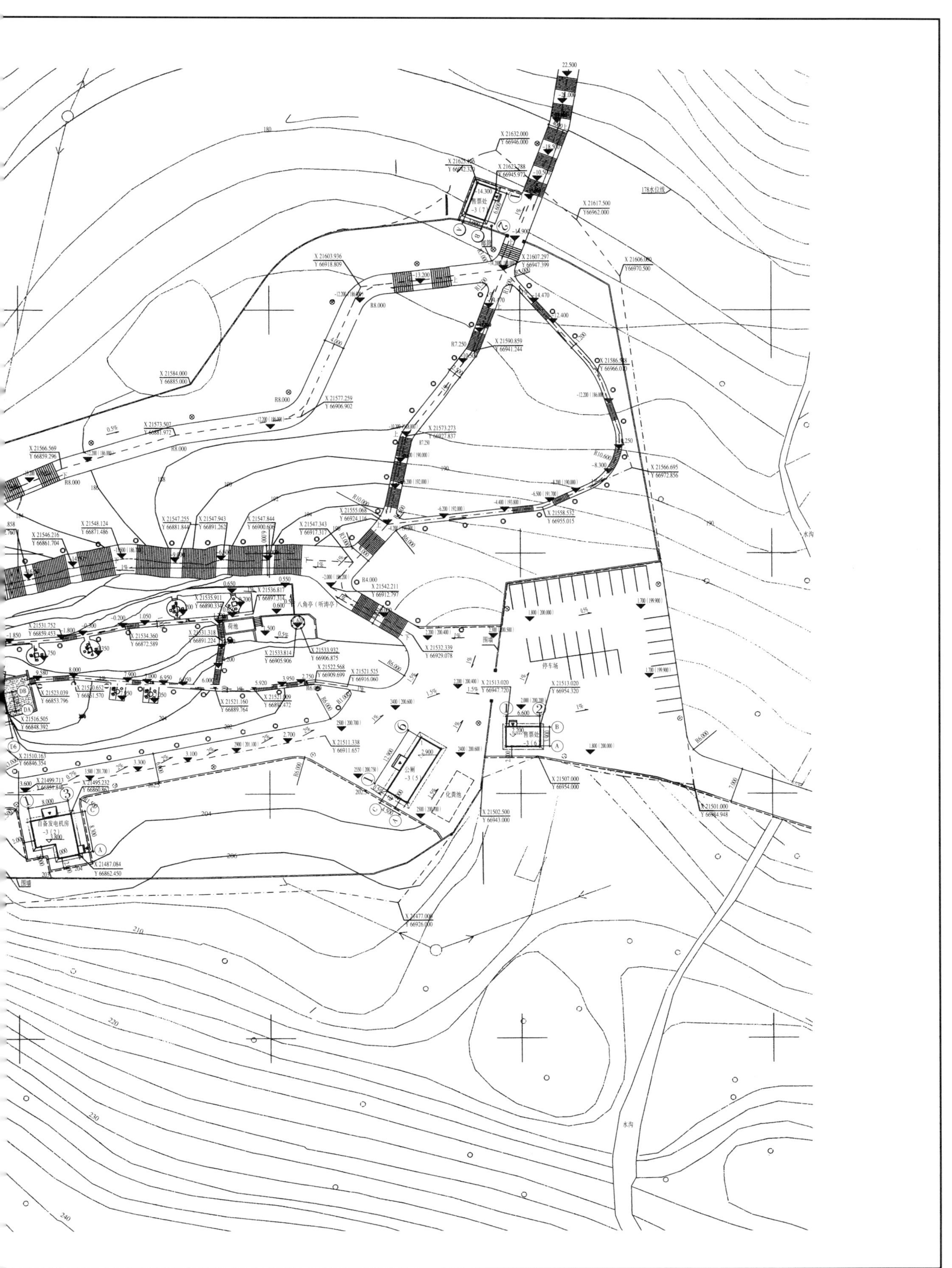

五八　张桓侯庙总平面图

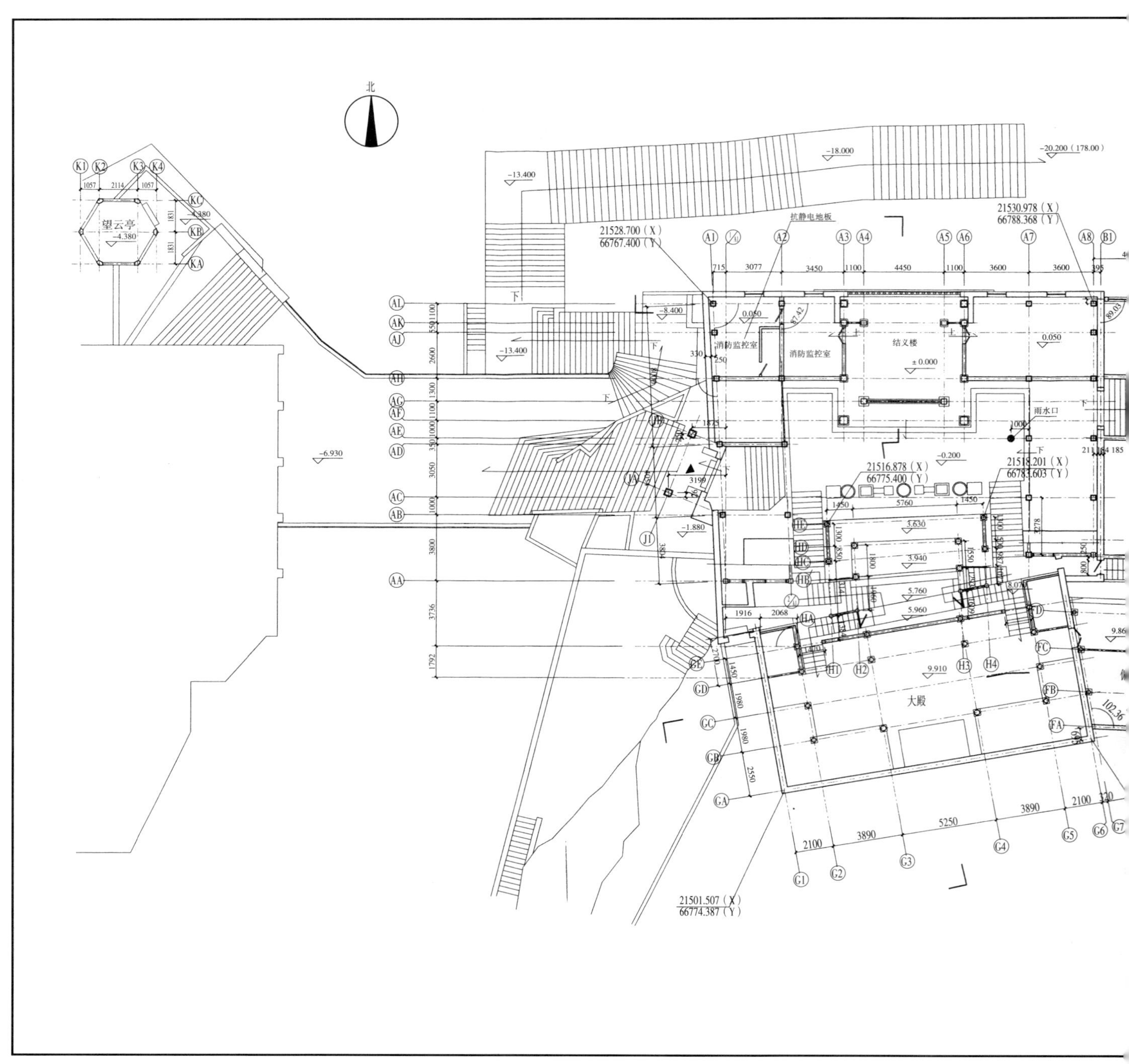
北
望云亭
−4.380
结义楼
消防监控室
抗静电地板
雨水口
大殿
21528.700（X）
66767.400（Y）
21530.978（X）
66788.368（Y）
21516.878（X）
66775.400（Y）
21518.201（X）
66783.603（Y）
21501.507（X）
66774.387（Y）
−13.400
−18.000
−20.200（178.00）
−8.400
−6.930
−1.880
±0.000
−0.200
9.910

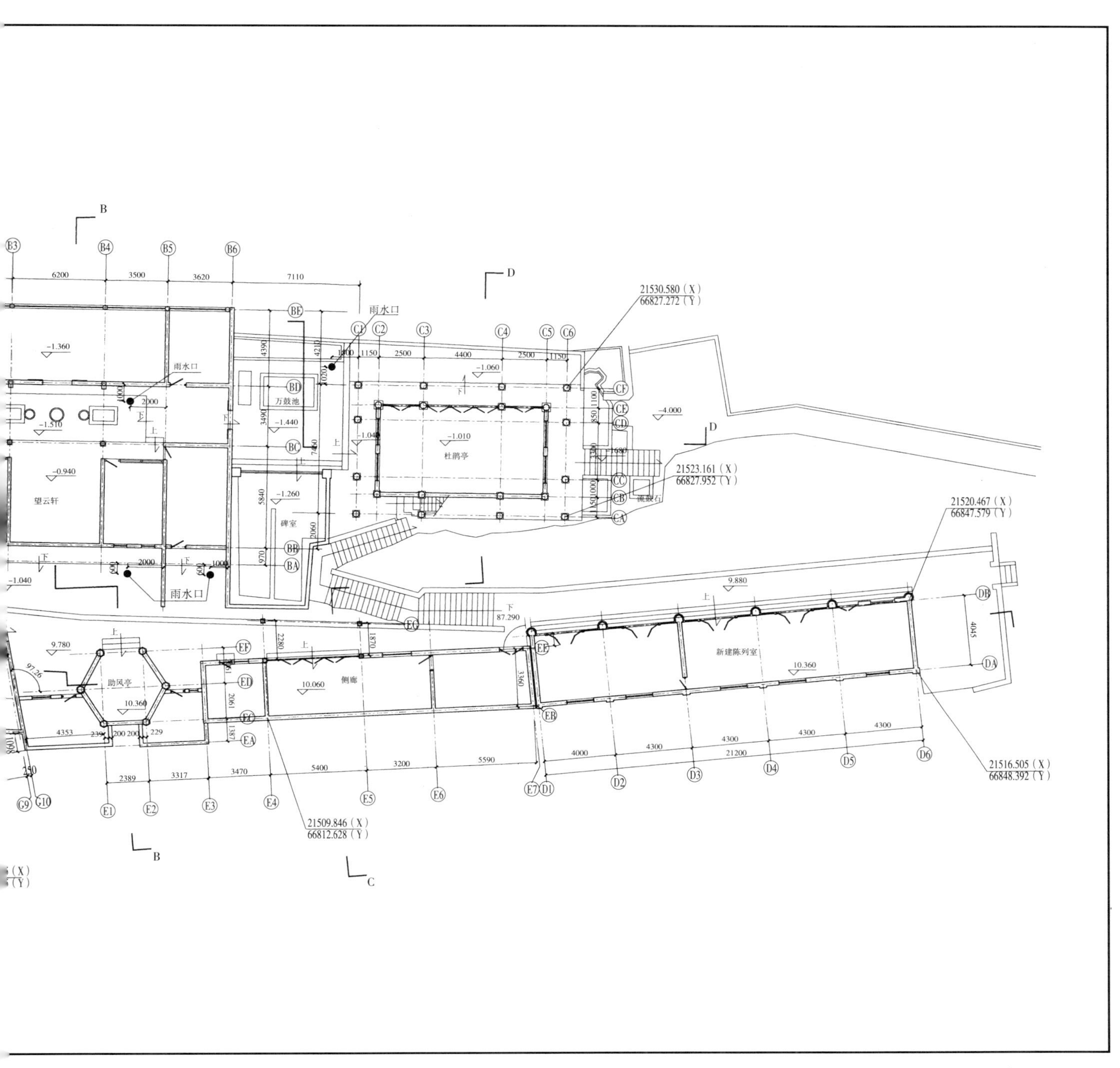
望云轩
万鼓池
碑室
杜鹃亭
助风亭
侧廊
新建陈列室
雨水口
21530.580（X）
66827.272（Y）
21523.161（X）
66827.952（Y）
21520.467（X）
66847.579（Y）
21516.505（X）
66848.392（Y）
21509.846（X）
66812.628（Y）

五九　张桓侯庙平面图

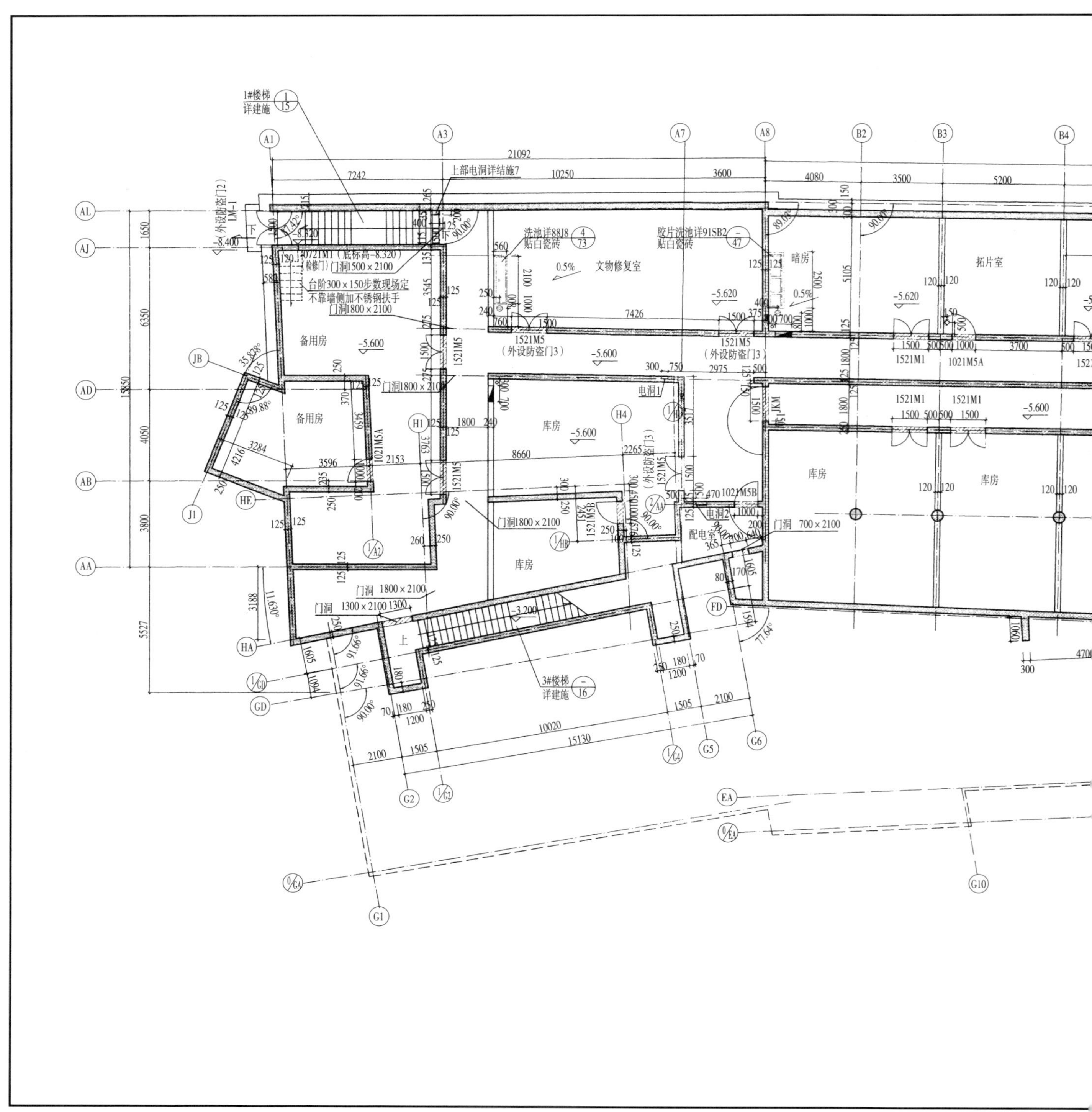

1#楼梯
详建施
上部电洞详结施7
文物修复室
暗房
拓片室
备用房
备用房
库房
库房
库房
库房
配电室
3#楼梯
详建施

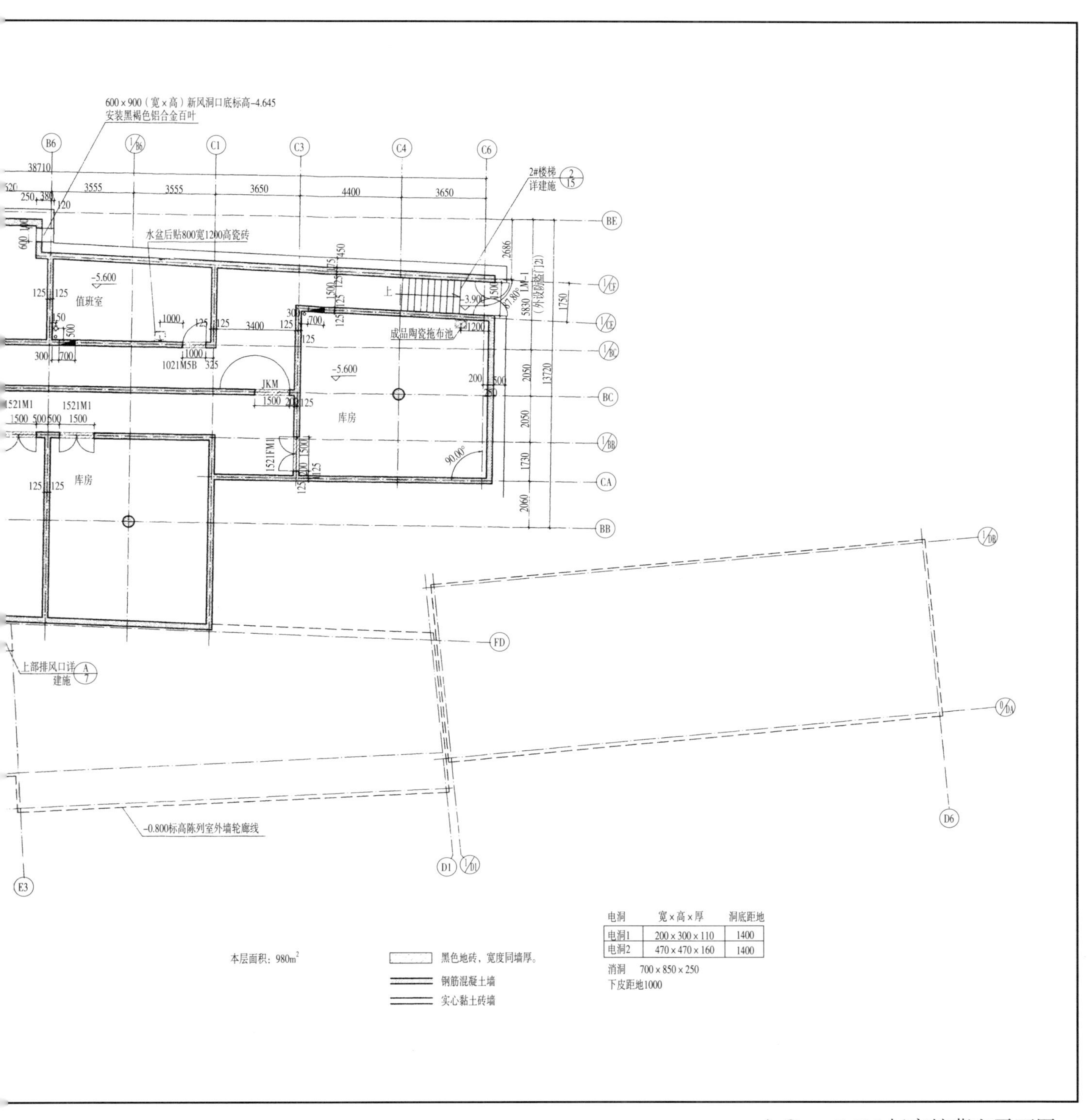

电洞	宽×高×厚	洞底距地
电洞1	200×300×110	1400
电洞2	470×470×160	1400

消洞　700×850×250
下皮距地1000

六〇　-5.600标高馆藏室平面图

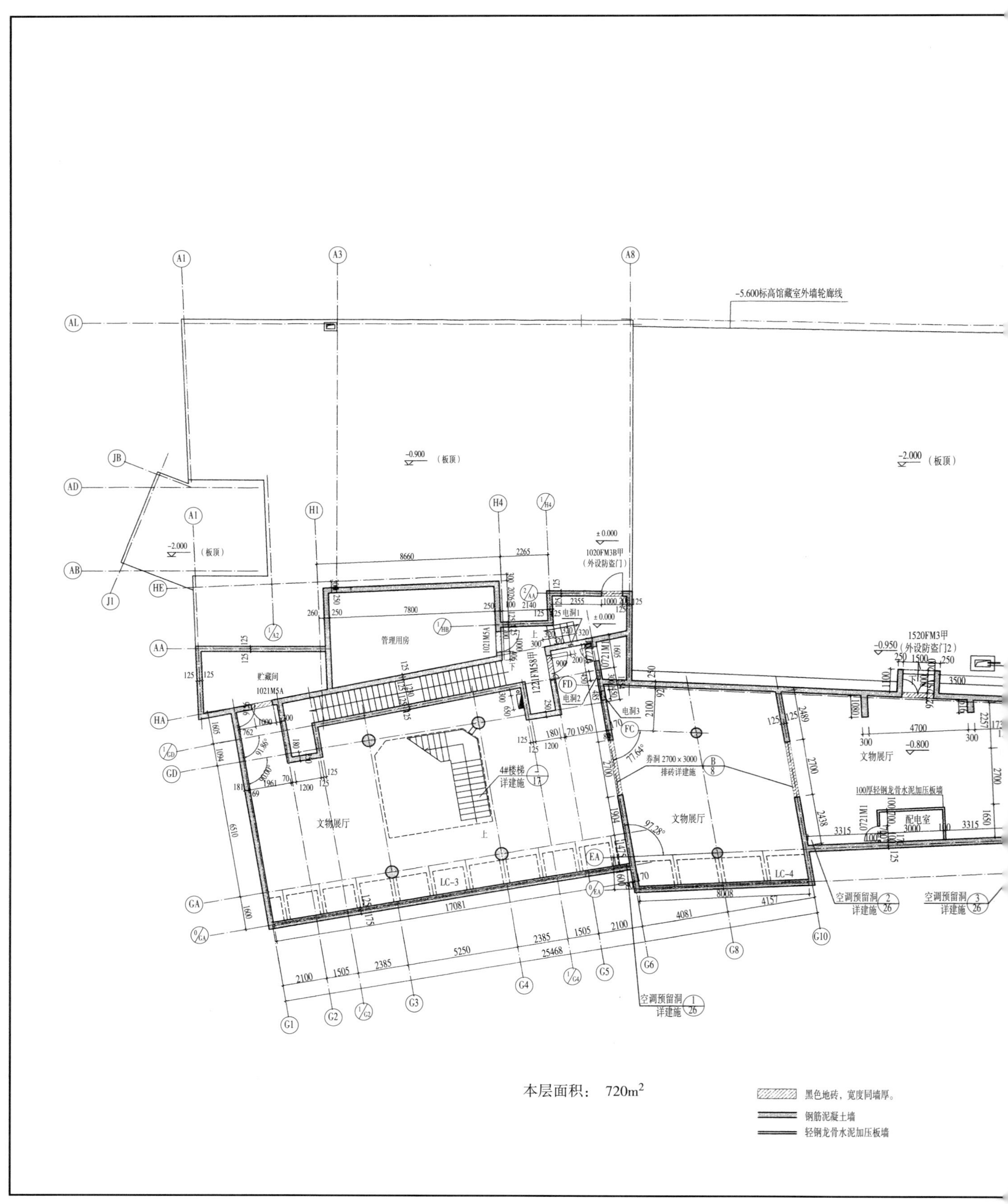

-5.600标高馆藏室外墙轮廓线
-0.900（板顶）
-2.000（板顶）
-2.000（板顶）
±0.000
1020FM3B甲
（外设防盗门）
±0.000
1520FM3甲
（外设防盗门2）
-0.950
管理用房
贮藏间
1021M5A
1021M5A
1221FM5B甲
0721M1
电洞1
电洞2
电洞3
文物展厅
文物展厅
文物展厅
4#楼梯
详建施
券洞 2700 × 3000
排砖详建施
100厚轻钢龙骨水泥加压板墙
配电室
-0.800
LC-3
LC-4
空调预留洞
详建施
空调预留洞
详建施
空调预留洞
详建施
本层面积：720m²
黑色地砖，宽度同墙厚。
钢筋泥凝土墙
轻钢龙骨水泥加压板墙

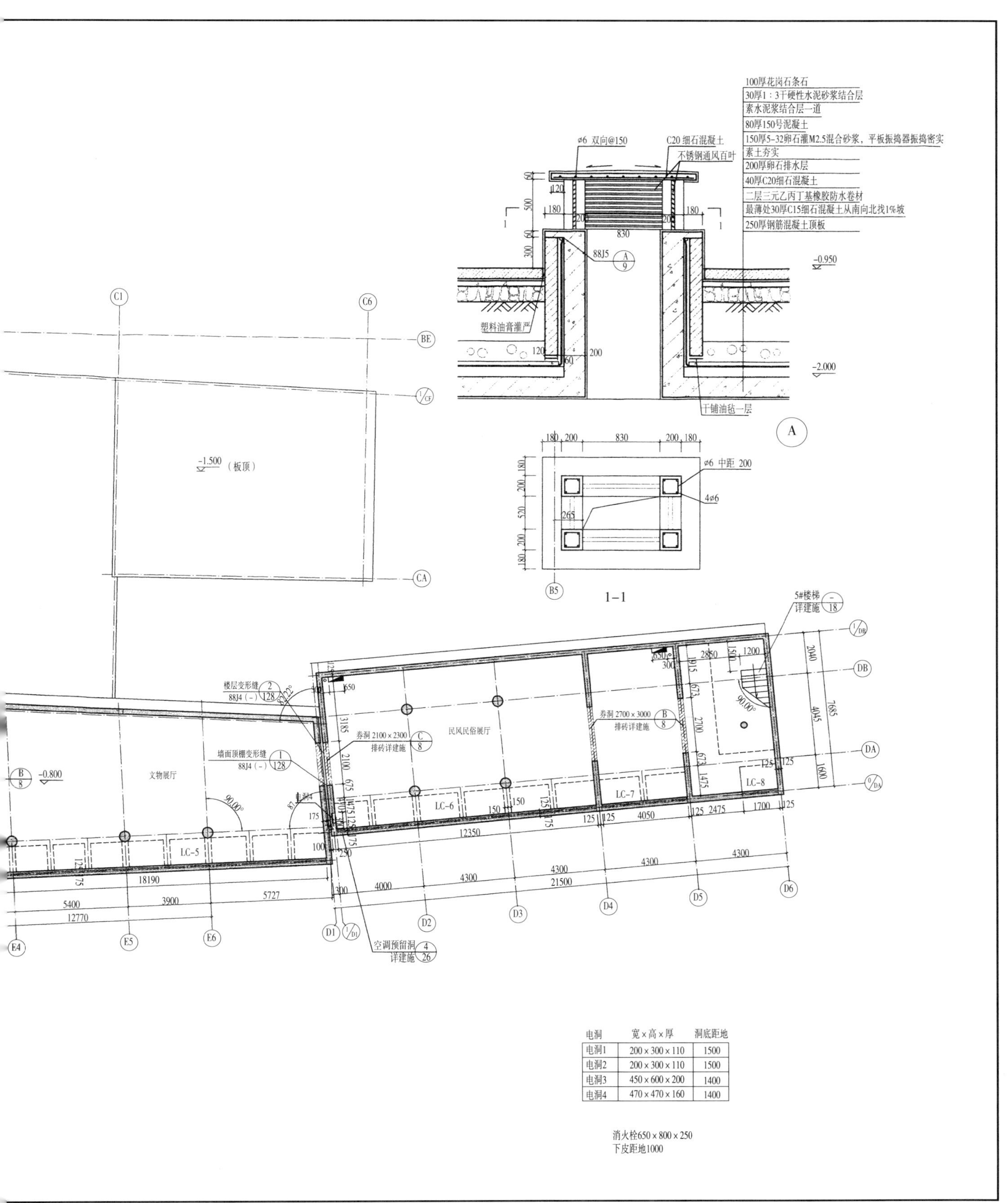

电洞	宽×高×厚	洞底距地
电洞1	200×300×110	1500
电洞2	200×300×110	1500
电洞3	450×600×200	1400
电洞4	470×470×160	1400

六一 -0.800 标高陈列室平面图

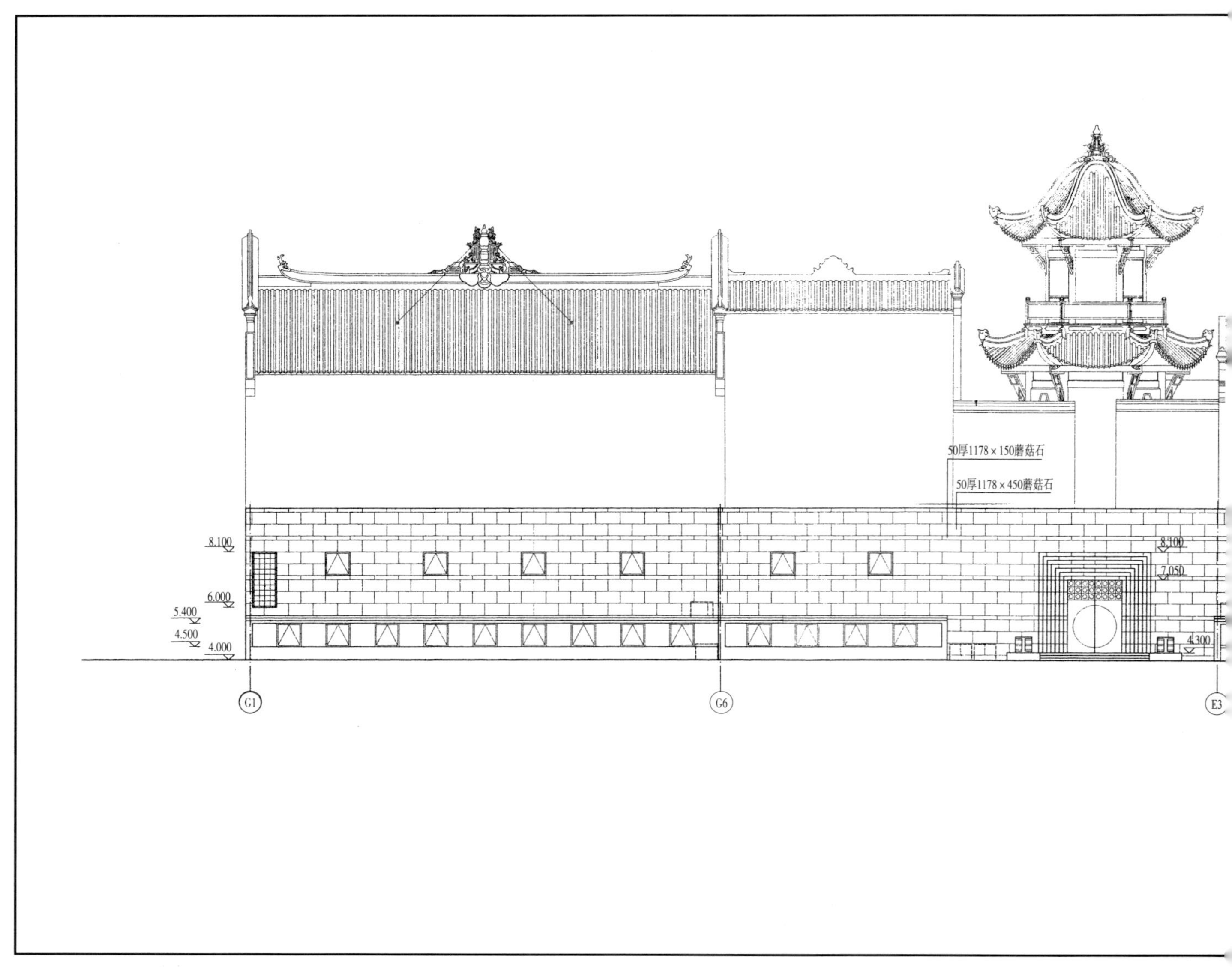
50厚1178×150蘑菇石
50厚1178×450蘑菇石
8.100
6.000
5.400
4.500
4.000
8.100
7.050
4.300
G1
G6
E3

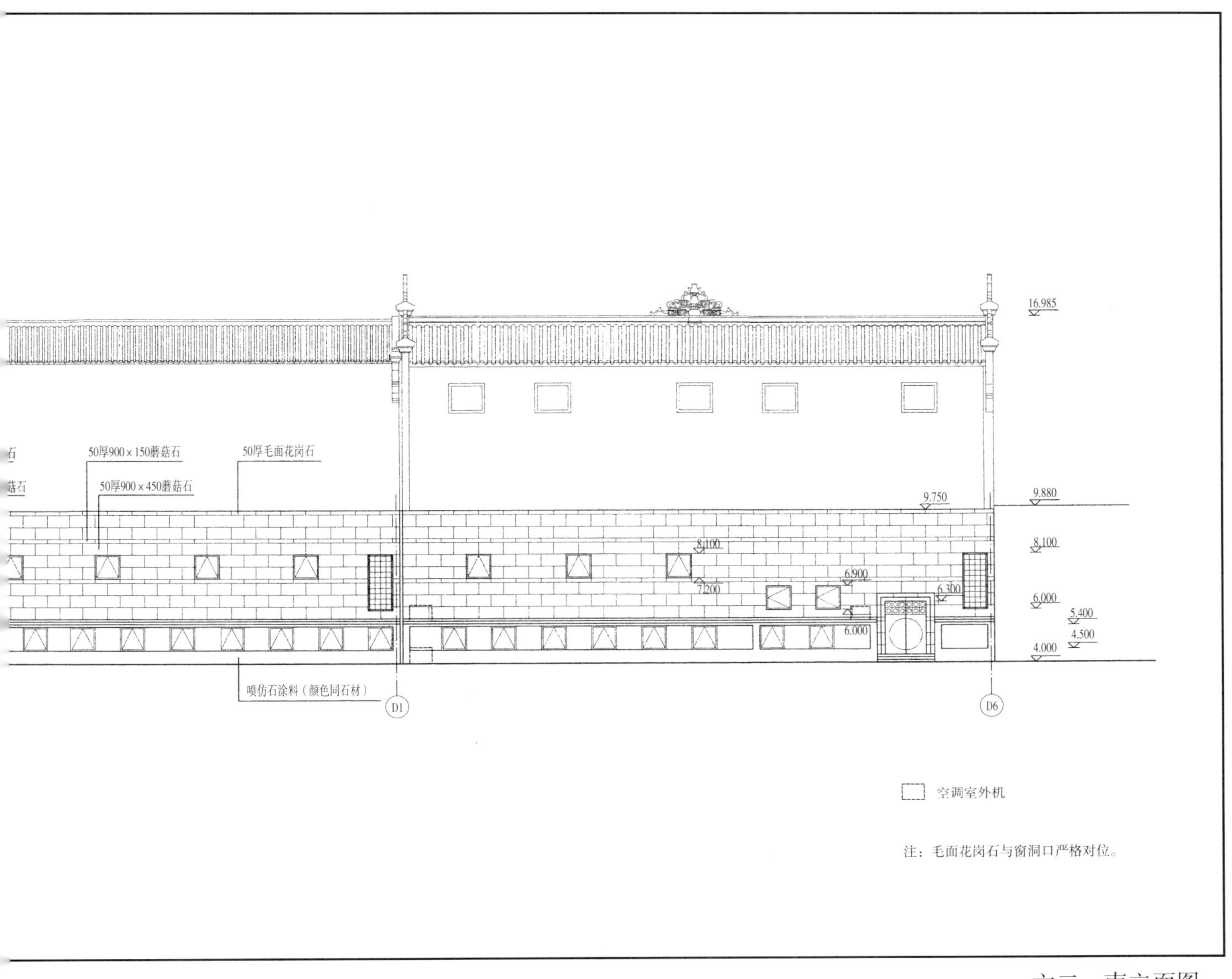
16.985
石
50厚900×150蘑菇石
50厚毛面花岗石
菇石
50厚900×450蘑菇石
9.750
9.880
8.100
8.100
6.900
7.200
6.300
6.000
5.400
6.000
4.500
4.000
喷仿石涂料（颜色同石材）
D1
D6
空调室外机
注：毛面花岗石与窗洞口严格对位。

六二　南立面图

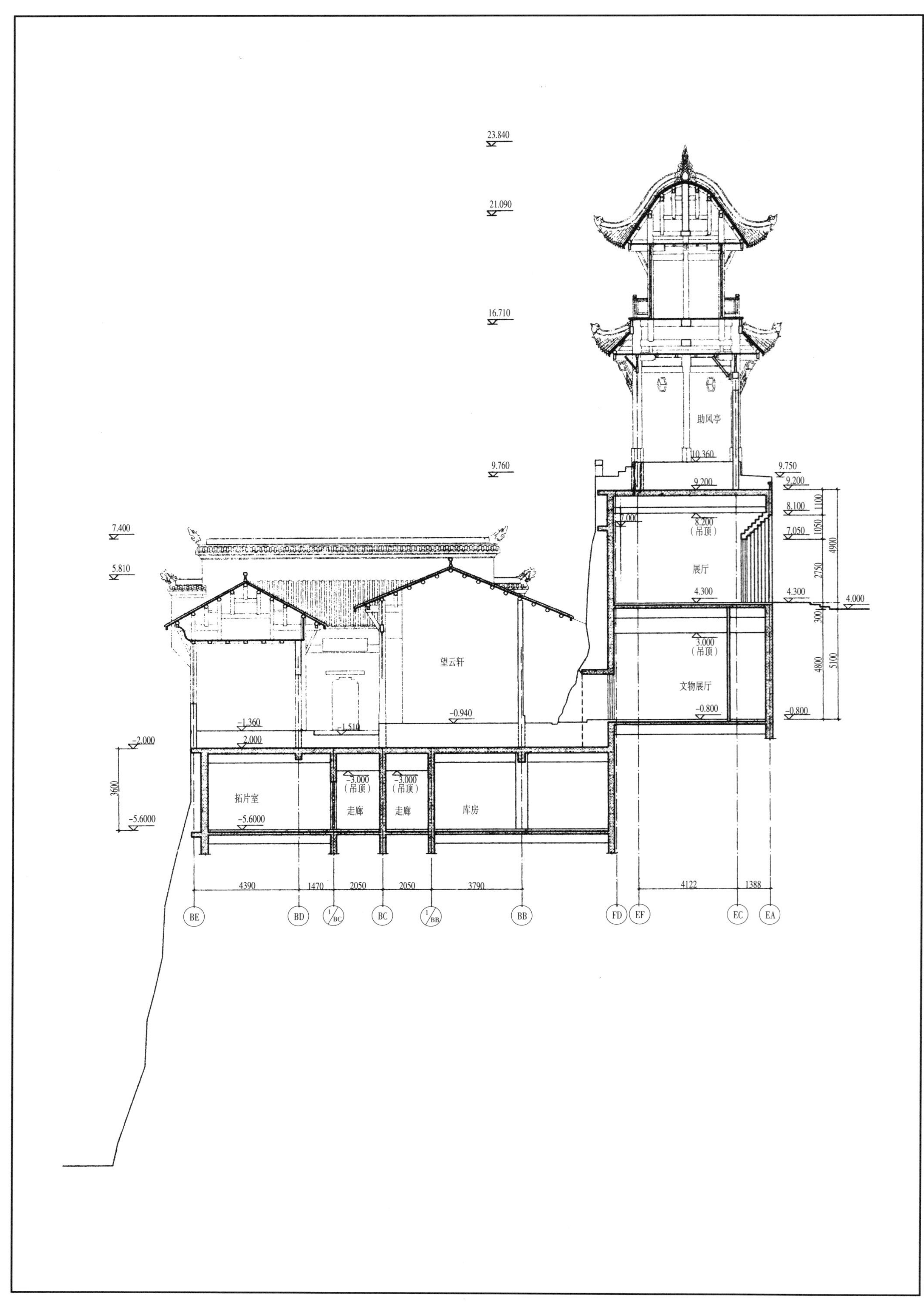
23.840
21.090
16.710
9.760
7.400
5.810
助风亭
10.360
9.750
9.200
9.200
8.100
7.000
8.200
（吊顶）
7.050
展厅
4.300
4.300
4.000
3.000
（吊顶）
文物展厅
-0.800
-0.800
望云轩
-0.940
-1.360
-1.510
-2.000
2.000
-3.000
（吊顶）
-3.000
（吊顶）
拓片室
走廊
走廊
库房
-5.6000
-5.6000
3600
1100
1050
2750
4900
300
4800
5100
4390
1470
2050
2050
3790
4122
1388
BE
BD
1/BC
BC
1/BB
BB
FD
EF
EC
EA

六三　B–B 剖面图

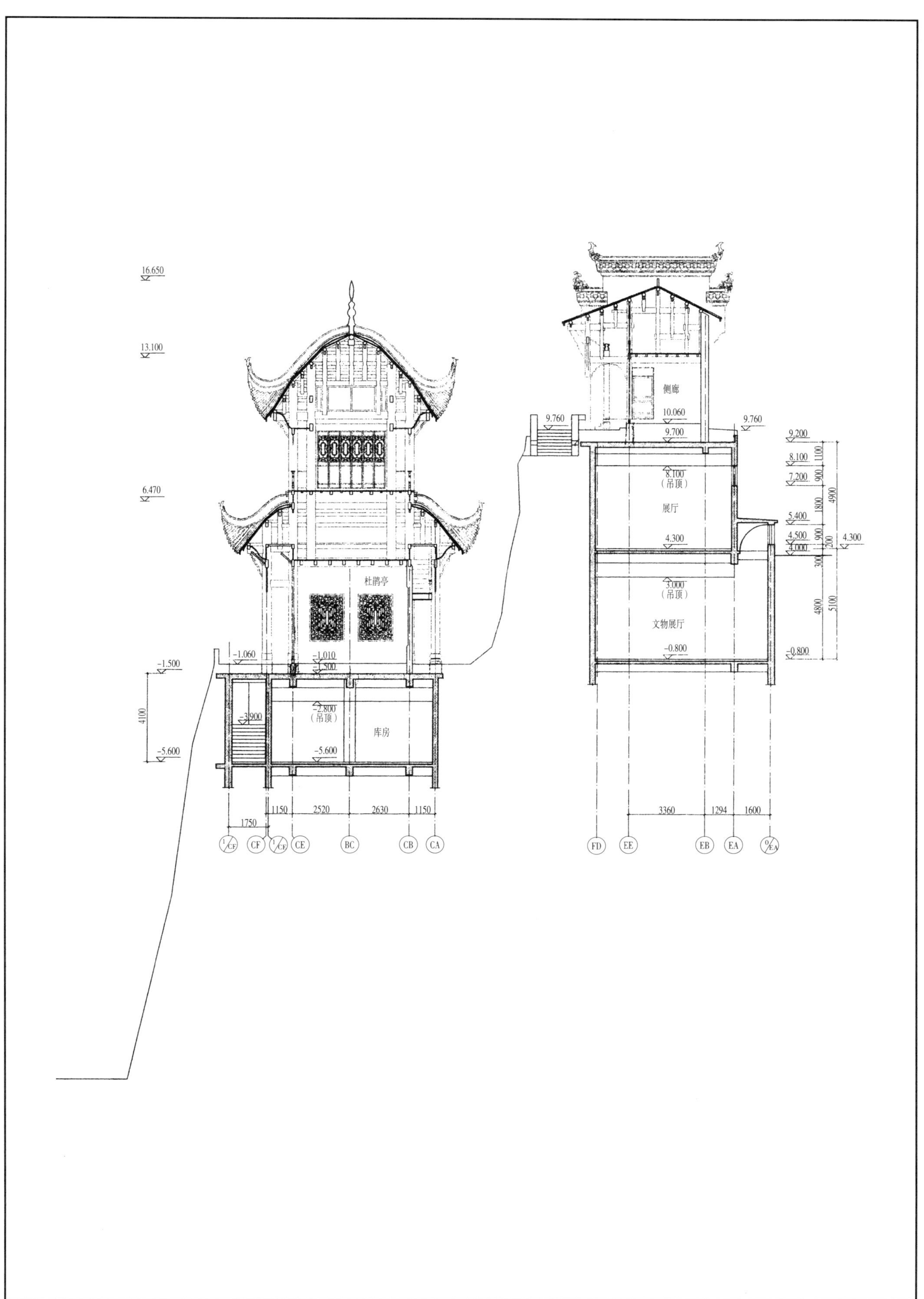
16.650
13.100
6.470
9.760
9.760
侧廊
10.060
9.700
9.200
8.100
7.200
8.100
（吊顶）
展厅
5.400
4.500
4.300
4.000
4.300
3.000
（吊顶）
文物展厅
-0.800
-0.800
杜鹃亭
-1.060
-1.010
-1.500
-2.800
（吊顶）
库房
-3.900
-5.600
-5.600
4100
1750
1150
2520
2630
1150
3360
1294
1600
CF
CE
BC
CB
CA
FD
EE
EB
EA

六四　C-C 剖面图

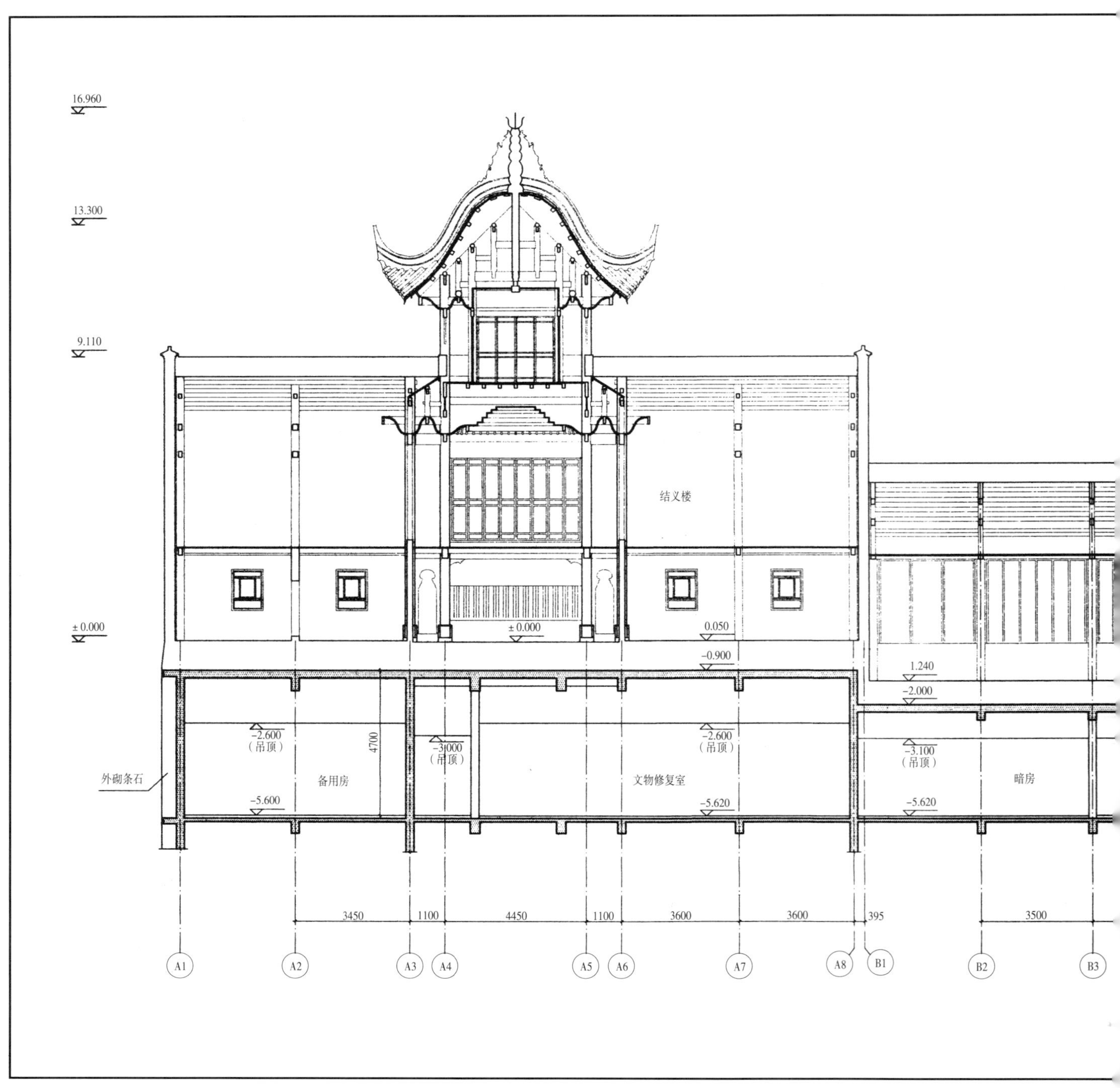
16.960
13.300
9.110
±0.000
结义楼
±0.000
0.050
-0.900
1.240
-2.000
-2.600
（吊顶）
备用房
4700
-3.000
（吊顶）
-2.600
（吊顶）
-3.100
（吊顶）
外砌条石
文物修复室
暗房
-5.600
-5.620
-5.620
3450
1100
4450
1100
3600
3600
395
3500
A1
A2
A3
A4
A5
A6
A7
A8
B1
B2
B3

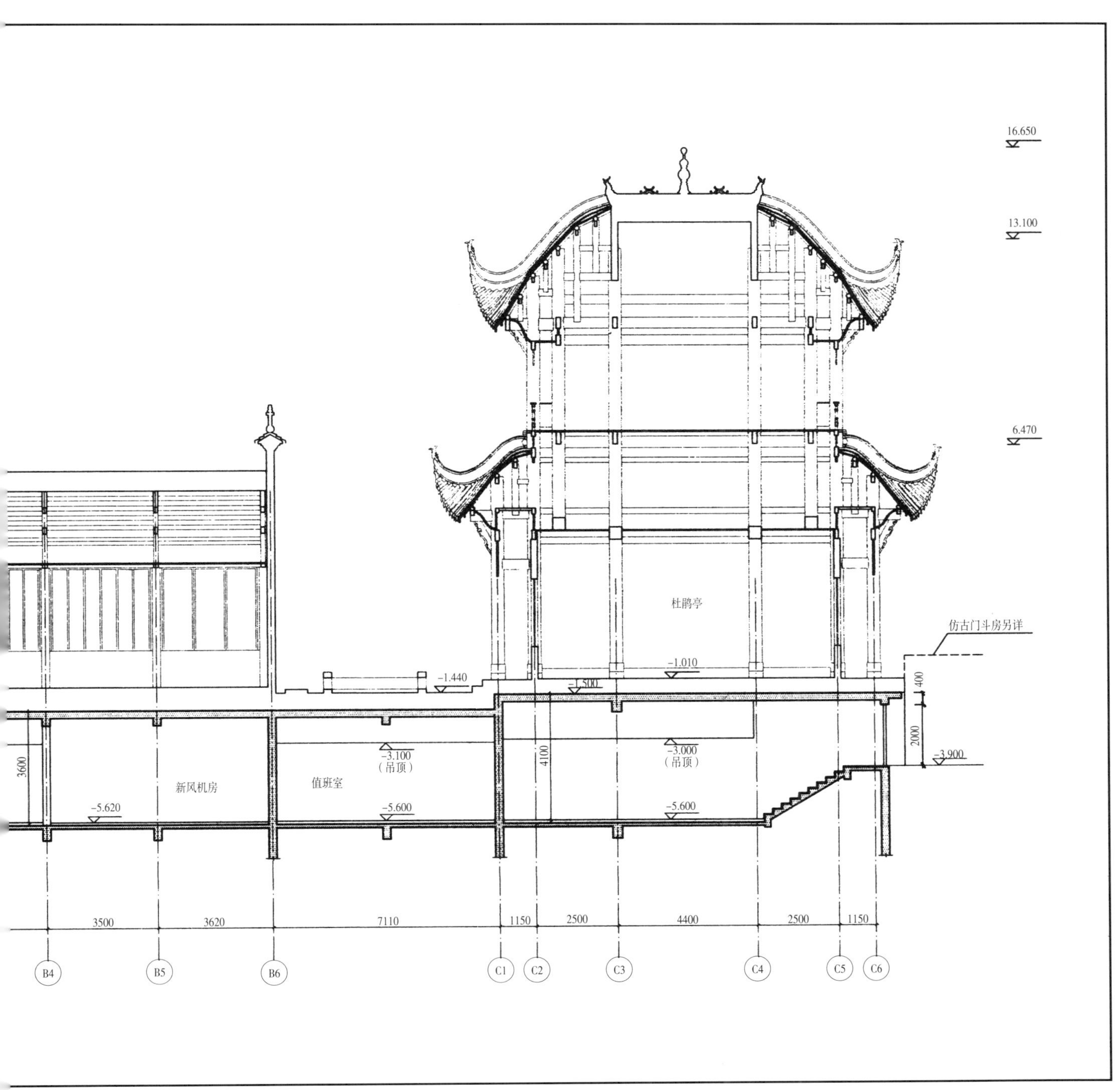
16.650
13.100
6.470
杜鹃亭
仿古门斗房另详
-1.010
-1.440
-1.500
400
2000
-3.900
3600
4100
-3.100
(吊顶)
-3.000
(吊顶)
新风机房
值班室
-5.620
-5.600
-5.600
3500
3620
7110
1150
2500
4400
2500
1150
B4
B5
B6
C1
C2
C3
C4
C5
C6

六五　D-D 剖面图

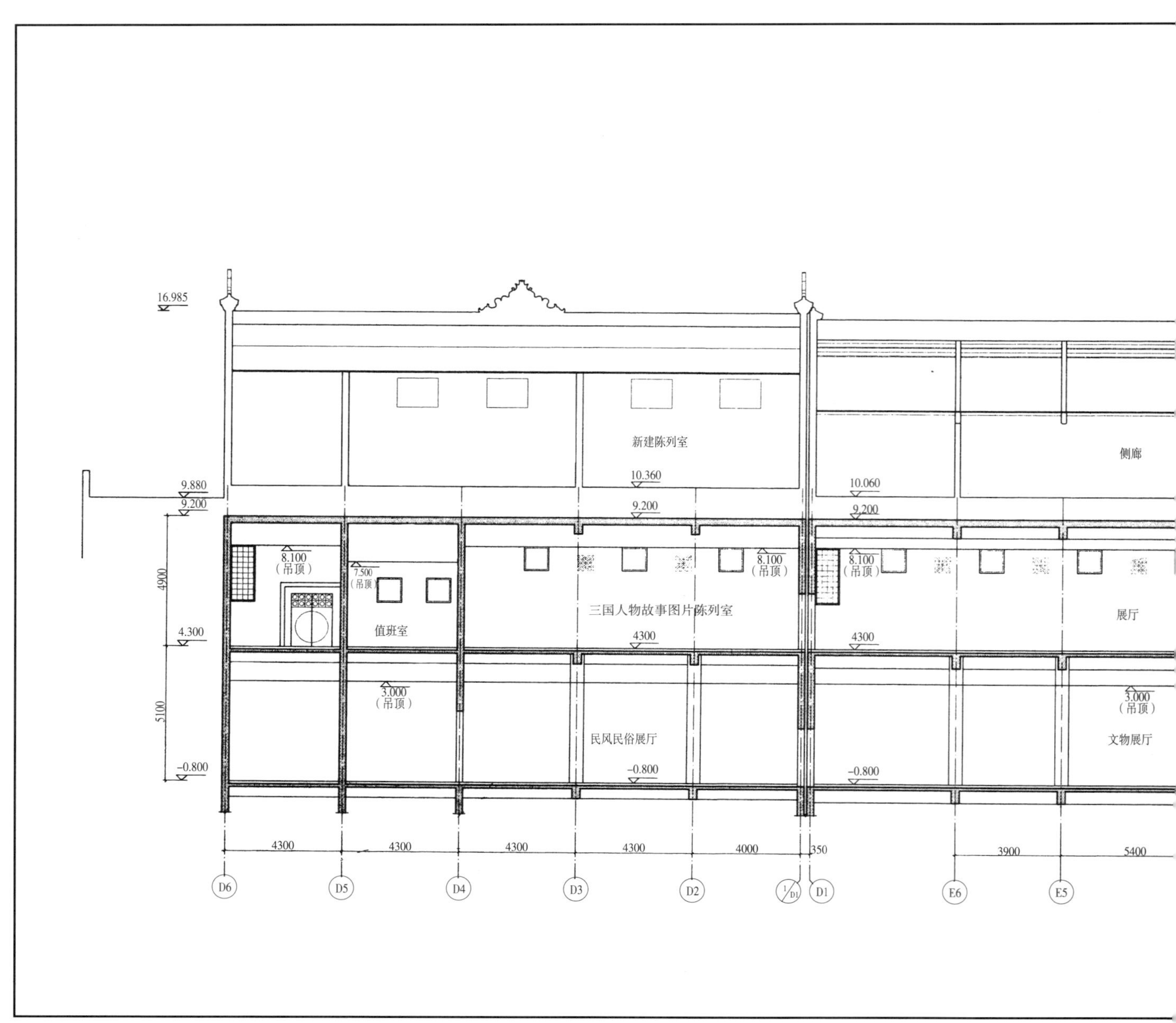

16.985
9.880
9.200
4900
4.300
5100
-0.800
新建陈列室
10.360
9.200
8.100
（吊顶）
7.500
（吊顶）
值班室
三国人物故事图片陈列室
4300
3.000
（吊顶）
民风民俗展厅
侧廊
10.060
展厅
文物展厅
4300
4000
350
3900
5400
D6
D5
D4
D3
D2
1/D1
D1
E6
E5

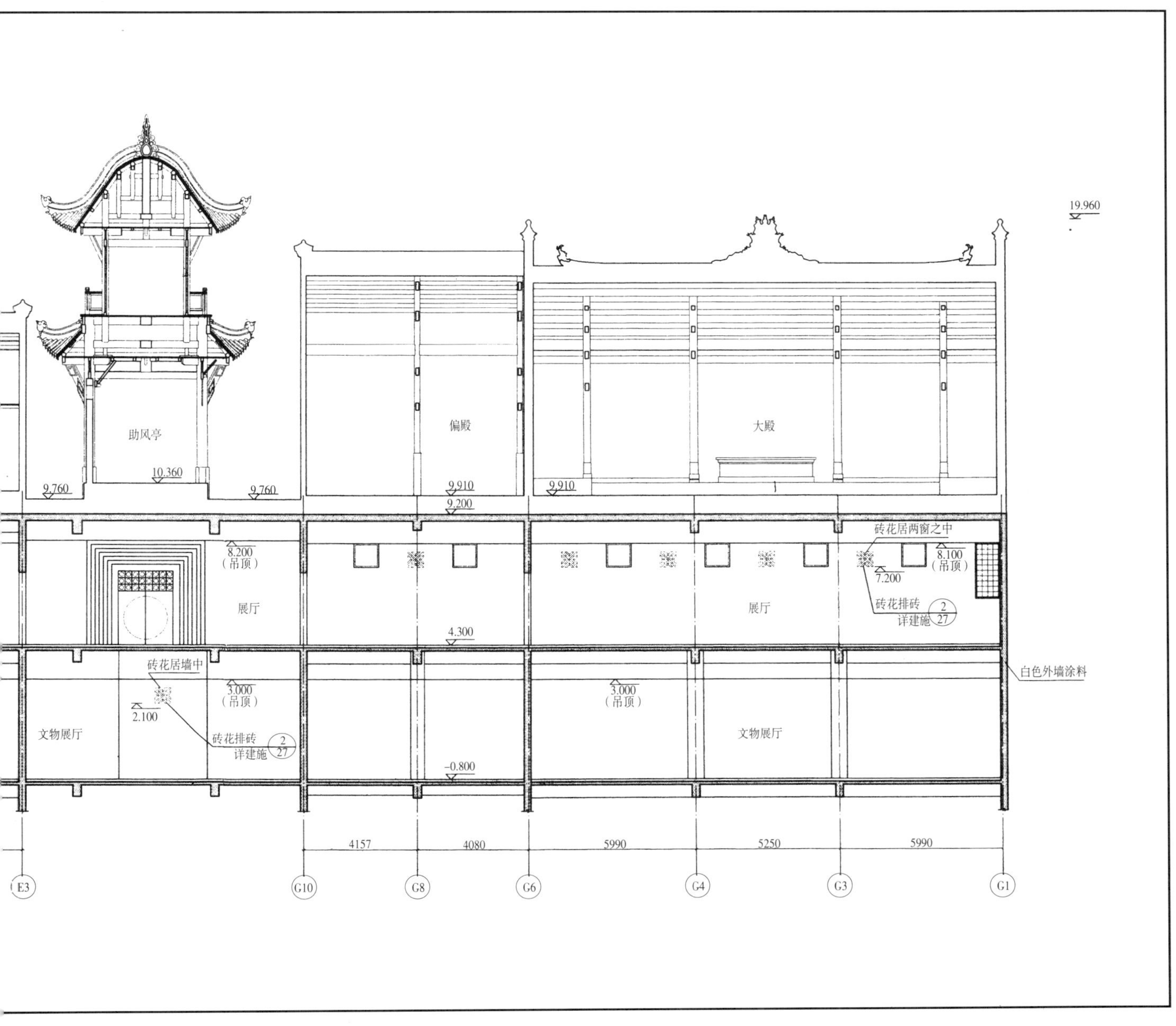
19.960
助风亭
10.360
9.760
9.760
偏殿
9.910
9.200
大殿
9.910
8.200
(吊顶)
展厅
4.300
砖花居两窗之中
8.100
(吊顶)
7.200
展厅
砖花排砖
2
27
详建施
白色外墙涂料
砖花居墙中
3.000
(吊顶)
2.100
文物展厅
砖花排砖
2
27
详建施
3.000
(吊顶)
文物展厅
-0.800
4157
4080
5990
5250
5990
E3
G10
G8
G6
G4
G3
G1

六六　E-E 剖面图

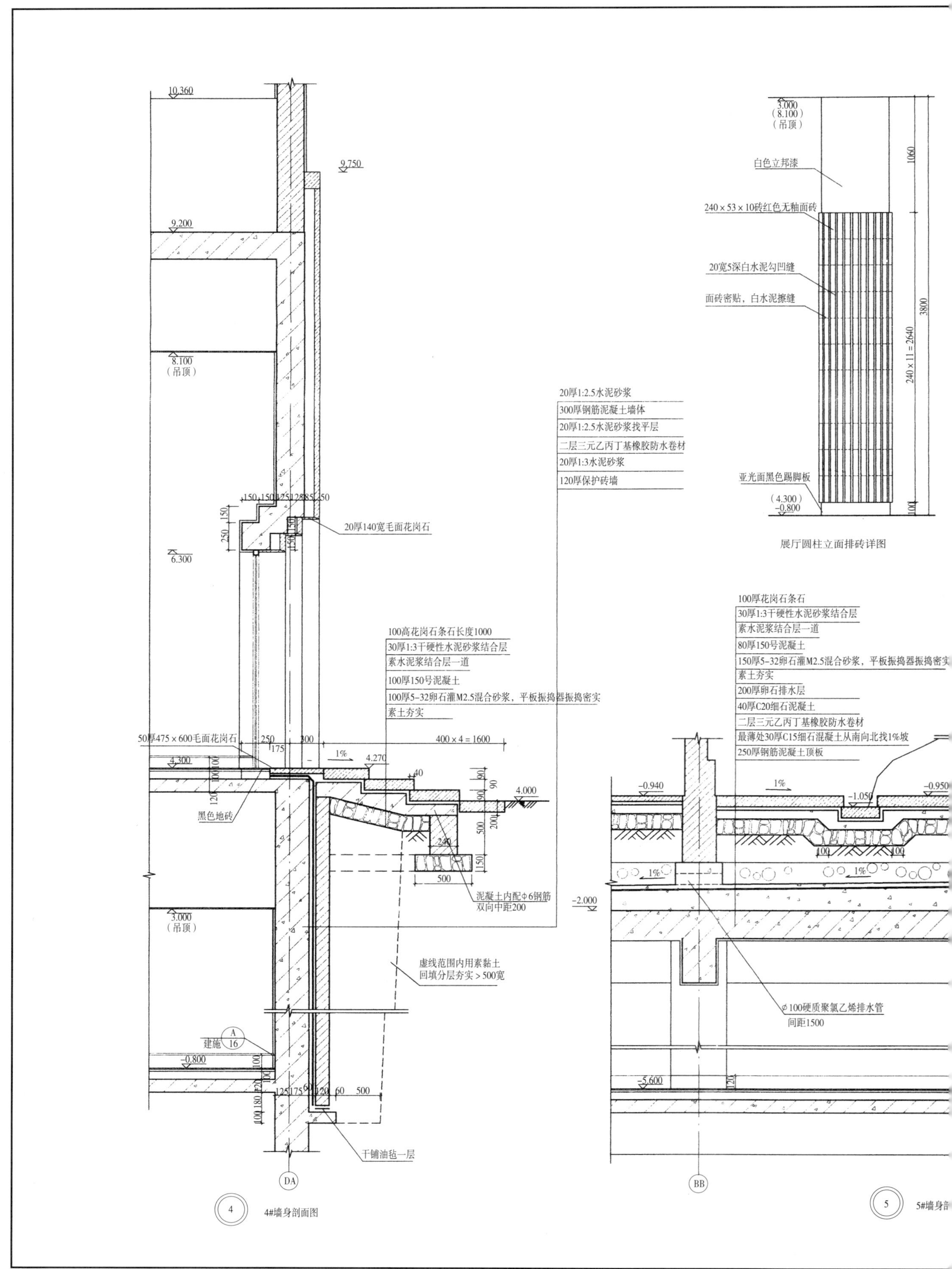
10.360
9.750
9.200
8.100
(吊顶)
6.300
150 150 125 125 85 250
150
250
20厚140宽毛面花岗石
20厚1:2.5水泥砂浆
300厚钢筋泥凝土墙体
20厚1:2.5水泥砂浆找平层
二层三元乙丙丁基橡胶防水卷材
20厚1:3水泥砂浆
120厚保护砖墙
100高花岗石条石长度1000
30厚1:3干硬性水泥砂浆结合层
素水泥浆结合层一道
100厚150号泥凝土
100厚5-32卵石灌M2.5混合砂浆，平板振捣器振捣密实
素土夯实
50厚475×600毛面花岗石
250
300
175
400×4=1600
1%
4.270
4.300
4.000
黑色地砖
240
500
泥凝土内配φ6钢筋
双向中距200
3.000
(吊顶)
虚线范围内用素黏土
回填分层夯实＞500宽
A
16
建施
-0.800
125 175 60 120 60 500
干铺油毡一层
DA
4
4#墙身剖面图
3.000
(8.100)
(吊顶)
白色立邦漆
240×53×10砖红色无釉面砖
20宽5深白水泥勾凹缝
面砖密贴，白水泥擦缝
亚光面黑色踢脚板
(4.300)
-0.800
1060
3800
240×11=2640
100
展厅圆柱立面排砖详图
100厚花岗石条石
30厚1:3干硬性水泥砂浆结合层
素水泥浆结合层一道
80厚150号泥凝土
150厚5-32卵石灌M2.5混合砂浆，平板振捣器振捣密实
素土夯实
200厚卵石排水层
40厚C20细石泥凝土
二层三元乙丙丁基橡胶防水卷材
最薄处30厚C15细石混凝土从南向北找1%坡
250厚钢筋泥凝土顶板
-0.940
1%
-1.050
-0.950
100
-2.000
φ100硬质聚氯乙烯排水管
间距1500
-5.600
120
BB
5
5#墙身剖

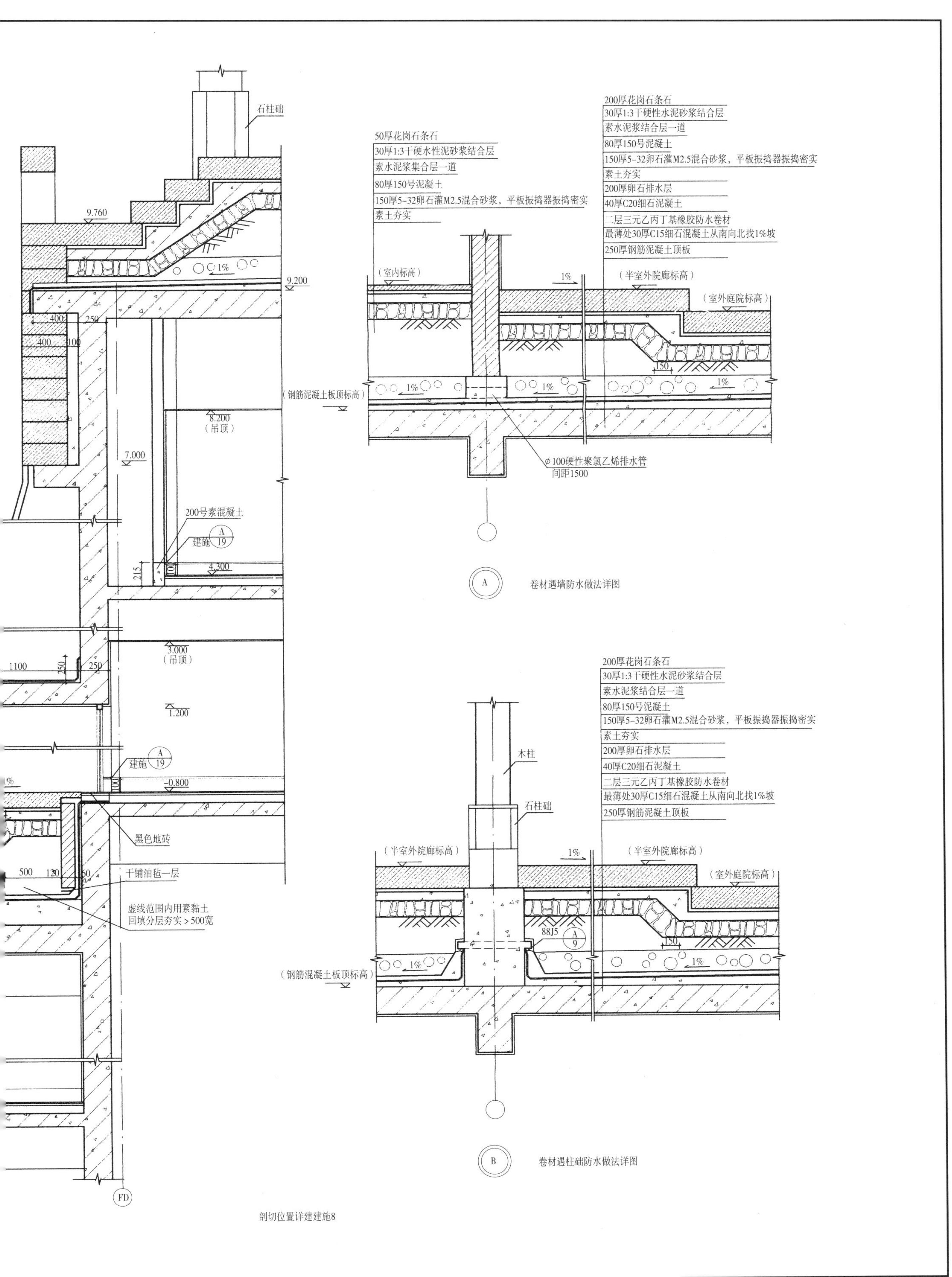
石柱础
9.760
1%
9.200
400
250
400
100
8.200
（吊顶）
7.000
200号素混凝土
建施
A
19
215
4.300
3.000
（吊顶）
1100
250
250
1.200
建施
A
19
-0.800
黑色地砖
500
120
干铺油毡一层
虚线范围内用素黏土
回填分层夯实＞500宽
FD
50厚花岗石条石
30厚1:3干硬水性泥砂浆结合层
素水泥浆集合层一道
80厚150号泥凝土
150厚5-32卵石灌M2.5混合砂浆，平板振捣器振捣密实
素土夯实
200厚花岗石条石
30厚1:3干硬性水泥砂浆结合层
素水泥浆结合层一道
80厚150号泥凝土
150厚5-32卵石灌M2.5混合砂浆，平板振捣器振捣密实
素土夯实
200厚卵石排水层
40厚C20细石混凝土
二层三元乙丙丁基橡胶防水卷材
最薄处30厚C15细石混凝土从南向北找1%坡
250厚钢筋泥凝土顶板
（室内标高）
1%
（半室外院廊标高）
（室外庭院标高）
150
1%
1%
1%
（钢筋泥凝土板顶标高）
ϕ100硬性聚氯乙烯排水管
间距1500
A
卷材遇墙防水做法详图
200厚花岗石条石
30厚1:3干硬性水泥砂浆结合层
素水泥浆结合层一道
80厚150号泥凝土
150厚5-32卵石灌M2.5混合砂浆，平板振捣器振捣密实
素土夯实
200厚卵石排水层
40厚C20细石泥凝土
二层三元乙丙丁基橡胶防水卷材
最薄处30厚C15细石混凝土从南向北找1%坡
250厚钢筋泥凝土顶板
木柱
石柱础
（半室外院廊标高）
1%
（半室外院廊标高）
（室外庭院标高）
88J5
A
9
150
1%
1%
（钢筋泥凝土板顶标高）
B
卷材遇柱础防水做法详图
剖切位置详建建施8

六七　4#5# 墙身剖面图及卷材防水做法详图

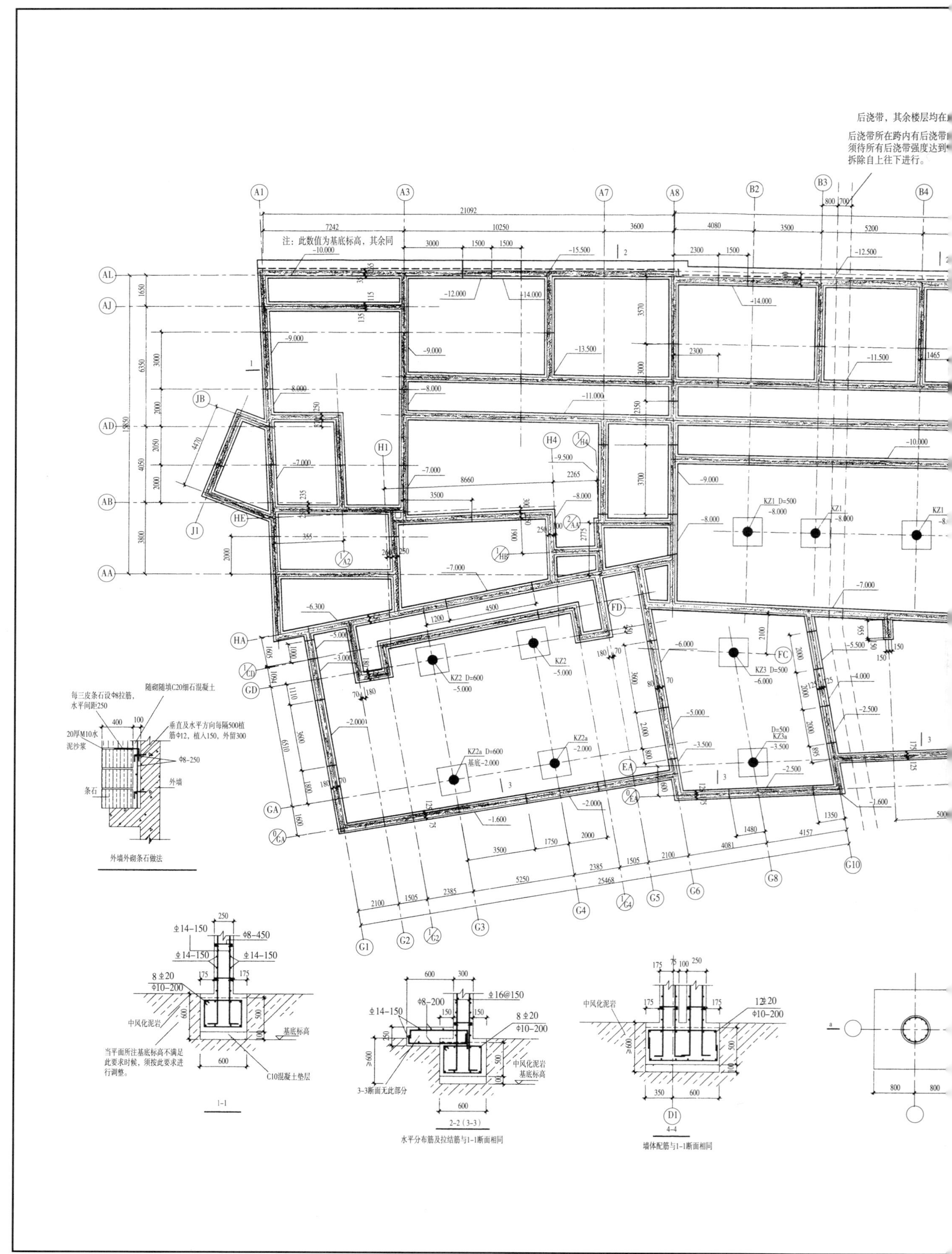
后浇带，其余楼层均在
后浇带所在跨内有后浇带
须待所有后浇带强度达到
拆除自上往下进行。
注：此数值为基底标高，其余同
外墙外砌条石做法
每三皮条石设Φ8拉筋，水平间距250
随砌随填C20细石混凝土
20厚M10水泥沙浆
垂直及水平方向每隔500植筋Φ12，植入150，外留300
条石
外墙
中风化泥岩
当平面所注基底标高不满足此要求时候，须按此要求进行调整。
C10混凝土垫层
基底标高
1-1
3-3断面无此部分
2-2（3-3）
水平分布筋及拉结筋与1-1断面相同
4-4
墙体配筋与1-1断面相同

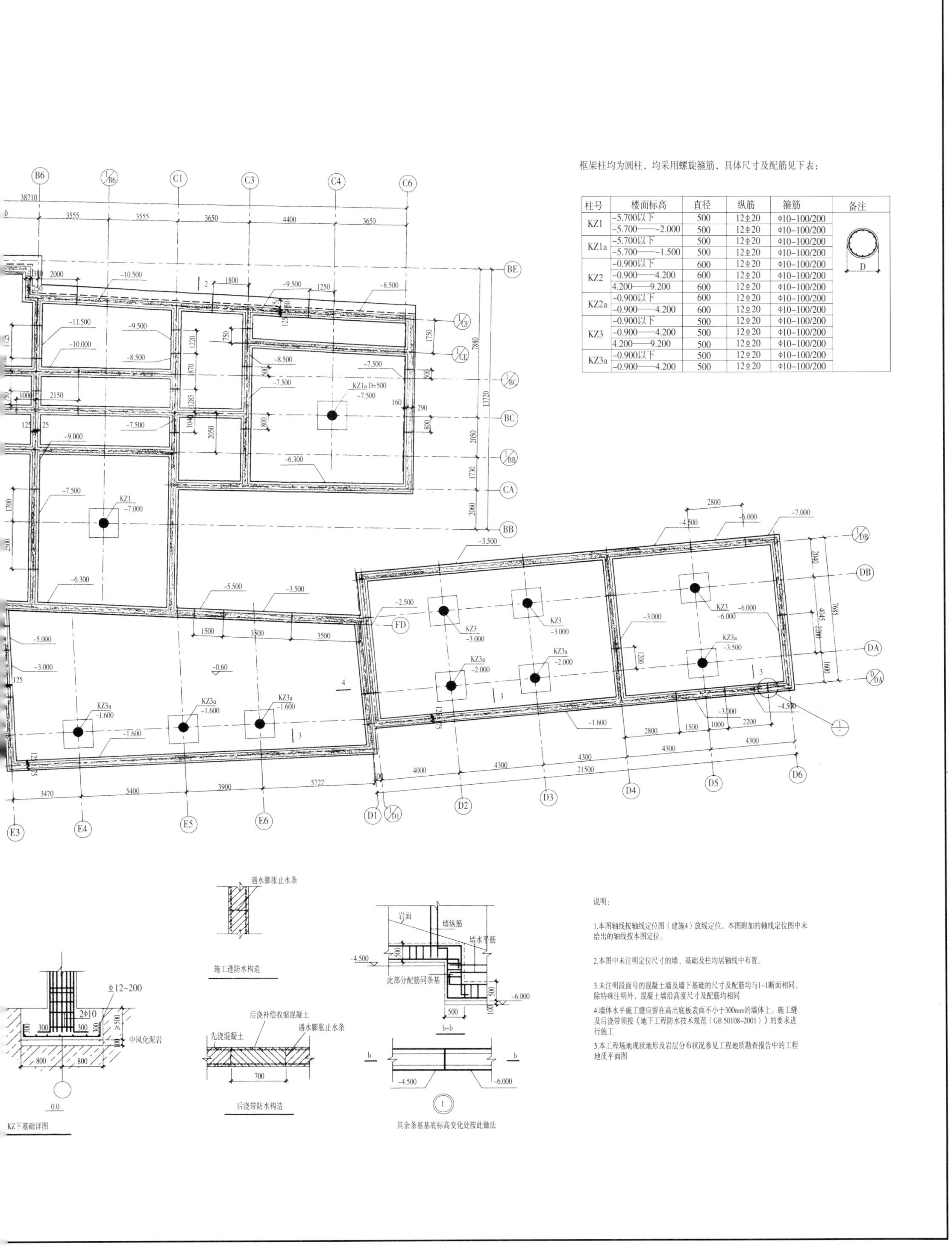

框架柱均为圆柱，均采用螺旋箍筋，具体尺寸及配筋见下表：

柱号	楼面标高	直径	纵筋	箍筋	备注
KZ1	-5.700以下	500	12⌀20	Φ10-100/200	
	-5.700——-2.000	500	12⌀20	Φ10-100/200	
KZ1a	-5.700以下	500	12⌀20	Φ10-100/200	
	-5.700——-1.500	500	12⌀20	Φ10-100/200	
KZ2	-0.900以下	600	12⌀20	Φ10-100/200	
	-0.900——4.200	600	12⌀20	Φ10-100/200	
	4.200——9.200	600	12⌀20	Φ10-100/200	
KZ2a	-0.900以下	600	12⌀20	Φ10-100/200	
	-0.900——4.200	600	12⌀20	Φ10-100/200	
KZ3	-0.900以下	500	12⌀20	Φ10-100/200	
	-0.900——4.200	500	12⌀20	Φ10-100/200	
	4.200——9.200	500	12⌀20	Φ10-100/200	
KZ3a	-0.900以下	500	12⌀20	Φ10-100/200	
	-0.900——4.200	500	12⌀20	Φ10-100/200	

说明：

1.本图轴线按轴线定位图（建施4）放线定位，本图附加的轴线定位图中未给出的轴线按本图定位。

2.本图中未注明定位尺寸的墙、基础及柱均居轴线中布置。

3.未注明段面号的混凝土墙及墙下基础的尺寸及配筋均与1-1断面相同。除特殊注明外，混凝土墙沿高度尺寸及配筋均相同

4.墙体水平施工缝应留在高出底板表面不小于300mm的墙体上。施工缝及后浇带须按《地下工程防水技术规范（GB 50108-2001）》的要求进行施工

5.本工程场地现状地形及岩层分布状况参见工程地质勘查报告中的工程地质平面图

六八　基础平面图详图（注表）

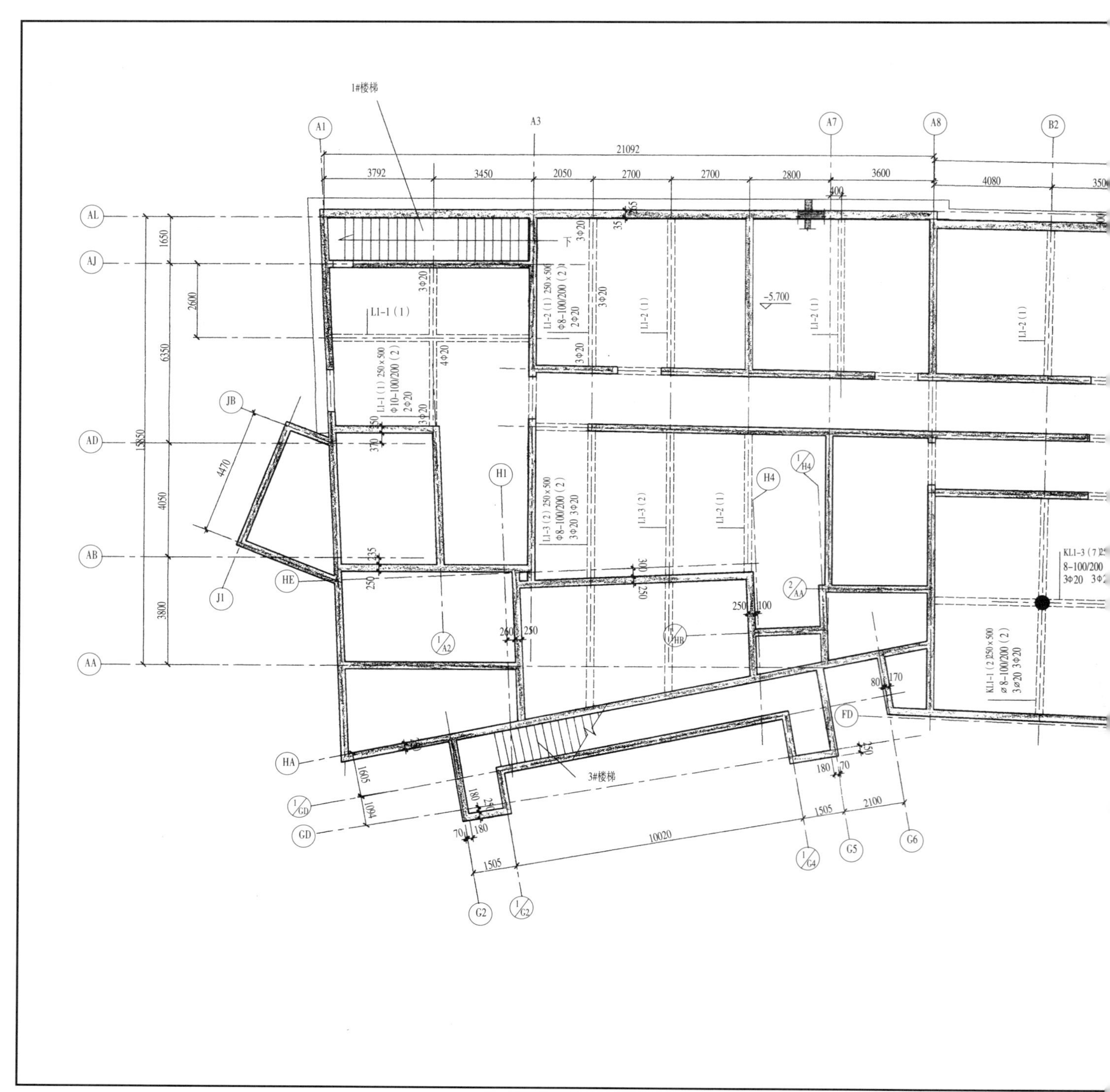

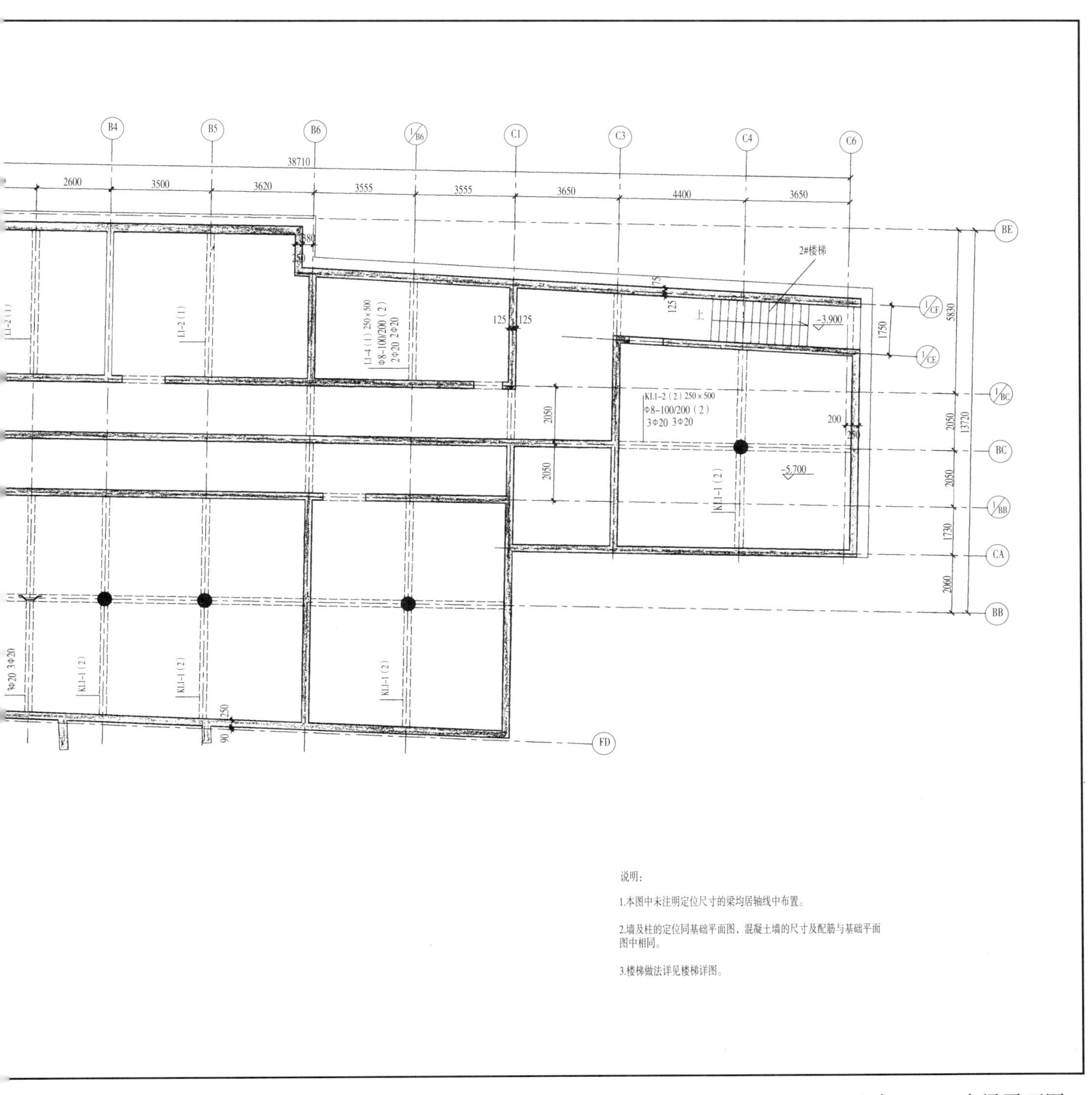

说明：

1.本图中未注明定位尺寸的梁均居轴线中布置。

2.墙及柱的定位同基础平面图，混凝土墙的尺寸及配筋与基础平面图中相同。

3.楼梯做法详见楼梯详图。

六九　-5.7 米梁平面图

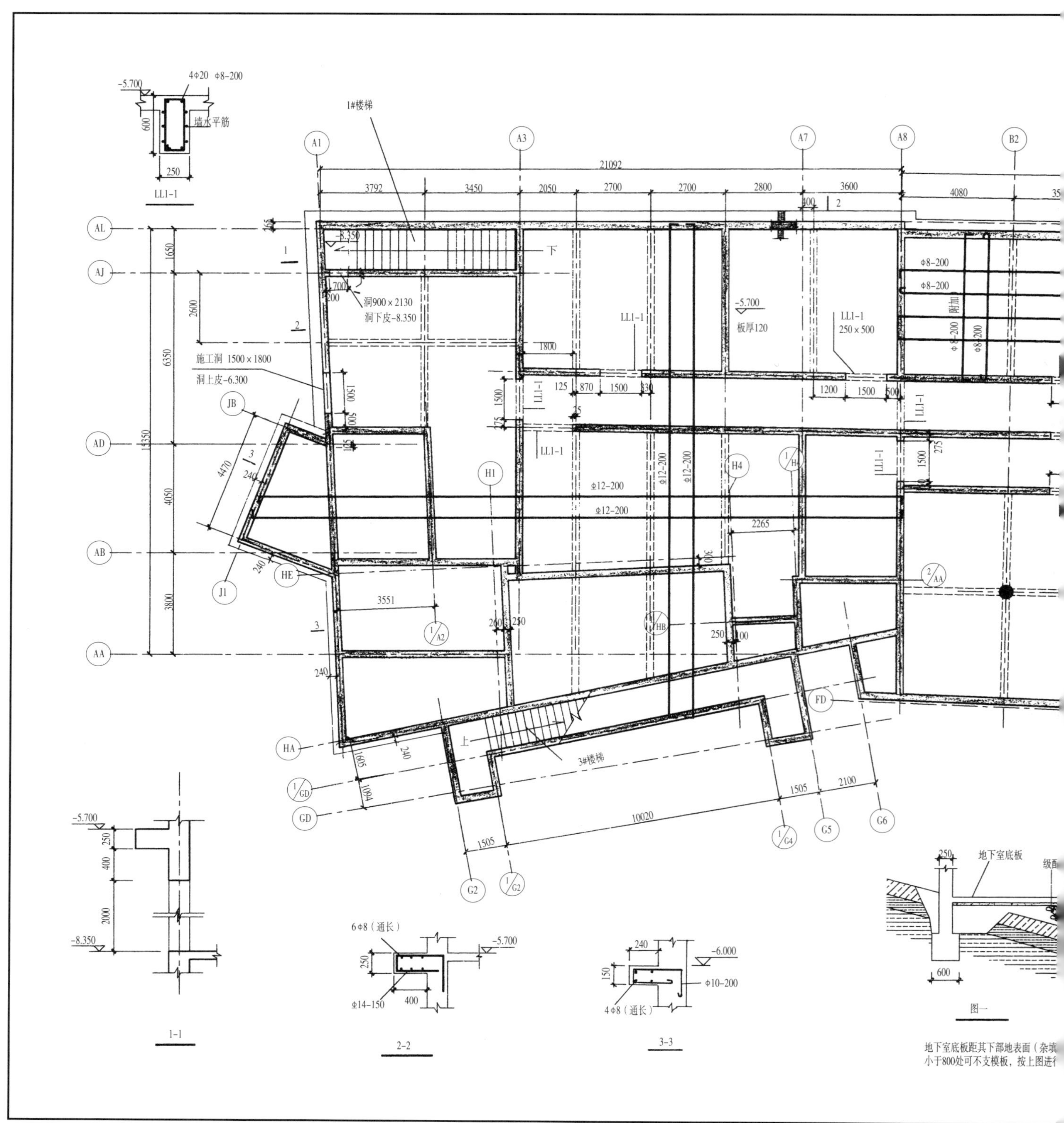

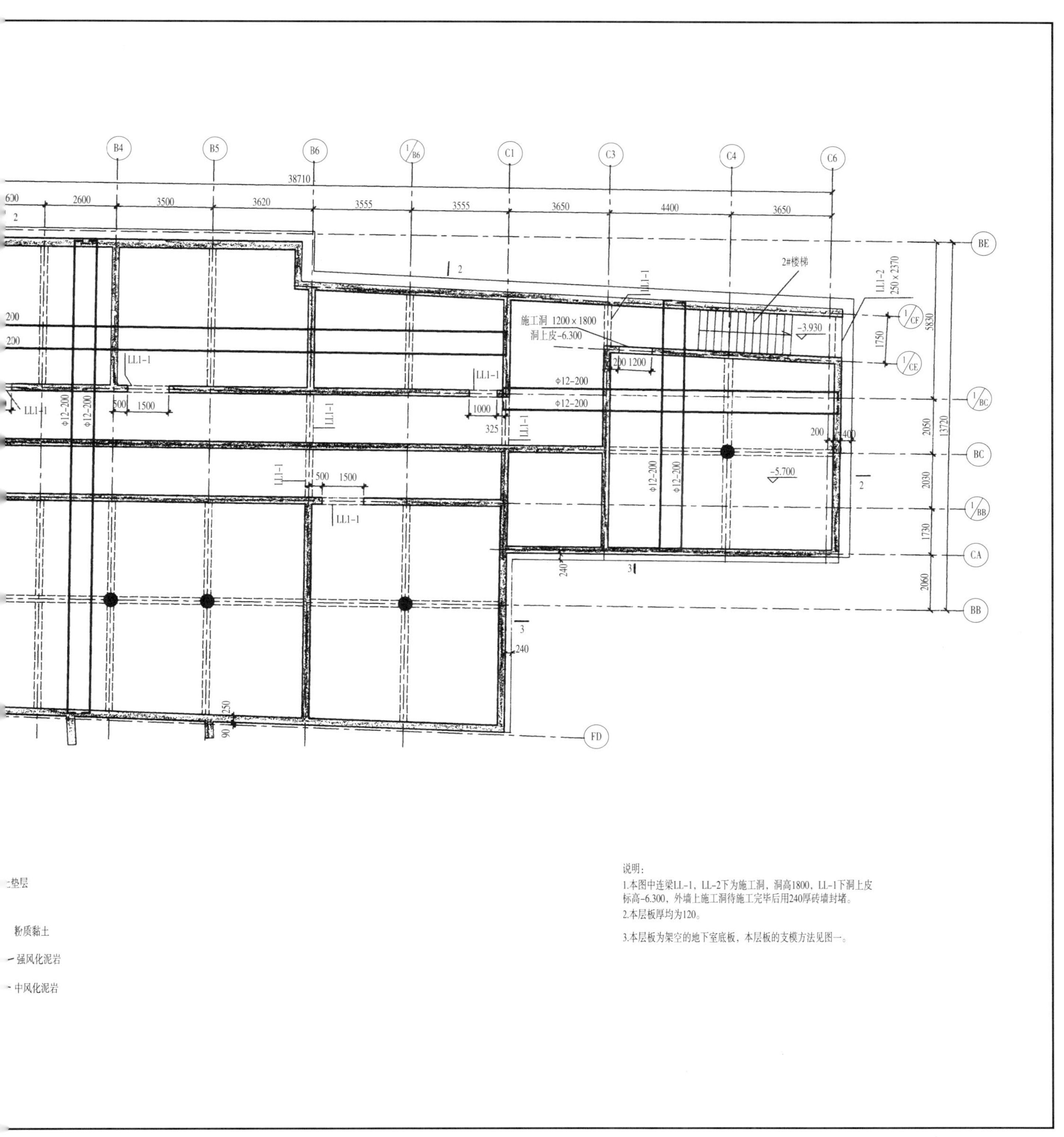
B4
B5
B6
1/B6
C1
C3
C4
C6
38710
600
2600
3500
3620
3555
3555
3650
4400
3650
BE
2#楼梯
LL1-2
250×2370
LL1-1
施工洞 1200×1800
洞上皮-6.300
-3.930
1/CF
1/CE
1750
5830
200 1200
LL1-1
Φ12-200
Φ12-200
1/BC
500
1500
1000
325
LL1-1
200
400
2050
13720
BC
-5.700
2030
1/BB
1730
CA
240
2060
BB
240
250
90
FD
说明：
1.本图中连梁LL-1，LL-2下为施工洞，洞高1800，LL-1下洞上皮
标高-6.300，外墙上施工洞待施工完毕后用240厚砖墙封堵。
2.本层板厚均为120。
3.本层板为架空的地下室底板，本层板的支模方法见图一。
垫层
粉质黏土
强风化泥岩
中风化泥岩

七〇 –5.7 米板配筋图

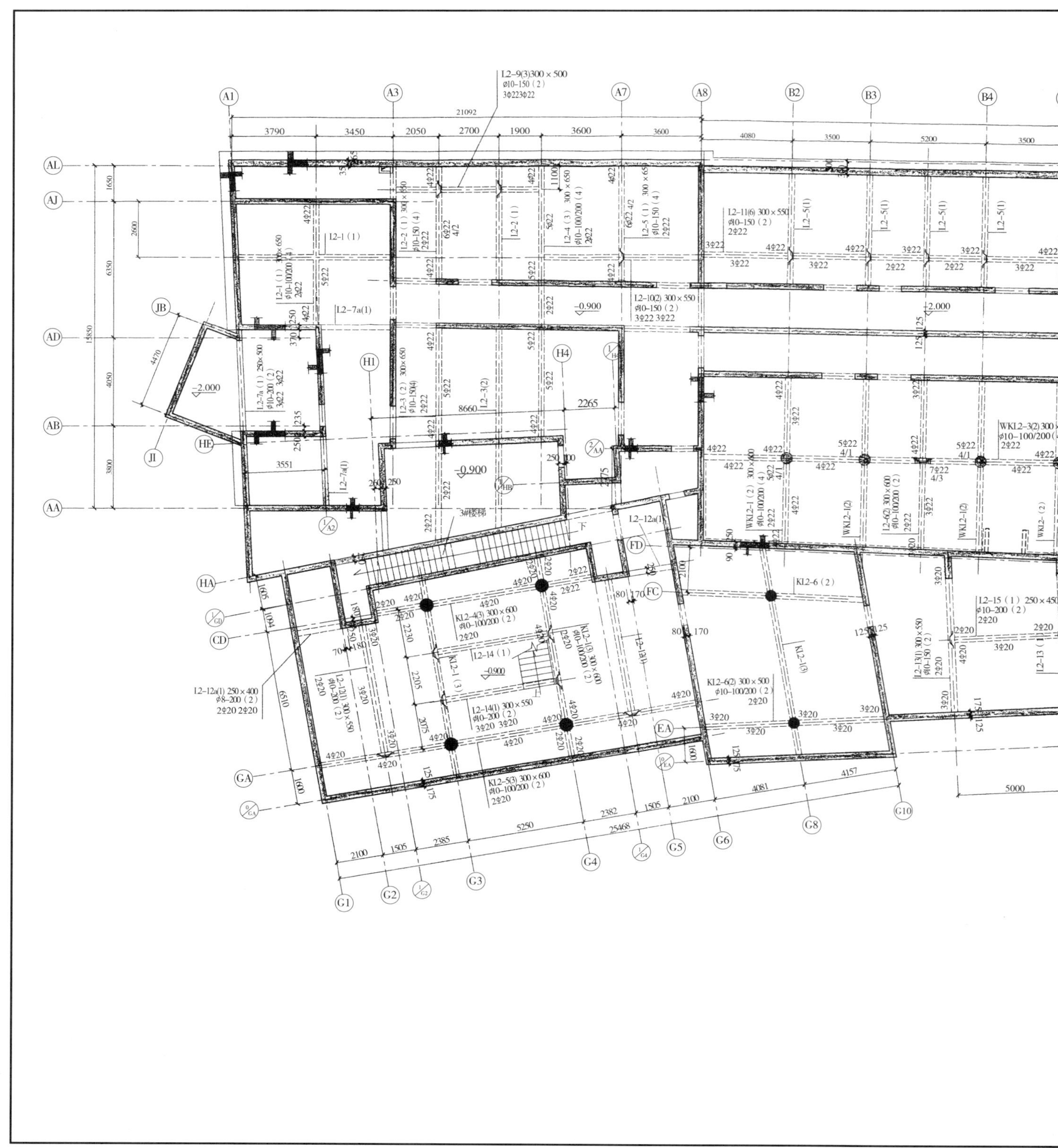

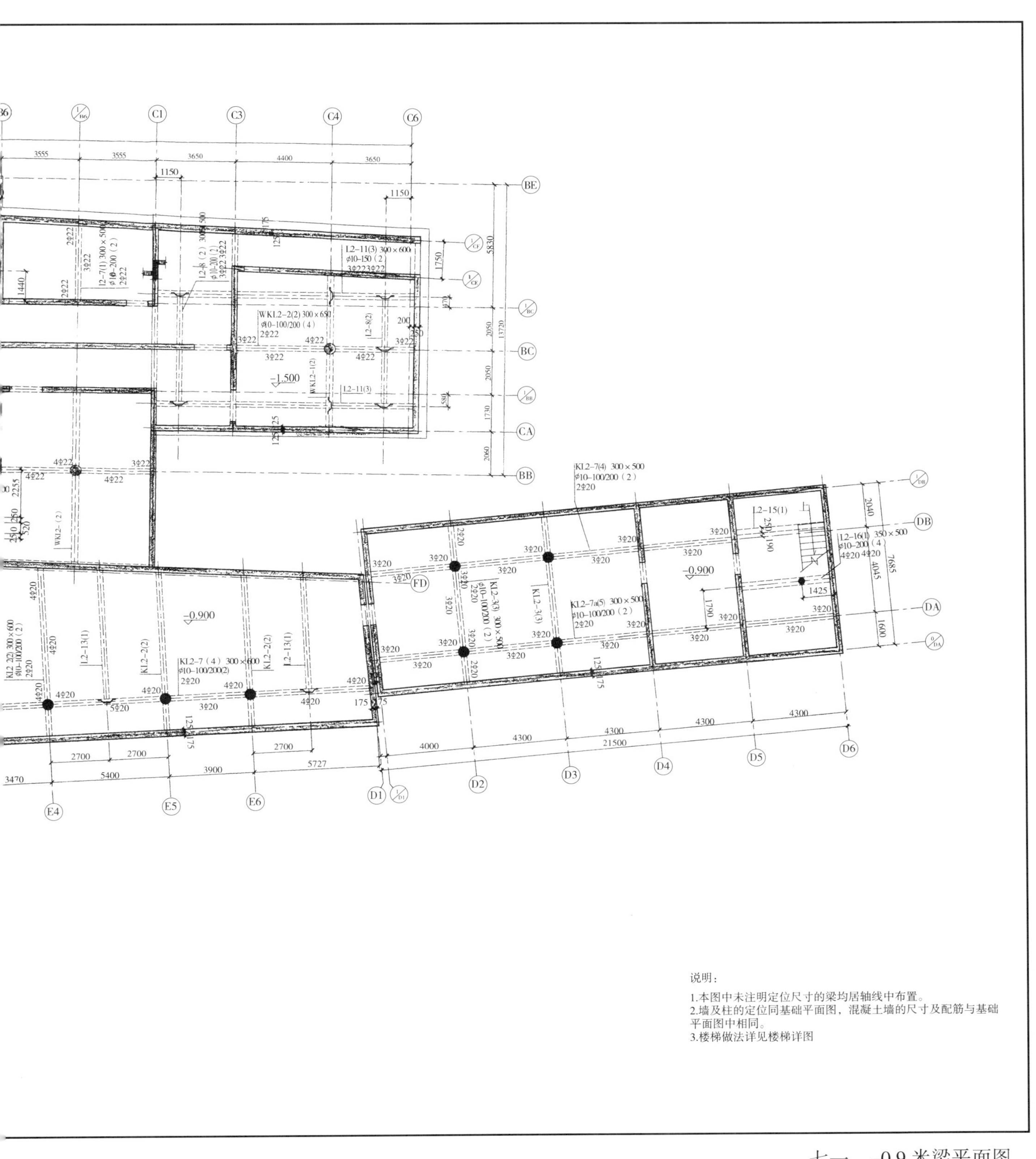

说明：

1.本图中未注明定位尺寸的梁均居轴线中布置。
2.墙及柱的定位同基础平面图，混凝土墙的尺寸及配筋与基础平面图中相同。
3.楼梯做法详见楼梯详图

七一　-0.9 米梁平面图

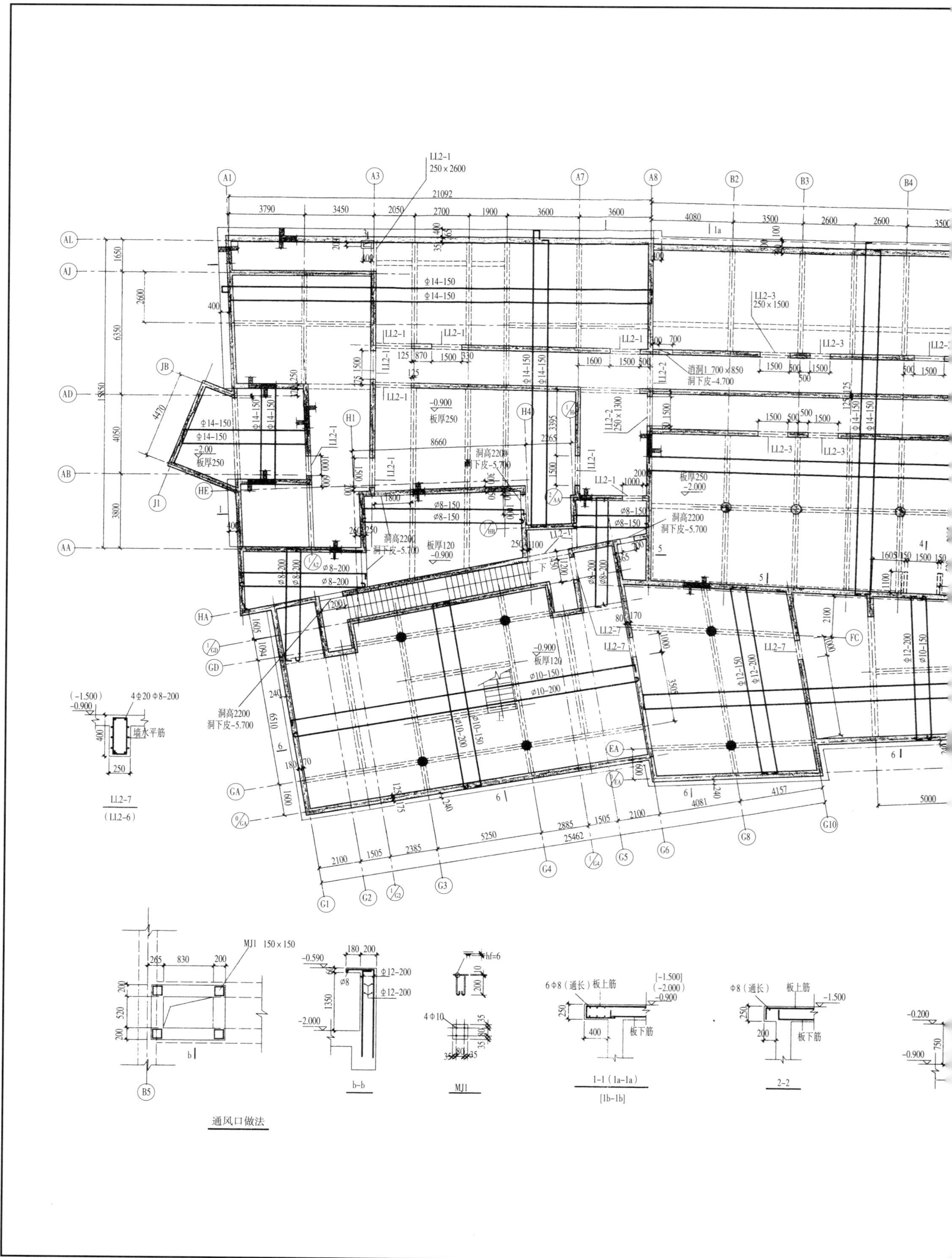

LL2-7
(LL2-6)
通风口做法
b-b
MJ1
1-1（1a-1a）
[1b-1b]
2-2

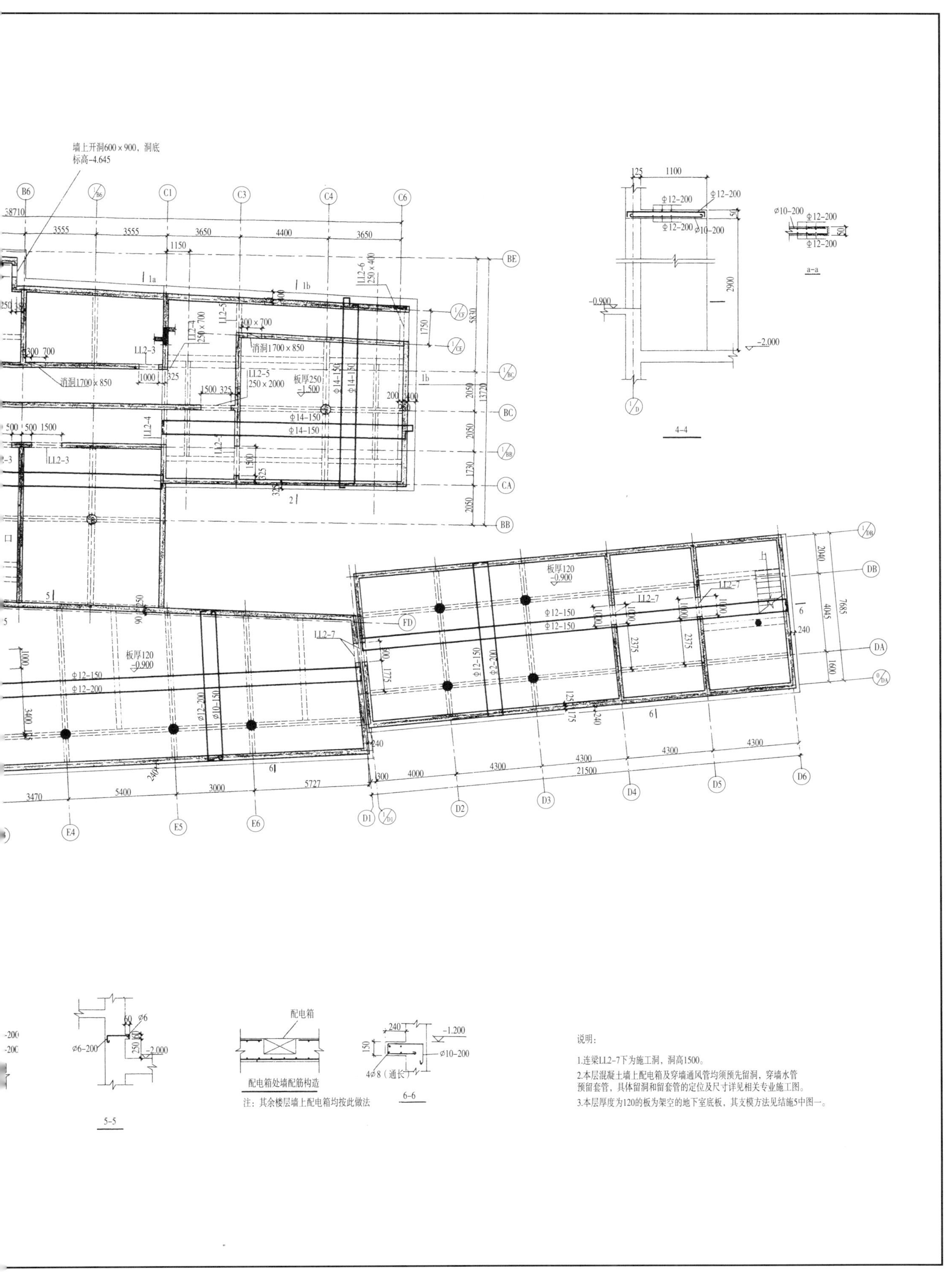
墙上开洞600×900，洞底
标高-4.645
消洞1700×850
板厚250
-1.500
板厚120
-0.900
配电箱
配电箱处墙配筋构造
注：其余楼层墙上配电箱均按此做法
4-4
5-5
6-6
a-a
说明：
1.连梁LL2-7下为施工洞，洞高1500。
2.本层混凝土墙上配电箱及穿墙通风管均须预先留洞，穿墙水管
预留套管，具体留洞和留套管的定位及尺寸详见相关专业施工图。
3.本层厚度为120的板为架空的地下室底板，其支模方法见结施5中图一。

七二 -0.9 米板配筋图

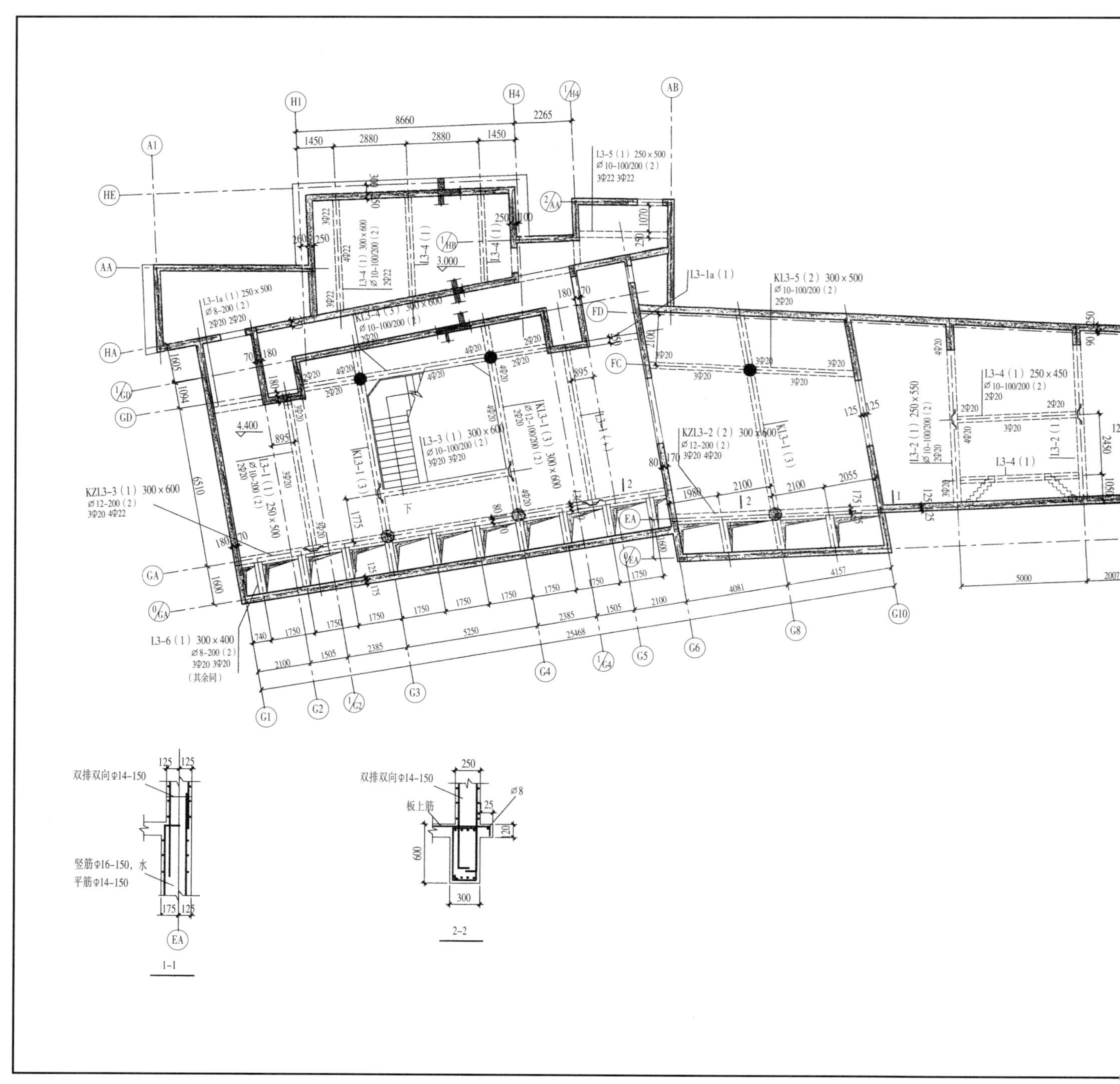

L3-5（1）250×500
Ø 10-100/200（2）
3Φ22 3Φ22
L3-1a（1）250×500
Ø 8-200（2）
2Φ20 2Φ20
KL3-4（3）300×600
Ø 10-100/200（2）
2Φ20
L3-1a（1）
KL3-5（2）300×500
Ø 10-100/200（2）
2Φ20
L3-4（1）250×450
Ø 10-100/200（2）
2Φ20
KZL3-3（1）300×600
Ø 12-200（2）
3Φ20 4Φ22
KZL3-2（2）300×600
Ø 12-200（2）
3Φ20 4Φ20
L3-3（1）300×600
Ø 10-100/200（2）
3Φ20 3Φ20
L3-6（1）300×400
Ø 8-200（2）
3Φ20 3Φ20
（其余同）
双排双向Φ14-150
竖筋Φ16-150，水平筋Φ14-150
1-1
双排双向Φ14-150
板上筋
2-2

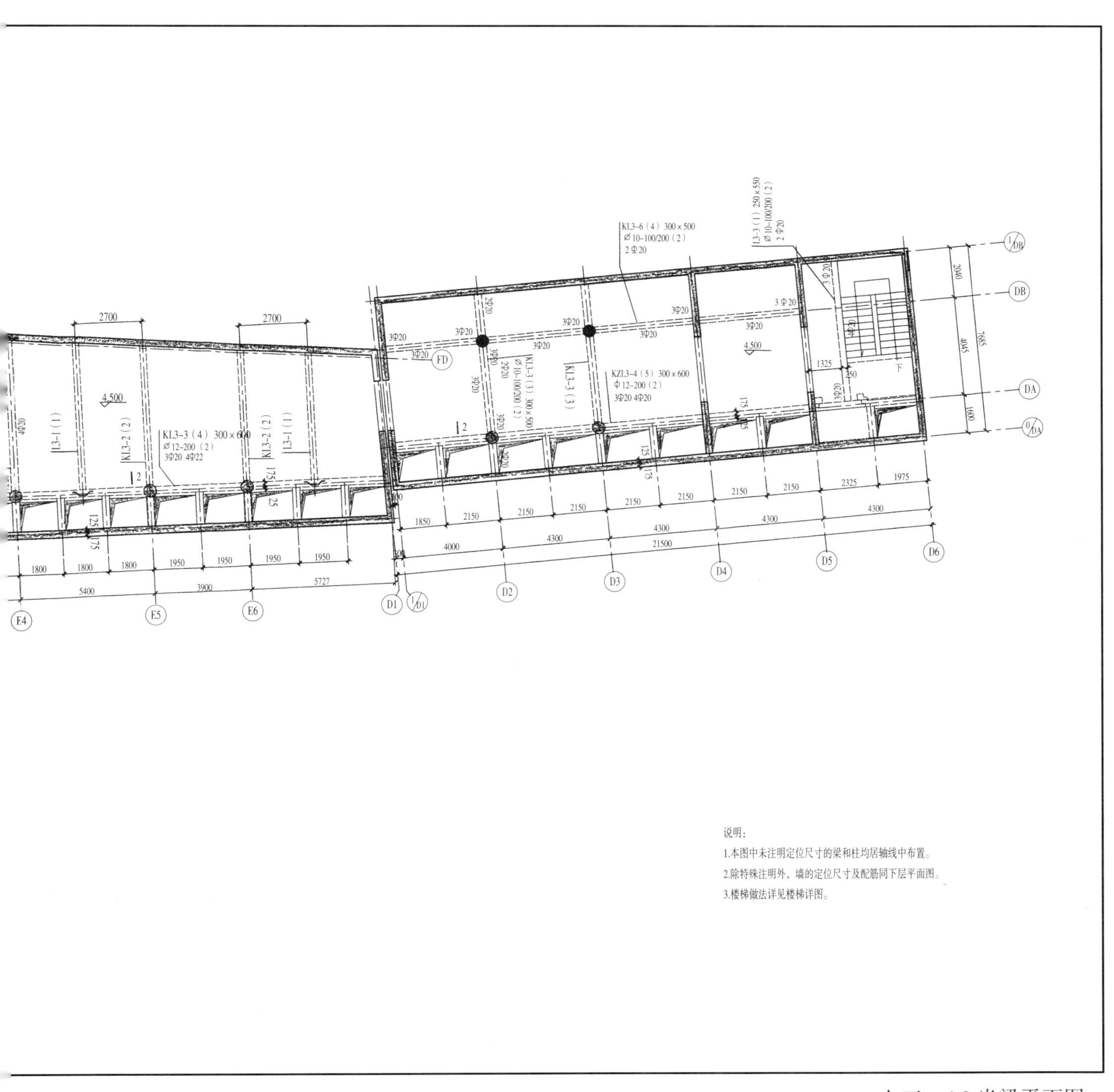

说明：
1.本图中未注明定位尺寸的梁和柱均居轴线中布置。
2.除特殊注明外，墙的定位尺寸及配筋同下层平面图。
3.楼梯做法详见楼梯详图。

七三　4.2 米梁平面图

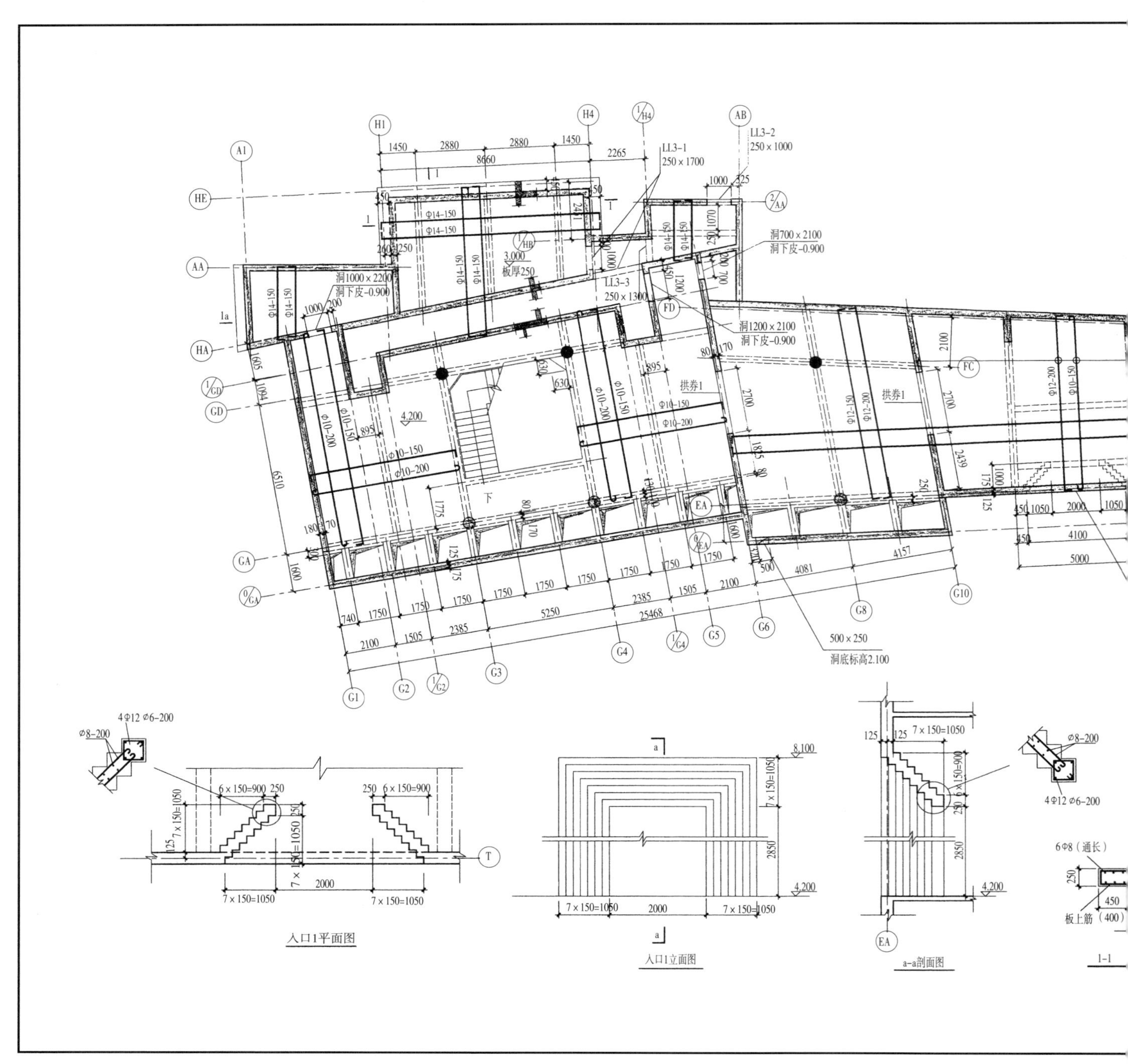
入口1平面图
入口1立面图
a-a剖面图
1-1

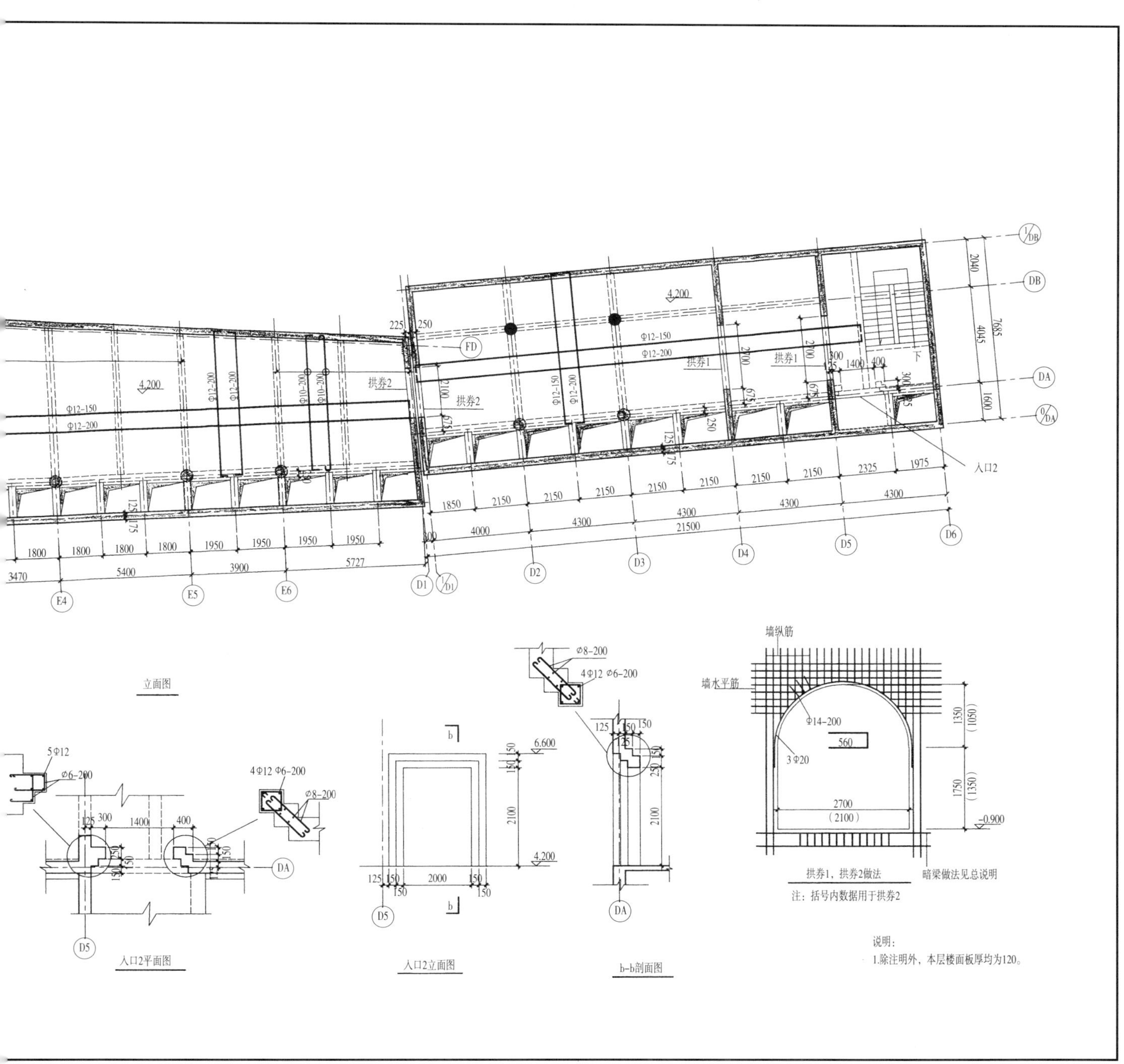
立面图
入口2平面图
入口2立面图
b-b剖面图
拱券1，拱券2做法
注：括号内数据用于拱券2
暗梁做法见总说明
说明：
1.除注明外，本层楼面板厚均为120。
墙纵筋
墙水平筋
入口2
拱券1
拱券2

七四　4.2 米板配筋图

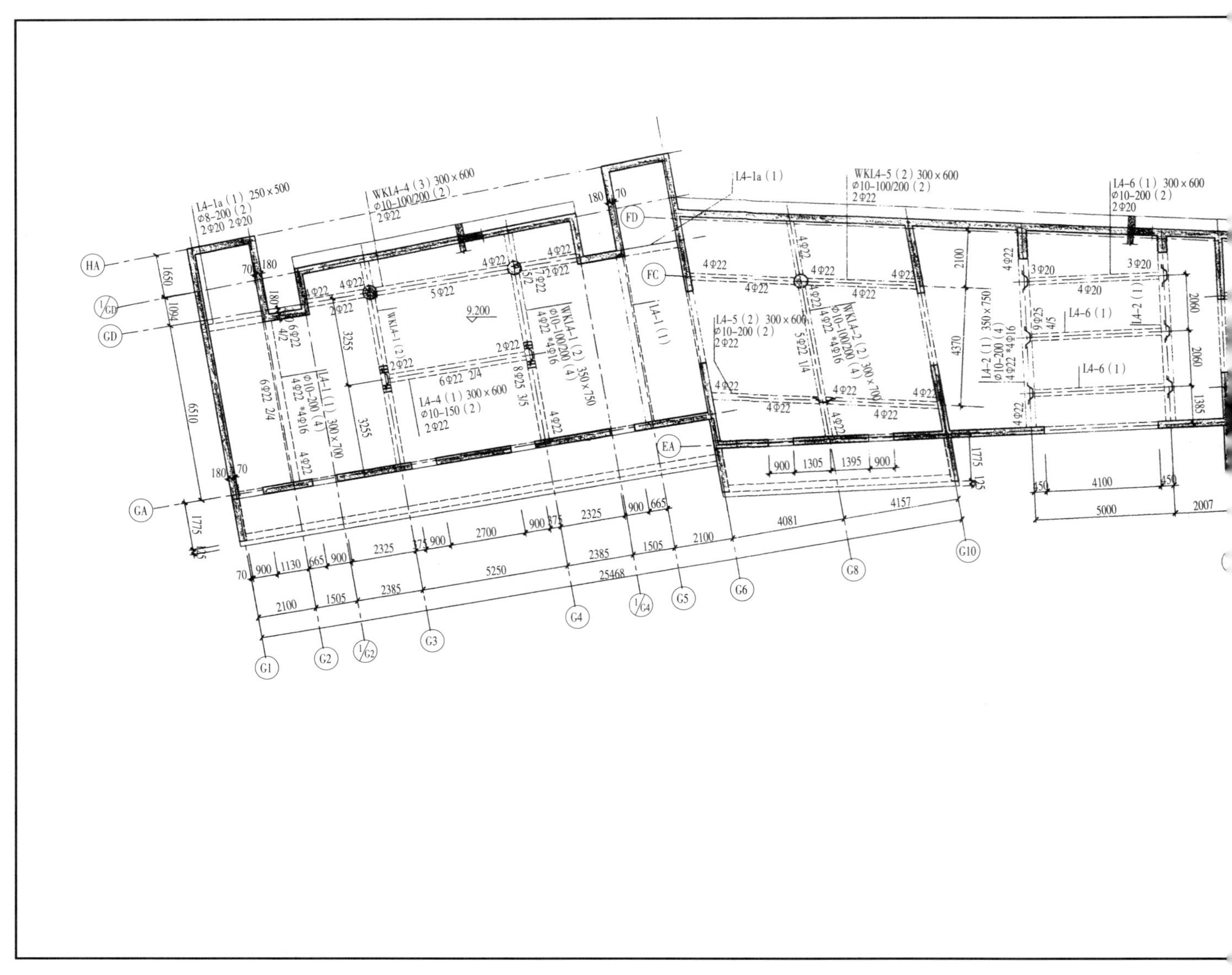

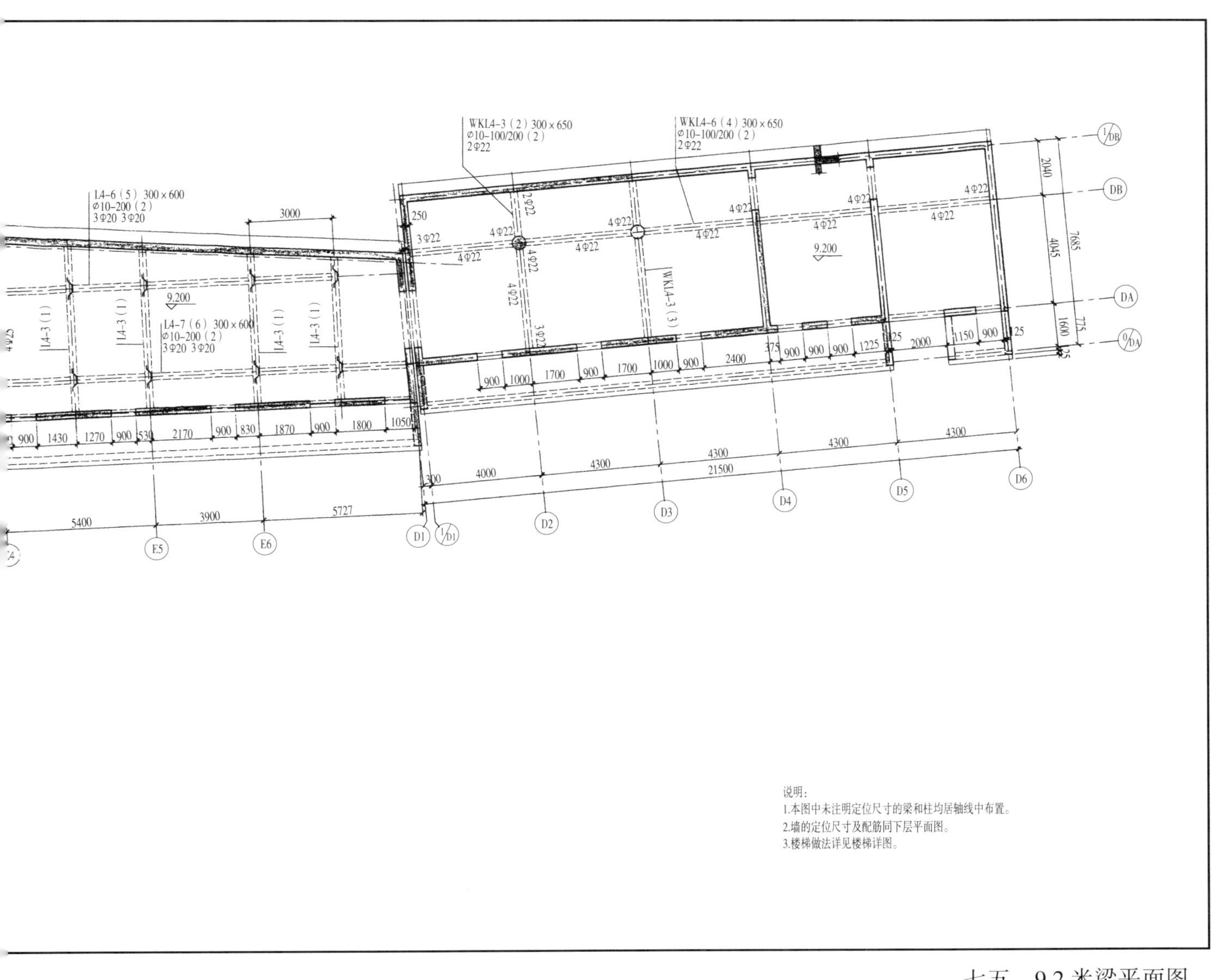
说明：
1.本图中未注明定位尺寸的梁和柱均居轴线中布置。
2.墙的定位尺寸及配筋同下层平面图。
3.楼梯做法详见楼梯详图。

七五　9.2 米梁平面图

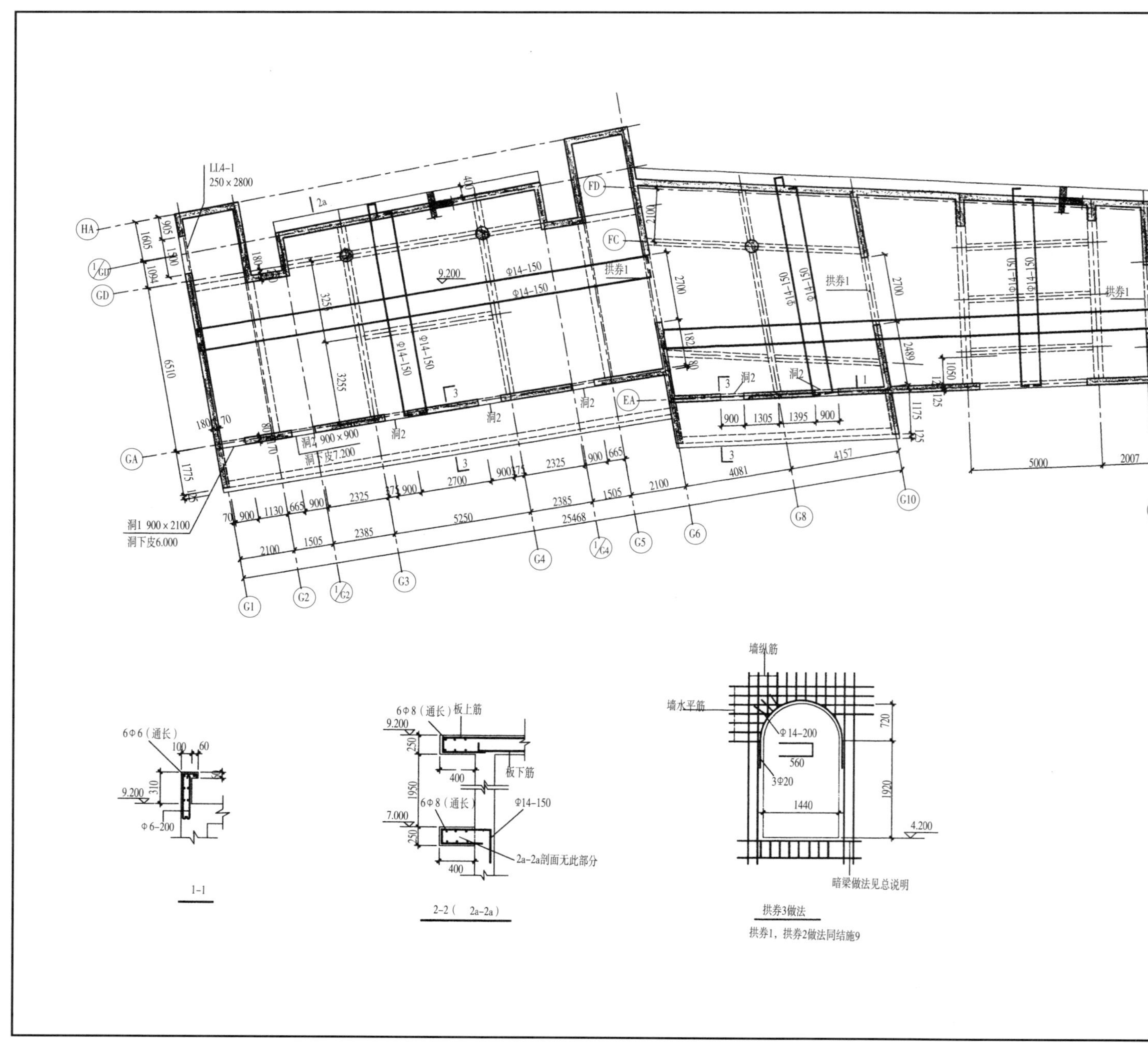
LL4-1
250×2800
9.200
Φ14-150
拱券1
洞2 900×900
洞下皮7.200
洞1 900×2100
洞下皮6.000
洞2
1-1
2-2（2a-2a）
6Φ8（通长）板上筋
板下筋
Φ14-150
2a-2a剖面无此部分
墙纵筋
墙水平筋
Φ14-200
3Φ20
暗梁做法见总说明
拱券3做法
拱券1，拱券2做法同结施9

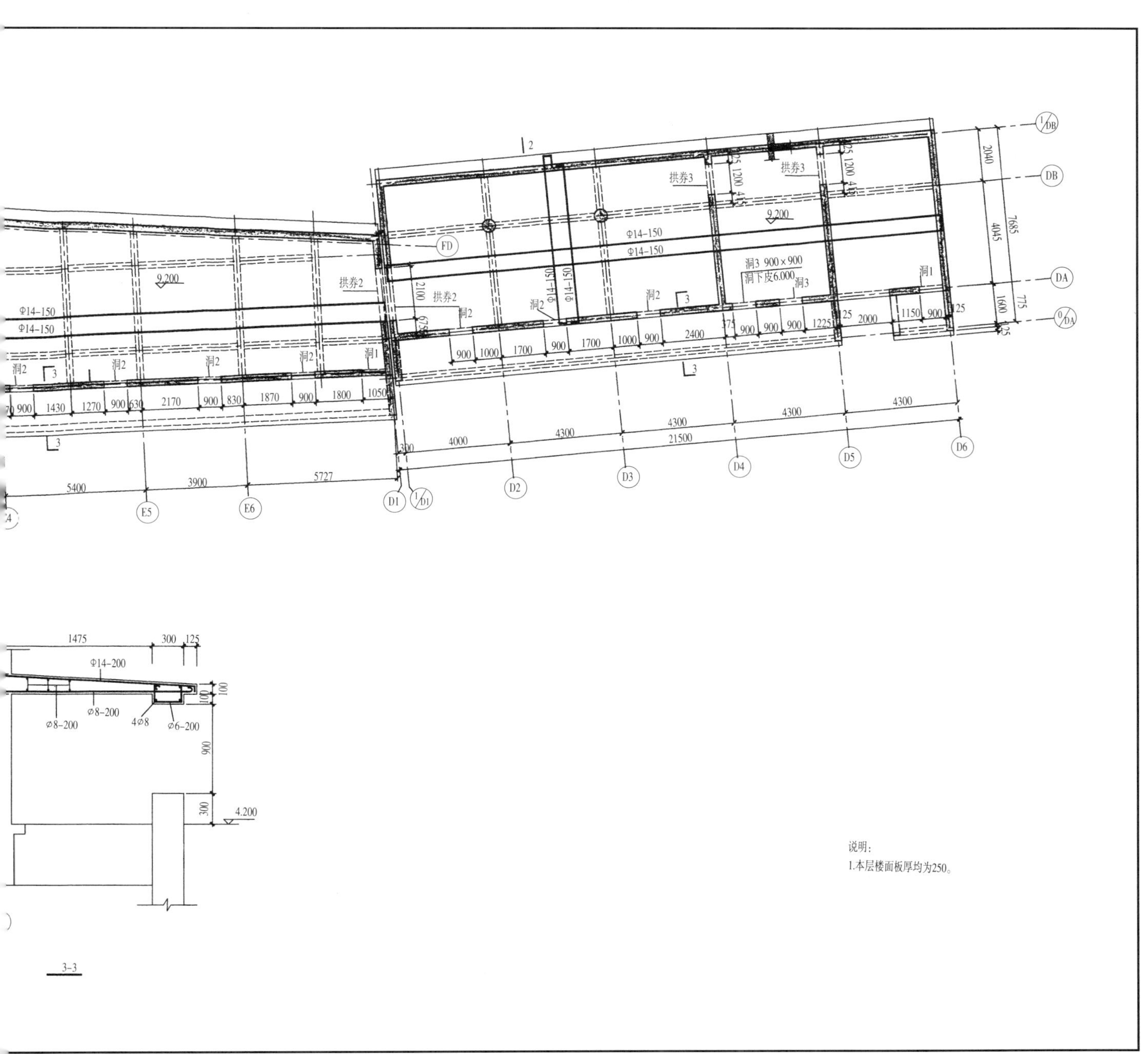

七六　9.2 米板配筋图

黑白图版

一　公元 1883 年（清光绪九年）英国人阿奇博尔德·约翰·立德拍摄的张桓侯庙全景

二　20世纪30年代的张桓侯庙全景

三　解放前的张桓侯庙及望云楼

四　“文革”时期的张桓侯庙全景

五　1977 年时的张桓侯庙全景

六　解放前的张桓侯庙大门

七　解放前的结义楼和大门

八　解放前的结义楼和大门

九　解放前的结义楼

一〇　解放前的杜鹃亭

一一　解放前的助凤阁

一三　张桓侯庙旧址的结义楼和望云轩正面

一二　解放前的得月亭

云阳张桓侯庙闭馆搬迁暨交接仪式
張桓侯廟
四川省人民政府一九八〇年七月七日公布
云阳县人民政府立
重庆市文物保护单位
张桓侯庙
重庆市人民政府
二〇〇〇年九月七日公布
云阳县人民政府
二〇〇〇年九月二十日立
全國重點文物保護單位
張桓侯廟
中華人民共和國國務院二零零一年六月二十五日公佈
雲陽縣人民政府 立

一五　张桓侯庙旧址山门与西山墙

四　张桓侯庙旧址大门

一六　结义楼旧址外景原貌

一七　结义楼旧址宝顶和翼角原貌

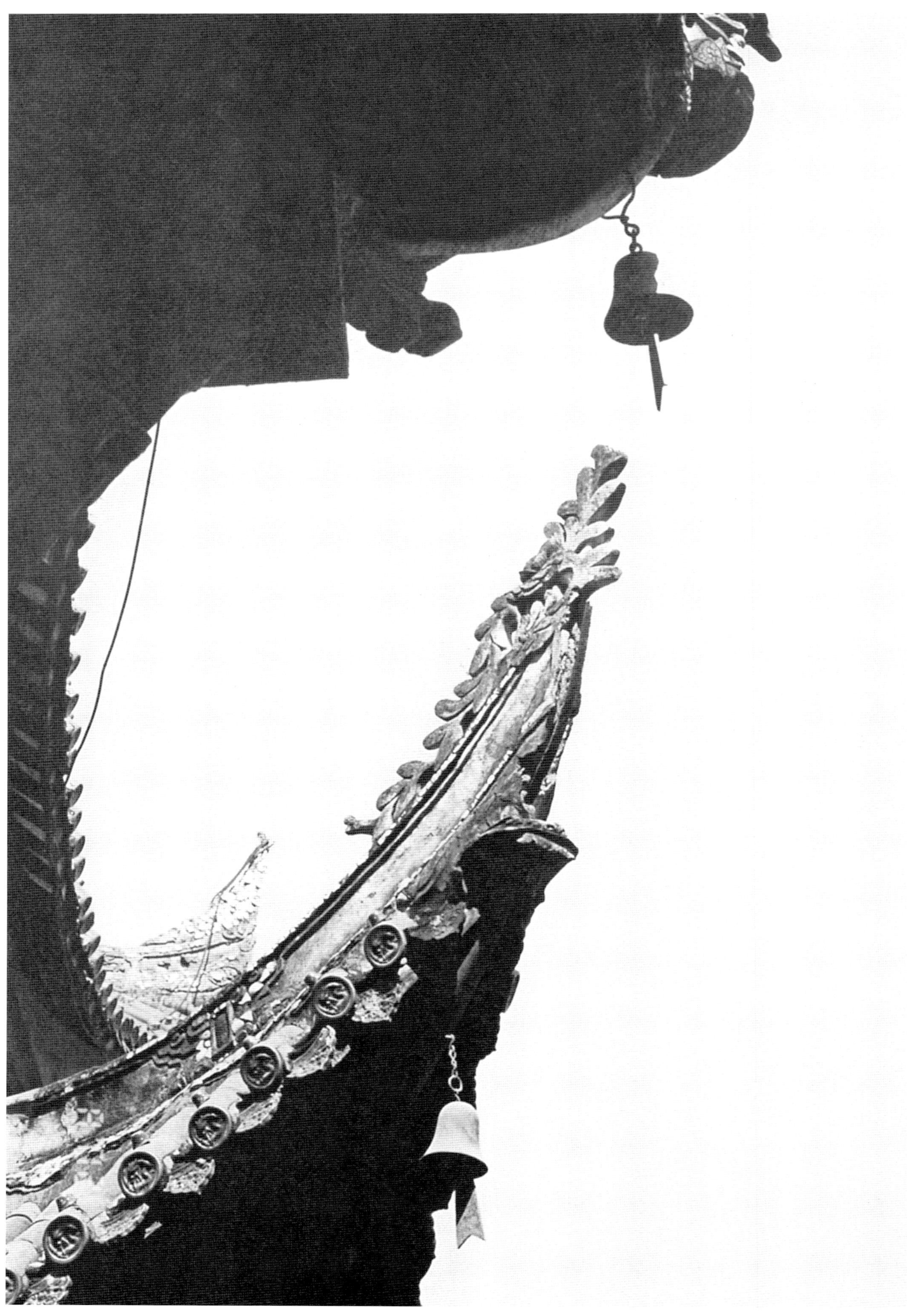

一九　结义楼旧址底层黄庭坚书《幽兰赋》木刻

·八　结义楼旧址翼角及风铎

二〇　结义楼旧址东廊枋上的彩绘和花牙子

二一　结义楼旧址西廊枋头木雕

二三　结义楼旧址二层西侧的木饰件

二二　结义楼旧址二层正面斜撑雕刻

二四　望云轩旧址东门及明代石马

二五　望云轩旧址枋下的花牙子

二六　戏台旧址屋面（东部）及偏殿

二七　戏台旧址西侧斜撑

二八　大殿旧址外貌

二九　大殿西端山墙和戏台翼角

三〇　大殿山墙头彩绘

三二　大殿旧址中匾额

三一　大殿至偏殿间过道木柱上的花牙子

三三　大殿旧址的梁架

三四　助凤阁旧址阁顶西南面

三六　得月亭旧址内部架构

三五　助凤阁旧址东面

三八　张桓侯庙旧址中的张飞塑像

三七　白玉池瀑布与石桥旧址

三九　大门瓦顶拆卸

四〇　大门牌匾拆卸

四一　大门牌匾吊卸

四二　大门牌匾装车运输

四三　结义楼正面拆卸

四四　结义楼正面拆卸

风上

四五　结义楼正面拆卸

四六　结义楼宝顶拆卸

四七　结义楼屋顶拆卸

四八　结义楼屋顶拆卸

四九　结义楼屋顶拆卸

五〇　结义楼屋顶拆运

五一　结义楼屋顶拆卸

五二　结义楼梁架拆卸吊

五三　结义楼梁架拆卸

五四　结义楼翼角梁拆卸

五五　结义楼西廊山墙的拆卸

五六　望云轩园门包装拆卸

五七　望云轩园门吊运

五八　杜鹃亭梁柱拆卸

五九　杜鹃亭梁枋拆卸

六〇　杜鹃亭翼角拆卸

六一　杜鹃亭木柱吊运

六二　大殿西山墙拆卸

六三　助凤阁碑刻拆卸

六四　得月亭拆卸

六五　石踏步编号、拆卸

六六　石踏步的拆卸

六七　古桥栏杆包扎、编号、拆卸

六八　古桥搭架、编号、拆卸

六九　古桥石条拆卸吊运

七〇　古桥拆卸

七一　木构件虫害灭治

七二　木构件虫害灭治

七三　移栽古树

七四　移栽古树

七五　张桓侯庙新址地形原貌

七六　张桓侯庙新址地形原貌

七七　张桓侯庙新址勘测定位

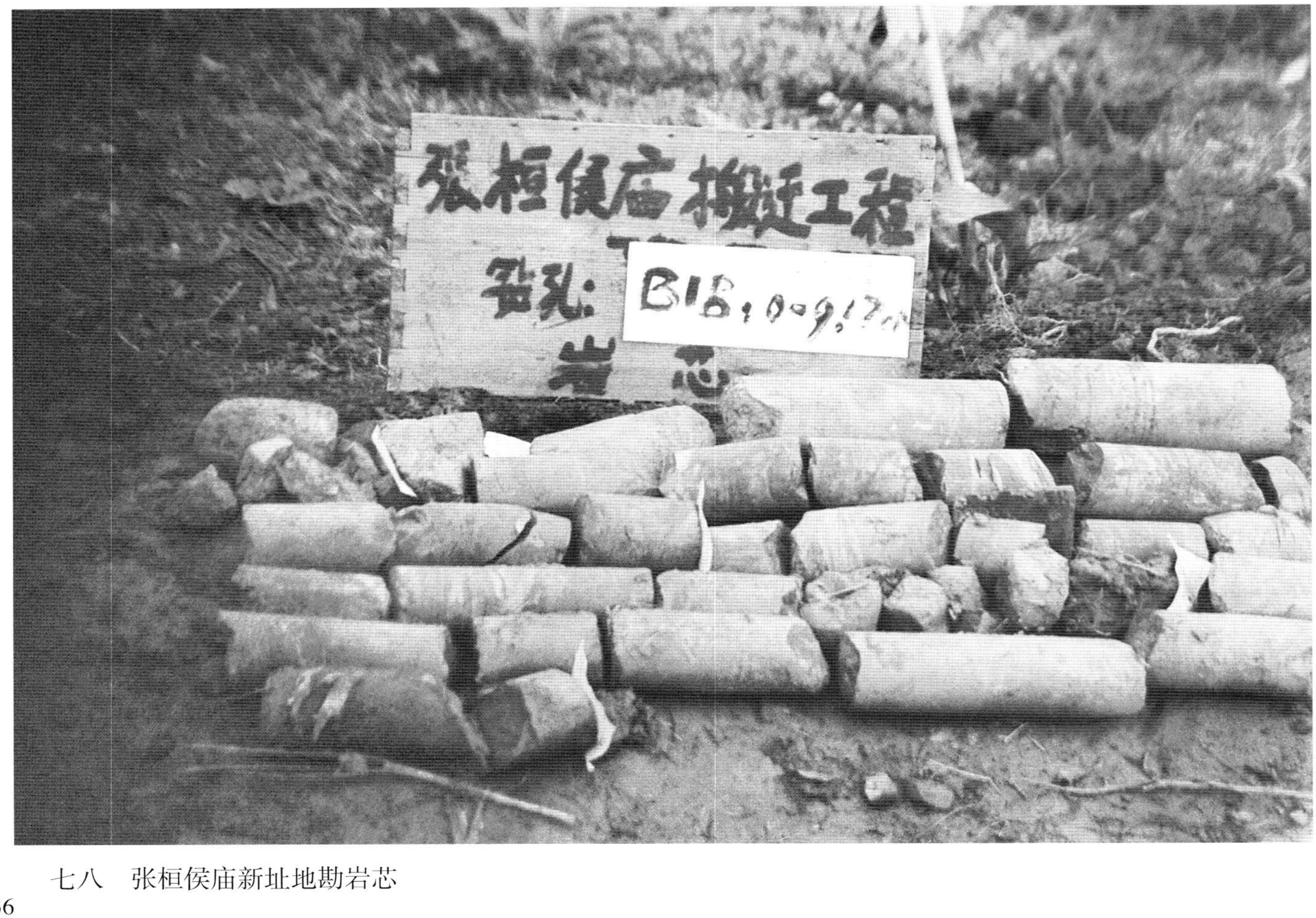

七八　张桓侯庙新址地勘岩芯

七九　张桓侯庙新址民居拆迁

八〇　张桓侯庙新址场坪开工

八一　张桓侯庙新址施工现场

八二　新址进场道路施

八三　新址进场道路施工

八四　基础开挖

八五　基础开挖

八六　基槽开挖

八七　基槽开挖

八八　剪力墙布

九〇　基础混凝土浇注

\九　剪力墙布筋

九一　模版制安

九二　钢筋工程

九三　钢筋工程

九四　钢筋工程

九五　钢筋工程

九六　结义楼、望云轩屋顶施工

九七　结义楼西山墙（彩绘前）

九八　杜鹃亭复建施工

九九　杜鹃亭梁柱复建

一〇〇　杜鹃亭屋顶复建

一〇二　杜鹃亭复建竣工

一〇一　杜鹃亭大木构件的安装、西端风火墙的复建

一〇三　戏台基础施工

一〇四　戏台基础施工

一〇五　大殿梁架施工

一〇六　得月亭及“灵钟千古”挡墙施工

一〇七　石桥、得月亭及“灵钟千古”挡墙竣工

一〇八　附属博物馆施工

一〇九　附属博物馆竣工

一一〇　古石桥复建施工

一一一　古石桥复建施工

一一二　古石桥复建施工

一一三　古石桥复建拱架

一一四　正在施工的瀑布泉、白玉池

一一五　摩崖造型假石的砌筑

一一六　摩崖造型假石的砌筑

彩色图版

一　复建后的张桓侯庙正面

二　复建后的张桓侯庙西北立面

三　复建后的张桓侯庙景区入口

四　复建后的大门斜道踏步

五　复建后的张桓侯庙大门及西山墙

六　复建后的张桓侯庙大门

七　复建后的结义楼

八　结义楼瓦当滴水（新址）

九　结义楼瓦当滴水（新址）

一〇　复建后的望云轩

一一　复建后的望云轩屋顶

一二　望云轩瓦当滴水（新址）

一三　复建后的邵杜祠

一四　复建后的杜鹃亭

一五　复建后的杜鹃亭上部

一六　复建后的杜鹃亭屋顶

大江保障

一七　复建后的杜鹃亭、结义楼及人造摩崖

一八　复建后的助凤阁

一九　复建后的大殿、陈列室后立面

二〇　复建后的陈列室山墙

二一　复建后的碑石

二二　复建后的字画廊

二三　复建后的得月亭

二四　复建后的新铸铜钟

二五　复建后的八角亭

二六　复建后的新铸张飞铜像

二七　复建后的张桓侯庙园区道路

二八　复建后的张桓侯庙园区绿化景观

二九　复建后的园区水池

三〇　复建后的瀑布泉及白玉池

三一　大型摩崖造型

三二　复制后的摩崖及“江上风清”

帝

三三　复制后的“浩气常存”题刻

三四　移栽成活的古树

三五　国家文物局张桓侯庙竣工综合验收会场景

三六　国家文物局专家组通过综合验收场景

后　　记

后　记

《云阳张桓侯庙》一书是可行性研究、立项、方案、初步设计、深化设计、施工、监理、验收、移交等全过程的真实记录。它充分反映了各主管部门的大力支持，特别是国务院三峡建设委员会、重庆市移民局、重庆市文物局三峡办公室、重庆市文物局文物处、云阳县政府各职能部门的指导帮助。

本书由殷礼建同志负责拟定全书编写方案，执笔编撰“拆卸与复建”篇，并负责全书的修改统稿；龚廷万同志负责“前言”与“调查与研究”篇的编撰、附录图片的选编和编务工作。

本书内容中选录了参建单位的资料，如北京清华大学建筑设计研究院的设计图、陕西古建筑设计研究所的实测图、重庆市勘测院的地勘成果、成都水文地质工程地质队的灾害评估、湖北大冶市殷祖园林古建公司的竣工资料、河南东方文物建筑工程监理公司的监理报告、陕西省考古研究所遗址发掘等。除本书有注明外，若有未注明者敬请谅解，并表示衷心感谢！

编　者

2011 年 8 月